新编21世纪社会学系列教材

当代社会学理论

Contemporary Sociological Theory

文　军　编著

中国人民大学出版社
·北京·

作 者 简 介

文军，社会学博士。主要从事社会学和社会工作理论、城乡关系和发展社会学等领域的研究。现为教育部长江学者特聘教授、华东师范大学社会发展学院院长、华东师范大学一纽约大学社会发展联合研究中心（上海纽约大学）主任，兼任教育部高等学校社会学类专业教学指导委员会副主任委员、民政部全国基层政权和社区建设专家委员会委员、中国社会学会常务理事、中国社会工作学会常务理事等职。其主讲的“西方社会学理论”2009 年入选“国家精品课程”，2016 年入选首批“国家级精品资源共享课”。

内 容 提 要

本书立足于跨学科理论视野，以社会学理论为依托，选取当前与社会学交叉且颇具影响的学科理论作为考察对象，通过对其理论发展历程的历史追溯、理论状况的深度描述和当代变动趋势的研读预判，展示了社会学在当代跨学科研究领域中的理论魅力。本书的最大特色就是从跨学科的角度来系统梳理西方社会学理论的发展脉络及其当代走向，体现了当代社会学理论的跨学科渗透力和影响力，是国内第一本从跨学科角度来系统介绍社会学理论发展历史和当代趋势的教材。

目　录

第一章　社会学理论脉络及其当代趋势

第二章　政治社会学理论及其当代发展

第三章　经济社会学理论及其当代发展

第四章　法律社会学理论及其当代发展

第五章　传媒社会学理论及其当代发展

第六章　教育社会学理论及其当代发展

第七章　历史社会学理论及其当代发展

第八章　民族社会学理论及其当代发展

第九章　宗教社会学理论及其当代发展

第十章 文化社会学理论及其当代发展

第一章

社会学理论脉络及其当代趋势

【本章要点】

- 社会学理论的整个发展历程大致可以划分为古典社会学理论、现代社会学理论和当代社会学理论三大阶段，基本走势是社会学理论中各种具有不同倾向的理论流派的相互对立、相互渗透和相互融合的有机的历史发展过程，是实证主义、人文主义、批判主义三种不同取向的社会学理论交替出现、轮流占据上风的发展过程。
- 要充分理解社会学理论的内涵，有必要先了解什么是“理论”，什么是“社会”，以及社会学理论与一般社会理论的区别和联系。二分法是较为基本的划分社会学理论类型的方法。
- 长期以来，西方社会学理论的危机主要是主流社会学理论（实证主义）的危机，当代社会学理论的危机根源在于社会学理论无法应对后现代和全球化带来的社会现实的根本变化。当代社会学理论的转向不可避免，其中最富影响力的转向是“后现代转向”和“全球化转向”，以及对经典理论的回归和现有理论、学派的综合。
- 实证主义社会学一直占据着社会学研究的主流地位，但其排除一切主体性和意义、价值问题的做法，造成了社会学自身的危机。非主流社会学理论经历了依赖时期、独立时期、交融时期和转向时期，在20世纪中后期逐步涌现，继而打破了主流社会学理论一统天下的局面，但要消解实证主义社会学的主流地位及影响，仍旧道阻且长。
- 各种跨学科理论的兴起极大地改变了传统社会学甚至社会科学理论的特征，成为当代人文社会科学乃至整个学术研究的一大趋势和特征。

【关键概念】

理论◇社会◇社会学理论◇社会理论◇实质理论◇工具理论◇社会学的反思性◇元理论◇秩序与进步◇现代性◇民族国家◇全球社会学理论◇非主流社会学理论

社会学理论的整个发展历程大致可以划分为古典社会学理论、现代社会学理论和当代社会学理论三个大的发展阶段。其发展脉络就像一条正弦曲线，是实证主义、人文主义、批判主义三种取向的社会学理论交替出现，轮流占据上风的历史的、逻辑的发展过程。但总体来看，当代社会学理论更多地体现在其他学科的延伸上，其中一个重要特征就是其理论形态发展的多样性、综合性和跨学科性。尤其是与其他社会科学、人文学科和自然科学理论不断进行的广泛交流与合作，使当代社会学理论无论是在理论取向和流派建构上，还是在理论叙述方式和方法论研究等方面，都有了新的突破和创造，从而一方面显示出了社会学家在诸多领域和学科中的创造力与渗透力，另一方面也改变了其他人文社会科学的思维方式、研究范式和理论形态，昭示了社会学与其他人文社会科学间不断整合发展的趋势。因此，从跨学科视野出发来探索当代社会学理论的发展脉络、理论形态与变动趋势，不仅可以为我们进一步展现社会学理论发展的另一种面相，从而有助于打破单一地从社会学内部来探索理论发展的传统，而且也体现了当代社会学理论发展的多元综合特征，从而有助于提升社会学理论本身的跨学科影响力。

第一节 理论、社会与社会学理论的内涵

任何理论都是由一系列概念、命题依据一定的逻辑关系而组成的一种知识体系，用以解释世界的某种现象。因此，理论可以成为一种思维方式，也可以成为一种价值规范，具有肯定和否定的双重作用，它在肯定了我们能做什么的同时，也规范了我们不得做什么。我们认为，要充分地理解社会学理论的内涵，有必要先了解什么是“理论”，什么是“社会”，以及社会学理论与一般社会理论的区别和联系。诚然，就像美国社会学家约翰逊（D. P. Johnson）所指出的那样，社会学理论并不能为解释社会现实或预测未来开出一剂灵丹妙药，甚至不能对社会学所论述的知识上的问题和争论提出一种解决方案，但社会学理论能够帮助我们更好地去理解我们自己的社会世界，从而使我们更加客观、敏锐和有效地与他人进行交往。①

一、什么是“理论”？

“理论”作为一个人们习以为常的概念，常常被我们挂在口头或者频繁出现

① 约翰逊．社会学理论．北京：国际文化出版公司，1988：84－85.

在各个学科理论家的文章中。或许一说到理论，我们很容易想到的就是诸如“抽象”“概括”“一般”“普遍”一类的词，认为它是与具体情况和社会事实相对应的。因此，许多学者对“理论”的认识就是从相对于“具体情况”和“社会事实”出发的，认为它就是一种对“具体情况”或“社会事实”的抽象和概括。比如，美国当代著名社会学家杰弗里·亚历山大（J. C. Alexander）给理论下的定义就是：“所谓理论就是脱离个别事物的一般化，脱离具体事例的抽象。”① 另一位美国当代社会学家乔纳森·特纳（J. Turner）也指出：“科学理论总是力求超越具体事件和时间的局限。理论是一般的、基本的、永恒的、普遍的。”②《简明牛津词典》（*Concise Oxford Dictionary*）对“理论”的定义是：“用于说明某事物的假定，特别是以独立于被说明的现象等对象的原则为基础的假定。”③ 我国的《现代汉语词典》对“理论”的解释是：“人们由实践概括出来的关于自然界和社会的知识的有系统的结论。”④ 很显然，这些解释都非常强调“理论”对社会事实的“一般化”“抽象”“概括”和“总结”功能，认为“理论”是一种假设、观点、学说、取向、视角、命题或结论。可以说，这是对“理论”的一种最为直接有效的定义和解释。

> **重要概念**
>
> 从经验主义出发，理论是人们由实践概括出来的关于自然界和社会的知识的有系统的结论。——《现代汉语词典》

很显然，上述诸种对“理论”的界定是从经验主义出发的，采取的是一种对社会事实或实践做理论归纳的技术逻辑。但如果从理论形成的理性逻辑来看，我们不仅会把对社会事实或实践的概括、抽象称作理论，在日常生活中，我们也常常会把事先在头脑中“借助于推论而形成的完整故事”称为理论。在这里，“理论”首先表现出来的不是面向经验事实的一种概括原理，而是通过推论演绎出来的一些尚有缺失的情节，从而使各条线索组织成一个完整的故事。因此，在这里，完整的故事和推论就成了“理论”要涉及的两个基本因素，并且，从某种意义上说，“推论才是理论的基本因素，概括则只是理论的表象”，因为各种概括、抽象之所以带有理论的性质，并非简单地由于它涉及了多个对象，而是由于其中包含了推论。⑤

其实，从理论形成的理性主义角度来看，推论之所以重要，是因为每一个理论都只代表了局部。一个理论集中于某些方面，就意味着可能忽略了另一些方面。没有一个理论能完全反映所有的真理。一切理论都是由人根据既定的意图去创造和构建的。理论在某种意义上只代表了观察者观察环境的方式，但理论本身并不反映现实。⑥ 理论的主要作用是解释和预测，判断一个理论的好坏的标准也

---

① 亚历山大．社会学二十讲．北京：华夏出版社，2000：2.

② 特纳．社会学理论的结构：上．北京：华夏出版社，2001：2.

③ 沃特斯．现代社会学理论．北京：华夏出版社，2000：3.

④ 中国社会科学院语言研究所词典编辑室．现代汉语词典．7版．北京：商务印书馆，2016：799.

⑤ 陈嘉映．何为理论？//杨国荣．思想与文化：第四辑．上海：华东师范大学出版社，2004：5-6.

⑥ 小约翰．传播理论．北京：中国社会科学出版社，1999.

就是其解释力和应用范围。因此，在实践中，人们是通过一定形式的理论去反映和解释现象的[①]，也由此获得对经验世界的有效解读和理解。正如美国社会学者约翰逊所指出的，提出理论的最终目的是用足够高的概率来解释一个或更多个因变量的变化，高概率能够提出预测性的陈述并能在经验上加以检验。即使我们不能推论出明确的预测性陈述，理论也能通过提供一个可以解释某些现象的知识模型来帮助我们理解。[②]

犹如自然科学一样，在社会科学的实践中，理论也是处于科学研究的核心地位的，因为"正是理论自身产生了检验事实的实验，也正是理论构造了社会现实，即科学家研究的'事实'"[③]。尽管理论的表述既抽象又形式化，但它并不远离和脱离经验现象，有用的理论都可以通过经验事实来检验。[④] 正如亚里士多德所指出的，理论是人类活动的最高形式，也是最高的人类实践。因此，理论首先是来源于实践的，理论的建构不能没有社会事实作为基础，但是，仅仅依靠事实和社会实践并不能建构出完美的理论。现代科学哲学研究认为，理论既产生于对"真实世界"进行科学研究之前的非事实或非经验性思考过程，也可以产生于这个"真实世界"的结构本身。[⑤] 这句话的意思表明，理论既可以通过对经验事实和社会实践进行总结和归纳提炼出来，也可以先于经验事实和社会实践而产生（当然它还需在经验世界和社会实践中不断检验、修正、发展和完善）。理论的"观念性"和实践的"物质性"、理论的"理想性"和实践的"现实性"都是融为一体的。人是现实性的存在，但人又总是不满足于自己存在的现实，而总是要求把现实变成更加理想的现实。理论正是以其理想性的世界图景和理想性的目的性要求而超越于实践，并促进实践的自我超越的。[⑥] 因此，理论与事实之间存在着双边关系。理论与经验知识的主要区别在于：（1）它们反映客体的方式和角度不同。经验知识主要是描述性的，理论知识主要是解释性的。（2）它们获得知识的形式和方法不同，反映它们的逻辑形式也不同。在经验层次上，一般是通过实验直接获取科学事实，通过或然性推论进行科学概括，表现为广义的归纳形式。而在理论层次上，常常要运用假说-演绎的方法，以达到向真正具体真理运动的辩证结论。（3）它们对实践和科学的意义不同。经验知识是生动的，但具有一定的局限性，只有理论知识才能达到普遍性和具体性，而具有实际运用的无限范围。[⑦] 知识的发展只能是对自然界和社会的"实践—认识—再实践—再认识"的循环往复，是

---

① 林聚任，刘玉安．社会科学研究方法．济南：山东人民出版社，2004：46.

② 约翰逊．社会学理论．北京：国际文化出版公司，1988：85.

③ 亚历山大．社会学二十讲．北京：华夏出版社，2000：3.

④ 特纳．社会学理论的结构：上．北京：华夏出版社，2001：2.

⑤ 这里所说的非事实性过程主要是指诸如研究机构或人员的信仰、知识社会化和科学工作者的想象力与推测能力等。相关分析请参见：亚历山大．社会学二十讲．北京：华夏出版社，2000：4－5.

⑥ 孙正聿．理论及其与实践的辩证关系．光明日报，2009－11－24.

⑦ 刘大椿．科学活动论·互补方法论．桂林：广西师范大学出版社，2002：100.

不断发展的过程，理论则只是这一过程中的某种逻辑演绎或归纳而已。①

所以，美国社会学家默顿（R. K. Merton）说："逻辑上相关联并能推导出实验一致性的命题就是理论。"②而社会学家沃德（Thomas Ward）在分析了27种有关社会学理论的定义以后指出："理论就是概念、定义和命题的逻辑演绎-归纳体系，它陈述两个或两个以上经过选择的现象之间的关系，并可由此得出可检验的假设。"③虽然这个定义也多少带点实证主义的色彩，但它至少从一个方面指出了理论的本质是一系列的抽象概念及其建构，是指既定的意图通过逻辑思考运作所整合而成的一组可验性的相关概念。

> **重要概念**
>
> 理论就是概念、定义和命题的逻辑演绎-归纳体系，它陈述两个或两个以上经过选择的现象之间的关系，并可由此得出可检验的假设。——沃德

上述两种对"理论"概念的不同理解与界定，实际上代表了对理论建构的两种截然不同方法和路径的选择④，格瑞尔夫妇（Ann & Scott Greer）曾将这两种不同性质的理论构建方法分别称为"探索性研究"（exploratory research）与"验证性研究"（hypothesis-testing research），两者结合在一起就形成了一个"研究圈"（见图1-1）。⑤该研究圈的特色在于，特别强调每一个研究步骤的相互关联性和持续性，其在理论的实际建构过程中具有非常大的弹性。研究者可以基于客观实际的需要，在研究圈中任择一点作为其理论建构的始点，而不必局限于一定的起点或终点。例如，如果研究者的理论建构属于验证性的研究，则由（a）开始，经过（b）的假设，而到（c）的观察与搜集资料，属于演绎法（deductive method）的研究。相反地，如果他选择了（c）为起点，先从观察与搜集资料着手，经过（d）的整理、分析、比较，再到（a）的理论，则为探索性的研究，属于归纳法（inductive method）研究。⑥很显然，归纳法的研究是以经验主义为基

---

① 我国台湾学者杨国枢教授曾指出："大多数科学理论都有两层以上的假说或定律，而较低次的假说或定律是由较高层次的假说或定律演绎或推论而来，而推论所根据的是逻辑法则。上层的理论假说或定律为数较少，但涵盖的范围较广；而下层的假说或定律则为数较多，但涵盖的范围较窄。一般而言，愈是较下层的假说或定律，其可验性或实证意义愈大，而最下层的假说或定律本身，以及从这些假说或定律所推出的假设，往往可以直接进行研究，从事验证性工作。愈是较上层的假说或定律，其直接的可验证性愈小，须靠下层的假说或定律来与现象产生关联，因而其实证意义只是间接的，其可验证性也是间接的。由此可知，科学理论实际上同时具有逻辑的与实证的两种成分，因而可说是一种具有实证意义的逻辑结构。"陈秉璋．社会学理论．台北：三民书局股份有限公司，1991：10-11.

② 默顿指出，在社会学理论中，我们见到更多的是各种概念而很少有一致性的理论，更多的是观点而很少有定理，更多的是"策略"而很少有结论。默顿．论理论社会学．北京：华夏出版社，1990：54.

③ 刘豪兴．国外社会学综览．天津：天津人民出版社，1993：294.

④ 美国纽约大学的杰索（Guillermina Jasso）教授曾专门介绍如何去建构一种正规的理论。她指出，为了最终完成理论构建，首先应该广泛地阅读有关人类行为的书籍，其次要重视对数学知识的使用。她认为数学作为一个思考习惯能够提高人们的抽象思维能力，而这种抽象思维能力将有助于人们看到那些看似并无关联的社会现象之间的关系。杰索认为，数学有助于形成良好的"思考习惯"，而这种思考习惯有助于产生好奇心，正如她所解释的："理论的进步最终要靠意外的收获。"相关分析请参见：Turner J H. Handbook of sociological theory. New York：Kluwer Academic/Plenum Publishers，2001.

⑤ Greer A，Greer S. Understanding sociology. Iowa：Wmc. Brown，1974：15.

⑥ 详细分析可参见：陈秉璋．社会学理论．台北：三民书局股份有限公司，1991：17.

础的，而演绎法的研究则是以理性主义为基础的。

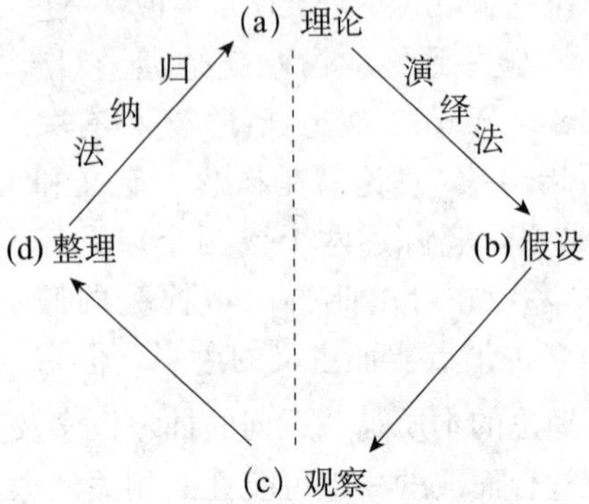

图 1-1　建构理论的研究圈

> **重要概念**
>
> 从理性主义角度界定理论的三要素：既定的意图、一组可验性的相关概念、一种逻辑结构。

因此，如果我们从理性主义的角度来界定理论，那么，我们可以得出理论的构成要素至少包括三个：（1）既定的意图，指行动者有了某种动机，并且已选定了目标之后，所开始的企图选择有利于实现目标的手段。（2）一组可验性的相关概念，指构成理论的概念是从外界具体事物经过抽象化而来的，不是空想或幻想而来的。（3）一种逻辑结构，即研究者通过其理性思考和运作，把上述一组可验性相关概念进行逻辑的组合而成的整合性意构。[①] 但是，不管我们对理论及其构成要素做何种倾向的界定，从另一个角度来说都是有缺陷的。正如格瑞尔夫妇在有关理论建构的研究圈中所表明的那样，任何理论的建构都只是这一研究圈中的某一个点，演绎法与归纳法在理论建构之中并不是相互排斥的，经验主义与理性主义也存在着某些方面的调和。

但无论是经验主义还是理性主义，对“理论”的理解与界定最基本的方面都莫过于“概念”[②]，因为理论最终总会借助于一定的概念体系来建构一个详尽的解释性框架。从功能主义的观点来看，理论实际上就是力求解释社会进程的过程和因果关系的一种体系或架构，在这一框架中，各种陈述都会由逻辑的关系连接起来，而逻辑必然性依靠的又是一套内部相关一致的定义和规则。所以，理论也可以看作是对事物的合理解释或事先预测，是对客观事物本质及其运动规律的一种科学认识。而要促成这种科学理论就必须批判地继承前人或他人既有理论成果，即“站在前人的肩膀上”高瞻远瞩，而不是搂住前人的腰或是跟在他人的屁股后面亦步亦趋，甚至停步不前。理论贵在创新，那种所谓“经典又经典”的观点，不过是一种

① 陈秉璋．社会学理论．台北：三民书局股份有限公司，1991：10.

② 其实，理论的目标之一就是提出有用的概念，任何理论的有机组成部分之一都是拥有该理论概念的一套术语。有些理论仅到概念层次为止，只是提供一串概念而没有对它们是怎样联系在一起的做出进一步的解释。一般认为，最好的理论除了概念以外，还应提供各变量如何相关的解释，这些解释会向我们显示概念是如何相连的。所以，一些学者认为，理论的基本要素就是概念和解释。小约翰．传播理论．北京：中国社会科学出版社，1999.

照搬照套且丧失根基和源泉的观点。因此，我们可以从形式、内容、功能、形成、层次、性质、特征等方面对理论的内涵进行概括和总结：

（1）从形式来看，理论是由一系列概念、命题及其相互之间的关系构成的。这些概念和命题在逻辑上相互关联，共同构成了理论这一知识体系。

（2）从内容来看，理论反映了一定的社会实践和经验事实。理论能够对特定事物或现象的状态及其变化发展做出比较科学的描述，从而帮助我们了解一定的事物和现象。

（3）从功能来看，理论具有解释和预测功能，其目的就在于解释各种社会现象和社会问题，并对社会发展进程做出一定的预测。根据理论所反映的事物或现象之间的既往关系，我们就能通过调查所掌握的事实，对特定事物或现象的未来做出比较准确的预测。

（4）从形成来看，演绎和归纳是理论构建的两种基本途径。从动态的角度看，在一定阶段用归纳，一定阶段用演绎，演绎的前提往往来自归纳，通过归纳得到的结论往往需要演绎检验。

（5）从层次来看，对特定事物或现象的抽象程度不一样，其所形成的理论解释层次也会不一样。如果按照抽象程度对理论建构模式进行具体描述，则可以分为真实世界→观察方式→低层理论→中层理论→一般理论→宏大理论，其抽象程度由低到高排列，其理论的解释力也不断提高。

（6）从性质来看，理论与实践之间的关系是双向交织的一对多关系。源于实践的理论，并不仅仅是对实践经验的概括和总结，更重要的是对实践活动、实践经验和实践成果的批判性反思、规范性矫正和理想性引导。就像哲学家伽达默尔（Hans-Georg Gadamer）所说的："一切实践的最终含义就是超越实践本身。"①

（7）从特征来看，理论具有自身的继承性和相对独立性。任何理论都是人类认识史的积淀和结晶，是对人类以往知识和思想的一种继承。同时，它又具有一定的独立性，是对某种具体现象的解释和预测。而科学理论不同于感性经验知识，具有全面性、逻辑性和系统性等特征。

二、什么是"社会"？

"社会"可能是人们在日常生活和学术研究中使用频率最高但又最难定义的一个概念了。在社会学中，社会作为分析单位，可以划分为作为各种社会关系的总和的抽象社会和能够直接感觉、观察到的具体社会；也可以从文化形态上划分为儒家社会、伊斯兰社会、基督教社会等。作为研究对象，社会可以划分为微观社会、中观社会和宏观社会，在横向的领域上可以划分为政治社会、经济社会、文化社会、生态社会等；也可以在历时性上划分为古代社会、现代社会和当代社

① 伽达默尔．赞美理论．北京：三联书店，1988：46．

会，在共时性上划分为东亚社会、拉美社会、欧洲社会等。①

那么，究竟什么是“社会”？怎样分析和研究社会？研究社会的目的是什么？能否真正把握社会的本来面目？社会真正面目的辨别标准是什么？所有这些问题，是社会和人文科学自建立以来所面临的基本问题。这些问题的提出及其解决的立场和观点，将最终决定社会研究的性质及其采取的基本方法。同时，对所有这些问题的思考和解决过程，不但将决定社会科学的命运及任务，也将深深地影响到社会本身的发展，影响到在社会中生活的人包括从事社会科学研究的社会学家自身的命运。② 比如，从个体的人与社会的关系角度来分析“社会”，任何类型的“社会”都是由个体的“人”组成的，但不同时期的社会学对“社会”中的“人”的理解可能是不一样的。在古典社会学中，社会中的“人”被看作一种有机体；而在后现代社会学中，社会中的“人”是具有隐喻性的，是通过对于何为“自然”之否定来加以界定的；在跨现代社会学（trans-modern sociology）中，社会中的“人”是具有关系性的，它植根于关系之中，又自关系中生成。③ 因此，不了解“社会”的含义，就很难理解“人与社会的关系”这一根本性的社会学理论预设。

“社会”是社会学理论研究无法回避而又最难以定义的一个“惯用性”概念。比如，在涂尔干（E. Durkheim）④ 看来，社会是一种实体（entity，reality）；在齐美尔（G. Simmel）看来，社会是一种人际“互动”；在布迪厄看来，社会却是一种“关系”；而对当代许多建构主义学者来说，社会就是一种论述（文本、再现、语言）的建构（the social as discursive constructions），在论述之外，别无他物。因此，要将社会作为一种建构的论述来设想和分析，并且要注意隐藏在利益表达者背后的权力利益。英国社会学家吉登斯指出，“社会”其实是一个含义很模糊的词语。它可以是一般意义上的“社会交往”或“社会互动”，也可以是一个对特定社会体系的精确界定。⑤ 不管人们对“社会”的概念如何认识，社会学中的“社会”与哲学或科学中的概念不同，这不仅是因为社会学中的“社会”是一个未定义或待定义的概念，而且是因为社会本身在存在性质上就是不确定的。⑥

---

① “社会”是现代性的产物．中国社会科学报，2015－03－06.

② 高宣扬．当代社会理论．北京：中国人民大学出版社，2005：194－195.

③ Donati. Doing sociology in the age of globalization. World futures：the journal of global education，2012，68：225－247.

④ 法国古典时期著名社会学家埃米尔·涂尔干（Émile Durkheim），其中文名又常被翻译为“迪尔凯姆”“杜尔凯姆”等。

⑤ 吉登斯进一步指出，社会学家有时会故意利用“社会”这一概念的模糊性，原因大多是，当他们去关注社会时，这个“社会”是在他们的头脑中建构出来的。尽管有时“社会”这个概念是从功能主义角度来表达对整体系统的界定，但它更多的是侧重于对不同社会内部构成的定义，这种现象存在于不同流派或类型的社会学研究之中。吉登斯．社会理论与现代社会学．北京：社会科学文献出版社，2003：34.

⑥ 实际上，一个概念的指称（所指）与这个指称是自身的存在性意义是不同层次的问题。在哲学概念中，社会和人的存在性是正在讨论中的意义，这种意义与这个概念的指称是同一的，不管是社会唯名论的还是社会唯实论的，不同之处只在于社会或人的意义或本质以何种形式体现或表现。人们不会怀疑人、社会存在、社会现象等的存在。但在社会学中，作为社会学的学科对象——社会要由社会学中的首要概念“社会”来确定，就是说社会学这个学科的性质和内容由这个学科中的基本概念“社会”来确定，这里就产生了层次上的自相缠绕，这或许正是社会学面临的一种特殊困难吧。

尽管“社会”一词早在我国的先秦典籍中就有记载①，但在现代科学意义上把社会视为人们交往中的秩序，亦即人际互动关系的观念，则是伴随着社会学知识的增长和普及而逐步深入人心的。② 在西方，卢梭（Jean Rousseau）是最早使用“社会”一词的人之一。尽管托马斯·莫尔（Thomas More）在其《乌托邦》（1516）中就使用了“社会”一词，但在卢梭的《社会契约论》（1762）里，“社会”是被作为一个核心的概念来加以阐释和界定的。③ 因此，伴随着启蒙运动的发生和扩展，“社会”（市民社会）的观念在西方社会里开始流行并成为社会科学关注的核心。在传统的社会学理论研究中，“社会”不仅是一个分析单位，更是一个研究对象，且对于“社会”的理解，在具体的社会学研究中，一般是指属于同一社会的每一个成员都有共同遵循的规范，并由此来构成能够相互区别的具体地域性单位。因此，从已有的文献来看，社会学家对“社会”的理解基本上是从以下几个方面出发的：一是指与“自然”相对应的“社会”，“自然”就是那个自在地存在的自然界和各种自然物，而“社会”则指的是人类事物，是指通过人与人之间的关系所建构起来的事物；二是指与作为“个体”的人相对应的那个“社会”，它指的是作为整体的社会；三是指与“社区”相对应的“社会”，“社区”一般是指人类社会生活的共同体，而“社会”则常常被理解为一种机械的聚合和现代性的人为产物；四是指与“经济”相对应的“社会”，即与“经济”并列使用，且专指“经济”以外的社会生活部分；五是指与“国家”或“政府”相对应的“社会”，即“市民社会”。前面三种“社会”，可以说是广义的“社会”概念，包括整个经济、政治、文化及社会生活在内；后两种意思可以说是狭义的“社会”概念，是指特定范围内的社会。

> **重要概念**
>
> 社会学家眼中的社会是指：(1) 与“自然”相对应的“社会”；(2) 与作为“个体”的人相对应的“社会”；(3) 与“社区”相对应的“社会”；(4) 与“经济”相对应的“社会”；(5) 与“国家”或“政府”相对应的“社会”，即“市民社会”。前三种是广义的社会，后两种是狭义的社会。

此外，社会学家有时也从抽象和具体两个方面来理解“社会”：抽象的社会是把社会看作各种社会关系的总和，而具体的社会是指能够直接感觉到和观察到的社会单位。④ 但马克思主义就认为，社会在本质上是生产关系的总和，只有具体的社会，没有抽象的社会。具体的社会是指处于特定区域和时期、享有共同文

---

① 在中国，“社会”一词始现于《旧唐书·本纪第八·玄宗上》。书中记载：“礼部奏请千秋节休假三日，及村闾社会”。此处“社会”一词是村民集会的意思，是动名词，由“社”和“会”两字演进而来。“社”原指祭神的地方。《白虎通·社稷》说：“封土立社，示有土也。”“会”为聚集之意。后来两字连用，意指人们为祭神而集合在一起。古籍中有时也将“社”作为志同道合者的集会之所，如“文社”“诗社”，或用以指中国古代地区单位，如“二十五家为社”。

② 苏国勋．社会理论与当代现实．北京：北京大学出版社，2005：1.

③ 德兰逖．社会科学——超越建构论和实在论．长春：吉林人民出版社，2005：15.

④ 在实际的社会学研究之中，“社会”一般都是指具体的社会，它与“社区”（即地域性社会）的内涵接近，但不同的是两者的规模（并不是表现在抽象上还是具体上）。在这方面，笔者不赞成把“社区”的地域性特点看作可大可小的说法。因为在实际研究中，没有人把像国家这样庞大的单位作为一个具体社区进行调查和研究，也没有人把对这种大规模“社会”的研究看作一种社区研究。

化并以物质生产活动为基础的人类生活的共同体。

重要概念

社会就是一群享有共同地域和共同文化的相互作用的人。——罗伯逊

美国社会学家罗伯逊（I. Robertson）从三个方面概括了“社会”这个社会学研究对象的特征：“第一，他们必须占据同一块地域。第二，他们不仅共同享有这一地域，还必须彼此间发生相互作用。第三，他们必须在某种程度上有一种共同的文化，都感到自己是同一群体的成员并对这同一群体承担义务。因此，我们可以说，社会就是一群享有共同地域和共同文化的相互作用的人。”① 英国著名人类学家利奇（E. Leach）也认为：“所谓社会，意味着在地域上被界定的某个政治单位，在多数场合下，其‘社会’是构成更大的政治单位的一部分，而更大的单位，在稍微不同的意义上，也作为‘社会’被描述，这些单位的大小也通常是不定的。对这些单位的规定，与其说是出于理性上的考虑，倒不如说是出于研究上的方便。”②

但在吉登斯看来，社会在一般意义上是用来指“社会联系”，或者用来指社会关系的一种独特体系。马克思主义学者有时更喜欢用“社会形态”而非“社会”的概念，而在非马克思主义学者尤其是受涂尔干影响的学者那里，社会这个概念与社会学理论本身的内涵紧密关联，如当社会学通常定义说“社会学是研究现代社会的学科”时，就清楚地表达了这个观点。现在虽然已经很少有当代社会学学者像涂尔干那样以一种几乎是神秘的方式把社会当作一种个体成员对其敬畏有加的“超然存在”，但是，“社会”作为社会学理论核心概念的首要地位却已经得到了人们普遍的承认。③

可见，尽管“社会”这一概念非常复杂，但在社会学理论的研究中是具有一定的地域边界（borders）的，是内在的高度整合的统一体。“在现代社会科学中，‘社会’这个词被用来指称任何拥有主权、有地域边界的空间，它的含义给人一种没有历史相对性的印象，似乎社会的主权和边界永远有之”，而实际上，“‘社会’的概念只不过是欧洲国家发展史的一个片段——作为权力集装器的民族-国家——的产物，而并非自古有之”④。例如，作为社会学家普遍认可的社会学主要研究对象之一的“现代社会”这一概念，就是与社会的“现代”（modern）概念同期出现的。⑤ 所以，“‘社会’（the social）作为一种独立和独特的实在形式，可在完全世俗的和物质的意义上予以分析，并予以理性的探究和解释，这无疑是一种‘现代’的观念，而且这种观念唯有在启蒙运动的话语中才能最终

---

① 罗伯逊．社会学：上册．北京：商务印书馆，1990：102－103．

② 包智明．比较社会学．北京：知识出版社，1995：55．

③ Giddens A. The consequences of modernity. Cambridge：Polity Press，1990：7.

④ 吉登斯．社会的构成．北京：三联书店，1998：13．

⑤ Owen D. Sociology after postmodernism. London：Sage，1997：8.

得到明确化”[①]。19世纪30年代，孔德把专门研究现代形式的知识命名为“社会学”[②]，而这一概念直至1843年才出现在英语中[③]。不仅如此，在以往的社会学理论研究中，“社会”还多半是与“民族国家”“现代性”等概念联系在一起的，有时候，我们常常习惯于用国家作为单位来考察世界，实际上从更广泛的意义上来看，用“社会”作为单位考察更为有效。因为，民族国家本身就是一个特殊的社会，是现代意义上的“社会”，也是社会学理论作为研究对象的“现代社会”的形式之一。也正是在这种意义上，吉登斯才说，社会学就是以“现代社会”为研究对象的。

由此可见，现代性产生了明显不同的社会形式，其中最为显著的就是民族国家。[④] 当然，直到人们记起社会学理论的固有趋向是集中在把社会作为其指定的研究对象，我们才意识到民族国家概念已代表了一种陈旧的观察。社会学家的“社会”，至少在现代性的时代就是指民族国家，但通常这是隐含着的同义词，而不是外显的理论化等式。[⑤] 正因为如此，传统的社会学理论研究基本上都预设了“社会”的这种明确边界性和相对封闭性。吉登斯对此曾经指出，“社会”其实本来就不是这个样子的，在绝大多数情况下，“所有的社会都既是社会系统，又是由多重复合的社会系统交织构成。这种多重交织的系统既可能完全内在于系统，又可能跨越社会的内部与外部，在社会总体与跨社会系统之间形成多种可能有的关联形态”[⑥]。把“社会”作为社会学分析的首要对象具有很多含义。首先，它促使对社会变迁内生模式的关注。可以这么说，社会包含一个逻辑：它驱动社会依据其自身的结构潜力而行动。其次，认为社会学研究对象是明确可鉴的“社会”，并不一定要求它与前现代的口述文化和农耕国家社会的特征保持连贯性，换句话说，并不一定要求它与迄今为止在人类历史长河中占据较长时间的社会保持连贯性。[⑦]

三、什么是“社会学理论”？

理论建构对于社会学来说历来就是一项十分重要的学术任务，正如澳大利亚

---

① Hall S. Introduction//Hall S，Gieben B. Formation of modernity. Cambridge：The Open University Press，1992：2//童星．现代社会学理论新编．南京：南京大学出版社，2003：1.

② “社会学”作为一门学科，一般认为是由法国实证主义哲学家孔德提出的，但也有另一种说法：“事实上，孔德是想利用这个词确定一门属于科学体系的学科，该词起初并不是‘社会学’，而是‘社会物理学’。为什么‘社会学’一词代替了‘社会物理学’这个词呢？因为那时孔德所憎恶的一个比利时天文学家和‘社会学家’——阿道夫·凯特尔发表了一篇题为《试论社会物理学》的论文。”布东．社会学的方法．北京：商务印书馆，1995：1-2.

③ Williams R. Keywords：a vocabulary of culture and society. London：Fontana，1976：295.

④ 吉登斯认为，在社会学的话语中，“民族国家”基本上还不是理论化的。因为正如其字面意思，“民族国家”有其政治构成和地域结构，它们要获得认同，不仅要看其内部发生了什么，还要看其在整个民族国家体系中的参与程度。吉登斯．社会理论与现代社会学．北京：社会科学文献出版社，2003：35.

⑤ Giddens A. Modernity and self-identity. Cambridge：Polity Press，1991：15.

⑥ 吉登斯．社会的构成．北京：三联书店，1998：265.

⑦ 吉登斯．社会理论与现代社会学．北京：社会科学文献出版社，2003：34-35.

社会学者马尔科夫·沃特斯（Malcolm Waters）所指出的，社会学可以理直气壮地宣称自己是一门科学的原因有二：一是它具有一个被广泛公认的理论传统，二是它在方法论上有一种严肃的态度，即以精密的方法论来指导研究。然而，“真正确定这门学科的却是理论，因为正是理论，对社会学可以告诉其受众的有关社会世界的种种内容做出了总结性的概述”①。当代社会学理论大师亚历山大也曾说：“没有坚固和有力的社会学理论，就不会有坚固和有力的社会学。而我们要复兴社会学，就必须先复兴它的理论。”② 但是，在社会学中，关于什么是社会学理论或者社会学理论应该是什么，至今都很少有共识。③

重要概念

社会学的反思性：社会学理论与隐含的、日常生活中被认为理所当然的理论是不相同的，其反映了在试图分析或解释社会现实方面做到客观和系统的一种自觉而审慎的努力。

古尔德纳（A. W. Gouldner）曾经指出，社会学理论所思考的问题应该是社会学学科的根本问题，而不是凭借其自身在经验应用上的成果来获得社会学作为一门独立学科的合法性，社会学的发展方向与社会学理论的发展方向始终是一致的，这种一致性就体现在社会学的“反思性”上。④ 因此，社会学理论与隐含的、日常生活中被认为理所当然的理论是不相同的，因为社会学理论反映了在试图分析或解释社会现实方面做到客观和系统的一种自觉而审慎的努力。那些从事正式理论建构的人所做的努力就清楚地体现了这种信念。⑤ 美国当代社会学理论家乔治·瑞泽尔（George Ritzer）对此曾指出，社会学理论与我们在日常生活中得出的理论存在着重大差异：其一，社会学理论比一般人由日常生活中提出的理论更有组织性，也更自觉自己在做什么；其二，社会学者提出的理论通常根植于过去社会学者所提出的理论之中；其三，社会学者相当依赖由自己搜集得来或由别人搜集得来的资料，而这些资料都是与自己研究主题相关的社会现实或社会关系；其四，与普通人不同的是，社会学者希望将自己的论述出版，借此，这些理论可获得批判性的分析，被更广泛地传播出去，成为实证研究的基础，并可被后来的理论家加以运用；其五，更为重要的是，社会学者是针对广泛的社会议题做总括性的思考，而普通人则倾向于去思考狭隘的，甚至是个人的议题。⑥

实际上，社会学理论是一种体现在文本上的具体而生动的社会学实践。这种实践包括进行想象思考的能力以及将自我从有关社会生活的先入为主的观念中解脱出来的能力。⑦ 作为一种对社会世界的理论化抽象，社会学理论研究的直接对

---

① 沃特斯．现代社会学理论．北京：华夏出版社，2000：1.

② Alexander J C. Theoretical logic in sociology：Vol. I. Berkeley and Angeles，CA.：University of California Press，1982：xvi.

③ 特纳．社会学理论的结构：上．北京：华夏出版社，2001.

④ Gouldner A W. For sociology：renewal and critique in sociology today. New York：Basic Books，1973：96.

⑤ 约翰逊．社会学理论．北京：国际文化出版公司，1988：84.

⑥ 瑞泽尔．当代社会学理论及其古典根源．北京：北京大学出版社，2005：1-2.

⑦ 吉登斯．社会学．4版．北京：北京大学出版社，2003：26.

象就是各种经验事实和社会实践。社会学理论研究之合理性正在于其为社会实践“立法”，在于能够解释社会事实的某个方面。因此，乔治·瑞泽尔指出：“社会学理论较为正式定义是：一组相互关联的观念，能对社会世界的知识加以系统化、能解释社会世界，并能预测社会世界的未来。”① 查尔斯·蒂利（Charles Tilly）也指出，解释不同于描述、说明和批判，尽管有很多理论学家认为后三者也是社会学理论的目的，但蒂利提醒我们，并不是所有的理论学家都把“解释”视为他们调查研究的一个可行的或者值得称道的目的。“一个学科的知识发展取决于其产生好的解释的能力。”② 从类型学的角度来看，社会学研究是一项特殊的职业活动，其主要任务就是通过社会实践发现社会结构内在的规律性及其独特性，并使之上升到“理论的”高度。③ 而任何理论都是首先与事实相关，与实践相连的。

因此，社会学理论首先意味着一种实践，一种由社会学理论组织成的社会学实践，我们在这里强调的不是社会实践而是社会学实践，就是为了表明社会学理论是在总体上对社会进行研究的一种实践理论④，也是社会学共同体的一项理论实践。毕竟社会学理论对社会的描述是带有科学意图的，而不是直接去描述社会现实。从这个意义上来说，社会学理论是对社会学研究对象的一种客观、系统性的总结，是一种高度专业化的科学活动形式，其有别于形而上的（metaphysical）思辨和日常知识的推理。因此，社会学理论并不是任何“主观思想者的外在行动”⑤。尽管一些社会学家对此持反对意见，但我们必须把社会学理论与“社会的自我意识”（society's self-consciousness）划清界限。原因有二：其一，作为有机体或准主体（quasi-subject）的“社会”模型不具备任何科学价值；其二，理论只与社会现实间接发生联系。⑥ 因此，尽管任何理论都与其应用相关，但我们不能把实践简化为单纯对理论的一种应用。总体上说，用来解释理论的社会学实践的实验形态也是理论本身的构成元素，任何理论都不可避免地要对这些实践形态进行仲裁（mediation）。⑦

所以，社会学的实践性天然地决定了社会学理论的经验性，没有经验基础的社会学理论只能是臆想。社会学理论的重要基础就是建立在经验基础上的社会实践以及依据社会实践而展开的一系列社会学的实践，它既是社会学实践的总结，又是社会学实践的向导。因此，社

重要概念

社会学理论的重要基础是建立在经验基础上的社会实践以及依据社会实践而展开的一系列社会学的实践。

① 瑞泽尔．当代社会学理论及其古典根源．北京：北京大学出版社，2005：4.

② Treviño A J. Sociological theory at the crossroads, contemporary sociology. Washington, 2003: 282.

③ Kachanov Y. What is sociological theory? . Social sciences, 2003, 34.

④ Stepan V. Theoretical knowledge. Moscow, 2000: 104-105.

⑤ Hegel G W F. Philosophy of right. Oxford: Oxford University Press, 1942: 79.

⑥ Kachanov Y. What is sociological theory? . Social sciences, 2003, 34.

⑦ Kachanov Y. What is sociological theory? . Social sciences, 2003, 34.

会学的理论研究与经验研究实际上是相互促进的。从社会学理论研究对经验研究的作用来看，其主要表现在：（1）适当的理论使原本孤立的变量在经验研究中确立起一致的相关性；（2）理论的进步会推动经验研究的发展；（3）理论对经验研究具有规范和指导作用；（4）理论可以预测经验研究的结果；（5）社会学理论研究可以增强文化敏感性，从而使得大量的经验研究可以建立在差异性的文化价值观基础之上；（6）也许最为重要的一点就是为研究者自身带来自我启蒙，从而为群体和个人提供更多的机会来改变他们自己的生活状况。而社会学的经验研究对其理论发展同样具有非常重要的积极作用，主要表现在能够恰当地激发理论、重塑理论、修正理论和澄清理论等方面。①

"社会学理论"不同于"社会理论"，也不同于一般的社会科学（尽管它们之间存在着某些千丝万缕的联系和不可分割的基本论题，但在欧洲社会学传统之中，它们之间似乎有着更为严格的区分），"社会学理论"相较于"社会理论"，具有其独特性。② 而"社会理论"不同于"社会学理论"之处，主要是"社会理论"介于社会历史哲学和实证主义社会学之间，其既不像社会历史哲学那样是演绎性的理论体系，又不像主流社会学那样是实证的经验科学，而是以社会历史哲学为前提，以实证主义社会学为基础的一种理论类型。吉登斯曾经指出，社会理论是关心人类行为并为一切学科所共同分享的一种覆盖和跨越所有社会科学的理论体（a body of theory）。③ 从产生的时间来看，应该说在社会学作为一个独立的学科产生之前就已经存在种种社会理论，而社会学理论是在社会学作为一个独立的学科产生之后才出现的。从涉及的论域来看，社会理论涉及的范围要比社会学理论广泛得多，甚至常常越出社会学之外，在整个人文社会科学领域中寻求解释与说明的源泉和思路。相对于主流社会学的"经验本性"和"实践品质"而言，"社会理论"似乎一直被视为非科学或前科学的思想活动，是主流"社会学理论"在学科化与规范化之后所力图摈弃的范畴。"社会理论"的一般标准至少包括三个方面：一是以社会为研究对象；二是对社会的研究方法既是哲学的，又是科学的；三是其理论目标往往是功能性的或批判性的。④

然而我们必须同时指出的是，虽然社会学理论来自实践，但它绝不是永恒不变的真理，从某种意义上说，任何形式的社会学理论都只是由不同角度去观察社会的暂时性理论。因为社会学理论产生的前提就是为了适应时代和社会实践的要求。一种理论，之所以能够存在并指导实践，就是因为它是根据时代发展和社会

① 林聚任，刘玉安．社会科学研究方法．济南：山东人民出版社，2004：51.

② 苏国勋指出，在国际社会学界，"社会理论"与"社会学理论"两个概念之间长久以来并无泾渭分明的界限，在出版物中也往往被相互混用。但细心观察就会发现，美国人更多地使用"社会学理论"，而鲜有用"社会理论"者，这似乎另有一番意味——社会理论属于哲学或社会思想史范畴，而不属于作为一门经验科学的社会学的研究领域。苏国勋．社会理论与当代现实．北京：北京大学出版社，2005：2.

③ Giddens A. Profiles and critique in social theory. London：The Macmillan Press，1982：5.

④ 当然，关于"社会理论"与"社会学理论"之间究竟存在着一种什么样的关系，不同社会学家或社会研究者在认识上并不一致。这里表达的只是笔者的一种观点，详细分析可参见：文军．承传与创新：现代性、全球化与社会学理论的变革．上海：华东师范大学出版社，2004：58.

实践的需要，经对“实践概括”而成的“有系统的结论”。由于事物的发展和社会实践是永不停息的，因此，理论有无生命力，则在于其能不能根据时代要求和社会实践的发展而不断与时俱进。可以说，社会学理论并不能为解释社会现实或预测未来开出一剂灵丹妙药，甚至不能对社会学所论述的知识上的问题和争论提出一种解决方案。但是社会学观点的概念性和知识性的结构及特定的理论所贡献的分析方法却能够帮助我们理解我们自己的社会世界，从而又能使我们更客观、更敏锐甚至更有效地与人们交往。[①] 但正如笔者在前面已经论及的，理论与实践实际上存在着双边关系，尽管社会学理论来自并反映社会实践，但作为一种理论的形式，它又必须与自己所探讨的社会实践相分离。正如马尔科夫・沃特斯指出的，任何一种社会学理论都必须符合以下几个方面的标准：（1）它必须是抽象的；（2）它必须是主题化的；（3）它必须是逻辑一致的；（4）它必须是说明性的；（5）它必须是一般性的；（6）它必须是独立的；（7）它必须在实质上是有效的。[②]

就像整个社会学的学科特征一样，社会学理论也是与“现代性”紧密联系在一起的，是“现代性”实践的一种反映。因此，大凡“现代性”的特征也就成了社会学理论的特征，例如，科学主义、基础主义、整体主义、本质主义、偏狭性等。具体来说，社会学理论的主要特征至少体现在以下五个方面[③]：

（1）绝大多数社会学理论家即使不相信存在着社会规律，也相信存在着普遍的科学观念。他们认为存在一个尚在不断积累的理论知识体系，当代理论工作者们的任务就是要么为这个知识体系继续添砖加瓦，要么通过产生某种突破来把它推上一个新的台阶，以使知识的积累过程能够在一种新的水平上再次开始。

（2）社会学理论家们认为他们正在为整个社会学领域奠定基础，并试图将社会行为与社会分析的基本准则置于一种坚实的哲学基础上。然而，没有一种这样的基础已经被揭示出来，能够为作为一个整体的社会学所接受的更是肯定不存在。

（3）社会学理论家发展出了包括“工业化”“现代化”“世俗化”“民主化”等在内的那些关于西方“进步”的宏大叙事，并力图将它们应用于被当作一个总体来看待的整个世界。

（4）社会学理论家们倾向于认为人类具有一些基本的、固定的和不变的特征。社会现象不是被视为某些特定社会条件的产物，而是被视为那些特征的表现。

（5）社会学理论被视为只关心社会学理论家所关心的那些争论。换句话说，社会学理论的关怀和争论正在日益成为元理论性的，许多争论与社会世界很少或几乎没有关联，而且不是社会学家的人实际上对它都毫无兴趣。

---

① 约翰逊．社会学理论．北京：国际文化出版公司，1988：29.
② 沃特斯．现代社会学理论．北京：华夏出版社，2000：3－4.
③ 瑞泽尔．后现代社会理论．北京：华夏出版社，2003：16－18.

第二节 社会学理论发展脉络及其主要类型

自19世纪30年代社会学诞生以来，其理论研究就经历了许多不平凡的发展道路。要认识和了解当代社会学理论，就必须对社会学理论本身的发展历史和主要类型有一个基本的了解。从社会学理论发展脉络来看，尽管学者们对其发展阶段的具体划分不太一致，但许多社会学家都倾向于认为社会学理论流派走过了一段由彼此分离、相互对立到彼此渗透、相互融合的历史发展过程。

一、社会学理论的发展脉络

从以往的社会学理论研究来看，社会学理论的发展同其他学科理论的发展一样，其基本走势是社会学理论中各种具有不同倾向的理论流派的相互对立、相互渗透和相互融合的有机的历史发展过程。① 但总的来看，社会学理论研究的发展轨迹主要是实证主义、人文主义、批判主义三种不同取向的社会学理论交替出现、轮流占据上风的历史的、逻辑的发展过程。由孔德、涂尔干开创的实证主义社会学理论传统强调社会学理论与自然科学方法的一致性，把社会学看成是整个社会科学的基础性学科，认为通过社会学理论研究可以找到认识和控制社会发展的规律。而由齐美尔、韦伯开创的人文主义社会学理论传统却强调自然科学与社会科学之间的本质性区别，反对社会科学研究领域中的自然科学化倾向，主张把关注社会行动者主体和主观性作为社会学理论研究的重点。由马克思开创的批判主义社会学理论传统既不同于实证主义社会学理论，也不同于人文主义社会学理论，它以唯物史观为理论基础，使社会学理论在本质上成为批判的、革命的学说，并对后来社会学理论的发展产生了重大影响。

随着三种取向的社会学理论的交错发展，一定时间后总要出现一种对各种取向的理论进行综合的社会学理论。我们可以把它称为社会学理论发展的一个周期。从社会学理论的发展历史来看，迄今为止，实证主义取向的和非实证主义取向（包括批判主义取向）的社会学理论至少出现了三次高峰和三次明显的理论综合。实证主义社会学理论取向的第一次高峰的代表人物是孔德和涂尔干，非实证主义取向的第一次高峰的代表人物是狄尔泰（W. Dilthey）和韦伯。例如，韦伯的理解社会学理论，就综合了德国人文主义和英法实证主义的双重传统，他主张社会学理论的基本分析单位是人的社会行动，通过“理解”人的行动动机中包含着的“主观意义”去认识社会现象。因此，韦伯的理解社会学理论中的“理解”

① 侯均生．关于西方社会学理论发展脉络的研究．社会学研究，1999（4）．

既是“解释性的理解”，又是“理解性的解释”，目的在于克服实证主义和唯心主义在社会认识论上的独断，走的是一条相对主义的折中道路。①

实证主义社会学理论取向的第二次高峰是帕森斯的结构功能主义及实用主义的社会学理论研究，非实证主义取向的第二次高峰是以舒茨为代表的现象学社会学理论的出现，而以哈贝马斯为代表的社会批判理论则是从反实证主义立场出发对当代实证主义和人文主义取向的社会学理论所做的第二次综合。例如，帕森斯就是继韦伯以后试图对古典社会学理论进行综合的社会学家，其结构功能主义就是对帕累托、涂尔干和韦伯等社会学家的不同理论要素全面综合的结果，并将英国的功利主义、法国的实证主义和德国的历史主义传统结合在了一起，为整个社会科学构筑了一个跨部门的概念框架。

实证主义和非实证主义社会学理论取向的第三次高峰都是在社会学发展进入当代社会学理论阶段以后产生的，注重在传承自身传统的基础上努力吸取其他优秀的理论传统。因此，在第三次理论综合上表现出一种多元综合的态势。如以实证主义理论传统为主的新功能主义和以人文主义理论传统为主的理性选择理论，实际上都表现出了相互吸收、互为补充的特征，并在理论取向上更多地表现为一种综合性的社会理论。可见，社会学 180 年的历史，其实就是不同学派、不同理论、不同研究取向相互对立又相互渗透、彼此补充的发展过程。尽管社会学理论各发展阶段在思想观念上有很大的不同，但如果以现代化为坐标，以社会发展的实践为尺度，古典社会学理论、现代社会学理论和当代社会学理论在理论构建与目标取向上并没有本质性的区别，因为它们始终没有摆脱建设“现代性”与推进“现代化”的历史使命，其所遵循的都是一种以民族国家中心论、西方中心论和人类主体中心论为特征的“现代化研究范式”。因此，我们可以发现在古典社会学理论阶段有一连串关于“现代性”内涵的不大一致的定义，最典型的如资本主义（马克思）、有机团结（涂尔干）、合理化（韦伯）等等；而且每一个又都是与说明人类社会发展的动力机制联系在一起的，如生产方式（马克思）、劳动分工（涂尔干）、理性化的多样性（韦伯）等等；同时还包含了一系列方法论类型与分析方法，如社会关系（马克思）、社会事实（涂尔干）、社会行动（韦伯）等等。

> **重要概念**
>
> 社会学理论在各发展阶段的理论建构与目标取向上并没有本质性的区别，都遵循一种以民族国家中心论、西方中心论和人类主体中心论为特征的“现代化研究范式”。

有关社会学理论的发展脉络，我们大体上可以按照其理论发展的历史进程与内在的逻辑演变来划分。社会学家们通常把迄今为止的社会学理论划分为五个阶段：第一个阶段是从社会学诞生的 19 世纪 30 年代到 70 年代末，这是社会学的奠基阶段，其代表性人物是孔德和斯宾塞（H. Spencer）；第二个阶段是从 19 世纪 80 年代到 20 世纪 20 年代，这是社会学的形成阶段，其代表性人物是韦伯和涂尔干；第三个阶段是从 20 世纪 30 年代到 60 年代中期，其代表性人物是帕森

① 陆学艺．社会学．北京：知识出版社，1996：8－9.

斯，也是社会学理论发展史上著名的“帕森斯时代”；第四个阶段是从20世纪60年代中期到70年代末，是各理论流派“群雄割据”的时代，也是著名的“反帕森斯时代”；第五个阶段是从20世纪80年代直至现在，是社会学理论多元综合的新时代，也有人称之为“吉登斯时代”[①]。对社会学的这种划分，一方面反映了社会学理论发展的实际历史过程，另一方面也揭示了社会学理论发展的内在逻辑进程，因而线索清晰、阶段分明，具有一定的合理性。[②]

然而，为分析方便，本书对社会学理论发展阶段的划分没有采用这种方法，而是根据社会学理论不同研究传统的实际发展，借用历史学中的年代“用语”来进行粗略的划分，即把社会学理论的整个发展历程划分为古典社会学理论阶段（19世纪30年代至20世纪20年代）、现代社会学理论阶段（20世纪30年代至70年代）和当代社会学理论阶段（20世纪80年代至今）三个阶段（见表1-1）。

表1-1　社会学理论发展脉络及其主要类型

古典社会学理论阶段	现代社会学理论阶段	当代社会学理论阶段
涂尔干 （实证主义传统）	结构功能主义/交换论 功能主义/结构主义	新功能主义/ 系统功能主义
韦伯 （人文主义传统）	符号互动论/冲突论 现象学/常人方法学	结构化理论/ 理性选择理论
马克思 （批判主义传统）	批判理论/ 结构主义马克思主义	沟通理论/ 后结构主义

古典社会学理论（classical sociological theory）阶段，明确地讲主要是指以涂尔干、韦伯和马克思三个人的社会学理论思想为主的时期。[③] 之所以说它们是“古典”或“经典”的，不仅是因为它们确立了社会学理论所关注的基本论题和核心观念，促成了各种社会学理论与方法的最终形成，而且因为它们在很大程度上左右了社会学理论的发展序列和学术传承关系，从而在某种意义上使这一时期的社会学成为以后各种社会学理论思潮的发源地。因为在此之前的孔德、斯宾塞等所谓的社会学理论奠基阶段的人物，对社会学理论思想的形成仅仅起到了“奠基”的作用，其思想与其说是社会学理论的思想，不如说是社会思想或哲学思

① 因为吉登斯的理论充当了帕森斯时代的“掘墓人”，并成为这一时期各种理论新的多元综合的典范。

② 从社会学理论发展阶段的这种划分中，我们似乎至少可以发现两个有趣的现象：一是它验证了“分化—综合—分化—综合”的事物发展规律，孔德与斯宾塞开创的实证主义社会学传统，在第二阶段开始产生分化，实证主义与人文主义取向并行发展，而到帕森斯那里开始尝试对社会学不同取向的综合，但最终却以社会学理论的进一步分化为终点，继而到第五个阶段，各种新的多元综合态势不断涌现。二是社会学首先在欧洲诞生，继而传播到美国和其他地区并取得了巨大的发展，而到20世纪后期，经过一段时间，没落的欧洲社会学又开始雄风崛起，其原创性思想和领航人物的影响大大超出美国，社会学由此又重新回归故里吸取养分。

③ 如果细分起来，古典社会学还应该包括与涂尔干、韦伯、马克思三人处于同一时代的较具影响力的社会学家，如齐美尔（G. Simmel）、舍勒（M. Scheler）、滕尼斯（F. Tönnies）、帕累托（V. Pareto）等人的社会学思想。

想。社会学理论直到涂尔干那里才真正地具有了"学科"特色，并取得了独立的地位；而且更为重要的是，正是涂尔干、韦伯和马克思开创了实证主义、人文主义和批判主义的三大社会学传统（sociological tradition）①，其后几乎所有的社会学理论思想都可以从他们这里找到各自的思想源泉。② 现代社会学理论（modern sociological theory）阶段主要是指以三种社会学理论传统为基础，详尽阐述和发展各种理论立场的时期。它由帕森斯所开创的社会学理论研究以及因此而产生的各种反帕森斯的社会学理论思想构成，这也是社会学理论史上著名的"帕森斯时代"和"反帕森斯时代"。其主要特征就是紧紧围绕"社会现代化"这一核心主题而展开一系列论争，由此也产生了一系列有关社会变迁与社会行为的解释，并巩固和发展了社会学理论的"现代化研究范式"。当代社会学理论（contemporary sociological theory）阶段主要是指 20 世纪 80 年代以来各种对社会学理论传统的修正、模仿和综合的发展阶段③，其主要特征是随着信息化、全球化的兴起，社会学理论中的"现代化研究范式"日益受到挑战，各种单一的理论与方法正陷入越来越深的困境中，并由此出现了一种新的多元综合的趋势，以图解释正在出现的信息化、全球化现象，也有人把当代社会学理论阶段叫作"吉登斯时代"或"后帕森斯时代"④。

其实，这种划分与前面论述的对社会学理论发展阶段的通常划分是一致的，社会学理论奠基和形成阶段（即第一、二两个阶段）也就是古典社会学理论阶段，社会学理论的"帕森斯"和"反帕森斯"阶段（即第三、四两个阶段）则是现代社会学理论阶段，而当代社会学理论阶段是与其第五个阶段相吻合的。这种对社会学理论发展阶段的重新划分绝不只是简单地将前述划分的几个阶段进行合并，也不是简单地套用历史学通常的年代"用语"来对学科发展阶段进行划分，

---

① Nisbet R A. The sociological tradition. New Jersey：Transaction Publishers，1993.

② 当然，除此之外，也有一些富有特色的社会学构想，如齐美尔的"形式社会学"、舍勒的"现象学社会学"、滕尼斯的"纯粹社会学"和帕累托的"普通社会学"思想。尽管他们的许多见解都为后来的各派社会学家所吸取，并成为社会学知识体系中的有机组成部分，但相对来说，他们的社会学影响要小得多，追求者也少，更没有形成源源不断的发展脉络和理论流派。

③ 高宣扬认为，当代社会学理论的转折点发生在 20 世纪 60 年代，其主要原因是从这个时候起，同社会理论密切相关的整个西方社会和人文科学，都发生了根本的转变：一方面，它们从根本上批判了在此之前的各种理论模式和方法论；另一方面，它们创造性地提出了崭新的理论典范和方法论（详细分析可参见：高宣扬．当代社会理论．北京：中国人民大学出版社，2005：70）。但我们认为，尽管从 20 世纪 60 年代起，西方出现了许多针对帕森斯社会学的理论批判和理论创新，但在思维方式和研究范式上仍然没有跳出现代社会学的分析范式，我们仍然可以将这一时期（20 世纪 60—70 年代）的社会学理论看作现代社会学的一部分。而把 20 世纪 80 年代以后更具多元综合特征的社会学理论看作当代社会学理论的起点和转折点。

④ 亚历山大指出，"反帕森斯"与"后帕森斯"指的是同一个理论运动，冲突理论、交换理论、互动理论、民族学方法论、诠释学和马克思主义理论等都是在战后帕森斯理论的霸主地位确立之后形成的。但"反帕森斯"这个术语是从这些理论出现在 20 世纪 60—70 年代这个角度来描述的，而"后帕森斯"则是从当今的理论形势的前景来看待这些理论的。而且，更重要的是，"反帕森斯"在很大程度上把帕森斯看成是一个非常重要的原告，是在"反"方立场上来进行批判的；而"后帕森斯"则暗示了帕森斯已经被超越和取代了，即使不是在理论上，至少也是在历史范畴上如此。Alexander J C. Twenty lectures：sociological theory World War Ⅱ. New York：Columbia University Press，1987：Chapter 20.

而是深刻地反映了社会学学科发展的传承关系。作为现代性产物之一的社会学，其“古典社会学理论”的定位实际上是为了明确涂尔干、韦伯和马克思三人的思想在社会学理论体系中的地位及其重要性，就像学科历史更为悠久的哲学与经济学一样，已有180年历史的社会学也逐步形成了自己独立的理论体系和内在的发展轨迹，并在整个学科体系中占据了重要地位。而现代社会学理论和当代社会学理论就其内在的逻辑演变而言，实际上都是在传承古典社会学理论中某个研究取向的基础上，或深化发扬，或综合创新。

二、社会学理论的基本类型

自19世纪30年代社会学诞生以来，人们对其总体框架就有二分法、三分法、四分法以及混合法等不同的划分法（当然，最基本的是二分法，其他的分类都是二分法的变形或发展），其中影响较大的主要有孔德、沃德（L. F. Ward）、索罗金（P. A. Sorokin）、波洛玛（M. Poloma）等人的二分法。如孔德在《实证哲学教程》中，首先将社会学区分为研究社会秩序的社会静力学和研究社会进步的社会动力学两部分。沃德在20世纪初出版的《纯理社会学》中，将社会学分为纯理社会学和应用社会学。纯理社会学吸取了孔德的思想，把静的社会现象问题和动的社会现象问题与社会势力问题摆在一起；应用社会学则研究社会改进的现象问题。索罗金在20世纪30年代则把社会学划分为普通社会学和特殊社会学，前者研究社会现象的共同性与共同关系，后者研究社会现象与社会现象间的特殊性和特殊关系（特殊社会学实际上是分支社会学）。波洛玛将社会学划分为“自然主义社会学”或“实证主义社会学”与“人文主义社会学”或“解释性的社会学”。① 还有的社会学家把社会学分为宏观社会学和微观社会学，前者侧重研究社会整体结构与功能，后者侧重研究个人、小群体行动与互动。②

对社会学理论的类型划分也一样，许多社会学家采取二分法来划分社会学理论类型。比较具有代表性的有：(1) 一般理论与中层理论。一般理论主张从概括性观念的一般理论到特殊社会事实之研究的理论，又称“巨型理论”（grand theory），以美国社会学家帕森斯为代表；中层理论则主张社会学的研究应该从特定社会事实出发去建立正确而有效的特定理论，再慢慢地结合许多具有相关性质的特定理论而形成概括性的一般理论，又称“微型理论”（little theory），以美国社会学家默顿为代表。③ (2) 描述性理论与解释性理论。描述性理论重点在于详细

① Poloma M. Contemporary sociological theory. New York: Macmillan Publishing Co., 1979: 2.

② Katz F. Contemporary sociological theory. New York: Random House, Inc., 1971.

③ 也有学者采用三分法，把理论划分为宏观理论、中观理论和微观理论三个层次。宏观理论相当于上述“一般理论”，即以整体性的社会现象为解释对象。微观理论关注行动个体之间的互动层面的现象与问题，如符号互动理论和常人方法学理论等。中观理论则是介于宏观理论与微观理论之间的理论，如上述默顿的中层理论就是一种中观理论，其抽象层次和解释对象都介于宏观理论与微观理论之间。林聚任，刘玉安．社会科学研究方法．济南：山东人民出版社，2004：47-49.

描述一个事物或现象的形状性质；解释性理论则注重各因素间的相互关系，并说明一个事物或现象存在或变迁的原因。(3) 正式理论与非正式理论。正式理论具有健全而完整的科学原则架构，如物理学原理和数学原理是正式理论的代表；而非正式理论是指一些结构既不完整且又松散的有关日常生活的臆测。(4) 理念性理论与科学性理论。理念性理论以理念意识为指导原则，常含有主观与偏见在内；科学性理论则以客观的科学原则为指导基础，很少有主观偏见成分在内。(5) 直觉性理论与客观性理论。直觉性理论是出自研究者的直觉主观看法，如现象学派就是直觉主观的；客观性理论则是出自客观的看法，经验实证研究法所建立的理论就属于这一类。

就社会学理论的性质和功能而言，最具代表性的理论分类可能是把社会学理论划分为“实质理论”与“工具理论”。[①]“实质理论”是指研究者依照既定工作计划与操作方式对经验事实进行研究之后所获得的一组相关概念，并通过理性与逻辑的运作与建构，来解释或说明被研究的社会事实的一种理论，也称作“具体理论”(因为它是在研究具体社会事实之后建构而成的理论)。[②]“工具理论”是理性主义（rationalism）的产物，其理论的建构并不是来自对特定的社会事实之研究，而是根据一般普遍性的概念，通过纯理智的逻辑运作而产生的理论，也称作“抽象理论”。实质理论是经验主义的产物，它是通过对特定社会事实之研究所得到的特定理论，往往有别于理性主义者的抽象概括性理论。这两种理论类型的差异比较如表 1-2 所示。[③]

表 1-2　社会学实质理论与工具理论之差异比较

比较＼理论	实质理论	工具理论
哲学基础	经验主义	理性主义
研究方法	注重事实归纳	注重理智推演
理论与方法的关系	理论是方法的具体后果	理论是方法的抽象工具
经验指涉	由特殊社会事实到普遍概念	由普遍概念到特殊社会事实

上述两种社会学理论类型的划分，实际上恰恰代表了建构社会学理论的两种基本途径：实质理论是从经验事实的研究开始，然后建构出理论；而工具理论则是经理性运作而构成的理论，然后用以分析经验事实。[④] 在社会学理论的建构过

① 马尔科夫·沃特斯在其《现代社会学理论》一书中将社会学理论划分为形式理论（formal theory)、实质理论（substantive theory）与实证理论（positivistic theory)。关于他对这三类社会学理论的划分与解释，参见：沃特斯．现代社会学理论．北京：华夏出版社，2000：4-5.

② 实质理论也是“经验主义者”的代表。例如，美国社会学界长期以来都积极主张所谓的“具体研究”(concrete research)，强调研究者应该走到室外，从事实地研究工作，再依照具体和社会事实去创造理论。

③ 陈秉璋．社会学理论．台北：三民书局股份有限公司，1991：25-27.

④ 从社会学理论的这两种类型及其建构方法可以看出，它们与我们前面对“理论”及其建构方式的分析是一致的。就此而言，社会学理论因其综合性和广泛性的学科特征而最具有“理论”本质性的含义与特征。从某种意义上说，解读社会学理论是了解整个社会科学“理论”的最佳途径。

程中，由于主流社会学受以自然科学为模式的理论与研究方法制约，其理论建构一般采用假设-演绎法来构建理论，这类方法具体来说由四部分组成：(1) 提出问题并形成理论观点；(2) 依据理论观点做出假设；(3) 对假设进行检验；(4) 构建并形成理论。可以说，这是西方迄今为止还非常盛行的社会学主流研究模式与理论范式。

第三节 社会学理论研究的危机与当代转向

重要概念

当代社会学理论的危机是一种总体性的危机，根源在于社会学理论无法有效应对后现代和全球化等新趋势所带来的社会现实的根本变化。

社会学自诞生以来，就在理论和方法取向上存在着相互分离和对立的困境，这种局面延续到当代，社会学理论研究不仅没有很好地走出历史的困境，反而又遭遇了全球化与后现代的挑战。如果说长期以来西方社会学理论的危机主要是主流社会学理论（实证主义）的危机，那么，当代社会学理论的危机则主要是一种总体性的危机，其根源在于社会学理论无法应对后现代和全球化所带来的社会现实的根本变化。因此，当代社会学理论的转向是不可避免的。

一、社会学理论研究面临的主要危机

从历史上来看，作为启蒙运动和现代性产物的社会学，从其诞生之时起，就从未放弃过真正的知识必然是普遍的，必然以某种元话语为基础的观念。因此，从社会学的创立直至社会学的形成阶段，现代实证主义设计的大旗就一直未倒（即使在遭受最严厉批评的 20 世纪 60—70 年代），各位古典社会学大师——涂尔干、韦伯、马克思、帕累托、滕尼斯等——实际上都认可和传播了科学在认识论上的特权地位、科学在发现普遍原理的基础上对知识统一性和社会进步的追求，并逐步确定了社会学的基本前提、概念和问题，提供了裁决经验与理论之争的标准，阐明了一种统括性的概念框架，以便把各种社会学研究统一起来。这种试图用实证主义的研究范式来替代其他各种研究取向的做法实际上为以后社会学理论间的冲突埋下了危险的种子。

到 20 世纪初，社会学又经历了一个体制化、学科化和文化合法化的过程，这一过程又以一种独特的方式塑造着社会学，使其科学性要求进一步提升。社会学在寻求体制上自主性、科学性的同时，逐步形成了经验的、实证的研究方法和理论特色，使得社会学理论方法的实证和非实证之间的争论往往被当作纯粹与学科有关的分析或方法论问题来处理。因此，在这种状况下，社会学理论作为一种元话语——其目的是裁定学科争论——的作用得到了扩展。当今的理论，特别是社会学理论，通常被界定为一个独特的“专业”或专门知识领域，它关注的是其自身“独立自存的”认识论的、分析的和方法论的问题。① 作为一种基础性话语，社会学理论逐渐变成了一种元理论，社会学的元理论化（metatheorizing in sociology）也愈来愈成为一种发展趋势。②

> **你怎么看**
>
> 为什么说古典社会学理论的研究主题是“秩序与进步”？

20 世纪 30 年代，社会学理论发展到现代社会学阶段，在传承古典社会学理论“秩序与进步”研究主题的同时，开始寻求更为广阔的理论综合，以解释变化不断加快的社会现实。这一时期的社会学理论是以帕森斯对古典社会学阶段各理论流派的尝试性综合为起点的，然而最终却以社会学理论的进一步分化为终点。在古典社会学阶段，社会学家的分歧还主要是围绕着主观与客观、维护与批判等方面展开的，而到了现代社会学阶段，先前的分歧不仅没有被消除，反而还产生了许多诸如宏观与微观、冲突与均衡、抽象分析与经验研究等新的分歧与对立。但是，在这场理论分化与对立的冲突中，实证主义社会学传统并没有真正被颠覆与动摇，相反，在一定程度上使得实证主义社会学理论成了社会学的主流理论（尽管 20 世纪 70 年代后，各种反实证主义理论尤其是主观-微观视角的社会学理论的呼声很高）。

但是，到了 20 世纪 60 年代以后，越来越多的人不满所谓主流共识体制之下的主流社会学传统。在一些非主流理论派别不遗余力的攻击下，主流社会学理论大厦轰然倾倒，一时间各种流派纷呈迭出，支撑主流社会学传统的美国社会学也开始四分五裂，而欧洲的社会学却趁机复兴，并逐步摆脱了美国社会学的支配地位，使西方社会学重新陷入了一种理论的狂欢。现在看来，虽然社会学理论的这种分化在很大程度上促进了社会学研究的繁荣，加深了人们对社会过程各个侧面的理解和认识，但同时使得社会学陷入了各种理论流派纷繁复杂、无穷无尽的争论之中。这些理论流派各执一端，互不沟通，将社会的整体图景分裂为互不连贯的许多碎块，既阻碍了人们对人类社会的完整认识，也阻碍了社会学知识的积累和发展。当然，当代社会学理论的这种危机其实反映的只是建立在“现代性”基础上的主流社会学（实证主义社会学）的危机，因为世界的多元性本身就要求理论的多样化。

的确，作为启蒙运动和现代性产物之一的社会学，其知识体系都是基于现代性与现代社会而建构起来的，从一开始就打下了“现代性”的烙印，这不仅意味着“现代性”与“现代化”自然成了社会学研究的逻辑起点和核心主题，而且也从总体上规范了社会学研究所要运用的理论、方法以及价值取向，大凡现代性与现代化所表现出来的特质也多半成了社会学理论研究的品质和特色。同样，现代

① 塞德曼，瓦格纳．后现代主义与社会理论．国外社会科学文摘，2000（1）．

② Ritzer G. Sociological theory. New York：McGraw-Hill，Appendix，1996：627.

性自身所具有的潜在危机也演变成了当代社会学理论的潜在危机，主要包括以下几方面：

一是社会学理论内部的研究范式存在难以调和的矛盾甚至冲突。在社会学理论研究中，一直存在着许多范式的竞争：社会事实范式、社会定义范式和社会行为范式，实证主义范式、人文主义范式、批判主义范式，宏观研究范式、微观研究范式，系统范式、冲突范式，等等。这些范式彼此混杂，势必造成社会学研究的无所适从，从而影响社会学学科的整体形象。

二是社会学的知识体系难以回应不断变化发展的社会现实需要。从某种意义上来说，社会学研究范式的危机根源不在于社会学理论与方法本身的筹划不足，而在于社会实践的不断发展及其主题的快速转换。主流社会学一直强调以实证为本，用事实和数据说话，而许多复杂的社会现象往往是研究者很难理清其因果关系的，更不要说对未来社会变化进行预判和实证分析了。

三是社会学研究对象和范围的历史性变化将对其理论研究的有效性产生不利影响。传统社会学的主要研究对象和基础大多停留于"社会内部"或"社会之间"的社会事实上。而随着信息化、全球化时代的到来，越来越多的"跨社会"事实和潜藏于真实社会之外的"网络社会现象"大量涌现出来，从而使得传统社会学研究无论是在理论上还是在方法上都面临着巨大的挑战。传统社会学的研究对象"现代社会"正在被解构，"人"的意涵发生变化，社会学似乎正在演变成一种没有"人性"的学科。社会学理论正越来越求助于符号的、生物的和交流的范式，这些范式的一个共性就是都在试图缩小或者消除人类社会与非人类社会之间的差异。①

你怎么看

跨学科研究动摇了传统社会学理论研究的边界，社会学共同体难以维系。那为何当下社会学跨学科视野的研究反而愈发重要呢？

四是各种跨学科研究的兴起将不断动摇传统社会学理论研究的边界，社会学共同体难以维系。社会学最大的学科特征在于其知识的综合性和研究的整体性，社会学知识建构在其他人文社会科学的基础之上，并往往能从整体的角度来开展富有特色的研究。而恰恰是这一学科特征导致了社会学在当代跨学科研究背景下不断地被其他人文社会科学知识反向吸纳甚至"蚕食"，长此以往，具有统一面相的社会学共同体将难以维系和发展。

实际上，现代性与现代社会的危机在某种程度上早就标示了当代社会学理论研究的危机。今天的社会学理论可以说已经置身于两难的境地中了：既不能重建自以为是、独尊一元的本体论，又不能陷于无所作为、怎样都行的虚无主义。正如现代性的危机只能用超越现代性的方式来解决一样，滞留在现代性研究范式之上的社会学理论研究也只能用超越现代性研究范式的方式来予以解决。20 世纪

① Donati P. Doing sociology in the age of globalization. World futures: the journal of global education, 2012, 68: 225-247.

90 年代以来，各种新社会学理论和一系列的理论转向便可以看作是对这种危机进行反思后的一种知识努力，即在快速的社会变迁迫使社会学家们对旧范式和旧理论产生怀疑的时候，为了认识新的社会状况并提出新的研究范式而进行的各种尝试。因此，各种现代社会学、后现代社会学研究之间的论争在没来得及系统梳理与总结的状况下，就已经不由自主地步入了所谓“全球社会学理论”的新时代。

二、当代社会学理论的重构与转向

20 世纪 80 年代以后，吉登斯、哈贝马斯、亚历山大等社会学家，面对社会学理论研究的分裂局面，尝试着采用多元综合的方式将社会学理论从“危机”中解救出来。然而，正如吉登斯所告诫的，理论与方法的激增并不意味着社会学危机的解决。多元主义、多中心主义和人文学科的内部关联进一步加剧了社会学研究领域的无序状态，模糊了社会学与相关学科的界限，从而使社会学的研究对象更缺乏独立性了。① 为了消除理论与方法论的危机，不少学者企图回到古典社会学思想遗产中吸取营养，并对当代社会学理论进行多元综合，其中一个主要表现就是以“韦伯热”为代表的重新研究古典社会学理论和重新评价帕森斯理论的热潮。正如吉登斯在其《资本主义与现代社会理论》的序言中所说的：“当代社会理论需要一个根本性的重构。这种重构必须从重新认识这些著作家的著作开始，他们建立了现代社会学的基本框架。在这些著作家中最为重要的是马克思、涂尔干与韦伯。”② 也正是在这种重新研究与评估古典社会学和现代社会学理论，强调社会学理论本质应该是多维性、整合性和系统性的背景下，20 世纪 80 年代后，西方才出现了各种试图对现有理论、学派实行综合的方案。其所采取的手段和方式大致包括以下五种：

一是理论重建，即在原有理论的基础上，吸取其他理论的益处，重新构建原来的理论，使之更加完善。如新韦伯主义理论的发展、亚历山大的新功能主义和多向度社会学（multidimensional sociology）、菲因（C. Fine）的新符号互动论、库克（K. Cook）的新交换理论等等。

二是理论扩展，即扩展原有理论的传统界限，向新的领域发展。如文化社会学出现了从阐释学解释向社会学调查转变的动向，民族学方法论也突破了仅仅分析日常生活的对话和互动的局限，将其领域扩大到分析社会制度、结构与个人的关系等主流社会学理论所关心的问题上。

三是理论联结，即寻求某种途径，将微观与宏观、主观与客观等不同层次和领域的现象联结起来。如科尔曼的理性选择理论就提出了以微观层次为基础建立起微观与宏观、主观与客观相结合的理论途径，而亚历山大则主张以宏观层次为

---

① 斯马特. 社会学、后现代性与“社会性的终结”. 国外社会学，1991（2）.

② Giddens A. Capitalism and modern social theory. Cambridge：Cambridge University Press，1971.

出发点来寻求微观与宏观的联结。埃利亚斯（N. Elias）的“构型社会学”或“过程社会学”也是将微观层次的个人行为与宏观层次的国家联结起来进行分析的典范。

四是理论合并（theoretical consolidation）。例如，乔纳森·特纳和大卫·鲍兹认为，通过将社会现实的微观、宏观与中观层面连接到一个更宏大的分析框架内来实现专业理论的合并是可能的。换句话说，特纳和鲍兹看起来是在暗示这样的观点，即通过采用广泛的概念框架将全异的理论合并于一体，以期产生新的理论。①

五是理论整合，即试图以超越“重建”“扩展”“联结”“合并”的辩证综合方式，来创立一种新的社会学理论语言，以整合的理论来认识或重新解释曾被忽略、歪曲的多维而完整的社会现实。如瑞泽尔的社会学元理论化（sociological metatheorizing）对社会学多重范式的整合以及女性主义社会学、后现代社会学等所做的辩证整合等等。② 还有诸如女性主义社会学、后现代社会学等各种批判的社会理论（critical social theory）的兴起，不仅整合了传统社会学理论内部的各种思潮，而且充分吸取了政治学、人类学、历史研究、法学研究和文化研究等其他学科领域的知识，从而在整体上促使批判理论从社会学理论视野转向了社会理论领域。③

从当代各种试图超越社会学危机的理论努力来看，最富有影响力的莫过于各种后现代思想和全球化理论。社会学理论长期以来形成的以“现代性和现代化”研究为己任的现代知识体系，一方面遭到了后现代社会思潮的批判与颠覆，另一方面又遭到了全球化理论的冲击与提升。如果说后现代社会思想打破了社会学“现代化研究范式”的宏大叙事和“挑战-回应”的线性关系，从而从对立面促成了西方社会学的微观反思性发展，那么，全球化理论则提升了社会学惯有的研究层次和学术视野，从而从正面维护了西方社会学的多元自主性发展。但是，在世界正在融入全球化的过程中，社会学研究并没有真正做好应有的理论准备，全球化因此与后现代理论一样，事实上构成了对西方社会学理论未来发展的重大挑战。④

当代世界的许多问题是全球性的问题，再也难以在民族国家、地方社区的层次上进行充分研究。社会学乃至整个社会科学都必须关注全球化现象以及全球化背景下的各种跨国性社会现象，并不断拓展自己的研究领域。正如著名全球化研

---

① Turner J H，Boyns D E. The return of grand theory//Turner J H. Handbook of sociological theory. New York：Kluwer Academic/Plenum Publishers，2001：353－378.

② Ritzer G. Sociological theory. New York：McGraw-Hill，1996：621－650.

③ 需要指出的是，社会学理论向跨学科的社会理论的扩展，不仅意味着调用社会学以外的各种理论与方法，同时也包含放弃作为主流社会学理论核心的实证主义的知识观。因此，从社会学理论到社会理论的转变不仅具有方法论的成分，而且也有政治的成分。对于批判的社会理论来说，“批判”意味着这样的观念：知识存在于历史中，如果运用得当就可以改变历史进程，因此，它致力于对社会做总体性的、结构性的理解。Agger B. Critical social theory：an introduction. Boulder：Westview Press，1998.

④ 文军．全球化议题与社会学的研究．社会科学辑刊，2002（5）.

究专家、美国匹兹堡大学社会学教授罗伯森（R. Robertson）所说："从总体上来说，我感到目前关于全球化的讨论构成了社会学工作的某种延伸和重新聚焦，这项工作使社会学以及更一般意义上的社会理论可能超越其在该学科古典时期里走向成熟时所必要的条件的局限。"① 全球化的发展在促进社会学各研究领域之间进行智力交换的同时，将不得不使社会学家们把自己的研究视野从传统单一的"民族""社会""社会间"扩展到国际乃至全球社会，并在研究范式上打破以民族国家中心论、人类主体中心论、西方中心论为主要特征的"现代化研究范式"，使得构建一种适应全球社会的社会学概念、框架和研究范式不仅是必要的，而且是迫在眉睫的大事。社会学在没有很好地走出自己自诞生以来就存在的历史困境的时候，又面临着现代化向全球化这个社会转型的挑战，从而使得社会学的理论危机陷入更为复杂的境地。

三、非主流社会学理论的兴起及其影响

以实证主义为主导的主流社会学理论，相信人类社会世界的运行主要是受到一定法则影响的，所以研究者可以通过科学、客观、中立的资料收集过程，根据收集到的资料发展出一般法则，然后再将这些法则进一步推论到具有类似特质的其他对象。就像一些学者所指出的那样："社会学中的量化研究已经蔚然成风，这种研究范式随着统计技术不断精密化而得到更快的发展，从而使得社会学的研究方向越来越走向微观，也不利于社会学得出一种高度概括性的理论。"②

而以非实证主义为主导的一些非主流社会学理论，却相信社会世界的真实本质只有当下的存在而无法进一步推论，同时，这些本质也是不断变动而非恒定的现象，因此，它们主张每一个研究个体都有其独特性，研究者只有通过被研究者的立场才能了解其生活经验对被研究对象的意义为何。③ 因此，区分"主流"与"非主流"社会学理论的标准主要不在于其一时的学术从业人员或学术群体的众寡，而在于其理论的根源及影响力方面，而这种学术根源与影响力至少可以从价值取向、地域因素、影响力以及经典根源等角度来分析和判断：其一是指其理论的价值取向与西方社会流行的自由主义价值观念不能相容的社会学理论，我们这里可以大致认定批判的社会学理论是非主流的社会学理论。④ 其二是指欧美以外

① Robertson R. Globalization：social theory and culture. London：Sage，1992：12.

② Lieberson S，Lynn F B. Barking up the wrong branch：scientific alternative to the current model of sociological science. Annual review of sociology，2002，28.

③ 潘淑满．质性研究理论与应用．台北：心理出版社，2003：4.

④ 有关这一观点，刘拥华博士补充认为，这里的批判主义主要是指反自由主义的批判理论，因为批判理论有两种，一种是自由主义的批判理论，一种是反自由主义的批判理论。比如说达伦道夫（R. G. Dahrendorf）的批判理论就与新马克思主义的批判理论不同，前者是自由主义的，这一点达伦道夫本人和科塞（L. A. Coser）都是承认的，因此这一种不能归入非主流的社会学理论，它们反而是主流的社会学理论。新马克思主义批判理论是反自由主义的，可以归入非主流的社会学理论。这种反自由主义的批判理论包括法兰克福学派的理论、空间批判理论等新马克思主义理论。

的尤其是第三世界的社会学理论，比如拉丁美洲或者亚洲的社会学理论，因为处于社会学中心之外，所以被边缘化，无法进入主流。即使在欧洲内部，比如北欧和中东欧的社会学理论，也是非主流的社会学理论。其三是指没有被传统社会学理论广泛关注的理论，判别标准之一就是这些理论还未被纳入广泛使用的教材。比如空间社会学理论、身体社会学理论、网络社会学理论等，都还没有被广泛介绍。其四是指没有经典根源的社会学理论，它们或许是独创性的，因而无法从古典社会学处寻得理论启发或者源头，即使有理论根源，这些根源也不是古典社会学的核心主张。还有一些理论是由籍籍无名的理论家提出的，比如女性主义理论以及消费主义取向的各种理论流派。

从西方社会学理论的发展历程来看，由于自然科学在 20 世纪以来的强势地位越来越占上风，社会科学传统中的泛科学主义倾向也日益影响着当代社会学理论的重建方向。所以，主张社会唯实论，强调社会大于个体的以实证主义社会学为研究特征的各理论流派事实上一直占据着社会学研究的主流地位，以至于一段时间里实证主义社会学几乎成了社会学的代名词。[①] 实证主义范式排除一切主体性和意义、价值问题的做法，不仅造成了人性的危机，也造成了社会学自身的危机。许多社会学家深受其影响而不自觉，无法彻底地建立一种自觉意识，即既尊重科学的成果，又保持同自然科学的距离，真正地建立一种同自然科学相区别的有反思能力的社会学。

吉登斯曾对实证主义社会学理论做过这样的评价："这一词语（指实证主义）已经变成带有侮辱性含义的词之一。"霍姆伍德（Holmwood）和斯图尔特（Stewart）也写道："社会理论家曾把实证主义看作一种会玷污自己名誉的方法论。"批判理论甚至认为实证主义是社会学表现不良的主要根源。当代许多社会学家，如塞德曼（S. Seidman）、达阿米科（D'Amico）、斯蒂芬·特纳（Stephen Turner）、布朗（R. H. Brown）、卡尔霍恩（C. Calhoun）、阿罗诺维茨（Aronowitz）及亚历山大等人的论文中也都对社会学理论的主流范式直接进行过批判，这些批判许多是集中在实证主义本体论和认识论层面上的。[②] 非主流社会学理论就是在以实证主义社会学研究范式为主要特征的主流社会学理论的"压制"与"反抗"下形成的，所以它从来就没有真正摆脱过与实证主义社会学的关系。从其形成与发展的历史来看，我们大致可以将非主流社会学理论划分为四个不同时期：

（1）依赖时期。这一时期主要是古典社会学和早期的现代社会学阶段，尽管在这一时期许多学者已经看到了实证主义社会学的缺陷，并试图从不同的方面来提出另类的理论与方法，但由于自然科学的强大影响力，仍然表现出了对实证主义社会学的某种依赖，尤其在研究方法上仍旧难以逃脱实证主义范式的观点。例如，韦伯在积极倡导人文的、理解的社会学研究的同时仍念念不忘要保持"价值

---

① 文军．论社会学研究的三大传统及其张力．南京社会科学，2004（5）.

② Smith J. Emancipating sociology：postmodernism and mainstream sociological practice. Social forces，1995，74.

中立”的原则[①]，而马克思在进行社会批判时也十分突出和强调社会现象的“客观性”，这些反实证主义的代表人物都不同程度地打上了实证主义的“烙印”。

（2）独立时期。这一时期主要是20世纪中期前后，随着人们对主流社会学反思与批判的加剧，非主流社会学愈来愈寻求不同于实证主义社会学传统的研究，以在理论与方法上尽可能表现出自己独立的学术姿态并思考社会学的重建。许多令人耳目一新的反实证主义的理论思潮——社会批判理论、符号互动论、诠释社会学、现象学社会学、结构人类学以及常人方法学开始显现，这也是非主流社会学理论发展中最为重要的一个时期。到20世纪70年代以后，许多非主流的社会学理论与方法已经能够运用完整的研究范式、方法和策略来进行相关议题的研究了，并且也得到了社会科学界越来越普遍的认同。

（3）交融时期。20世纪80年代以来，社会学理论研究的多元化局面已经成为共识，主流社会学与非主流社会学的交融与共存也成了社会学研究中习以为常的现象。原来界限分明的主流与非主流社会学随着社会学多元综合时代的到来已变得越来越模糊不清了。尽管这一时期批判主义社会学的发展势头非常强劲，并表现出了愈来愈超越社会学既有理论框架而拓展到整个人文社会科学领域中的态势，但在社会学研究领域中，其始终没有占据主流的地位，批判主义在理论思想上的冲击与革命并没有因此而动摇整个主流社会学理论的大厦，主流与非主流仍然交织在一起。

（4）转向时期。尽管在对主流社会学理论的挑战与回应方面，非主流社会学理论表现出了不遗余力的一致性，但由于其自身的不统一性，非主流社会学阵营也出现了明显的裂痕与分化。尤其是在经过与主流社会学理论的抗争和交织发展阶段以后，一部分非主流社会学理论观点开始动摇，并重新消融在主流社会学的行列中。另一部分则发生了新的转向，企图通过拓展自己的研究领域和学术视野来重构自己的理论形象，以取得与主流社会学理论的平等地位。虽然我们还不知道这种新的转向将终于何处，但至少我们看到了一些非主流社会学理论在不断以新的姿态和面貌出现，它从某个方面也让我们感觉到非主流社会学理论的生命力之所在。

进入20世纪中后期以后，伴随着实证主义社会学主流地位的巩固与发展，各种非主流社会学理论思潮也逐步涌现。虽然像乔纳森·特纳所指出的，当代已经没有哪个个别的理论观点能成为社会学的权威理论（自帕森斯的结构功能主义鼎盛时期以后，社会学作为一门学科就没再形成过一个清晰可见的理论核心）[②]，但一些处于边缘地位的，诸如社会批判理论、结构主义马克思主义、现象学社会

① 有学者甚至认为在19世纪后期的学科环境下，韦伯可能是一个更倾向于实证主义的社会学家，其从事的实际上是一种更高级的实证主义研究。因为韦伯看到了社会科学的研究对象蕴含着文化价值，具有特殊性和独立性，通过价值中立和理想类型的建立，把社会科学和自然科学区别开来，又给他的理解社会学的科学地位设置了“确定性”的防线。因此，从这个意义上来说，似乎有一点借理解的、人文的方法来达到其更高级的实证主义研究的目的。

② Turner J H. Handbook of sociological theory. New York：Kluwer Academic/Plenum Publishers，2001.

学、常人方法学等一大批非主流社会学理论开始出现，其矛头直指实证主义社会学。其中，对主流实证主义社会学研究范式发起的猛烈攻击突出表现在两个方面：一是针对实证主义社会学研究的所谓“客观性”与“价值中立”原则，强调社会学研究中作为研究客体的“人”及其“行为”的能动性与作为研究主体的研究者的“价值介入”的重要性，提倡“理解”与“诠释”的研究方法。二是针对实证主义社会学研究中的“宏大叙事”与“结构的稳定性”，强调社会学研究中“微观”个体与社会变迁的重要性，提倡关注人们日常生活情景与社会世界的变化，企图从变动着的生活世界中发现生活的意义与价值。因此，非主流社会学理论的出现与发展可以看作是对实证主义社会学理论长期以来只关注“宏观”而忽视“微观”、只关注“客观”而忽视“主观”、只重视“静态”稳定而忽视“动态”变化的一种反思与批判。① 与主流社会学理论相比，非主流社会学理论的特征大体可以归纳如下（见表 1-3）。②

表 1-3　　主流社会学理论与非主流社会学理论一般特征之比较③

	主流社会学理论	非主流社会学理论
社会观	社会唯实论	社会唯名论
本体论	实在论/自然主义	相对主义/历史主义/批判主义
认识论	科学主义/经验主义	人本主义
方法论	实证主义方法论	非实证主义方法论
研究方法	实验法/实证调查	深度访谈/田野观察/文本分析
理论模式	理论检验	理论建构
理论目标	确立相关关系与因果联系	深入理解社会现象与社会行为

然而，各种非实证主义社会学理论相互之间又存在着严重的不可通约性，它们各执一词，难以在解释共同的社会现象上达成共识，社会学知识体系的无序态势日

① 例如，实证主义社会学多主张将宏观过程的研究放在首位，认为社会秩序是制约人性或人类行为的突生现实，即持社会唯物论观点。并且他们还认为，社会科学是社会工程的工具与基础，而科学使预测成为可能，预测有助于控制社会过程与结束它的自发性和破坏性。他们强调外在社会事实或社会存在的重要性，而认为人的行为是社会结构的派生现象。相对地，处于非主流地位的人文主义社会学却多是从微观现象入手，主张理解作为社会行动者的个人行动的主观意义，以及这种意义对行动和社会现实的影响。他们关注的是社会主体的互动，而非社会整体。

② 柯林斯在一篇文章之中指出，20 世纪 70 年代以后实证主义社会学受到的批评与抨击主要表现在以下几个方面：(1) 社会学没有能够取得有效的发现或定律性的经验概括；(2) 由于社会行动是由基于人的主观性、反思性和创造性的情境诠释构成的，因此，社会中不存在决定论的定律；(3) 社会世界犹如一部书，我们在不同时间以不同方式去读它，我们处于一个话语分析的世界；(4) 社会中只存在有历史意义的特殊事件，而不可能找到适用于任何时间和地点的一般规律；(5) 人们对社会学所使用的各种方法和原理，尤其是因果性的概括也提出了批评。Collins R. Sociology：proscience or antiscience?．American sociological review，1989，54：124. 林聚任，刘玉安．社会科学研究方法．济南：山东人民出版社，2004：20-28.

③ 由于非主流社会学理论内部的不一致性，其实很难从非主流社会学中归纳出一个相对统一的特征来。因此，此表对非主流社会学的归纳更多的是从人文主义社会学的特征出发来总结的，其特征是相对于占据主流地位的实证主义社会学理论而言的。

益严重，社会学理论由此也陷入了一种前所未有的困境与危机之中。[①] 可以说，整个西方社会学理论的状况就是这样一直处在主流与非主流的张力之中，时而相互融合，时而彼此排斥，但不管怎样，却共同地促进了社会学理论与方法的繁荣和发展，也正因为如此，社会学理论才展现出今天人们所熟悉的多元化样式与面相。

在整个20世纪的西方社会学理论发展史中，非实证主义倾向一直有着很强的影响。例如，在不同程度上具有人文主义和历史主义倾向的西方社会学理论流派就有符号互动论、现象学社会学、常人方法学、历史社会学以及冲突理论的某些学派等等。属于这些学派的许多社会学家认为，社会现象对社会行动者来说是“有意义的”，不能用自然科学的方法加以研究。他们指责实证主义忽略了社会行动者的特殊性、自主性与互为主体性，忽略了历史、文化和意识形态的作用，抹杀了社会现象与自然现象的本质区别，并针对这些问题创建了许多不同于主流社会学的理论。尤其在当代，处于非主流状态的许多社会学者都表现出了如下一些共同的特征[②]：(1) 喜欢用批评的眼光来审视社会，其发表批判、批评的意见远远多于发表赞同、表扬的意见；(2) 个性特征明显，一般有较强的独往独来习性，对一些行政与社会职务不屑一顾；(3) 其研究领域非常广泛，几乎没有范围和程度限制，往往是心里想什么就说什么，崇尚自由与创新是学术的信条；(4) 在研究问题时往往非常投入和充满激情，常常喜欢为民请愿，其研究渗透着良心、良知；(5) 关注“少数群体”和“被忽视的群体”，偏爱抓实实在在的“小”问题，抓一些“下里巴人”性质的问题，并十分愿意反映他们的意见。

当然，我们也应该看到，虽然一些非主流社会学在理论上十分迷人，为我们提供了无限广阔的思想空间和可能性，但是在实践层面却很难付诸实施。在一些非主流社会学研究者的眼中，一切都在流动之中，只有此时此刻才是“真实”的——这种理论不仅不能提出一套可供后人遵循的方法原则，而且无法设立任何衡量研究质量的标准。例如，作为非主流社会学中的一支重要力量的批判主义社会学，虽然为社会学提供了批判的向度和价值的介入，但是如果使用不当的话，就有可能产生一种“精英意识”，把自己认为重要的观点强加给被研究者。批判主义社会学理论自身无法知道自己的理论是不是也带有偏见，本身也需要被批判。

毫无疑问，非主流社会学理论的兴起不仅打破了主流社会学理论一统天下的局面，而且在某个方面也为我们开启了理解社会现象和人类行为的思想大门。可以说，以实证主义社会学为特征的主流社会学理论的衰落有其深刻的社会根源，

---

① 必须指出的是，造成社会学这种危机的根本原因并不是存在着这三种不同的研究传统，因为在此之前，它们实际上就已经存在了。

② 其实，自20世纪60年代帕森斯主义由盛而衰起，社会学似乎越来越难以维持一个主流的理论形态了。在反实证主义的人文主义与批判主义社会学兴起之前，实证主义传统占据社会学理论研究的主流地位，对于这一点好像学术界并没有多大的争议。但是在当代，相当一部分西方社会学者似乎认为实证主义社会学越来越变得只是社会学理论研究中的众多方法之一了，它与其他社会学理论与方法相比并没有特别的地方。

它反映了科学主义和理性主义的危机。① 越来越多的当代西方社会学家意识到，对当代社会现实的认识需要结合对人的历史境遇和文化世界的理解与洞察。在这种思想的指导下，他们更多地借鉴哲学与人文科学方法。② 可以说，在当前，整个社会学中没有一个单独的理论立场可以占主导地位的事实表面上反映了这一学科的弱点，但实际上它恰是社会学有活力的表现。在研究人类即我们自己的时候，理论的多样性把我们从各种定论之中拯救出来了。因为人类行为是复杂多样的，单一的理论视野远不能涵盖其所有的方面。而非主流社会学所带来的理论思维的多样性为我们提供了丰富的思想资源，把它用在研究中可以激发对社会学后续研究具有相当重要意义的想象能力。③ 因此，从这个意义上说，社会学概念体系的多样化不仅不是一种缺点，反而应该看成一种优点。因为这种多样性并没有带来完全的混乱，相反，它表示了一种必定存在的多元性，尤其当人们研究人类行为和制度这么复杂和具有争议性的问题时就更是如此了。④ 但也必须指出的是，各种非主流社会学思想的兴起并不代表着实证主义社会学的彻底破产。当代许多流派或多或少所呈现出来的后实证主义的色彩，就在某种意义上表明了它们是实证主义传统在新时期的一种延续。因此，非主流社会学要彻底破除和消解实证主义社会学的主流地位及影响，其道路仍然是十分漫长的。

第四节 当代社会学理论趋势与跨学科的兴起

20 世纪 90 年代以来的当代社会学理论，不仅各种思潮迭起，流派繁多，而且相互之间关系错综复杂，难以辨识。其中有三个最为突出的表现：一是在社会学理论与社会理论的关系上，相对狭隘的社会学理论愈来愈融合在更为宽泛的社会理论之中，社会学理论无论在理论旨趣和思维方式上，还是在研究对象和表现形式上，都更多地表现为一种社会理论，以至于许多社会学家宣称自己从事的不再是社会学理论的研究而是社会理论的研究。二是在主流与非主流理论的问题上，两者之间的边界也变得越来越模糊。这不仅是由于非主流社会学理论的影响日益扩大并逐步渗透到了各种主流社会学理论之中，从而形成彼此交错、相互交织的局面，也是由于主流社会学理论内部本身开始发生分化，其研究范式和理论形态再也难以维持长期以来的一贯统一的面相了。三是各种跨学科理论的兴起极

---

① 而实证主义之所以成为社会学主流，正是“由于实证倾向的社会学更接近于学科科学化的要求……实证主义范式本身蕴藏的科学性以及这个时代对科学的崇拜，决定了它的胜利”［张网成．实证主义——西方社会学的主流范式．社会学研究，1990（4）］。

② 林彬．论社会学方法的发展趋势．社会学研究，1992（3）．

③ 吉登斯．社会学．北京：北京大学出版社，2003：841．

④ 吉登斯．为社会学辩护．北京：社会科学文献出版社，2003：5－6．

大地改变了传统社会学甚至社会科学理论的特征。许多新的理论很难简单地归类为某一个学科的理论了，跨学科理论研究几乎成为当代人文社会科学乃至整个学术研究的一大趋势和特征。

一、当代社会学理论发展的主要趋势

回顾和总结近一二十年来当代社会学理论的发展历程，从这种意义上来说，无论是主流的实证主义社会学理论还是各种非主流的社会学理论流派，在当代理论境遇和社会脉络（contexture）中，都开始表现出了某些共同的特征和趋势。具体来说，当代社会学理论至少表现出了以下几个方面的整体性特征和发展趋势：

第一，社会学理论在分化的同时愈来愈呈现出多元综合的趋势。社会学理论在当今社会科学中已是如此分化和多样，这不仅破坏了社会学作为一门独立学科的整体性，使理论研究变得支离破碎，而且使主流社会学理论家难以对社会世界获得整体上的概念。今天，面对越来越繁多的专业化理论，社会学家不得不更多地采取宏观的、整体的方法来应对。犹如乔纳森·特纳和大卫·鲍兹所指出的：在一个更具包容能力的有关社会世界是如何呈现的研究中，专业化理论会得到最好的发展，这种研究只有综合性的宏大理论才能提供。[①] 与之相似，贝利（Kenneth D. Bailey）也像涂尔干一样主张社会学理论家应该研究复杂的现代社会，“唯有这样做，社会学才可以说自己是研究整体社会的，否则也就是研究社会的一部分而已”[②]。尽管有这么多人关注，但仍有一些人并不担忧社会学的目前状况。例如，杰弗里·亚历山大和菲利普·史密斯（Philip Smith）就认为，社会学理论的多元化及不同观点之间的争论都有助于该学科的整体发展。不管人们如何看待社会学理论的这种过度分化状态，在各种理论的分化之中出现各种多元综合的理论趋势都将是确定无疑的。因此，针对当前社会学理论四分五裂的状况，许多西方社会学者认为，理论家们当前的主要任务就是促进各个可以利用的理论传统之间的相互交流，以及在各个有价值的研究领域之间牵线搭桥，以实现理论的比较、综合与发展。这种多元理论综合不同于以往理论综合之处在于，它不是简单地将两种或多种不同流派的理论观点糅合在一起，而是在不同理论全面整合基础上的一种再创造。其特征不仅表现在对不同理论观点的全面吸收与概念创新上，而且在方法论与研究范式层面也努力实现系统整合。尤其在主流社会学与非主流社会学、微观视角与宏观视角、行动理论与结构理论的综合上表现出了突出的特征。例如，亚历山大的“新功能主义”、卢曼的“一般社会系统理论”、吉登斯的“结构化理论”、哈贝马斯的“沟通行动理论”、布迪厄的“结构主义实践理论”、柯林斯的“普遍化解释模型”、瑞泽尔的元理论化主张以及近年来出现的新

---

① Treviño A J. Sociological theory at the crossroads. Contemporary sociology，2003，32：282.

② Turner J H. Handbook of sociological theory. New York：Kluwer Academic/Plenum Publishers，2001：381.

系统理论都表现出了对一种理论综合的追求。这些理论的一个共同特征就是企图超越长期以来西方社会学理论传统中的二元对立。尽管其最终的效果如何还有待社会学家们的认同和检验，但这至少表明当代西方社会学理论已由以往专注于冲突、分裂的危机意识逐步转变为注重综合、整合的稳定意识，这种意识的树立无疑预示了一个新的理论时代的到来。

第二，不同社会学理论与方法之间的对话日益频繁。当代社会学理论的多元综合也为不同理论方法之间的对话提供了契机。这种多理论方法之间的对话在上一代曾经被默顿视为“并不是持有各种理论的社会学家之间相互赞同的融合，而是潜藏着深层的危机”，但在当代西方社会学理论中，这些对话不仅强调理论多样性的作用，而且认识到并不断推动各种不同理论之间的联结与互动——可以以不同的方式理解同一个目标。[①] 在传统的社会学看来，以实证主义社会学为特色的主流社会学，由于其较为成熟的理论、范式和相对稳定的方法技术与经验研究，通常被看作是一种“已开发的社会学”（developed sociology），而以人文主义社会学和批判主义社会学为主的一些反实证主义社会学却由于其相对空洞的框架或范式而被称为“低度开发的社会学”（under-developed sociology）。[②] 不仅如此，实证主义社会学与非实证主义社会学之间也缺乏应有的交流和合作。尽管从社会学理论发展史来看，一些人文主义或批判主义的社会学家（如韦伯、马克思、舒茨等），其理论思想中也含有实证的元素，但多半属于一种学术的非自觉意识和行为，而不是有意识地在促进实证主义社会学与人文主义社会学或批判主义社会学的理论对话。实际上，实证主义社会学与非实证主义社会学方法论并没有本质上的矛盾，它们之间的区别在于研究方法的倾向性是基于不同的出发点，但这并不意味着两种方法论完全不可融合。从整个学术发展的趋势来看，人们越来越期望有一种多元化的研究方法论出现，以摒弃原有的二元对立局面。随着大量非实证主义社会学理论的涌现，实证主义社会学理论在经过一段时间的争吵和相互批判以后，开始愈来愈重视与其他各种理论流派之间的对话，包括实证主义社会学理论本身之间和实证主义社会学理论与非实证主义社会学理论之间的对话。例如，埃利亚斯的“构型社会学”或“过程社会学”就是将微观层次的个人行为与宏观层次的国家联结起来进行分析的典范。尽管不同的理论家对理论对话的内涵有不同的理解，但当代许多理论家认为理论对话往往是通向理论终点的途径，在一些理论家那里，理论之间的对话是达致其他目标的一种手段，比如，理论工具的建构、广泛或局部的理论综合、理论的重构等等。但除了这些工具性的应用之外，对话本身也已经被看作一项重要的工作。列文（D. N. Levine）就认为，理论与方法的对话是阻止社会学理论进一步分化的一剂良方，当代理论家们的一项重要任务就是要培养这种“对话的精神”，特别是通过考察多种形式的社

① Merton R K. Structural analysis in sociology//Blau P M. Approaches to the study of social structure. New York：Free Press，1975：29.

② 黄瑞祺．社会理论与社会世界．北京：北京大学出版社，2005：8－9.

会知识来建立一个共同的概念体系，使得社会科学家们可以就他们的分歧之处进行建设性的对话，这样，可供他们选择的范围也会更加宽广。① 以这种对话为基础，列文还展开了对齐美尔和帕森斯两人思想之间的辩证关系的研究。安东尼奥（R. J. Antonio）、格拉斯曼（R. Glassman）、维里（N. Wiley）等人在马克思和韦伯之间展开对话的工作也体现了这一主张。②

第三，各种思潮在经历重构之后发生了一系列的理论"转向"。20 世纪 90 年代以来，一些以前在传统社会学理论领域中被长期忽视或者很少被涉及的研究领域，也在经历一系列的理论重构之后发生了重大"转向"，其中富有重要影响力的如后现代转向、女性主义转向、文化转向、空间转向、身体转向、历史学转向、语言学转向等等，都对传统社会学理论产生了重大的冲击。这些理论转向的动力来源与其说是理论内部建构的紧张，不如说是社会现实的挑战。③ 非实证主义社会学理论从许多容易被实证主义社会学理论忽视的现象和行为领域出发，不仅弥补了传统社会学研究领域中的不足，更重要的是开启了一种新的理论关注形式。比如，社会学理论的文化转向，并不是说在传统的主流社会学研究领域中缺乏对"文化现象"的社会学关注，而是指对当代各种社会现象开始注入一种"文化视野"的关注形式，使得传统的文化社会学从"the sociology of culture"转向了"cultural sociology"。当然，当代社会学理论在表面繁荣的背后也潜藏着许多危机，虽然社会学理论在数量上比以往任何时期都要多，但许多社会思潮更像是一种"理论的通货膨胀"，还没有让人细细品味其中的味道就已经迈入了"世纪末状态"，理论的更替似乎比理论的创新来得更快。尽管这种末世论（eschatology）的论调多少带有悲观主义的色彩，但的确也从一个方面说明了当代社会学理论所表现出来的短暂性特征，主流的实证主义社会学理论要想再像以前那样获得持久稳定的霸权地位已经不大可能，这种状况已经一去不复返了。

第四，对古典理论的重新阐释与批判性拓展。最近一二十年涌现出的许多社会学研究日益渗透到了对古典理论，包括孔德、斯宾塞、马克思、涂尔干、韦伯、齐美尔、米德等的理论的重新诠释中。这些著作中，有的力图使那些古典社会学理论获得新生，以批判性地拓展原来的理论视野。所采取的手段，有些是进行理论扩展、联结、合并；有些是进行理论重建或整合，试图以各种辩证综合的方式来创立一种新的社会学理论语言，以重新诠释社会学理论传统。比如新韦伯主义理论、新功能主义理论、新马克思主义理论等诸多理论就是在重读经典的传统中批判性地拓展原有的古典理论传统。还有的研究涉及稍晚一些的理论家，如帕森斯、曼海姆、默顿、加芬克尔（H. Garfinkel）等人的著作，以及早期的女性思想家的著作、非洲裔学者的著作，还有其他被忽视的理论家（如埃利亚斯）

① Levine D N. The flight from ambiguity. Chicago：University of Chicago Press，1985.

② Wiley N. The Marx-Weber debate. Beverly Hills，C. A.：Sage，1987.

③ 成伯清．走出现代性：当代西方社会学理论的重新定向．北京：社会科学文献出版社，2006：6.

的著作。在重新阐释古典社会学理论的热潮中，社会学理论挖掘出了许多新的理论资源，不仅进一步充实了社会学理论的基础和思想渊源，而且在一定程度上也极大地丰富了当代社会学理论。因此，从某种意义上说，当代社会学界对古典理论的重视，其目的不是对社会学史做出新的理论贡献，而是更好地建构新的理论。[①] 可以说，当代社会学理论跳出了当下情境的限制，扩展了理论研究的可能性，同时也揭示了理论研究中的一些历史教训。

第五，理论本身及其建构方法的反思性不断得到强化。社会学作为一门科学，是在人工建构的社会环境日益扩大并取代自然环境的过程中登上历史舞台并有所发展的。自 20 世纪 90 年代以来，“反思性”（reflexivity）在社会学理论中的地位越来越显著，几乎到了人人必谈之地步。反思性作为一种话语在学术领域的兴起，是由它所暗含的认识论的后现代转向决定的：质疑启蒙运动所确立的理性主义认识论的确定性信仰和各种二元论信仰。[②] 反思性意识主要包括两个方面：一是对社会学理论本身的反思，它涉及对社会学理论作为一种“工作”自身的逻辑方法的考虑，其中包含着对传统社会学理论的批评，并彻底从中摆脱出来；二是要求所有理论方法都必须有助于揭示实践活动的反思性属性，同时要求研究者必须采用非个人的方法论。反思性的目的就是扩大社会学知识的范围，以增强它的科学性、客观性和可靠性。在社会学理论知识的生产与学习上，一方面，社会学者必须有意识地去发掘知识形成的历时性的系谱（genealogy），而不是对社会学理论做零碎的、“去脉络化”（decontextualisation）的假借、引用和跟随，抑或反之，高呼以“本土化”对“西方化”的教条主义批判；另一方面，社会学必须反思每一种理论的前提条件和各种限制性因素，比如过去我们往往在没有弄清楚一些社会学理论形成的前提性条件和限制性因素的情况下就大胆地运用社会学理论来指导社会实践了。因此，唯有强调社会学理论的反思性，通过社会学理论的反思性与自我批判来展现出其隐藏的自我利益，我们才有可能真的触碰到更深一层的社会学含义，才有让社会学“生根”“发芽”的可能。在当代社会学理论家中，伯格（B. Berger）、加芬克尔、奥尼尔（John O'Neill）、布迪厄、吉登斯、乌尔里希·贝克（U. Beck）、鲍曼（Z. Bauman）等人都十分重视社会学理论的反思性问题。[③]

第六，在关注当下社会状况的同时不断突出理论的应用性和实践性。既然理论建构的主要任务和目的在于为社会现实和社会实践提供一套合理化的解释，古典社会学理论家为他们那个时代提供了许多解释，那么，当代社会学理论家们也同样面临着这样一个任务，即必须对当下的社会状况及其变化趋势做出合理化的解释。而在当代社会状况及其变化趋势中，“全球化”无疑是非常具有影响力的社会现象。因此，当代许多社会学理论家表现出了对全球化的极大关注。吉登

① Camic C, Gross N. Contemporary developments in sociological theory: current projects and conditions of possibility. Annual review of sociology, 1998, 24.

② 肖瑛．“反身性”多元内涵的哲学发生及其内在张力．中国社会科学院研究生院学报，2004（3）.

③ 文军．反思社会学与社会学的反思．社会科学研究，2003（1）.

斯、哈维（D. Harvey）、阿尔布劳（M. Albrow）、费舍斯通（M. Featherstone）、罗伯逊（I. Robertson）、斯克莱尔（L. Sklair）等社会学家都提出了自己的全球化理论。此外，对当代社会状况的理论关注还包括图海纳（A. Touraine）对社会运动的研究、贝克对政治主体性复兴的研究、卡尔豪恩（C. J. Calhoun）对公共领域的研究、奥弗（C. Offe）对共产主义集团解体的研究，此外还有拉什（S. Lash）、乌里（J. Urry）对当代资本主义性质的研究，鲍曼对文化性质的研究，等等。所有这些研究都体现了当代社会学理论对社会现实及其变化趋势的密切关注。与此同时，当代许多理论家指出，社会学越来越受到抽象化、自我指涉式的理论化的威胁，越来越远离经验研究和社会实践领域中的真实议题。因此他们主张，社会学理论的主要任务就是建构出可直接用于经验研究和实践指导的分析工具，包括概念、解释性命题、实践性指导原则等。

第七，社会学理论发展的危机意识不断增强。传统社会学理论危机的表现与其说是社会学对科学主义、实证主义长期过分追求的结果，不如说是由于当前社会现实的快速变化所导致的整个社会学知识体系难以适应人类新的社会实践的需要。从更深层次的社会根源来看，当代社会学的危机是与现代社会中科学主义、科技理性的危机分不开的，而这种危机的根源又在于现代性本身的危机以及现代性与现代化之间的不一致性。犹如现代性的产生一样，作为其产物的西方社会学其实从一开始就潜伏了危险的种子，当社会现实的发展愈来愈偏离现代性既定的目标或因过度遵循其目标而走向极端时，社会学知识体系和话语方式如果再无法对这种变化的现实做出相应的调整与变革，其危机迟早会爆发出来，并因此而成为影响与阻碍社会学理论未来发展的一个重要因素。[①] 面对当代社会的快速变化，一些理论家甚至认为社会学理论作为研究现代社会的理论将失去其存在的基本理由，于是，便发出了以下呼喊："已经不存在任何原来意义上的'社会性'（the social）了。""社会学还是有关社会的科学吗？"[②] "个体已经死亡。""社会也不存在了。""我们还需要社会学吗？"[③] 的确，从某种意义上说，当代社会学理论既无法应对全球化所带来的社会现实的根本变化，也很难从根本上解释过去和现在的社会事实。在后现代主义者看来，社会学理论只不过是靠着一种"话语霸权"在维系着自己的元叙事和普遍化原则，而这一切在当代社会却越来越陷入

① 有学者指出，社会学理论过于依赖现代性的解释范式，故而难以理解新生现象，其结果是，这些理论不能辨析人际关系形态的发生（如全球化和后现代的影响）。这样的转型意味着所有的新生现象共享着一种由差异符号代码所引导的差异逻辑。它不再是一种支配性的逻辑，也不同于19世纪和20世纪意识形态与宗教的基于零合关系的一元论，相反，它在性质上是多元的，并且能持之以恒。这些现象还涉及控制论观点，而这些观点不再是机制性的（mechanicistic）（如帕森斯的AGIL模式所言），也不再涉及反思性（reflexivity）的第二秩序（如卢曼的模式所言），而是一种超出帕森斯和卢曼理论的关系性（relational）控制论。详细分析参见：Donati P. Doing sociology in the age of globalization. World futures：the journal of global education，2012，68：225-247.

② Touraine A. Is sociology still the study of society? //Beilharz P，et al. Between totalitarianism and postmodernity：a thesis eleven reader. Cambridge，MA：MIT Press，1992.

③ Game A. Undoing the social：towards a deconstructive sociology. Buckingham：Open University Press，1991.

无法自拔的困境之中，从而促使了社会学总体性危机时代到来。对此，许多当代理论家提出，社会学理论必须实现一种彻底的转换，其任务就是为适应新的社会现实的变化去开辟、去创新，如果我们不能塑造一个“新人”，那至少也要培养一种“新的关注方式”，一种新的社会学眼光，倘若没有这种真正的转换，没有思想的更新，没有精神的巨变，社会学理论对社会现实的认识与反思就无从谈起，社会学的反思性与批判性也只能沦落至一种“理论无意识”和“想象力枯竭”的境地。①

第八，欧洲社会学理论的重新崛起及其中心地位的回归。在第一次世界大战结束之前，一直是欧洲的社会学理论占据主导地位，这不仅是因为社会学诞生于欧洲，更重要的是因为社会学理论的思想都源于欧洲博大精深的理论传统。例如，早期重要的古典社会学理论家几乎都出生在欧洲。然而，第二次世界大战之后，西方社会学研究的中心开始由欧洲转到美国，尤其是美国的帕森斯所开创的“结构功能主义”，主导了西方社会学界几乎长达30年的历史，使得美国社会学理论牢固地奠定了西方社会学理论的中心地位，帕森斯也一度成了社会学的代名词。20世纪六七十年代以后，伴随着西方社会的变迁，各种社会运动和冲突风起云涌，使得一向以强调社会稳定而著称的结构功能主义受到了越来越多的挑战，其影响力也急剧下降。结果，西方社会学理论在批判帕森斯的基础上呈现出了多元并存和群龙无首的局面。20世纪90年代以后，欧洲社会学理论开始逐步崛起，尤其是伴随着各种后现代思潮的形成和扩散，欧洲社会学理论的中心地位也开始回归。例如，如果我们将当代英国的社会学与人类学的命运进行比较，就会发现，在二战后早期，这个国家以拥有具有世界声誉的人类学家而自豪，相比较而言，它没有出现过什么著名的社会学家。而现在情况却反过来了，如果说目前英国还有人类学家的话，那也很少能够与以前的人类学家所取得的成就相媲美。但英国现在却涌现了许多享有世界声誉的社会学家。② 不仅如此，在当代西方，几乎所有具有原创性思想的社会学理论都与欧洲有关，欧洲也由此涌现出了诸如哈贝马斯、布迪厄、卢曼、福柯、吉登斯、鲍曼、贝克等极为知名的理论家。可以说，欧洲文化的多样性和不可通约性成为欧洲社会学理论有别于美国并重新崛起的一个重要原因，正是由于当代欧洲社会学理论与现象学、解释学、语言哲学等哲学传统的结合，社会学理论才结出了丰硕的学术成果。在理论回归与复兴的同时，整个欧洲社会学界也形成了各自不同的主题特色，如英国多以阶级、团结与冲突为主题，法国多以结构、权力为主题，而德国多以对现代性的探讨为主题，这一三足鼎立的局面共同创造并引领着西方社会学理论的未来发展。可以说，当今欧洲的社会学理论将在较长一段时间内保持着比美国更为强劲的发展势头。

---

① 文军．历史困境与未来挑战：当代西方社会学理论面临的主要危机．社会科学辑刊，2004（3）．

② 吉登斯．为社会学辩护．北京：社会科学文献出版社，2003：6．

二、当代跨学科理论研究的兴起及其影响

自20世纪90年代以来，当代社会学的发展已经面临着越来越多的挑战，这不仅反映为在理论建构上越来越趋向多元化和未知化，而且社会学在实践层面对公众和整个人文社会科学知识发展的影响力也在日趋下降，其表现之一就是具有“学科特色”的社会学理论越来越多地被其他人文社会科学与新兴研究领域渗透和取代，社会学理论愈来愈多地被具有跨学科特性的社会理论替代，社会学学科特色愈来愈模糊。[①] 当代社会学理论出现了各种各样的跨学科研究的趋势，不仅有关社会理论的著作在数量上急剧地增长，而且许多以前被遗忘或者忽视的问题都被纳入了社会理论的考察范围，从身体、语言、欲望、情感、消费、同性恋到观念、旅游、历史、空间、文化、全球社会，几乎很难有什么问题可以逃过社会理论无所不在的目光了。人类需要一种综合性的方式来理解他们自身和他们所处的世界，于是，跨学科研究越来越成为一种趋势甚至成为学术研究的潮流。

跨学科并不是无学科。作为一种新的研究形式，跨学科理论研究“旨在将不同的知识整合成一个比较全面的知识形式，其特征是较强的公共观点导向和较强的解决问题的能力”，是一种比多学科研究更高水平的学科合作。因为它“整合了多个学科的数据、技术、工具、观点、概念和理论，所提出的解决问题的方案超出了单一学科的范围和领域。在跨学科研究中，概念、方法论或认识论有了更进一步的整合和交换，能够相互补充和相得益彰”[②]。任何一门独立的学科都失去了单独解决人类面对的文明冲突和生存困境的意义和价值，只能以具体的研究议题为核心，通过“问题导向”实现对学科的综合，并通过这种综合体现出各个学科自身的不同优势[③]，从而逐渐实现社会科学理论研究的整合。

为了更好地把握当代跨学科研究的特征，许多学者对不同类型的跨学科理论研究进行了区分。(1) 从合作学科的亲疏关系来看：一是在现存的学科群内部进行的跨学科研究，即近缘的；二是在自然科学与社会科学两大知识板块之间进行的跨学科研究，即远缘的。[④] (2) 从跨学科研究产生的效果来看：一是同时运用两门或多门已经成熟的知识解决一个特殊问题的跨学科研究；二是导致新理论知识的跨学科研究。[⑤] (3) 从进行跨学科研究的不同目的来看，索尔特 (L. Salter) 和赫恩 (A. Hearn) 将跨学科研究活动分为以下三种类型：第一种是基于知识的工具观点，即“为了应对特殊的问题而借用其他学科的工具和方法，这类活动仅涉及工具和方法在学科之间的转移，而不直接产生综合的知识成果”。第二种是“跨学科的学科的观点”，将跨学科研究视为概念性的，它“导向一种新的知识的

---

① 吉登斯. 社会理论与现代社会学. 北京：社会科学文献出版社，2003：2.

② 蒋逸民. 作为一种新的研究形式的超学科研究. 浙江社会科学，2009 (1).

③ 孙麾. 以问题综合编辑理念推进跨学科研究. 浙江社会科学，2007 (4).

④ 王续琨，常东旭. 远缘跨学科研究与交叉科学的发展. 浙江社会科学，2009 (1).

⑤ 金吾伦. 跨学科学：跨学科研究的科学. 天津师范大学学报 (社会科学版)，1994 (5).

综合，然而却是坚定地基于学科的基础，目的在于扩展学科的知识而并非挑战它们”。第三种是“通过跨学科（探索知识的统一理论）以公开挑战学科和批判性地进行了跨学科研究（寻求批判的、有改革能力的知识而非一致性）”①。

重要概念

跨学科学是以跨学科理论研究的整体规律和特征为研究对象，以现实问题解决为目标，强调整合不同学科知识的一个专门研究领域。

当前，跨学科理论研究从最初的关注工具借用、边界跨越，逐渐成为以跨学科理论研究的整体规律和特征为研究对象，以现实问题解决为目标，强调整合不同学科知识的一个专门研究领域——跨学科学。② 可以说，跨学科学的形成是跨学科理论研究不断完善、发展的重要标志，也是对已有跨学科研究的理论总结。跨学科研究的演进与跨学科学的形成受到诸多当代社会学理论与方法的影响，其中十分重要的两个是英国社会学家鲍勃·杰索普（Bob Jessop）的“后科学”（post-science）和美国社会学家沃勒斯坦（Immanuel Wallerstein）的“一体化的学科方法”（unidisciplinary approach）。在杰索普的理论中，“后科学”的理论分析“不仅吸取不同学科的研究传统，还要发展寻求超越学科界线的新的概念。从拒绝学科分界线的合法性出发，杰索普指出，后科学理论分析通过确定那些与它们如何被分类无关的特殊问题来开始。后科学理论概念鼓励采纳问题导向而不是学科分界的讨论，而且将学科之间的关系重新组织起来”③。而沃勒斯坦的“一体化的学科方法”同样为跨学科研究奠定了重要的理论基础。沃勒斯坦在展开世界体系理论研究中就不是采用多学科的方法（multidisciplinary approach）来研究，而是采用一体化的学科方法，力求把经济学、政治学、社会学、文化学、人类学、军事学等等学科的理论和方法融为一体，有机地联系衔接，成为一个整体。可以说，这一方法“不是以承认社会科学边界合法性为前提的跨学科研究，而是各学科的整合与统一。一体化的学科方法的目标在于建构一种整体性知识的历史社会科学，消除社会科学的学科分歧和科学与人文之间的分野”④。

你怎么看

你怎么看跨学科理论在当代中国社会研究中的运用？

以综合性、整体性和全局观作为学科特征与学科追求的社会学与跨学科研究一直就有着一种天然的亲和性。在对诸多社会现实问题的剖析过程中，社会学者一方面积极地借鉴其他学科的分析工具，通过“问题”聚焦实现对学科的综合，并通过这种综合体现出本学科自身的独特优势⑤，形成了诸多分支学科；另一方面通过与其他人文社会科学甚至自然科学的交叉融合，在不断修正和完善自身理论的同时，也为其他学科的发展提供更广阔

① 刘霓．跨学科研究的发展与实践．国外社会科学，2008（1）．

② 刘小宝，刘仲林．跨学科研究前沿理论动态：学术背景和理论焦点．浙江大学学报（人文社会科学版），2012（6）．

③ 郁建兴．淡化学科边界，强化学术分工．浙江社会科学，2007（4）．

④ 郁建兴．淡化学科边界，强化学术分工．浙江社会科学，2007（4）．

⑤ 孙麾．以问题综合编辑理念推进跨学科研究．浙江社会科学，2007（4）．

的学术视野和更多的理论养分，从而在很大程度上推动了不同学科间的跨学科研究格局的形成。

随着当代社会学理论研究的日益深入和不断完善，社会学理论内部的知识分工和专业化程度也在不断提高，但与此同时，社会理论与其他学科的交叉融合程度也在不断加大。可以说，以跨学科为主要特征的当代社会学理论已经越来越成为一种新的发展趋势了。本书就是基于这种跨学科的理念和思路来构思和布局的。以往介绍有关社会学理论的著作或教材，其写作逻辑要么是以“理论人物”为线索来进行介绍，要么是以“理论流派”或“思想观点”为线索来进行介绍，这些著作或教材各有千秋。而本书的写作是从跨学科这一基本理念出发，至少以两个不同的学科理论为基础，选取当前较具影响力的两个交叉学科理论作为考察对象，通过对其理论发展的历史追溯和当代图式的多维展现来展示社会学在跨学科研究领域的理论魅力，目的就是帮助读者更多样化地去了解社会学理论在跨学科领域的发展历程、理论状况和主要趋势，也从一个层面反映出当代社会学理论的跨学科渗透力和影响力，从而有助于读者更加全面地了解当代社会学理论的基本特征。

◎思考题

1. 什么是“社会”？该如何分析和研究社会？
2. 简述社会学理论的发展脉络及主要类型。
3. 简述吉登斯时代/后帕森斯时代社会学理论的特征。
4. 简述中层理论的应用及意义。
5. 简述社会学实质理论与工具理论的异同。
6. 试比较主流社会学和非主流社会学的一般特征。

◎阅读书目

1. 亚历山大．社会学二十讲．北京：华夏出版社，2000.
2. 特纳．社会学理论的结构：上．北京：华夏出版社，2001.
3. 沃特斯．现代社会学理论．北京：华夏出版社，2000.
4. 高宣扬．当代社会理论．北京：中国人民大学出版社，2005.
5. 吉登斯．社会理论与现代社会学．北京：社会科学文献出版社，2003.
6. 瑞泽尔．当代社会学理论及其古典根源．北京：北京大学出版社，2005.
7. 苏国勋．社会理论与当代现实．北京：北京大学出版社，2005.
8. 吉登斯．为社会学辩护．北京：社会科学文献出版社，2003.
9. 吉登斯．社会学．北京：北京大学出版社，2003.
10. 黄瑞祺．社会理论与社会世界．北京：北京大学出版社，2005.
11. 成伯清．走出现代性：当代西方社会学理论的重新定向．北京：社会科学文献出版社，2006.

第二章

政治社会学理论及其当代发展

【本章要点】

- 政治社会学理论在西方文化中有着源远流长的历史，主要是由政治的特性以及人们的社会关系所决定的。政治作为人类社会一定发展阶段的产物，乃是人类生活经验的基本维度之一。
- 社会学为政治社会学思想的发展和学科化奠定了基础，特别是在研究方法、研究视角和研究范式方面，对政治社会学的学科发展方向影响巨大。
- 行为主义在政治社会学学科化的道路上扮演了重要的角色，大批社会科学学者开始倾向于用社会学的方法来研究政治现象。
- 当代社会的政治社会学理论发展呈现多元化、专一化、全球化、地域化倾向并存的局面，其不仅关注一般理论和现实政治问题，而且各国都有各自的特殊的研究课题。
- 政治社会学不仅在政治秩序的社会基础、政治行为的社会依据、政治与社会的互动作用、政治发展的社会联动等方面开阔了政治学的理论视域，为政治学研究输入了新鲜的内容，而且弥补了传统社会学研究的薄弱环节，即对社会生活、政治生活以及它们之间的联动关系进行政治剖析与社会剖析。

【关键概念】

政治社会学◇政治现象的社会学研究◇神学世界观◇权力◇合理性/合法性◇精英理论◇社会秩序◇民主社会◇行为主义◇国家与治理◇公民社会与公民身份◇社会运动与斗争政治

政治社会学是当代社会政治研究中的一门新兴学科，主要形成于20世纪三四十年代。[①] 当下，政治社会学已经进入学科化独立发展的阶段。作为一种知识传统，政治社会学理论在西方文化中由来已久，最早可以追溯到古希腊罗马时期。[②] 本章将重点阐述政治社会学领域现代以来不同时期的重要代表人物及其理论观点，同时对近些年来政治社会学理论的发展动向做一个梗概性的说明。

第一节 政治社会学理论何以可能

要正确认识政治社会学的学科界定，必须澄清两个相关的概念——“political sociology”和“sociology of politics”。如今，多数人不再把“政治社会学”（political sociology）等同于“对政治现象的社会学研究”（sociology of politics），也不再简单地把它理解为对政治和社会现象“关系”的研究。[③] 从学理的角度讲，“political sociology”和“sociology of politics”有着很大的区别，它们反映着政治社会学研究的不同研究取向和研究视角。“sociology of politics”是从由社会到政治的视角进行研究，以考察政治的社会基础，在政治之外的社会领域来寻找对政治现象的解释；而“political sociology”则是从政治与社会相互作用的视角进行研究，在政治社会学学科化后不久，人们逐渐认识到“sociology of politics”的研究视角过于狭隘，从而将关注点从单向作用力转向政治与社会因素之间如何相互作用的问题，“political sociology”最终取代了“sociology of politics”。[④]

> **重要概念**
>
> 政治现象的社会学是从由社会到政治的视角，以考察政治的社会基础，并在社会领域中寻找对政治现象的解释的学科。政治社会学是从政治和社会的相互作用的视角进行研究。

一、政治社会学的思想萌芽和政治学源头

作为一种知识传统，政治社会学之所以具有源远流长的历史，主要是由政治的特性以及人们的社会关系所决定的。政治作为人类社会一定发展阶段的产物，乃是人类生活经验的基本维度之一。正如美国政治学家罗伯特·A. 达尔（Robert A. Dahl）所定义的那样，政治体系是人类社会关系所展现的基本形态。不管一个人喜欢与否，实际上没有人能够完全置身于政治体系之外。[⑤] 或许在今天看

① 景跃进．政治社会学：主题、取向与学科．江苏社会科学，2003（6）．

② 韩强．论政治社会学的历史演进．文史哲，2001（2）．

③ 张静．政治社会学及其主要研究方向．社会学研究，1998（3）．

④ 景跃进．政治社会学：主题、取向与学科．江苏社会科学，2003（6）．

⑤ Dahl R A，Stinebrickner B. Modern political analysis. 6th ed. Englewood：Prentice Hall，2003.

来，亚里士多德所说的“人类在本性上，也正是一个政治动物”① 这句话，虽然有点偏颇，但在一定意义上却揭示了人类与政治的紧密关系。总之，政治从来就不是独立于、脱离于社会整体而抽象生长的东西，而是与社会水乳交融、不可须臾分离的一种力量。正因为如此，自从人类开始系统研究政治现象以来，就开始运用政治社会学的方法了。②

作为一种透视社会政治现象的独特理论视角，或者说是研究政治现象的一种独特的研究方法，早在古希腊时期，政治社会学的理论方法就已为先哲们所采用了，只不过他们当时尚没有政治社会学的学科自觉而已。③ 政治和社会的不可相离性使得政治学在学科化伊始就蕴涵着政治社会学思想的种子，或者说在一定程度上已经采用了现代社会学意义上的研究视角和方法。

古希腊时期，政治学迎来了它的第一次发端，亚里士多德以其代表作《政治学》而成为政治学的开创者和奠基人，他所阐发的政治思想和理论对后世产生了很大的影响。亚里士多德的政治思想是多方面的，国家理论学说在其政治思想中占有突出地位。在国家的起源问题上，亚里士多德认为由男女、主权两种关系而结合为家庭，继而由若干家庭组合成村坊，最后由众多的村坊结合为政治团体（即城邦）。他还认为城邦是自然的产物，是人的政治本性的自然体现，也是至高的、人类独有的一种社会团体。“人类生来就有合群的性情，所以能不期而共趋于这样高级（政治）的组合。”④ 在国家的性质问题上，亚里士多德把国家看作是一种社会团体，认为国家的目的就是实现最高“善业”⑤。在国家与社会的关系上，“亚里士多德的国家观是以一种社会观的面目存在的，这种国家观既与现代国家概念相去甚远，也无从与社会相区别”⑥。

亚里士多德不仅奠定了政治学的理论基础，而且在研究中注重联系政治生活和社会生活，既看到了社会生活对政治生活的决定作用，又注意到了政治生活对社会生活的重要影响，为后来的政治社会学研究提供了一个科学的研究思路和视角。我国有学者认为，亚里士多德为政治社会学提供了诸多方法论前提。“他注重从实际出发，在收集与研究大量实际材料的基础上，分析、比较各种政治制度的利弊得失，然后再归纳出政治理论，提出自己的政治主张。这就为后人研究政治问题提供了一种实证的方法。近代著名政治思想家马基亚维利、布丹、孟德斯鸠等人基本上就是沿用这种方法去探讨政治问题的。可见，在方法论问题上，亚

---

① 亚里士多德．政治学．北京：商务印书馆，1995：7.

② 吴理财．中国农村政治社会学论纲．社会学，2002（1）.

③ 王振海，刘京希，高旺，马宝成，陈强．社会场域中的政治——政治社会学的视角．郑州：河南人民出版社，2005：4.

④ 亚里士多德．政治学．北京：商务印书馆，1995：8－9.

⑤ 在亚里士多德看来，国家并不是在政治上占统治地位的阶级，并不是为本阶级的利益所实行的政治领导和政治统治，而是凭借其所拥有的特殊的政治功能，创造和保障其公民的物质生活，并以此为国家存在的目的。“善业”一词的含义即为其公民谋求幸福。国家的存在就是要创造人的良好生活，不断充实作为理性的人性，而积极谋求公众的“善”。

⑥ 韩强．论政治社会学的研究对象．理论学刊，1999（4）.

里士多德开了用社会调查等社会学方法研究政治问题的先河。这种政治对象与社会方法的结合，预示着一种新的思维方式的产生和新的领域的开拓。”①

进入中世纪以后，神学世界观逐渐占据主导地位，亚里士多德所开创的理性和实证的研究方法和思路被阻断。政治学研究也受到这种世界观的影响，不可避免地带有神学色彩和经院哲学的意味。托马斯·阿奎那就是中世纪神学世界观的典型代表人物，虽然阿奎那的思想带有很强的神学色彩，但他所提出的神学社会思想却具有较高的政治学学术价值，也给政治社会学提供了一些思想的种子。阿奎那在修改早期自然法的基础上，确立了自己的社会思想。他强调人天生具有社会性，以此解说人类社会的起源；他认为，人天生是不平等的，以此来论证现实社会不平等的合理性；他提出一种社会有机论，以此说明个人从属于社会，没有独立存在的价值。在国家起源问题上，他同亚里士多德一样，认为国家是出于人的天然结合。阿奎那特别强调人的社会性，他说：“人天然是个社会的和政治的动物，注定比其他一切动物要过更多的合群生活。”② 阿奎那认为人的结合出于人的理性，但人的理性是上帝赋予的。

【知识窗】

托马斯·阿奎那（Thomas Aquinas，约 1225—1274）是中世纪经院哲学的哲学家和神学家，他把理性引进神学，用“自然法则”来论证“君权神圣”说。他是自然神学最早的提倡者之一，也是托马斯哲学学派的创立者。他所撰写的最知名著作是《神学大全》（*Summa Theologiae*）。他是西欧封建社会基督教神学和神权政治理论的最高权威，经院哲学的集大成者。他所建立的系统的、完整的神学体系对基督教神学的发展具有重要的影响，他本人被基督教会奉为圣人，有“神学界之王”之称。

14 世纪末到 16 世纪初，资本主义社会形态逐步形成，西方的政治思想出现了新的繁荣，涌现出大批政治思想家，推动了政治思想的进一步发展。马基亚维利以其独到的研究方法和政治主张被认为是这个时期政治思想家中的代表人物。与此前的政治思想家相比，马基亚维利更为现实，更加注重从人的历史和现实经验出发进行政治研究，开始把政治建立在现实的基础上。在国家性质问题上，他认为国家的根本问题是统治权问题，统治者以夺取权力和保持权力为目的，而不是亚里士多德所主张的国家的目的就是实现最高“善业”。在国家治理方面，他主张一要靠法律，二要靠军队，认为统治者为了实现自己的目的，可以不受道德准则的约束，可以不择手段。可见，在马基亚维利那里，他开始把政治问题置于

① 韩强．论政治社会学的历史演进．文史哲，2001（2）．

② 阿奎那．阿奎那政治著作选．北京：商务印书馆，1963：112.

现实的基础之上，第一次在政治理论上将政治和以道德为主体的社会对立并区分开来，第一次把政治问题看作是纯粹的权力问题，并且开始以一种考察政治与社会关系的独立的思维方式进行政治研究。马基亚维利对于政治和社会的区分使在科学意义上研究政治与社会关系成为可能，从而为政治社会学走向系统化、科学化道路提供了前提。[①]

【知识窗】

尼可罗·马基亚维利（1469—1527），又译尼科洛·马基雅维利，意大利政治思想家和历史学家，其思想常被概括为马基雅维利主义。在中世纪后期政治思想家中，他第一个明显地摆脱了神学和伦理学的束缚，为政治学和法学开辟了走向独立学科的道路。他主张国家至上，将国家权力作为法的基础，代表作《君主论》主要论述为君之道、君主应具备哪些条件和本领、应该如何夺取和巩固政权等，是名副其实的近代政治思想的主要奠基人之一。

自马基亚维利之后，政治社会学按照权力问题的主线发展下去，到18世纪启蒙运动时期达到了一个新的高峰。在这一时期，随着资产阶级对教会权威与封建制度的冲击，思想界开始了全方位的思想解放运动，神学政治观逐渐退居幕后，由亚里士多德所开创的政治学的实证方法得以更生。在这一时期涌现出的大批政治思想家，如洛克、孟德斯鸠、卢梭的政治学研究中都不同程度地体现了实证的方法。孟德斯鸠在代表作《论法的精神》一书中认为，支配人类生活的不是偶然性和神意，而是事物本性所固有的必然联系的规律。[②] 孟德斯鸠力求从历史、风俗习惯等方面去研究法律的“精神”，从社会的演进中去探求这种力量在政治、法律等方面所起到的作用和一般的规律。由于孟德斯鸠特别看重社会赖以形成的各种非政治因素，同时又强调自然因素如气候、地理位置和历史传统对政治制度安排的决定性作用，因而，在一定意义上说，他无疑开创了近代政治学研究的社会分析模式。正如有的学者所指出的：“孟德斯鸠是近代政治社会学的开创人物。”[③]

二、政治社会学的社会学渊源

作为一门交叉学科出现的政治社会学，其思想和理论源头要从政治学和社会学两门学科中去寻觅。社会学成为独立学科的时间虽然晚于政治学，但它和政治

① 韩强．论政治社会学的历史演进．文史哲，2001（2）．

② 王振海，刘京希，高旺，马宝成，陈强．社会场域中的政治——政治社会学的视角．郑州：河南人民出版社，2005：7－8．

③ 王沪宁．当代西方政治学分析．成都：四川人民出版社，1988：254．

学一样，为政治社会学思想的发展和学科化奠定了基础，特别是在研究方法、研究视角和研究范式方面，对政治社会学的学科发展方向影响巨大。孔德、斯宾塞、韦伯、涂尔干、帕森斯这些社会学大家的思想都不同程度地影响着政治社会学思想的发展。我们先探讨孔德和斯宾塞的社会学思想。

重要概念

社会静力学旨在揭示社会的基本秩序，其基本观念是"秩序"，侧重于静态地考察人类社会的结构和各社会组成部分的相对稳定有序的关系；社会动力学旨在探讨社会进步的曲折历程，其基本观念是"进步"，侧重于研究社会的变迁和发展。

作为社会学的学科创始人，孔德的学术影响，不仅在于他提出了"社会学"概念和相关理论，更重要的在于他主张用自然科学的方法即实证的方法来研究社会现象。孔德的实证主义社会学思想是时代的产物，为了克服过渡时期的混乱和建立新社会，他依据启蒙理性，运用实证主义方法论，创建了社会学。孔德把社会学分为"社会静力学"和"社会动力学"。社会静力学旨在揭示社会的基本秩序，其基本观念是"秩序"，侧重于静态地考察人类社会的结构和各社会组成部分的相对稳定有序的关系；社会动力学旨在探讨社会进步的曲折历程，其基本观念是"进步"，侧重于研究社会的变迁和发展，而"动力学从属于静力学"①。孔德认为，社会是一个有机整体，它的一切部分都是相互联系的，并且只有在统一中才能被认识。孔德创设了社会动力学和社会静力学，"从而圈定了社会学的研究范围，对社会学的发展产生了深远影响，而且因此为政治社会学的确立奠定了社会学基础。自此以后，从社会学角度研究政治现象便成为一种重要的学术取向"②。斯宾塞继承了孔德的社会研究的实证主义传统，并提出了社会有机体思想，在孔德社会学思想的基础上建立了自己完整的理论体系，推动了政治社会学思想的发展。

在古典社会学理论时期，对于现代世界政治与社会生活的理解，作为批判主义社会学理论传统创始人之一的马克思，也提出了一系列深刻而综合的理论观点。直到今天，马克思的观点仍然在激发着一些人的研究和政治活动的灵感。马克思以其唯物主义思想、经济决定论、阶级论和社会革命论给予政治社会学思想的发展以极大的影响。"马克思可以说是政治社会学之父，正如奥古斯特·孔德可以称为社会学之父一样。毫无疑问，由于种种原因，马克思轻视了这个题目，但是，显而易见，马克思创立了许多比任何热衷于政治研究的社会学家——活着的和死去的——都更富有挑战性和更富有成果的思想。"③ 在马克思的理论中，社会阶级是一个重量级的概念，从奴隶社会开始，就一直存在着两大对立的阶级：剥削阶级和被剥削阶级。从此人类的历史都是阶级斗争的历史。马克思站在唯物主义立场上，对国家和社会的关系做了较为系统的研究，主张国家来源于社会，是社会发展到一定历史阶段的产物，"决不是国家制约和决定市民社会，而

---

① 侯钧生．西方社会学理论教程．天津：南开大学出版社，2001：27.

② 王振海，刘京希，高旺，马宝成，陈强．社会场域中的政治——政治社会学的视角．郑州：河南人民出版社，2005：10.

③ 奥勒姆．政治社会学导论——对政治实体的社会剖析．杭州：浙江人民出版社，1989：14.

是市民社会制约和决定国家”[①]。这一研究为历史唯物主义奠定了第一块基石，同时也为政治社会学打下了坚实的基础。在关于社会冲突的研究方面，更是研究政治和社会关系方面的典范。[②] 譬如，他认为资本主义社会中阶级斗争和社会革命发生的社会先决条件是都市化、传播媒介的发达以及政治化，与此同时发生的经济先决条件是周期性的经济危机、利润的下降、资本的集中、无产阶级化及其贫困化。[③]

第二节
政治社会学的学科化发展

政治社会学从其思想产生到逐步发展再到学科自觉，经历了一个从无意识、自发产生到有意识、自觉发展的漫长过程。[④] 19 世纪末 20 世纪初，随着西方经济和社会的飞速发展，在世界社会科学领域出现学科专门化趋势日益明显、很多学科纷纷独立的大背景下，政治社会学开始了学科意义上的自我意识阶段。在这个阶段，“政治社会学”这一学科概念被提出并被广泛传播和运用，一批学科或准学科意义上的政治社会学家涌现而出，并开始自觉地探求政治社会学的理论和方法，思考并确定政治社会学的研究对象和研究内容。在这一历史时期，出现了一批杰出的政治社会学先驱作家，韦伯、帕森斯、莫斯卡、帕累托、米歇尔斯和托克维尔是这一时期政治社会学理论家的主要代表。

一、韦伯的官僚制度理论和政治权威合法性理论

对于韦伯在政治社会学学科建立上的影响和地位，有人给予了很高的评价：“人们普遍认为，政治社会学这一学科概念，产生于德国思想家马克斯·韦伯的巨著《经济与社会》一书中。从此政治社会学作为一门独立学科而被创立出来，韦伯对于政治社会学的重大贡献，不仅仅在于创立了这样一门新学科，更重要的，在于运用政治社会学的新思维和新方法，深入探究人类社会不同类型的权威，探求官僚政治运作的内在机理及其社会影响因素，以及社会分层的多重影响因素。韦伯正是借此奠定了自己在政治社会学领域难以替代的独立地位。”[⑤]

① 马克思，恩格斯．马克思恩格斯选集：第 4 卷．2 版．北京：人民出版社，1995：192.

② 徐炜．政治社会学的研究对象及其理论取向．武汉大学学报（人文社会科学版），2000（3）.

③ 奥勒姆．政治社会学导论——对政治实体的社会剖析．杭州：浙江人民出版社，1989：43-44.

④ 王振海，刘京希，高旺，马宝成，陈强．社会场域中的政治——政治社会学的视角．郑州：河南人民出版社，2005：12.

⑤ 王振海，刘京希，高旺，马宝成，陈强．社会场域中的政治——政治社会学的视角．郑州：河南人民出版社，2005：13.

【知识窗】

《经济与社会》原著共两卷，英文本由多位韦伯研究专家合作翻译，并加有长篇导言和注释，于1968年出版，使得韦伯的理论在全世界得到了广泛的传播。韦伯在《经济与社会》中全面而系统地表述了他的社会学观点和对现代文明本质的见解。首先，对社会学的定义、对象、方法及一些基本范畴和概念进行了详细的阐释，统称为社会学的基础。然后，又分别互有交叉地阐发了他的经济社会学、法律社会学、政治社会学和宗教社会学思想。韦伯广泛地援引世界历史资料，把发生在不同时代、不同文明和不同社会中的经济形式、法律形式、统治形式和宗教形式纳入他独特的概念体系，分门别类地做出类型化比较研究和系统化因果分析。韦伯以现代西方社会为立足点，通过对东西古今各种文明的比较，突出以理论化为方向的现代西方文明的本质和特征。

重要概念

韦伯的三种统治类型：传统型统治、个人魅力型统治和法理型统治。

在韦伯眼里，统治和服从是一种双向的关系，保障服从需要三个原理：第一个原理是习惯和习俗，第二个原理是行政机构，第三个原理是拥护者相信统治者的合法性（这种原理为拥护者的服从提供最终的保证）。[①] 韦伯使用合法性原理作为抽象概念和理想类型，进一步区分了三种统治类型：传统型统治、个人魅力型统治和法理型统治。在韦伯的社会理论中，每一种正当统治类型都对应着一种具体的统治方式，传统型统治对应着家长制统治方式，个人魅力型统治对应着领袖极权统治，而法理型统治则对应着“官僚制”统治方式，“官僚制”是韦伯借以描述现代社会中的合法统治方式的一个重要的“理想类型”。[②]

韦伯的科层制（或官僚制）理论有着丰富的思想内蕴，它是韦伯政治社会学的重要内容。韦伯以合理性作为科层制的学理预设，“合理性”（rationality）或“合法性”（legitimacy）是政治社会学的中心概念。韦伯认为任何一种合乎需要的统治都有着合理性基础，科层制是特定权力的实施和服从关系的体现。众所周知，韦伯用于解释现代文明的主要概念是“理性化”，在与传统相对的意义上，“理性化”就是为巫魅的世界“解除魔咒”。它对科学认知的提倡，对专业技能的推崇，对标准化管理的迷恋以及对功能效率的不懈追求等等，都极为有力地塑造了现代文明的风格。这种风格在行政管理领域的体现就是科层制。韦伯认为，相对于

你怎么看

如何看待“理性化”和“祛魅”？

---

① 奥勒姆．政治社会学导论——对政治实体的社会剖析．杭州：浙江人民出版社，1989：92-94.

② 白红义．权力、统治与正当性——简述韦伯的政治社会学．兰州学刊，2004（1）．

传统的管理模式，科层制以其精确、迅速、清晰、连贯严谨、整齐划一、稳定可靠而显示了绝对的技术优越性。①

二、帕累托、莫斯卡和米歇尔斯的精英理论

【知识窗】

加埃塔诺·莫斯卡（Gaetano Mosca，1858—1941），意大利都灵大学宪法教授、罗马政治制度和理论讲座教授，著名政治社会学家，被誉为意大利政治科学之父；作为一名长期参与政务的学者，他曾担任议会议员和参议员，并在1914—1916年间担任政府殖民部次长职务。莫斯卡认为，统治阶级一般由武士、教士、土地贵族、有钱的和有知识的种种团体组成，他们管理国民事务，垄断国家权力，独占各种荣誉。因为只有这些少数人才有组织能力，而作为多数的群众则处于无组织状态之中，因此，有组织的少数对特定的统治阶级失势之后，就会有另一个统治阶级来取代他们。莫斯卡的这一论断，极大地影响并促成了“精英理论”在西方政治学界的兴起。

维尔弗雷多·帕累托（Vilfredo Pareto）和加埃塔诺·莫斯卡同为19世纪末20世纪初意大利政治社会学家，二者又同为精英主义创始人。帕累托在1916年的《论普通社会学》和《精英与社会》等书中，提出了“精英统治”和“民众”的概念，阐述了自己的精英理论。帕累托定义了人群中的两个主要阶层：下层阶级（非精英）和上层阶级（精英）。精英又可分为统治精英和非统治精英。而莫斯卡则在其《政府理论与议会民主》（1884）中，提出了“政治阶级”的精英主义概念。在《统治阶级》（1896）一书中，莫斯卡对精英主义做出了最简要的说明，认为在所有社会中都有两个阶级：一个是统治阶级，另一个是被统治阶级。统治阶级垄断权力并享受由此而来的特权，它用合法和专断的手段力图维持其统治地位。②

德裔意大利籍政治社会学家罗伯特·米歇尔斯（Robert Michels）把政治精英的作用推到极端。他在其《现代民主的政党本质》和《政党》（1915）中对官僚政治和寡头政治进行了出色的研究，并在对民主政治深感失望或表示怀疑的社会理论家中享有盛名。③ 他提出了著名的“寡头统治铁律”。在他看来，极少数政治精英对绝大多数群众的统治是通过“组织”这一机制来实现的，政治精英是

① 杨旭．科层管理与精英民主的矛盾紧张——韦伯政治社会学思想评述．南京社会科学，1998（11）．
② 米勒，等．布莱克维尔政治学百科全书．北京：中国政法大学出版社，1992：488.
③ 韩强．论政治社会学的历史演进．文史哲，2001（2）．

一个有组织的集团，绝大多数群众只是一群丝毫无能为力的无组织的乌合之众。而由政治精英所构成的所有政治组织特别是政党都是受少数统治寡头控制的。这是万古不变的“历史铁律”。[①] 米歇尔斯具体论述了官僚制，指出了官僚制的中心化和非集权化趋势，并定义了在大型组织中导致寡头政治倾向的变量，包括组织的技术和管理上的特征、大众对领导者的心理依赖、领导者出色的能力等等。

【知识窗】

寡头统治铁律：正是组织使当选者获得了对于选民、被委托者对于委托者、代表对于被代表者的统治地位，组织处处意味着寡头统治。

结合19世纪末欧洲特别是德国社会主义政党组织的发展实践，米歇尔斯发现，即使是强烈信奉社会民主原则的社会主义政党也难逃走向寡头统治的命运。寡头统治是任何试图实现集体行动的组织的必然结果，是任何有着良好愿望的人们无法改变的“铁律”。虽然米歇尔斯低估了大众的实际能力而对民主的未来有点过于悲观，并且对寡头的定义范围过于扩大化，但仍不影响“寡头统治铁律”成为现代政治社会学领域一个经典论断，且该论断成为后来许多学者分析官僚政治、组织行为、政党以及代议民主制的主导框架，从而奠定了米歇尔斯在社会学和政治学领域内经典作家的稳固地位。

米歇尔斯认为社会党寡头统治演变趋势的关键点是它们社会基础的重要性。因此，他归纳了一个重要的“生态”变量，即情形效应。组织中寡头统治趋势来源于社会中的地位不平等。在存在高度社会不平等的社会中，寡头统治趋势的可能性将远远高于那些较为平等的社会。地位不平等将有可能产生领导和成员地位非常不平等的组织。当比较社会不平等程度时（副产品是招收低社会地位成员），组织将呈现出高度社会不平等特征。在与一个地位不平等的组织并列（副产品是招收成员的社会地位趋于平等）的特殊组织中，其寡头统治趋势将增大。[②]

19世纪末20世纪初，除了上面的三位学者外，英国的政治学家格雷厄姆·华莱士和法国的安德烈·西格弗雷德也对政治社会学的学科化做出了自己的贡献。华莱士提出了有关政治精英的政治社会学理论，西格弗雷德对选举行为中的社会集团和社会各界进行了开拓性的研究。

三、帕森斯的结构功能主义理论

帕森斯构建了结构功能主义理论大厦，成为西方社会学理论界备受推崇的人

① 罗斯金，等．政治科学．北京：华夏出版社，2001：83.

② 拉尔森．政治学理论与方法．上海：上海人民出版社，2006：305-306.

物，其构建起来的宏大理论是政治社会学的一个富饶的理论宝库，给政治社会学研究提供了一种宏观的研究视角和理论模式。安东尼·奥勒姆在其所著的《政治社会学导论——对政治实体的社会剖析》一书中，不惜拿出大量的篇幅来描述帕森斯的理论，在他看来，“在当代社会学家中，几乎没有一个能有帕森斯那样巨大的影响”①。帕森斯的结构功能主义也是对社会学理论的一种综合，“帕森斯是继韦伯以后试图对古典社会学理论进行综合的社会学家，其结构功能主义就是对帕累托、涂尔干和韦伯的理论等不同理论要素全面综合的结果，并将英国的功利主义经济学、法国的实证主义和德国的历史主义传统结合在一起，为整个社会科学构筑了一个跨部门的概念框架”②。

帕森斯的理论体系主要包括社会行动理论、社会系统理论与功能分析范式、模式变项、AGIL 功能分析范式和新社会进化论。帕森斯毕其一生而研究的核心问题就是回答现代社会秩序是如何形成的，对此，他构建了一种宏观的、能够包容一切社会现象的理论，也具有统一所有理论立场的分析框架。这一理论也一度占据了社会学主流地位数十年。在他看来，社会系统通常以一种制度化的价值体系为标志，其核心是规范化的角色关系，他的 AGIL 功能体系最关注的就是社会的各种要素之间怎样协调一致、社会秩序如何建立与维持，并因而特别强调社会化和社会控制的重要性，其理论的中心就是社会系统的稳定、整合与均衡，而这一点无疑也是政治社会学理论所关注的重点。

重要概念

根据对行动系统的“四分法”，帕森斯建立起著名的 AGIL 功能模式：适应（adaptation）、目标达成（goal attainment）、整合（integration）、潜在模式维系（latent pattern-maintenance）。行动系统的四个子系统分别对应着这四个功能：行为有机体系统具有适应功能，人格系统具有目标达成功能，社会系统具有整合功能，文化系统具有潜在模式维系功能。

四、托克维尔的民主理论

在政治社会学这一学科的发展史上，19 世纪的法国学者阿历克西·德·托克维尔（Alexis de Tocqueville）被公认为具有里程碑地位的人物，是“对民主的原则——平等——作为第一原因形成或影响社会生活各方面的方式进行全面研究的第一位现代作家”③。当代美国著名的学者西摩·利普塞特（Seymour Lipset）认为“政治社会学研究的主题应该就是托克维尔所提出的问题：民主社会的必要条件与后果”④。

重要概念

政治社会学以探究民主社会的必要条件与后果为研究主题。

托克维尔政治社会学思想的理论前提之一，是对平等与自由之间关系的认

① 奥勒姆．政治社会学导论——对政治实体的社会剖析．杭州：浙江人民出版社，1989：103.

② 文军．社会学理论的发展脉络与基本规则论略．学术论坛，2002（6）．

③ 施特劳斯，克罗波西．政治哲学史．石家庄：河北人民出版社，1993：881.

④ 利普塞特．政治人——政治的社会基础．北京：商务印书馆，1993：25.

识，具体来说，是平等何以与自由相冲突及二者能否和谐一致。托克维尔并没有特别去解释何谓自由与平等，而更多的是从价值与信念来看待这一问题。虽然托克维尔认为在某种理想状态下，平等与自由是可以和谐一致的，但他不满足于一种“平等的自由”，在他的价值观中，自由是第一位的。由社会中的身份平等看出了政治上存在多数暴政的危险，是托克维尔对政治社会学所做的重大贡献之一。他批评“多数的暴政”针对的不是民主的多数决定原则，甚至也不单纯是为了保护少数，他针对的是“无限权威”的观念，即政治权力不应该是绝对的、无限的，即使是多数也不能享有这样的权力，因为一旦权力变得不受限制，不只是少数的权力会受到侵犯，多数本身的权力亦必不能得到保障，最终全体人民沦入奴役之中，这才是他最担心的。①

托克维尔对政治社会学的贡献，还在于他将多元主义②上升为与精英主义相对立的一种理论模式。在其《论美国的民主》一书中，托克维尔对美国的政治多元主义和民主进行了详细的分析。他认为与其他国家不同的是，美国的民主是分散的。而权威的分散、权力的分离以及自治组织的增多起到了市民与政府之间的中间人作用，而且阻止了全面权威国家的出现，竞争的团体赋予美国民主以多元主义特征。

【知识窗】

《论美国的民主》(*De la démocratie en Amérique*) 是法国思想家阿历克西·德·托克维尔创作的社会学著作，分上、下两卷。第一卷讲述美国的政治制度，并对美国的民主进行社会学分析；第二卷以美国为背景发挥作者的政治哲学和政治社会学思想。该书的基本思想在于承认贵族制度衰落的必然性和平等与民主势不可当的发展趋势。它既是第一部对美国社会、政治制度和民情进行综合研究的著作，也是第一部记述美国民主制度的专著。

在社会冲突思想上，表面上看起来托克维尔与马克思的观点是相似的，例如他们都强调了各个社会单元之间的团结以及它们之间的必然冲突。但在冲突与统一的关系方面，他们两人的观点是不同的。马克思认为冲突与统一是互不相容的，是不能平衡的两种倾向。然而，与马克思不同，托克维尔明确地强调说，在有些方面，社会单元是能同时维持分歧与统一的。③

---

① 艾克文. 民主的后果与自由的条件——托克维尔政治社会学思想评述. 武汉教育学院学报，2001 (1).

② 多元主义是与精英主义相对立的一种理论模式，多元主义模式的基本观点是：权力散布于许多相互竞争的利益群体之间，政治是一个由竞争着的利益群体组成的领域，并且权力有许多来源，包括财富、神授特权、政治职务、社会地位、教育等。多元主义者并不认同整体的权力精英的存在，他们认为许多社会精英与其他利益群体相互竞争，但没有哪个群体强大到独享权力。

③ 利普塞特. 政治社会学的由来和发展//苏国勋，刘小枫. 社会理论的知识学建构：Ⅲ. 上海：上海三联书店、华东师范大学出版社，2005.

第三节 政治社会学理论的当代发展

政治社会学在二战之后成为一门独立学科。当时行为主义方法在政治学领域崛起，政治研究的领域随着研究方法的更新而大大扩展，大批的社会科学学者接受并采纳了行为主义方法，并倾向于用社会学的方法来研究政治现象。政治社会学由此从政治学与社会学中独立出来，各种以政治社会学为名的著作相继问世，一批职业政治社会学者纷纷涌现，政治社会学进入当代发展时期。1960 年，美国学者西摩·利普塞特出版了《政治人——政治的社会基础》一书，分析了政治演变的社会条件，提出了政治社会学的一些研究课题，获得了美国社会学的最高荣誉——麦基弗奖，被视为政治社会学正式形成的标志①；法国学者莫里斯·迪韦尔热 1973 年出版了《政治社会学》一书，阐述了政治社会学的历史发展和基本内容，论证了多种理论模式，被视为政治社会学成熟的标志。在这个时期，出现了一批杰出的政治社会学学者，如美国的利普塞特、霍罗维茨、詹诺维茨、阿尔蒙德、伊斯顿、亨廷顿，法国的迪韦尔热、普兰查斯，英国的博托摩尔、密里本德。自此，政治社会学进入了学科化快速发展时期，并逐渐显现政治社会学研究的多元化倾向（见表 2－1）。

在政治社会学学科化的道路上，行为主义扮演了极为重要的角色。行为主义政治学主张研究者应保持价值中立，对人的政治行为做出科学的解析，不仅要分析人的外在行动，还要分析人的心理活动和影响人们行为的外在环境及社会因素。行为主义政治学使政治学的研究方法及分析技术的探索成为自觉，并提供了一系列政治研究或分析的方法及技术（如观察、访问、实验、模型、统计分析和系统分析等）；它强调对政治过程、政治行为的动态研究，力求建立起可检验的经验理论；它强调社会科学的统一性，重视跨学科研究，吸收自然科学和社会科学其他学科的成果，丰富了政治学的理论内容。②

受政治行为主义的影响，政治社会学家抛开了传统政治学抽象、思辨的理性主义方法和对终极价值问题的探讨，专注于科学性问题与实际应用，提出改造社会的政治方案。自 20 世纪 70 年代以来，政治社会学的主题呈现多样化的趋势。然而，承认现实制度的合理性，维护现有社会制度的秩序和稳定，是绝大多数政治社会学家的共同心态。③ 因为“无论是‘政治’还是‘社会’都是变动着的复杂概念，它们既可以指涉宏观现象，也可以包容经验事实；既可以作狭义界定，

---

① 也有学者把 1959 年 9 月意大利斯特雷萨召开第四届专业世界社会学大会并建立政治社会学委员会这一事件看作政治社会学诞生的标志。

② 陈振明．西方政治科学的兴起与学科分化．东南学术，2004（2）．

③ 徐大同．现代西方政治思想．北京：人民出版社，2003：444.

也可以作广义理解。如果将时间和国别的因素考虑进来，情形将更为复杂。这一事实（连同研究者的学术背景和学术兴趣），对于考察政治与社会的相互关系具有深刻的影响：它助长了研究内涵、分析方法和研究风格的多样性”。政治社会学的具体研究内容是丰富多彩的，研究方法也是多样的。对此，我们可以借用沃什恩（Philo C. Washurn）在《政治社会学：取向、概念与假设》一书中的归类加以说明。①

表 2-1　　政治社会学理论的不同观点

	关注问题	理论来源	发展模型	研究重点	对现状评价	未来发展
沃什恩	在传统社会、现代化社会和工业化社会的政治生活中，亲族、阶级、宗教、利益集团、信仰和价值体系的作用	19世纪后期西欧社会理论，尤其是马克思、韦伯和涂尔干的理论	从强调变迁的宏观-历史比较转向关注稳定的微观-非历史研究	例行的政治过程（如投票），西方政治民主的稳定	对非工业化社会和非西方社会的政治体系有欠研究；对冲突、变迁和非制度化政治的研究不够	在更新的基础上复兴马克思、韦伯和涂尔干提出的问题，更多的注意力应放在冲突和变迁方面
利普塞特	民主的社会条件	19世纪后期西欧社会理论，尤其是马克思、托克维尔、韦伯和米歇尔斯的理论	继续关注冲突的社会基础，从结构取向转为心理取向	政治与各种社会裂面（如阶级、职业团体和宗教）之间的关系	忽视政治体系解决问题以及鼓励社会民主的方式	研究政治行为的整合方面，以及一个稳定的民主所需的结构条件
格里尔和奥林斯	研究国家，探究民主的社会条件	没有讨论，但参考帕累托、马克思、韦伯和涂尔干的理论	没有讨论	政治共识和合法性，参与和代表，经济发展和政治变迁	没有讨论	对团体结盟的变化、利益集团竞争，对合法性的威胁，新的意识形态冲突团体等进行宏观研究

① 景跃进．政治社会学：主题、取向与学科．江苏社会科学，2003（6）．

续前表

	关注问题	理论来源	发展模型	研究重点	对现状评价	未来发展
詹诺维茨	研究民主的社会条件	两个主要的理论传统：一是马克思，二是韦伯	对马克思主义立场进行重新阐释，变为利益集团理论，将韦伯立场修改为社会压力理论	政治冲突的来源和政治共识的创建，大部分研究着力于政治民主的发展过程	研究常与基本的理论问题不相关	系统地阐明各种条件，使得民主能最大化实现
萨托利	没有讨论，有关政党制度和投票结盟的研究被用来说明问题	没有讨论	没有讨论	阶级对抗的表达一类的政治现象	社会学的化约主义，与理论无关的经验主义	科际整合、宏观历史和比较分析
艾森斯塔德	无文字社会，父权制社会、部落联盟、封建主义社会、帝国、现代化和现代政治政体的政治制度	19世纪法国和德国意识形态、史学和社会政治思想传统	在界定政治体系的性质与功能方面日益取得共识，在比较研究中国家与社会两分法继续发挥影响	政治精英，政治组织的类型，现代民主政体出现、稳定和持续的社会条件	国家与社会两分法的持久影响鼓励意识形态的争论，而不是经验研究，并妨碍了对新兴国家的研究	比较的宏观分析研究，研究稳定、合法性和共识这类新问题
霍罗维茨	经济、政体和军事如何与社会阶层和社会结构问题进行互动	18世纪和19世纪西欧社会理论	欧洲大陆理论继续保持影响力，在选举和公共舆论的调查研究中获得新的动力	政党和投票行为	现有的分析架构不适合理解社会管理和控制、殖民主义和帝国主义	发展出一种承认政治和其他社会制度相互关联的分析架构，它将有助于预测并能指导社会政策

资料来源：Washurn P C. Political sociology：approaches，concepts and hypotheses. Englewood：Prentice Hall，Inc.，1982：138－139.

一、利普塞特的社会民主基础思想

西摩·利普塞特是当代美国著名的政治社会学家。他在1960年出版的《政治人——政治的社会基础》一书中，系统地分析了民主制度的社会基础问题，其基本观点是稳定的民主政治是冲突与一致的平衡。按照对民主的认识，他选定了一批民主国家和非民主国家或稳定的民主国家与不稳定的民主国家作为比较分析的样板，再选取一些与民主制度发展与稳定相关的因素，直接运用各种分析资料进行分析。[①] 利普塞特从民主与经济发展、民主与合法性两个方面考察了民主的必要条件。

在对民主发展与经济发展关系的调查研究中，利普塞特已经完全抛开了政治哲学家那种抽象思辨的方法，主要采用比较性的调查研究和利用国际数据档案最新信息的方法。利普塞特以财富、工业化、城市化与教育作为显示经济发展的指数，并计算出各国家上述指数的平均值。他认为这些指数作为反映经济发展水平的各个方面，彼此紧密联系，并形成一个与民主相互关联的重要因素。经过严格的数据分析，利普塞特指出，经济的发展可以扩大民主的社会基础。[②]

利普塞特认为，民主制度的稳定不仅取决于经济的发展，还取决于它的合法性和有效性。所谓合法性是指"该制度产生并保持现存政治机构最符合社会需要的这种信念的能力"[③]。合法性的实质是社会政治力量用什么样的价值观念评价该制度。一种民主制度如果在合法性问题上出现危机，就会导致该制度的变革。如何使一个国家民主制度具有并保持其合法性，是利普塞特所要研究和解决的主要问题。关于合法性危机，他主张"必须在现代社会变革的性质中去寻找它的根源"[④]。他通过对不同类型的国家进行调查分析得出的结论是：合法性危机发生于向新社会结构过渡的时期。通过分析，利普塞特又得出了一个重要的结论：和缓的变革有助于培养起"一种共同的长期延续的政治文化"[⑤]，这是使民主制度保持合法性和稳定性的重要条件，也是测试制度合法性的一个重要依据。

重要概念

利普斯特认为，和缓的变革有助于培养起"一种共同的长期延续的政治文化"，这是使民主制度保持合法性和稳定性的重要条件，也是测试制度合法性的重要依据。

二、迪韦尔热的政治社会学思想

当代法国政治社会学家莫里斯·迪韦尔热在其1973年出版的《政治社会学》一书中阐述了政治社会学的基本内容和发展历史，介绍并分析了前人的政治社会学思想，论证了多种理论模式，并提出政治社会学应从社会组织、社会结构、社会文化及经济背景来分析国家权力的性质及运作规律，以期政治社会学的系统化、理论化，这被视为政治社会学走向成熟的标志。

在政治社会学是国家说还是权力说这个问题上，迪韦尔热在《政治社会学》序言中明确指出他持后一种观点。他认为社会的基本特征在于不平等，而不平等的根

① 王科．略论西方政治社会学家调研民主政治制度发展与稳定的社会基础及其借鉴意义．中共成都市委党报学报，2004（2）．

② 徐大同．现代西方政治思想．北京：人民出版社，2003：449.

③ 利普塞特．政治人——政治的社会基础．北京：商务印书馆，1993：53.

④ 利普塞特．政治人——政治的社会基础．北京：商务印书馆，1993：53.

⑤ 利普塞特．政治人——政治的社会基础．北京：商务印书馆，1993：56.

源在于权力的不平等，在他看来，“一种权力的存在意味着一个集体的文化体制建立起了正式的不平等关系，把统治他人的权力赋予某些人（他们被称为‘权威’），并强迫被统治者必须服从后者。权威就是被赋予权力的人所具有的身份。或干脆说，‘权威’就是握有权力的人”。关于权力的合法性问题，迪韦尔热认为，权力的合法性必须建立在社会认同的基础上，而“合法性指的是一个集体的大多数人认为一种权力、一种权威和一种等级制是合情合理的，即符合价值体系的”[①]。“权力的合法性只不过是由于集体的成员或至少是多数成员承认它为权力。”[②]

三、阿尔蒙德的结构功能主义系统论和公民文化理论

【知识窗】

阿尔蒙德（Gabriel A. Almond，1911—2002），美国政治学家，结构-功能主义的创立者，是行为主义政治学的代表人物之一。他提出了以政治系统、功能、角色等新的概念术语来代替国家、权力、职位等传统的政治学术用语。他认为，一个政治系统是由各个不同的结构相互互动所组成的，包括选民、利益团体、立法与官僚机构等，以形成一个正当性的公权力。

阿尔蒙德是当代美国著名的政治学家，其代表作有《比较政治学：体系、过程和政策》和《公民文化：五国的政治态度和民主》。在他所有的理论中，结构功能主义系统论和公民文化理论影响较大。

阿尔蒙德认为，贯穿政治系统的主线是合法的强制力量，政治当局拥有某种公认的权力，可以在特定的领土范围内采用强制手段，并且依据这种权力要求人民服从。[③] 政治系统由相互作用的政治结构组成，结构是具有某种行为、意图和期望的规则性的活动，它包括行政、立法机关、法院、官僚机构等政府组织，也包括政党利益集团、大众传媒等非政治性组织，以及与政治有关的传统社会结构，像亲属关系、社会等级团体等。政治系统的功能分为三个层次：体系、过程和政策。三个层次的功能都有相应的结构和文化，它们的总和为系统过程。第一是系统的维持和适应功能，分为政治录用、政治社会化、政治功能三种功能；第二是系统的利益转换功能，由利益表达、利益综合、政策制定、政策实施四个方面的功能组成；第三是系统的输出功能，包括政策输出、政策结果和反馈三个功能。[④]

阿尔蒙德与维巴（Sidney Verba）合著的《公民文化：五国的政治态度和民

① 迪韦尔热．政治社会学——政治学要素．北京：华夏出版社，1987：92.
② 迪韦尔热．政治社会学——政治学要素．北京：华夏出版社，1987：116.
③ 阿尔蒙德，鲍威尔．比较政治学：体系、过程和政策．上海：上海译文出版社，1987：5.
④ 徐大同．现代西方政治思想．北京：人民出版社，2003：491-496.

主》一书，以抽样调查和入户访谈为基础，将收集到的大量数据用于统计分析，通过对五国的比较研究，概括了各国的公民文化特征和相应的政治历史、社会结构，探讨了政治文化和政治稳定的关系。阿尔蒙德是在政治发展的视角下提出政治文化概念的。他认为政治文化是指政治系统的个体成员特有的认知取向、情感取向和评价取向，或国民的认知、情感和评价中被内化了的政治制度。公民文化是一种混合现代与传统因素、处于现代化过程中的政治文化。根据一国人民对待政治系统和自身的态度，可以划分出三种类型的政治文化：一是地域性政治文化，二是依附性政治文化，三是参与性政治文化。在实际生活中，这三种类型以不同的程度和方式混合在一起，形成一国政治文化最显著的特征。①

四、伊斯顿的政治系统理论

美国当代政治学家伊斯顿（David Easton）在其代表作《政治生活的系统分析》一书中阐述了自己的政治系统论思想。伊斯顿认为，要使政治系统与其他行为系统，如宗教的、经济的、心理的、文化的系统分开，需要给政治科学一个基本的、概括性的概念，使它在理论上成为独立的、自己的学科。如果从全部社会互动行为中选取几类具有政治意义的现象，那么政治系统就是为社会做出有价值的权威性分配（或强制性规定）并予以实施的行为或互动行为组合。

重要概念

伊斯顿的政治系统分析模式包括环境、输入、输出、反馈、流动五个逻辑环节。

伊斯顿的政治系统分析模式主要包含几个逻辑环节，可以理解为一般政治过程的几个大阶段。第一是环境，指系统以外对系统有所影响的社会系统，系统与环境之间存在边界线，环境可分为内在社会环境和外在社会环境。第二是输入，环境向系统提供情报和资源，促成权威性政策的形成。输入分为需要和支持两种。第三是输出，系统内部的执政者将输入加以化简、集中或变化，对社会价值做出权威性分配，再转达给社会环境。输出分为决策和行动两类。第四是反馈，政策实施产生结果，社会成员做出反应，重新提出需要和支持，这些信息传回政治系统，执政者再次做出对策和行动并开始新一轮输入，这就是反馈。第五是流动，伊斯顿不愿意将反馈作为政治过程的终结点，而更倾向于把政治过程视为相互关联和持续不断的连贯性行为、一个巨大而永恒的转换过程。伊斯顿反对简单化的稳定论和均衡论。在伊斯顿看来，在保持系统持续和流动的诸要素中，政治社团比体制和执政者更重要，因为体制和执政者更动并不意味着系统的崩溃，只要有政治社团存在，就可以产生体制和推选执政者。②

---

① 阿尔蒙德，维巴．公民文化：五国的政治态度和民主．杭州：浙江人民出版社，1989：19－25.

② 伊斯顿．政治生活的系统分析．北京：华夏出版社，1989：19－36.

五、亨廷顿的政治发展理论

塞缪尔·亨廷顿（Samuel Huntington）是当代美国著名的政治学家，其代表作是《变革社会中的政治秩序》。在研究过程中，亨廷顿采用了比较历史的分析方法，以真实的历史资料为依托，对政治发展的诸多问题进行了经验性分析。

在经济发展与政治发展的关系问题上，亨廷顿认为，经济发展并不一定带来政治发展，二者不是成正比的发展关系。因此，第三世界国家政治发展的首要目标应该是建立强有力的政府。根据亨廷顿的分析，世界各国之间的最大差别不在于政府形式，而在于它们实行有效统治的程度。在民主与有效政府的关系上，他认为“首要的问题不是自由，而是建立一个合法的公共秩序”①。

关于政治现代化，亨廷顿认为，政治现代化的关键是必须保证有一个良好的政治秩序，即政治稳定。基于此，他提出了政治发展的政治制度化准则：“所谓制度，是稳定的、受到尊重的和不断重现的行为模式”，而“制度化是组织与程序获得价值和稳定性的过程”②。任何一个组织或程序的制度化水平都可以凭借四组标准来衡量：适应性和僵硬性，复杂性和简单性，自立性和附属性，凝聚性和离散性。前者发展程度越高，政治组织的制度化水平就越高；反之，前者越低，制度化水平就越低。

在政治发展的动力问题上，亨廷顿认为，发展中国家要改变政治制度或弥补政治结构的不足，需要通过两个途径：革命和改革。革命的实质是政治意识的迅速扩展和新集团被迅速动员起来投入政治。而中产阶级知识分子最具有革命性，他们是城市中反政府的主要力量源泉，正是中产阶级的政治态度和价值观念支配着城市的发展道路。在亨廷顿看来，革命是政治发展的一个重要方面，通过革命可以迅速地推进政治发展。“革命是现代化世界观的终极表现，这种世界观确信，人类的力量可以控制并改变其生存环境，人不仅有能力，而且有权利这样做。”③革命的作用就在于公民可以产生新的政治认同，可以借以扫除政治腐败，重新树立权威，可以强化政治秩序，促进政治制度化。

总之，在政治社会学理论的当代发展时期，涌现出大批的职业和非职业政治社会学学者，上述的五位学者只是当代众多政治社会学学者中有一定代表性的几位。除他们几位外，美国的政治社会学学者本迪克斯、霍罗维茨、詹诺维茨、弗里德里克、拉斯韦尔，英国的博托摩尔、密里本德，法国的普兰查斯、西格歇尔斯，以色列的艾森斯塔德等也是当代比较有影响力的政治社会学学者。在当代社

---

① 亨廷顿．变革社会中的政治秩序．北京：华夏出版社，1988：8.

② 亨廷顿．变革社会中的政治秩序．北京：华夏出版社，1988：12.

③ 亨廷顿．变革社会中的政治秩序．北京：华夏出版社，1988：8.

会，随着经济发展和社会的进步，政治社会学理论发展呈现出了多元化、专一化、全球化、地域化倾向并存的局面，各种思想和理论不断提出和翻新，其不仅关注一般理论和现实政治问题，而且不同的国家都有各自的特殊的研究课题。比如，西欧的政治社会学理论着重研究民主理论、阶级理论、政治权利、暴力和统治等问题，印度重点研究农村政治、农村公社结构、不同种姓间在政治上的相互关系、占支配地位的种姓的作用、选举程序、政党作用等问题，日本主要研究经济迅速发展带来的各种社会问题和如何进行创造性的政治领导问题等。在研究理论和方法上，各国学者相互吸收和借鉴。在研究内容上普遍关注政治精英、组织行为、民意、政治冲突、政治意识形态和政治参与等问题，越来越强调对全球性政治问题，如人口的迅速增长、工业化的发展给人类造成的污染、资源枯竭问题，不同国家和地区之间的国际合作前景，爆发核战争的可能性，发展中国家取得经济和社会发展所必需的政治领导形式等诸多问题的研究。①

第四节 当代政治社会学理论的新论域

安东尼·奥勒姆在其颇具影响的《政治社会学》一书导言中写道："这是一部关于政治学的专著，但它是运用一种特殊的方法探讨政治学的。它试图向人们介绍政治的社会环境，即政治与社会其他事件是如何相互制约和影响的。"我国学者张静也指出："政治社会学是一个独立的研究取向，它假定政治现象的本质是社会性的，同时社会现象亦具有政治性意义，也就是说，政治是一种社会性事件或社会是一种政治性事件。在这个意义上的政治社会学，本质上并不是处理传统意义上的'政治'与'社会'的关系，因为它并没有同意把它们分开或理解为两种现象或两个领域。在政治社会学看来，它们本属于同一件事，必须用一种'政治性的社会学'眼光来看待。"② 政治社会学不仅在政治秩序的社会基础、政治行为的社会依据、政治与社会的互动作用、政治发展的社会联动等方面开阔了政治学的理论视域，为政治学研究输入了新鲜的内容，而且弥补了传统社会学研究的薄弱环节，即对社会生活进行政治剖析、对政治生活进行社会剖析以及对政治生活和社会生活的联动关系进行剖析探究。政治社会学的研究者跨界于政治学、社会学、历史学、文化学等领域。学者们彼此之间学术背景的异质性，虽会造成理论预设与题材取舍标准的差异而淡化该学科的特点，但无论怎样变化与不同，政治社会学对于政治与社会之间关系的研究旨趣都不会减弱，并且随着这一

① 中国大百科全书：社会学卷．北京：中国大百科全书出版社，1991：473.
② 张静．政治社会学及其主要研究方向．社会学研究，1998（3）．

学科逐渐地发展成熟，其解释力与应用力也将明显地增强，最终将会在社会生活和学术研究中扮演愈加重要的角色。本节将对西方当代政治社会学理论的重点研究领域的最新发展动态做一个专门介绍。

一、关于权力与政治的研究

继马克思和恩格斯以后，以列宁（领导权问题）、葛兰西（文化霸权问题）、普兰查斯（结构主义国家观）、密里本德（工具主义国家观）、阿尔都塞（“意识形态国家机器”理论和多元决定理论）等为代表的新马克思主义者已经以不同的方式分析了权力与政治之间的关系。[①] 鲍勃·杰索普则发展了马克思的权力与政治观。他于1982年出版的《资本主义国家》一书，直到今天依旧是最好的马克思主义国家理论发展史单卷论著。在他的影响极大的《国家理论》（1990）、《资本主义国家的未来》（两卷，2002）以及《国家权力》（2007）三本论著中，杰索普对《资本主义国家》所提出的相关论题进行了深入的探索。他认为马克思研究的独特视角在于，集中关注了权力与资本主义社会中阶级统治的关系，以及权力在政治、经济和意识形态上与阶级关系的联系。但是，他觉得以往的马克思主义分析忽视了与阶级无直接联系的社会统治，倾向于过分强调阶级统治的一致性，并且一直存在着经济决定论或简化论的问题。

除了马克思主义研究视角以外，西方学者对权力与政治研究呈现出多元视角。赖特·米尔斯在其《权力精英》（1957）一书中提出了美国的权力与财富是由少数统治精英控制的观点。由此肇始，西方学者就权力与政治问题展开了持久且异常激烈的论辩。罗伯特·达尔和D.B. 杜鲁门认为马克思主义理论和精英理论假定国家与公民社会是由少数人控制的这一观点是错误的。相反，权力是通过社会来运行传播的。没有任何一部分利益是占主导地位的，每一种权力资源都在另一种力量的抵制中得到平衡。[②] 达尔提出了一种根据存在于决策制定过程中的、可以观察到的、明显的冲突行为来界定权力的主张，同时通过对纽黑文市的

---

① 1969年，普兰查斯在《新左派评论》总第58期上发表了《资本主义国家问题》一文，文中评论了密里本德的重要著作《资本主义社会的国家》。普兰查斯指责密里本德没有能够把握社会阶级和国家的客观的结构性现实，密里本德则批评普兰查斯沉迷于自由意志的行动主体这一资产阶级神话。随后，普兰查斯指责密里本德只是根据主体间关系而不是生产关系中的客观结构位置来理解阶级，只是根据国家精英个人间的联盟、联系和网络而不是这种资本主义体制的结构、形式和功能来理解国家。显然，普兰查斯捍卫的是一种更加结构主义的立场，他所反对的是密里本德更加工具主义的国家理论。工具主义国家观倾向于把国家看作是根据统治阶级或统治精英的利益来控制、把握的中立性工具；而结构主义立场则主张结构之于主体及其目的的因果优先性，主体被认为是客观结构的承担者或载体，主体对结构本身的影响有限。在这种框架中，资本主义国家被看作是一个具有形式或功能的结构性系统，它在很大程度上不受政治行为者或统治阶级成员的欲望、动机和目的的影响。普兰查斯和密里本德之间关于资本主义国家问题的争论是当代西方马克思主义内部的一次重要争论。它涉及当代资本主义社会的权力来源、统治阶级与国家机器在决定国家政策内容方面的关系这两个重大现实问题。这场争论也反映出马克思自己观念中的某种模糊性。张亮．马克思主义国家理论及其当代发展——柯林·海伊教授访谈录．学海，2011（2）．

② 福克斯．政治社会学．北京：华夏出版社，2008：31－32.

权力分配实证研究指出美国是权力多元分布的社会。[①] 巴卡拉克（Bachrach）与巴拉兹（Baratz）认为，以达尔等为代表的多元主义者对于权力的研究仅仅强调了权力可以通过公开的和可以观察到的形式进行运用的一面，但权力还具有隐蔽的一面，权力运用在很多情况下可能并不存在明显的可以观察到的冲突行为，而且拥有权力的人可能不会进行决策制定。史蒂文·卢克斯在批判地分析达尔的"第一种维度的权力观"和巴卡拉克与巴拉兹的"第二种维度的权力观"的基础上提出了"第三种维度的权力观"，即对以行为为中心的权力的批评。它不仅关注以决策或者不决策表现出来的决策制定行为，而且关注议程控制；不仅关注进入政治议程中的各项议题，而且关注那些被排除在政治议程之外的各项潜在的议题；不仅关注可以观察到的明显的或者隐蔽的冲突行为，而且关注潜伏着的冲突行为；不仅关注人们的主观利益，而且关注其客观利益。[②] 尽管早期的多元主义者认为，差异是可谈判的和可通约的，并最终假定冲突群体间存在着共同的基础，但哲学多元主义者却认为，冲突是潜在的、不可解决的，因为价值是不可通约的。理查德·贝拉米（Richard Bellamy）指出，激进的民主多元主义必须寻找到能够谈判或者公平解决这些冲突的道路。韦伯认为，复杂的现代社会的民主政府只有在它由政党精英之间的竞争组成的情况下，才有可能。贝拉米赞同熊彼特认为韦伯对大众看法过于悲观的观点。贝拉米认为，对于政治生活的影响，普通人要比韦伯所想象的有着更为精明的判断。关键问题是设计一个政治体系，它能使不同的意见得到调和。这样的体系是代议制民主而非直接民主，但是如果存在充分的问责和回应选民的方法，那么在任何更强的意义上说，都不需要精英主义了。贝拉米认为，不同的多元主义政治的综合[③]将会是迎接多元主义和精英主义挑战的最好的办法。

在权力与政治研究上，福克斯（K. Faulks）认为马克思主义、精英主义与多元主义这三种理论最根本的弱点在于对待国家的问题。多元主义和马克思主义都是以社会为中心的理论，它们都没有充分关注国家这个行为体。多元主义强调多个行为体之间权力的分散，忽视了国家独立于公民社会的自主能力。马克思主义强调经济的重要性，也在较低程度上强调公民社会交往的能力。然而，它忽视了军事力量的重要性和国家内部三种权力共同发挥作用的重要性。精英主义已经准

---

① 关于纽黑文市权力分配的研究，具体参见：达尔．谁统治——一个美国城市的民主和权力．南京：江苏人民出版社，2011.

② 卢克斯．权力——一种激进的观点．南京：江苏人民出版社，2008.

③ 贝拉米认为政治多元主义有四种主要的研究路径：一是早期的多元主义理论集中关注源于劳动分工的功能多元主义，其关注主题为功能性代表的原则、团体人格的信念、对国家主权的批评以及社会有机体的观点；二是它将所有的团体都看成是以利益组织起来的，其目的是竞争权力；三是多元主义打破了人们对民主的手段、目标和约束的共识，政治争端变得更为接近零和博弈，人们之间更不易于进行商讨，多元主义政权的艰难任务在于，它需要在消极的或保护性的机制与鼓励对话的积极措施之间建立平衡；四是激进的多元主义政治吸收了某些哲学家的本体论和认识论的多元主义思想，认为由于价值和价值评估的不相容性、竞争性和可能的不可通约性，要寻找到一个唯一的合理选择看起来是不可能的。贝拉米．多元主义和精英主义的发展//纳什，斯科特．布莱克维尔政治社会学指南．杭州：浙江人民出版社，2007：18－26.

备好承认国家的重要性，但因为精英主义过分强调精英个人的本质，所以它严重低估了一些事情，如国家作为暴力机构的作用、国家与经济实力之间的关系以及国家之间的相互作用。这些忽视成为一些政治社会学家批评这些理论的基础。[①]

二、关于国家与治理的研究

在国家与治理研究层面，当代政治社会学者们主要是从三个方面来展开研究的。

重要概念

在国家与治理研究层面，当代政治社会学者们主要从对国家的形成、本质以及合法性的探讨，对政治过程的关注，对战争、暴力与国家的关注三个方面来展开研究。

其一是对国家的形成、本质以及合法性的探讨。在对国家形成的考究上，长期以来，比较社会科学研究中的主流理论范式对于将国家看作一种制度或是潜在的自主行为体并不重视，研究中极少出现“国家”概念。由于相关知识的积累与客观社会现实的原因，一些政治社会学者提出了“把国家带回来”的呼吁，这随即引起了相关研究者们广泛的兴趣。有越来越多的研究开始将国家看作一种行为主体，认为尽管它明显受到周围社会的影响，但同时也在塑造着社会和政治过程。[②] 贾恩弗兰科·波齐（Gianfranco Poggi）讨论了三种主要的国家形成说：（1）管理的视角，它强调国家形成过程中的自上而下的特征，其代表人物为约瑟夫·斯特雷耶、哈罗德·伯尔曼等。（2）军事的视角，它追随韦伯，强调国家对暴力的合法垄断（尤其是在战争中），其代表人物有奥托·欣茨（Otto Hintze）、兰德尔·柯林斯以及查尔斯·蒂利等。（3）经济的视角，它追随马克思，将国家视为生产者和剥削者在资本主义生产方式下阶级斗争的结果，其代表人物为巴林顿·摩尔、佩里·安德森以及鲍勃·杰索普等。波齐认为，每一种视角对于理解国家的形成乃至政治社会学的各个方面都大有裨益。[③] 就国家本质而言，自由主义传统认为国家应当成为社会利益冲突中的裁判员、调解人、规制者和裁决者，马克思主义传统却将国家谴责为统治阶级的“工具”和“执行委员会”，而现实主义者则把国家看作是精英用以操纵大众的组织工具。面对国家所

---

① 福克斯．政治社会学．北京：华夏出版社，2008：34.

② 埃文斯，鲁施迈耶，斯考克波．找回国家．北京：三联书店，2009.

③ 波齐．国家形成理论//纳什，斯科特．布莱克维尔政治社会学指南．杭州：浙江人民出版社，2007：95－107. 另外，主要代表人物的著作也都有了中译本。主要从社会公共需要的角度来解释欧洲现代国家的起源，参见：斯特雷耶．现代国家的起源．上海：格致出版社、上海人民出版社，2010. 强调法律在国家建设中的重大作用，参见：伯尔曼．法律与革命．北京：中国大百科全书出版社，1993. 蒂利认为，把欧洲国家的发展设想为一种简单的非线性的过程是站不住脚的，而且国家本身之间的关系在它们的形成和演化中是一个重大因素，通过研究，蒂利展示了权力的运用者和资本的操纵者之间相互作用如何导致三种国家的形成，参见：蒂利．强制、资本和欧洲国家．上海：上海人民出版社，2007. 讨论阶级及其斗争策略，集中关注各种政治发展和国家建构，参见：摩尔．民主和专制的社会起源．北京：华夏出版社，1987. 安德森．绝对主义国家的系谱．上海：上海人民出版社，2001. 当然还有新旧制度主义经济学对国家起源的论述等。

谓的消极特性，虽然无政府主义和马克思主义运动曾经标榜过要超越国家，但是大多数政治思想家还是把国家当作现代性无法避免的特征之一。因为它是"社会形成中的内聚力因素""价值的权威分配者""一定领土范围内对暴力的合法垄断者"，它是"公共权力"，甚至是"基本规范"（道德权威的终极来源）。[①] 帕特里克·邓利维与布伦登·奥利里认为关于当代自由民主国家本质的理论研究，可划分为多元主义、新右派、精英主义、马克思主义以及新多元主义这五种理论取向。每种理论内部都有三种描绘国家运行状况的基本选择（见表 2-2）。其中，傀儡模型强调国家是一个为正式政治领域之外的力量所控制的消极机构，并且其最终的权力来源于公民社会中的集团。在此模型中，多元主义的风向标模型认为政治权力取决于公民在选举中的投票、对政党政治的影响和参与利益集团；新右派的需方模型认为公民引导国家政策制定的能力的缺陷，是政治选择机制固有特征的结果；精英主义的外部控制模型认为国家为社会或经济意义上占统治地位的精英所控制；马克思主义工具论者的解释一般从更为特定的角度去探索权力的来源，并且只将资本所有权看成支配国家政策的基础；新多元主义的多元政体中，国家通过一种多元政治的方式，将相互冲突的不同社会利益加以融合。护卫者模型将国家视为一种自主的制度化力量，它能调节其所面临的社会压力，以符合国家公职人员眼中的社会利益，或者实现适合社会长远发展的公共政策格局。在此模型中，多元主义的均衡力量模型认为国家是一种均衡的力量，它重塑着那些对经济和社会方面无权者有利的社会制度；新右派的福利最大化模型认为国家应当保障中立权利的自由行使，将社会结果留待市场上无数的公民个人决策去塑造，而非试图去造就更大的平等和直接参与社会工程，该模型只是理论设想而非经验描述；精英主义的自由法团主义模型认为政府、企业和其他体制精英之间的封闭式融合过程，使得重要公共政策同有关国家利益的共同判断相一致；马克思主义者从功能主义角度来论述护卫者国家；新多元主义将政府视为一种专家政治。党派模型认为自由民主国家像其他社会行动者一样，会追求组织及成员的部门利益或个人福利，国家根据其利益行事，而非追求公共利益或按照某些必然发生的组织逻辑运行。

表 2-2　　五种国家理论中的傀儡者、护卫者和党派模型

	傀儡模型	护卫者模型	党派模型
多元主义	风向标模型	均衡力量模型	经纪人模型
新右派	需方模型	福利最大化模型	供方模型
精英主义	外部控制模型	自由法团主义模型	自主国家模型
马克思主义	工具主义模型	功能主义模型	仲裁者国家模型
新多元主义	变形的多元政体模型	专业化国家模型	—

资料来源：邓利维，奥利里．国家理论——自由民主的政治学．杭州：浙江人民出版社，2007：223-226.

① 邓利维，奥利里．国家理论——自由民主的政治学．杭州：浙江人民出版社，2007：4-5.

此外，合法性也是政治社会学中国家与治理研究的关键命题之一。把合法性等同于社会公众对政治系统的认同和忠诚的观念代表了当代社会对于合法性概念的最一般、最普遍的认识。① 自从韦伯对合法性问题进行了系统的阐述之后，后继的相关研究者大多进入了他的“影响领域”（见表2-3）。从表中可以看出，韦伯为合法性领域研究设立了基本问题。因此，作为一门社会科学，政治社会学不仅关注哲学规范性层面的合法性主张的有效性，而且更为关注经验层面的这些主张如何为相关社会行动者所认可，以及这种对统治系统稳定性和统治组织方式的承认所带来的后果。

表2-3　政治社会学者对合法性理论展开探究的代表性轨迹

代表人物	研究角度和方法	主要观点
政治角色说：帕森斯	从结构功能角度分析现代公民社会政治服从的社会基础。	在现代社会中，公民服从官员，是因为官员的个人品性；政治角色是权利和义务的统一；政府官员的权力地位之所以具有合法性，是因为政府官员角色使公民角色所要求的权利得到了实现的可能。正是这种权利和义务关系，构成了官员角色和公民角色之间权力和服从关系的基础。
公共利益说：本特利	从公共利益的角度分析政府政策与公共利益的一致性。	公共利益是各方利益冲突和妥协的结果，如果政府行为表达了这种妥协结果，它就是合法的，反之即不合法。
政府中立说：亨廷顿	从政治制度的角度分析政府的权威性。	政府行为的合法性来自政府制度的中立性，政府制度越是代表自身利益（中立），它就越不代表某一特定社会集团的利益，它的行为就越合法。
政治文化说：阿尔蒙德	从政治文化的角度说明政治体系的权威性。	政治体系的合法性或权威性来自同质的政治文化，即共同的价值和理念。如果一个政权能够坚持或造就国民一种共同的信念，那么该政权就是合法的或有权威的。
政府绩效说：利普塞特	从政府绩效（如经济发展）的角度考察政治秩序的稳定性，该研究主要关注发展中国家的稳定和民主化问题。	有效性主要是工具性的，指政治系统满足公民要求的程度；合法性则是评价性的，是指政治系统使人们产生和坚持当前政治制度是社会最适宜的制度之信仰的能力。政府绩效可以为威权政治体制提供合法性，但它的作用是有限的。

资料来源：张凤阳．政治哲学关键词．南京：江苏人民出版社，2006：330-331．

其二是对政治过程的关注。撒切尔夫人和里根上台执政，标志着“把国家的边界推回”这一20世纪西方世界最具雄心的社会政治试验的开始，即通过改革福利国家（主要是公共部门与公共管理），减少国家在市场与社会中的干

① 白钢，林广华．论政治的合法性原理．天津社会科学，2002（4）．

预权力。因为，虽然二战以后西方福利国家制度的实施在一定程度上缩小了社会阶层的贫富差距，缓解了资本主义社会的内生性矛盾，但庞杂的福利政策也使得西方国家不堪重负，并且很容易造成新的不公正。① 所以，在此种社会背景下，以哈耶克、布坎南、图洛克、尼斯坎南等为代表的新右派早就为这项社会试验提供了哲学、政治与经济学的理论准备。新右派对民主、政府与科层制的分析基础源于新政治经济学（即新古典经济学和理性选择理论）的解释性框架。该框架的核心是"经济人"的假设、原始动机和可预期行为，并相应地将政治比作交易，而把民主比作市场。其结果是，新政治经济学对传统的科层制度的挑战，使得社会科学内经济学的研究路径成为主导型的范式。新政治经济学对社会科学的各种研究方法加以整合，将传统经济学分析中按理性选择分析经济当事人的过度简化的理论与从制度、历史等视角来分析结构的因果推断的理论结合起来，用结构知识来改进对经济当事人的分析，用经济当事人的知识来改进对结构的分析，以避免结构主义和理性选择相互独立所带来的弊端。在运用于政治组织和科层机构的分析时，新政治经济学认为，其对公共部门内的制度性互动的解释，是严格的和价值中立的。而且，通过比较公共部门和市场之间的有效性，新政治经济学对于如何限制政治家和官员的利己主义倾向、提高社会的普遍效率给出了自己清晰的理论指示。然而，安东尼诺·帕伦博从行政、文官制度和科层制度层面上，论证了新政治经济学作为对国家的一种分析理论是不完善的，当它被应用于结构化的、复杂的制度中时，就显得过于简单了。它也不适用于竞争性市场之外的情况。由于其与意识形态的关联，它假设市场与国家之间处于完全对抗状态，它对市场失灵的较少关注，使得它自己的理论假设经常相互冲突。② 因此，在实践中，它所提出的办法也就无法有效地解决社会的分配无效率问题。

其三是对战争、暴力与国家的关注。因为没有意识到战争与暴力的重要性，当代政治社会学已经饱受批评。在既往的学术研究中，战争本身对政治、经济和文化生活的影响力，在很大程度上只为军事史或社会史学者所关注。经典的政治社会学家曾经也重视过此领域的相关研究论题。如马克思发现，殖民地冒险与充满暴力的原始积累是资本主义生产方式出现的前提。韦伯在其著作中用军事操练来讨论现代理性纪律的根源，更是预示了后来的战争社会学者关注的两个核心领域，即外部纪律与自我控制的起源及其暗含的意义，战争、现代国家的形成与资本主义之间的相互依赖关系。诺贝特·埃利亚斯在其《文明的进程》③ 一书中，就对外部纪律和内部纪律及其可能的军事起源进行了细致的关注。埃利亚斯通过大量的史料研究指出，因为平静的宫廷礼仪向整个社会传播，所以外在的控制逐

---

① 皮尔逊．拆散福利国家——里根、撒切尔和紧缩政治学．长春：吉林出版集团有限责任公司，2009.

② 帕伦博．行政、文官制度和科层制//纳什，斯科特．布莱克维尔政治社会学指南．杭州：浙江人民出版社，2007：127-141.

③ 埃利亚斯．文明的进程——文明的社会起源和心理起源的研究．上海：上海译文出版社，2009.

渐被自我控制的运用取代，即人的冲动、本能、情绪化的行动逐步被经过调控的、自我强制的习惯取代。安东尼·吉登斯[①]和迈克尔·曼[②]都在其著作中试图阐释战争制造与战争准备在现代国家形成中的独立作用。查尔斯·蒂利在其研究中企图将战争、国家形成和资本主义之间的互动连接在一起，来形成一个适用范围宽广的解释范式（见图 2-1）。

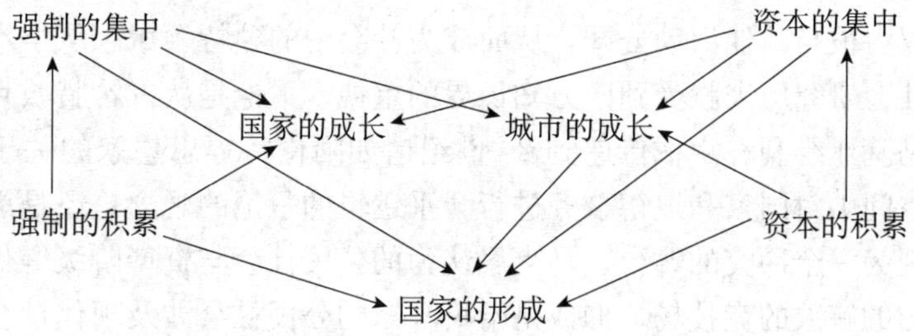

图 2-1　强制、资本、国家和城市的关系

资料来源：蒂利．强制、资本和欧洲国家．上海：上海人民出版社，2007.

桑德拉·哈尔珀琳[③]以阶级分析的方法对卡尔·波兰尼的《大转型》[④] 进行了再审视，质疑了卡尔·波兰尼和他的追随者们所谓的 19 世纪“长期和平”的真实性。哈尔珀琳认为大转型的真正源头，是欧洲阶级结构的变革，而这种阶级结构的变革则是 19 世纪和 20 世纪为各国反复出现的内生性冲突所塑造的。巴林顿·摩尔[⑤]则揭示了在任何地方，向现代民族国家的过渡都不是以和平方式实现的，相反，暴力是通向所有现代民族国家建构的基本道路。斯考切波在摩尔研究的基础上，通过探讨法国革命、俄国革命与中国革命，对促使一个社会和国家面对革命所暴露的脆弱性条件和事实上对现存制度进行变革的条件做了细致且重要的区分。[⑥] 此外，对战争的微观层次的和人类学的关注，成为学者们对现代政治社会反思的重要维度。汉娜·阿伦特认为极权主义不是现代性中的反常现象，而是一直存在着的危险，它是现代社会某些核心特征的特定联合。[⑦] 齐格蒙特·鲍曼[⑧]也认为大屠杀不是前现代的与非理性的，而是有组织的现代性的产物。它是被计划、被组织与具有工具理性的。因为现代科层制的坚固性质麻痹了个体的道德情操，造就了责任的“自由漂浮”。总之，关于战争和暴力的研究正逐渐更新

---

① 吉登斯．民族国家与暴力．北京：三联书店，1998.

② 曼．社会权力的来源：第 2 卷．上海：上海人民出版社，2007. 在此书中，他分析了社会权力的四种来源，即经济（资本主义的扩张）、军事（军国主义）、意识形态（世俗主义和识字率）以及财政危机和民主诉求。

③ 哈尔珀琳．现代欧洲的战争与社会变迁——大转型再探．南京：江苏人民出版社，2010.

④ 波兰尼．大转型——我们时代的政治与经济起源．杭州：浙江人民出版社，2007.

⑤ 摩尔．民主和专制的社会起源．北京：华夏出版社，1987.

⑥ 斯考切波．国家与社会革命——对法国、俄国和中国的比较分析．上海：上海人民出版社，2007.

⑦ 阿伦特．极权主义的起源．北京：三联书店，2008.

⑧ 鲍曼．现代性与大屠杀．南京：译林出版社，2002.

着学者们对诸如理性化、现代性与科层化等政治社会学的核心概念的认识。

三、关于公民社会与公民身份的研究[①]

一是对公民社会的研究。它涉及现代欧洲国家中社会分化的过程，在此过程中，政治权力被与其他活动分开，从而成为社会中的独特领域。从学术溯源上来看，公民社会研究历来就受到西方知识界的重视。无论是从古希腊城邦的政治传统，通过马基亚维利、卢梭传递到20世纪诸如阿伦特等思想家的关于公民在活跃的公共空间中对国家和道德事务进行合乎逻辑的争论的观念，还是黑格尔的公民社会被视为一个冲突的舞台，马克思认为的公民社会与资产阶级等价，是阶级压迫和虚幻的解放的竞技场，抑或是哈贝马斯的公民社会涉及现代社会的分化过程，公民社会的概念都是流动的且允许各种各样的甚至相互冲突的解释。当代公民社会描述了新的商业社会秩序、公意的形成、公民自由、代议制政府、多元性和公民性等人类深层及其层级化的社会基础结构。可以说公民社会观念触及并体现了西方政治传统的重要主题。公民社会的古典社会传统可以追溯到古典哲学、在苏格兰启蒙运动和早期美国新教中所体现的宗教改革思想、天主教社会思想以及霍布斯、洛克、康德、黑格尔、托克维尔、马克思、涂尔干等思想派别与思想家。20世纪，一些重要的公民社会理论家包括罗伯特·尼斯比特（寻求共同体）、罗伯特·贝拉（好社会）、琼·贝丝克·埃尔斯坦（审判民主）、阿米泰·埃兹奥尼（社群主义和道德维度）、彼得·伯杰等（赋权于民）、约翰·麦克奈特（专业化服务）、弗朗西斯·福山（信任）、迈克尔·桑德尔（民主的不满）、丹尼尔·贝尔（再谈“美国例外论”）、哈贝马斯（公共领域的结构转型）、罗伯特·普特南（社会资本）以及肯·奥莱塔与威廉·朱利叶斯·威尔逊（美国底层阶级）等等。[②] 拉里·雷（Larry Ray）认为对许多学者而言，公民社会的概念位于对自治、激进主义与私人空间、从国家中分离、人权、自由的经济行为以及对社会自身的界定这些问题的关注的中心。因此，公民社会必然可以创造一个活跃的公共领域。如果将所有这些内容连接起来，则可以形成公民社会研究的两个模型，即“公民社会Ⅰ”与“公民社会Ⅱ”。前者认为一个民主政体受到能够产生“社会资本”的公民社团的紧密网络的保护；后者是根据东欧社会转型情形形成的，认为自治的自我组织群体，能够产生替代的公共领域，并限制国家权力。他也认为公民社会概念存在众多困境，比如女性主义批评它的性别化本质，公共领域并没能在后共

① 虽然学界对“公民社会”与“市民社会”这两个术语的区别有过细致探讨，但在本书中，笔者认为这两个术语的细微差异并不对本部分的相关论述构成实质性的影响。故而，笔者将在本书中统一使用“公民社会”这一术语。

② 艾伯利．市民社会基础读本——美国市民社会讨论经典文选．北京：商务印书馆，2012．哈贝马斯．公共领域的结构转型．上海：学林出版社，1999．普特南．使民主运转起来——现代意大利的公民传统．南昌：江西人民出版社，2001．此领域的其他经典著作也都被翻译成了中文，先后出版发行。

产主义社会中发展起来，对公民社会和国家之间过于简化的二元对立以及它假定的共同体的同质性。[①] 总之，公民社会与国家的概念性配对呈现出多种不同的意义。今天我们使用它的一种重要方式就是识别出当代政治运行的限制性条件。[②] 因此，正如哈贝马斯所言：公民社会和公共领域最好被看作多重过程，而非若干个“地点”；看作匿名的相互联结的主体与沟通之流，而非同质性的共同体。[③]

二是对公民身份的研究。一般来看，公民身份[④]是指一套涉及个体与共同体关系的价值体系及其制度。公民身份在当代西方学术界作为一种理论的兴起，不仅延续着近代以来在国家-社会关系框架上的内涵，而且还揭开了历史上所涉及的个体与共同体之间的种种关系。因此，一些学者就公民身份与公民社会概念的历史发展进行了学术溯源。他们认为，公民身份的现代性主张的假设基础为：公民身份参与的发展必须具备一系列结构性和文化性前提，即城市文化、世俗化、宗派主义价值的衰落，公民领域理念的出现，宗派主义义务的瓦解和民族国家管理框架的形成。[⑤] 公民身份是一个在当代西方学术界受到广泛讨论且争议性很大的概念，它在不同的语境（如政治的、法律的、哲学的等）中以不同的方式被使用，这也导致公民身份几乎不可能得到一个普遍认同的界定。就公民身份解读的类型学划分来看，自由主义范式与共和主义范式或社群主义范式代表了有史以来解释公民身份的两种最有力的途径，而且两者的交替大体上支配了公民身份概念的解释历史。自由主义范式强调个体拥有的权利最为重要，而共和主义范式或社群主义范式则更为强调个体对于更广泛社群所承担的责任与义务。21 世纪以来，随着公民身份研究的推进，这两种范式内部各自也存在着重大的分歧，大体上存在着以诺齐克等为代表的自由意志主义传统、以罗尔斯为代表的多元主义传统，以艾左尼等为代表的共识秩序，以哈贝马斯为代表的参与共和主义传统，以拉克劳和墨菲为代表的后现代多元主义传统等四种基本的公民身份理论（见表 2-4），另外在解释视角上还有女权主义、宗教文化差异、生态、民族和世界主义等形式。[⑥]

---

① 雷．公民社会与公共领域//纳什，斯科特．布莱克维尔政治社会学指南．杭州：浙江人民出版社，2007.

② 我国学者何增科将公民社会与国家之间关系的理论概括为五种，即公民社会制衡国家、公民社会对抗国家、公民社会与国家共生共强、公民社会参与国家、公民社会与国家合作互补。何增科．公民社会与第三部门．北京：社会科学文献出版社，2000：6-8.

③ 哈贝马斯．公共领域的结构转型．上海：学林出版社，1999. 近年来，国内外相关学者通过实证研究证明了国家与公民社会共存状态的二元对立的思维模式是不正确的：“社会的国家化与国家的社会化是同步进行的。”张静．国家与社会．杭州：浙江人民出版社，1998.

④ 郭台辉认为 citizenship 无论作为一个核心概念还是作为理论范式，都是在最近几年才被引进中国学术市场的，但与其相对应的汉语词语却多达十余种，主要可以归纳为三类：一为公民、公民权、公民权利；二为公民性、公民责任、公民制度等；三为公民资格、公民身份。他就这三类 citizenship 的内涵与语境的表述做了各自优缺点的检视。郭台辉．译者代序——Citizenship 的内涵检视及其在汉语界的表述语境//雷森伯格．西方公民身份传统——从柏拉图至卢梭．长春：吉林出版集团有限责任公司，2009. 在本书中，我们采用在我国学术界占主流的表述，即公民身份。

⑤ 特纳编．公民身份与社会理论．长春：吉林出版集团有限责任公司，2007：1.

⑥ Delanty G. Citizenship in a global age：society culture and politics. Buckingham：Open University Press，2000. Faulks K. Citizenship. London：Routledge，2000.

表 2-4　　四种基本的公民身份理论

	个体与共识	群体	权利与义务	政治制度	观念驱力
自由主义理论：洛克、亚当·斯密、马歇尔，早期的达尔、罗尔斯 a. 传统自由主义 b. 现代自由主义/多元主义	公民是自利的，但这是有益的。共识（一致意见）是不太可能的，但也不被排斥。	个人是至高无上的，他们对多种群体的自愿参与是他们的表征。	普遍的个人权利优先于义务和国家。作为起因性范畴的群体权利是不存在的。群体只有从属于个体的权利。	政治党派聚合了利益群体所表达的明确利益。大多数行动都发生在代议制议会中。	公民追求自我利益，按规则追求幸福，并相互容忍。
共识秩序：亚里士多德、卢梭、艾左尼、加尔斯顿、奥德菲尔德、皮特 a. 社群主义 b. 公民共和主义	公民可以被塑造成良善的或曰有德行的公民。共识是非常值得追求的，并且是主要的目标。	作为整体的社会及其基本群体的"普遍意志"比自我利益更重要。	代表"普遍意志"的义务比个人权利更重要。但义务帮助强化和支撑普遍的权利。	国家作为道德实体，有责任强化全体人民的义务。在某种程度上，市民社会同样也强化义务。	公民为共享美好社会而齐力尽责。
参与共和主义：哈贝马斯、波曼、冈斯特伦、本杰门·巴伯、华伦 a. 新共和主义 b. 扩展民主论	公民的人性是复杂的，但这并非参与的障碍。共识让位于参与和程序。	个人没有得到充分代表。他们对于群体的参与应按照特定的沟通程序而加以鼓励支持。群体必须尊重个人的权利。	普遍的权利和义务处于一种复杂的平衡之中。在强化对国家义务方面必须谨慎，但一些义务是必需的。人们同样必须谨慎对待群体。	国家和市民社会正式地创立了一系列精心成熟的制度，如审慎的投票制度、镇民大会、劳资联席会、共同决策、警民联席会等。	公民为确立一个正义的社会而以一种相互宽容和公平的方式参与各种社群商议会和讨论。
后现代多元主义：拉克劳、伊辛、托芬格、基姆利卡 a. 激进多元主义 b. 文化多元主义	公民的认同是复杂的。这基本上排除了实质性的共识。	大型的社会群体不适应那些倾向于在社会运动中寻求其合适表达的后现代个人的利益。	文化和归属群体拥有文化和程序权利。普遍的权利是不存在的，或只在有限的程度上存在。相对于特定的文化和归属群体的群体权利是重要的。	社会运动和传媒是制度变迁的动力。两者都直接与各种群体的精英们有关，这些不同的群体代表各种特殊权利，但忽视义务。	公民通过群体的或文化的权利而追求其群体认同，或通过社会运动而坚持和获取这种权利。

资料来源：伊辛，特纳．公民权研究手册．杭州：浙江人民出版社，2007：25-26.

虽然对公民身份的研究有不同的视角，但西方现实的社会政策一般也不会完全遵循不同学说的公民身份观念所采纳的哲学分际，两个阵营的思想家都有可能相互借鉴。

自从马歇尔于1949年在剑桥大学发表年度演说[①]，将公民身份看作由民事权利（自由及在法律面前平等的权利）、政治权利（选举与参与政治过程的权利）与社会权利（基本福利与充分参与社会事务的权利）组成以来，许多西方学者在其论述的基础上，不断地推进着公民身份的经验研究与概念解释。比如福克斯就从更广泛的法律定义、哲学定义与社会政治定义这三个层面来探讨公民身份。[②]并且越来越多的社会难题和社会问题也已通过公民身份与公民社会得以系统地阐述与研究。即使这个主题是关于贫穷、下层阶级、妇女议题、民族认同、参与式民主、少数族群、威权政府、跨国家的发展、知识阶层的作用，甚至是环境问题的，所有这些难题似乎也都可以通过公民身份的视角加以富有成效的分析。[③] 约翰·肖特表明了公民身份概念在归属、认同等社会心理学领域的重要性；彼得·桑德斯、塞利格曼、布赖恩·特纳等探讨了公民的道德理念与市场经济背景下社会变迁的反常性质之间的关系这一经典议题。[④] 此外，那种认为文化是当今争论焦点的看法也有力地把公民身份问题推到了前台。由尼克·史蒂文森主编的《文化与公民身份》就广泛探讨了文化公民身份理论，公民身份、主体间性与生活世界，公民身份的再造，心理分析、认同与公民身份，公民身份、大众文化与欧洲，文化公民身份与西欧的城市治理，文化政策的三种话语，女性主义与公民身份，以及种族、多元文化主义与差异等理论与实践问题。[⑤] 索伊萨尔认为主流的公民身份概念把它看作是国家性的，表示具有一组特定权利与义务的领土内的人口。但如今的国际移民却为研究公民身份提供了丰富的观点，并挑战了以民族国家模式为其研究的前提。他认为在权利与认同的意义上，后国家的公民身份的发展是指权利扩展到非公民的移民中。因为后国家的公民身份并不意味着民族国家的结束，所以公民身份研究仍然需要对那些由新兴行动者、边界的交叉与非常规的动员所引起的挑战做出回应。[⑥] 总之，虽然公民身份已成为我们作为公民的当前体验的重要部分，但是它只能通过现代权力的矛盾性原则而产生的强烈的张力来实现，所以它既是解放性的，同时又是控制性的。

四、关于社会运动与斗争政治的研究

世界现代化进程的矛盾性、日益加剧的社会差距、平等主义意识的兴起、日益理性化的生活和自决自主观念的兴起，为集体行动和斗争政治提供了一种独特的并相互矛盾的机会结构，最终导致了目标相异的各种社会运动的兴起。自20

---

① 马歇尔，吉登斯，等．公民身份与社会阶级．南京：江苏人民出版社，2008.

② Faulks K. Citizenship in modern Britian. Edinburgh：Edinburgh University Press，1998.

③ 斯廷博根．公民身份的条件．长春：吉林出版集团有限责任公司，2007.

④ 特纳，等．公民身份与社会理论．长春：吉林出版集团有限责任公司，2007.

⑤ 史蒂文森．文化与公民身份．长春：吉林出版集团有限责任公司，2007.

⑥ 索伊萨尔．后国家的公民身份：改造熟悉的领域//纳什，斯科特．布莱克维尔政治社会学指南．杭州：浙江人民出版社，2007.

世纪 60 年代以来，社会运动和斗争政治行为一直是西方国家的社会学、政治学与历史学等学科的重要研究领域。早期的理论家的担忧聚焦于社会运动的三个方面，即偏激、贫困与暴力，法国革命和 19 世纪早期的工业主义更是加重了此种反应。涂尔干就把社会运动看作是混乱和社会解体的结果。现当代以来，两次世界大战期间的激进运动、苏联解体引发的种族冲突、巴尔干半岛冲突以及美国民兵运动与欧洲暴力反移民运动等都加强了人们对社会运动的否定看法。西德尼·塔罗在他那本享有盛誉的《运动中的力量：社会运动与斗争政治》中，认为社会运动更基本的特征恰恰与偏激、贫困和暴力完全相反。他认为："偏激是见于所有社会运动的一种被夸大的意义框架形式，贫困是所有运动表达的共同目标的一个特殊源头，暴力是集体挑战的加剧。"他把社会运动更合理地定义为群众在与社会精英、对立者和当局的不断相互作用中，以共同目标和社会团结为基础发动的集体挑战。根据此定义，一项社会运动应包含四个必不可少的特性，即集体挑战、共同目标、社会团结和持续互动。[①] 自 20 世纪 80 年代中期以来，有关社会运动研究的范式也发生了变化，主要表现为"从占统治地位的功利主义导向的资源动员理论，向以意义建构和象征斗争为主要切入点的社会建构论的转变"[②]。在这种转变的背后，不难发现跨学科研究的多重性质及其活力。在研究的发展过程中，也分别形成了欧洲的历史哲学传统路线和美国的实证主义路线。

从总体上看，欧洲由于有深厚的马克思主义和左派传统，所以在理解 20 世纪 60 年代的社会运动时，一般仍以发展于 19 世纪的宏观社会学视角为出发点。因此，欧洲社会运动理论实际上融合了 19 世纪以来发展起来的涂尔干、马克思和韦伯的三大社会学传统，强调的是社会变迁、社会和阶级结构的变化，以及文化、认同感、话语和合法性在社会运动产生和发展中的作用。虽然欧洲和美国的社会运动一直是平行发展的，但是直到 20 世纪 80 年代，双方才开始了一个互相学习的过程。在此过程中，欧洲学者逐渐重视美国的实证研究方法，而美国学者则重新发现了文化、认同感、话语和意识形态在社会运动中扮演的角色。20 世纪 90 年代，欧美社会运动研究在政治过程理论这个大框架下产生了四个在一定程度上相关的研究方向或领域，即政治机会结构、运动动员结构、运动文化和运动话语的形成，以及运动与媒体的关系。总之，为了解释社会运动的演化史，学者们提出了各种宏观理论。这些理论虽然观点各异，却有一个共同点，即认为社会运动是由多种社会因素共同决定的，并且这些社会因素之间存在着较为固定的逻辑联系（见图 2-2）。[③]

图 2-2 表明了 20 世纪的集体行动、社会运动和革命理论与 19 世纪社会学理论之间的传承关系。法国思想家勒庞（Gustave Le Bon）较早关注集群行为，

---

① 塔罗．运动中的力量：社会运动与斗争政治．南京：译林出版社，2005：6.

② 莫里斯，等．社会运动理论的前沿领域．北京：北京大学出版社，2002.

③ 赵鼎新．社会与政治运动讲义．北京：社会科学文献出版社，2006：34-37.

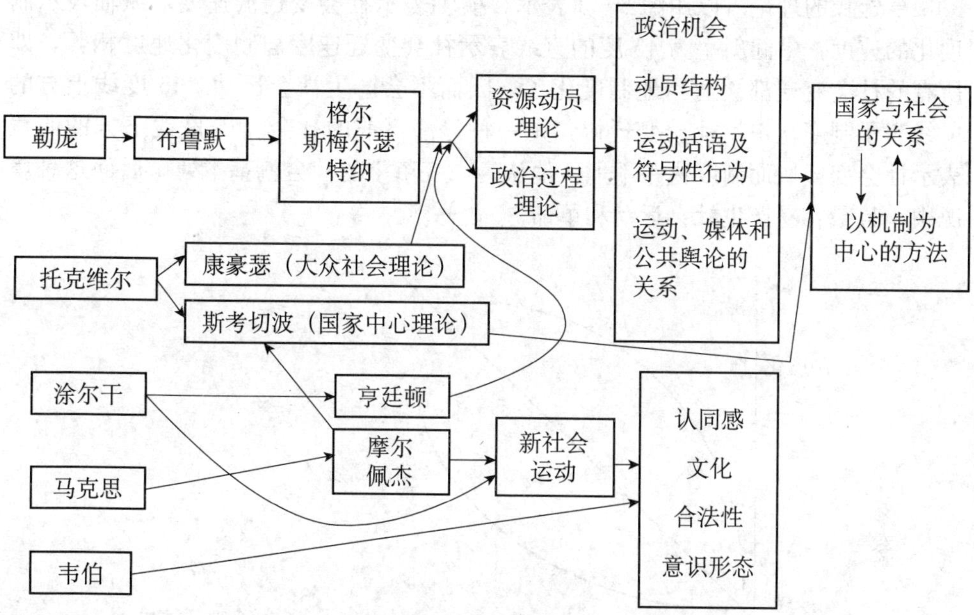

图 2-2　社会动员和革命理论的发展逻辑

资料来源：赵鼎新．社会与政治运动讲义．北京：社会科学文献出版社，2006：27.

对集群行为进行了开创性的分析。他认为集群具有感染性、匿名性与暗示性三个要素，个人一旦进入其中，很容易就会变成丧失理性思考的生物，会被动地接受和模仿集群内其他人的行为与态度。符号互动理论家布鲁默在勒庞的基础上创造了“集体磨合到集体兴奋再到社会感染”的循环反应理论，其核心仍然是一个聚众形成的社会心理学过程。格尔认为导致个人参与社会运动的最主要原因在于对“相对剥削感”的回应，即个人对期望得到的与实际得到的价值满足之间的差距的感受。结构功能主义代表人物斯梅尔瑟把经济学的“价值累加”观念引入集体行为或社会运动研究，该理论假定集体行动或社会运动发生的必要条件（并非充分条件）依次为“结构性诱因→结构性的怨恨与剥夺感→一般化信念的产生→触发集体行动的因素或事件→有效的运动动员→社会控制能力下降”这六个因素，六个因素叠加得越多，集体行动发生的可能性就越大。美国社会心理学家康豪瑟（William Kornhauser）的“大众社会理论”认为，中心问题是社会疏离或者说个人与社会之间的疏离，而这种疏离则缘于缺乏中间结构在精英与大众之间的调节与缓冲，其结果是使得精英与大众处于面对面的紧张状态（见表 2-5）。

表 2-5　康豪瑟的“大众社会理论”意涵

		大众的可利用性	
		低	高
精英的可接近性	低	社群社会	极权社会
	高	多元社会	大众社会

资料来源：Kornhauser W. The politics of mass society. New York：Free Press，1959：40.

亨廷顿的理论可以用图2-3表示，横轴表示社会变迁的速度，纵轴表示制度化的速度，中间斜率为45度的直线表示社会变迁速度与制度化速度相等，即所有的社会变迁都被适当地制度化了，因而不会产生社会运动。45度线上方的曲线表示制度化快，社会变迁慢，是一种停滞不前的社会。45度线下方的曲线表示社会变迁快而制度化跟不上。他认为，变革中的社会就基本处于后面这种境况中，且最容易产生社会运动和革命。

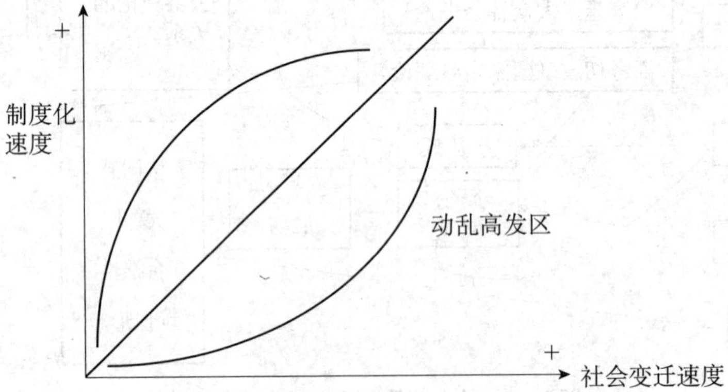

图2-3　亨廷顿的社会变迁与政治动乱之间的关系模型

资料来源：赵鼎新．社会与政治运动讲义．北京：社会科学文献出版社，2006：31.

【知识窗】

曼瑟尔·奥尔森（Mancur Lloyd Olson，1932—1998），美国经济学家和社会学家，对制度经济学的诸多方面（私有财产、税收、公共物品、集体决议、合同权利等）贡献良多。其所著的《集体行动的逻辑》是公共选择理论的奠基之作。

20世纪70年代兴起的理性选择理论范式突破了此前把参加社会运动的人都视为非理性的固有认识。理性选择理论认为理性的个体在集体行动中会采取“搭便车”的行为，在大集团的集体行为中尤为明显。如果要提高理性个体采取有利于集体行动的潜在力量或能力，一般只有通过“选择性激励”才能实现。[①] 在理性选择理论范式的影响下，学者们开始对传统的社会运动理论进行清理和批判，并在此基础上逐渐发展出资源动员理论和政治过程理论。资源动员论者与政治过程论者虽在具体观点上存在较大差异，但都强调社会运动和革命是一个政治过程，运动参与者的利益和理性选择、组织和资源以及政治机会在社会运动的发起与发展中具有十分重要的作用。资源动员理论认为社会运动从“可能”到“实

① 奥尔森．集体行动的逻辑．上海：上海人民出版社，1995.

现”的关键在于“资源动员”，即强调外部资源（时间、物质、领导等）的导入，资源的聚焦需要以组织的形态进行，特别重视集体行动组织和社会网络在社会运动中的作用，研究重点在于运动组织的运动过程和机制。政治过程理论现在是社会运动研究的主导性方法，蒂利成为此理论研究的领衔者。在蒂利看来，像社会运动这样的集群行为不会独立于政治而形成，也不会在政治之外自行壮大与消失。事实上，集体行动与政治之间存在着不断相互塑造的关系。他提出的政体模型就是为了说明这种现象。他的政体模型包括政体内与政体外这两类成员。政体内成员包括政府和一般成员，他们能通过常规的与低成本的渠道对政府施加影响，而政体外成员则没有这种能力。因此，政体外成员即挑战者要么设法进入政体，要么设法改变政体以便把自己包括进去，要么致力于打破这个政体，这就形成了社会运动或革命。① 如果说蒂利的政体模型定义了社会运动，那么他的社会运动动员模型则是想为解释集体行动的产生与发展提供一个普适性的模型（见图 2-4）。蒂利认为这些因素是通过特定的组合对集体行动的形成和进程产生影响的。

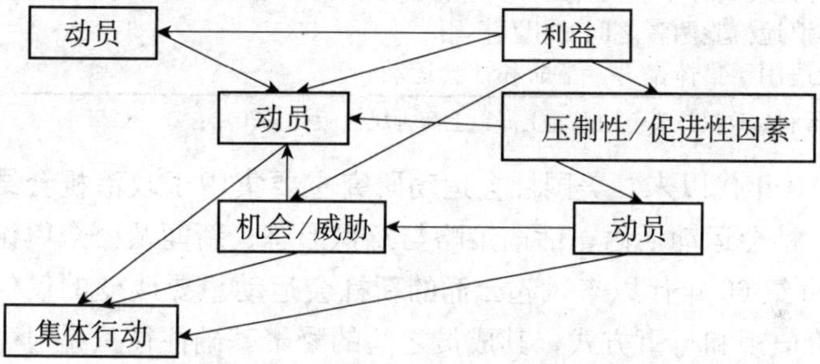

图 2-4 蒂利的社会运动动员模型

资料来源：赵鼎新．社会与政治运动讲义．北京：社会科学文献出版社，2006：22.

蒂利晚期的研究主要聚焦于政体问题以及与之相对应的突出主题“斗争的剧目形式”，即一种地方性的、为人所熟知的、在历史中形成的、群体性的诉求伸张活动的表现形式，也是一种在大多数条件下由投身于斗争政治中的人自行界定和发挥的斗争手段。他的《政权与斗争剧目》一书就着力探讨政体组织与斗争特殊性之间的相互作用（见表 2-6）。

表 2-6 查尔斯·蒂利《政权与斗争剧目》一书的主要观点

● 一个政权的政府权能和民主发展水平，在很大程度上决定了其统治者将以何种方式发动和控制斗争政治。
● 不过，一个政权以往的政府权能和民主发展走向，又为投身于斗争政治的统治者和普通民众提供了许多具体的手段。
● 特别是，政权内部出现多个独立的权力中心，政权向新的政治角色开放，现有的政治组合出现松动，盟友或支持者的影响力发生变化，以及该政权压制或促进集体诉求伸张

① 谢岳，曹开雄．集体行动理论化系谱——从社会运动理论到抗争政治理论．上海交通大学学报（哲学社会科学版），2009（3）.

活动的程度发生变化（同时取决于政治机会结构），均在很大程度上影响着该政权体制下诉求伸张活动的层次和发展脉络。

● 统治者和普通民众在讨价还价中形成了一整套有关该政权体制下伸张群体性诉求之可行方式和有效方式的认识。

● 这里所说的“讨价还价”包含激烈的暴力抗争，在非民主的政权体制下尤其如此。

● 上述认识以及政府所做的回应，自上而下地将诉求伸张活动划分为指令型、容忍型和禁止型。

● 诉求伸张活动自下而上地汇聚成斗争剧目，斗争剧目所描绘的是为实现有意义的诉求而向包括政府在内的任何特定政治角色提出诉求的各种形式。

● 斗争政治的内部变化，政权及其与普通民众关系的外在转变，两者共同衍生出在特定时空环境中占据主导地位的斗争剧目。

● 或是水滴石穿，或是突然迸发，斗争以这两种方式重塑着政权。

● 并非所有的斗争行为、斗争剧目以及事件都具有因果一致性，也就是说，并不存在超越时空的系统法则统御它们的存在、变化和变异。

● 不过，有一些斗争行为、斗争剧目和斗争事件具有符号的一致性，也就是说，这些斗争被视为一整套彼此呼应的政治行动，被视为以往斗争之政治影响力的延续，或是为诉求伸张活动提供了某种范本，尽管它们并不具有因果的一致性。

● 任何有关政权与斗争剧目的分析，都必须在清晰地区分了因果一致性和符号一致性的情况下，审慎地检验两者之间的相互作用。

上述结论适用于集体暴力、革命和社会运动。

资料来源：蒂利．政权与斗争剧目．上海：上海人民出版社，2012：250－255.

20 世纪 80 年代以来，美国社会运动研究主要集中于政治机会结构、社会运动动员结构、社会运动话语、话语策略与意识形态、新闻及公众舆论与社会运动的关系。20 世纪 60 年代以来风起云涌的新社会运动想要改变的仅仅是社会上的某一种主流价值观和行事方式，其成员之间的凝聚基础往往只是对一种共同身份的认同，所以又称为认同政治。皮埃尔·哈梅尔（Pierre Hamel）等认为随着晚期现代性的出现，特别是随着与市场全球化和信息与新技术在管理社会领域方面增长的作用相关联的新变化的出现，反思性已经成为行动的重要组成部分，这导向了更大的不确定性，即集体行动可以采取的方式增多了，并产生了大量的问题，使行动者和研究者都不能袖手旁观。他认为这种新社会运动形式应当与 20 世纪 60 年代的新社会运动区别开来，因为前者是对新的政治机会结构的反应，而后者是由消费增长、政治控制的变革以及由经济的再组织化所导致的对抗的新形式创造的。它们是在面对机构上的对手（特别是国家）的情况下得以发展的，它们关注“生活政治”，并采取关系网络的形式，它们使认同变得更为重要且更具全球化色彩。它们与制度的关系也很不同。它们在不谈判原则和获得具体结果的企图之间取得的平衡，具体体现了晚期现代性中集体行动的矛盾特征。①

总之，当代政治社会学理论对社会运动的理论研究有一个从结构主义到资源动员及政治过程演进的过程。结构主义视角认为，阶级或阶层的结构是社会运动的本源；资源动员理论视角认为，社会运动所能动员的资源总量将越来越成为决

① 哈梅尔，马休．超越新社会运动：社会冲突与制度//纳什，斯科特．布莱克维尔政治社会学指南．杭州：浙江人民出版社，2007.

定某类社会运动的规划和成败的关键；而政治过程理论视角却认为，政治机会、集体行动的组织以及集体行动的意识形态和话语在社会运动产生与发展中起着重要的作用。从这些政治社会学理论研究的发展趋势来看，政治社会学理论在当今社会发展中，尤其是在理论积淀和研究方法创新的背景下，已经突破了传统的研究对象和内容，越来越迈向了内容具体化和学科独立化的发展道路，并且这种演变趋势将会变得越来越明显。

◎思考题

1. 简析政治社会学的起源。

2. 关于孔德提出的“社会静力学”和“社会动力学”概念，如何理解“动力学从属于静力学”？又该如何看待这一对概念与政治社会学之间的关系？

3. 请用自己的话诠释作为政治社会学核心概念的“合理性”（rationality）或“合法性”（legitimacy）概念。

4. 在政治社会学视域中如何解读多元主义和精英主义？

5. 简析当代政治社会学理论的演进过程。

6. 根据政治社会学的中国化，尝试解释中国社会中的集体行动。

◎阅读书目

1. 亚里士多德．政治学．北京：商务印书馆，1995.

2. 王振海，刘京希，高旺，马宝成，陈强．社会场域中的政治——政治社会学的视角．郑州：河南人民出版社，2005.

3. 王沪宁．当代西方政治学分析．成都：四川人民出版社，1988.

4. 拉尔森．政治学理论与方法．上海：上海人民出版社，2006.

5. 达尔．谁统治——一个美国城市的民主和权力．南京：江苏人民出版社，2011.

6. 埃文斯，鲁施迈耶，斯考克波．找回国家．北京：三联书店，2009.

7. 波兰尼．大转型——我们时代的政治与经济起源．杭州：浙江人民出版社，2007.

8. 曼．社会权力的来源：第2卷．上海：上海人民出版社，2007.

9. 吉登斯．民族国家与暴力．北京：三联书店，1998.

10. 埃利亚斯．文明的进程——文明的社会起源和心理起源的研究．上海：上海译文出版社，2009.

11. 斯考切波．国家与社会革命——对法国、俄国和中国的比较分析．上海：上海人民出版社，2007.

12. 阿伦特．极权主义的起源．北京：三联书店，2008.

13. 鲍曼．现代性与大屠杀．南京：译林出版社，2002.

14. 奥尔森．集体行动的逻辑．上海：上海人民出版社，1995.

15. 赵鼎新．社会与政治运动讲义．北京：社会科学文献出版社，2006.

16. 吉登斯，等．公民身份与社会阶级．南京：江苏人民出版社，2008.

17. 艾伯利．市民社会基础读本——美国市民社会讨论经典文选．北京：商务印书馆，2012.

18. 哈贝马斯．公共领域的结构转型．上海：学林出版社，1999.

19. 普特南．使民主运转起来——现代意大利的公民传统．南昌：江西人民出版社，2001.

20. 哈贝马斯．公共领域的结构转型．上海：学林出版社，1999.

第三章

经济社会学理论及其当代发展

【本章要点】

- 经济社会学是将社会学的参考框架、变量和解释模型应用于分析关于稀缺物品和物品的生产、分配、交换及消费活动等复杂经济现象的学科。
- 经济社会学从社会与经济的关系出发，假定经济行动是社会行动的一种形式，经济制度是一种社会建构。
- 当代新经济社会学大大拓展了社会学的研究领域，使经济学和社会学在一个微观的层面上进行对话。
- “行动与结构”向来是社会学理论的一个传统议题，在经济社会学领域，研究者们很关注如何借用经济进一步深入理解“行动与结构”的关系。
- 经济社会学的复兴，使经济现象日益成为社会学的中心研究领域，把社会分层、文化、组织或经济发展研究者们集合到了一起。

【关键概念】

经济社会学◇新经济社会学◇新制度主义◇行动与结构◇消费行为◇方法论◇经济转向

> **重要概念**
>
> 经济社会学是将社会学的参考框架、变量和解释模型应用于分析关于稀缺物品和物品的生产、分配、交换及消费活动等复杂经济现象的学科。

经济社会学是将社会学的参考框架、变量和解释模型应用于分析关于稀缺物品和物品的生产、分配、交换及消费活动等复杂经济现象的学科。[①]"经济社会学"这一术语最早出现于1879年英国经济学家杰文斯（W. Stanley Jevons）的著作《政治经济学理论》中[②]，继而这一术语很快被社会学家们继承，在韦伯与涂尔干1890年至1920年期间的著作中也曾多次出现。在随后的发展过程中，还涌现出了像熊彼特（J. A. Schumpeter）、波兰尼（K. Polanyi）、帕森斯、斯梅尔瑟（N. J. Smelser）以及格兰诺维特（M. Granovetter）等一大批杰出的经济社会学家，他们以自己独创性的理论与方法为当代经济社会学理论不断向前发展做出了巨大的贡献。

第一节 经济及其在传统社会学研究中的地位

作为两大主要的社会科学，经济学和社会学各自的主流特征都在不断演化发展，但在这一过程中，始终存在着两个学科间的互动，既有经济学家对社会问题和社会现象的关注，又有社会学家对经济问题和经济现象的研究。从某种意义上来说，正是在经济学和社会学这两大学科的频繁互动中，经济社会学理论才得以形成、推进和发展。

一、"经济"的概念及其社会学含义

现代"经济"一词，就像"社会"和"社会学"等概念一样，实际上是从日文中翻译过来的。在清朝末期，日本人掀起工业革命浪潮，接受、吸收、宣传西方文化，大量翻译西方书籍，将"economics"一词译为"经济"。[③] 在新文化运动中，日本所学习过的西方文化向中国传播，故而"经济"一词亦为中国所引用。它是指社会生产关系的总和，是指人们在物质资料生产过程中结成的、与一定的社会生产力相适应的生产关系的总和或社会经济制度，是政治、法律、哲学、宗教、文学、艺术等上层建筑赖以建立起来的基础。经济也指社会物质资料

---

① 斯梅尔瑟，斯威德伯格．经济社会学手册．2版．北京：华夏出版社，2009：3.

② Jevons W S. The theory of political economy. New York：Augustus M. Kelley，1879：xvii.

③ 英文中的"economy"源自古希腊语，其本来含义是治理家庭财物的方法，到近代扩大为治理国家的范围，为了区别于之前的用法，它也被称为"政治经济学"，这个名称后来被马歇尔改回"经济学"(economics)。

的生产和再生产过程，包括物质资料的直接生产过程以及由它决定的交换、分配和消费过程。其内容包括生产力和生产关系两个方面，但主要是指生产力。

> **重要概念**
>
> 经济是指社会生产关系的总和，是指人们在物质资料生产过程中结成的、与一定的社会生产力相适应的生产关系的总和或社会经济制度，是政治、法律、哲学、宗教、文学、艺术等上层建筑赖以建立起来的基础。

亚当·斯密以1776年的《国富论》奠定了其现代经济学祖师爷的地位。不过，他并不是一位纯粹的经济学家，他所涉及的领域早已远远超出了经济学的范畴，而涉及伦理学、政治学、哲学，乃至法学、文学、神学以及数学等领域。当然，他也是一位经济社会学家，正如社会学家斯莫尔（A. Small）所指出的，亚当·斯密也是一位不折不扣的社会学家，他的社会哲学传统是通过社会学家继承下来的。他探讨国家与经济的关系，认为国家和经济应该实现各自特定的目标，尽可能相互独立，互不干涉。此外，亚当·斯密的经济社会学理论还涉及社会分工、社会阶级结构、社会不平等诸多社会问题，他对这些问题的思考和理论观点都是基于他对社会经济运行规律的认识。

由于经济思想深受社会、历史、阶级等因素的影响，在古典政治经济学时代，学者们几乎都是跨学科的专家，往往在其一部著作中讨论政治学、经济学以及社会学等多学科领域的问题。也正因为如此，经济的概念和内涵不仅变得丰富多样，也处处体现出浓厚的社会学意义。

二、经济在古典社会学理论中的地位

在经济社会学的研究领域中，一条传统主线是将经济利益分析与社会关系分析结合起来，而这一点也正是经济在传统社会学研究中的重要体现。

（一）孔德的工业社会观

作为社会学学科的创始人，孔德对社会学的正式命名是在《实证哲学教程》第四卷中完成的。在第四卷中，孔德专门讨论了同时代的政治经济学研究问题。他对当时的政治经济学研究持批评态度。在《实证哲学教程》第四卷中，孔德写道："要是我们的经济学家确实是斯密的后继者，那么就请他们给我们说一下，他们究竟在什么地方完善和补充了这位不朽的导师的理论，在他独到的见解中增添了些什么真正的新发现。相反，这些独到之见却被无谓多余的卖弄科学形式从根本上歪曲了。毫无意义的异议在价值、效益、生产等最基本的概念上使他们之间产生分歧。公正地研究这些异议不就好像看到了中世纪学究们就纯粹的形而上学实体的基本作用进行的奇怪辩论吗？这种形而上学实体的经济观念越是教条化，越是钻牛角尖，其特性也就越为分明。"① 孔德的经济理论思想主要是在批判当时的政治经济学研究中逐步形成的。这也确立了他关于工业社会的理论。

---

① 阿隆．社会学主要思潮．上海：上海译文出版社，2005：91-92.

> **重要概念**
>
> 现代工业的独特性主要体现在以下三点：一是工业社会是建筑在科学的劳动组织基础上的。二是由于科学组织劳动，人类得以大量开发资源。三是工业生产要求在工厂和城镇集结工人，这样就出现了一种新的社会现象，即工人的大量存在。

19世纪初期，震惊四座的新鲜事就是工业社会的诞生。孔德认为现代工业的独特性主要体现在以下三点：一是工业社会是建筑在科学的劳动组织基础上的。生产不是按照习俗进行组织，而是以获得最大效益为目的。二是由于科学组织劳动，人类得以大量开发资源。三是工业生产要求在工厂和城镇集结工人，这样就出现了一种新的社会现象，即工人的大量存在。工业就是科学的劳动组织，然后才有财富的不断增加和工人在工厂的集结。

孔德对工业社会所做出的解释，既不是自由派的，也不是社会主义派的。他的思想介于两者之间。他既不是按照罗马法典想象出来的私有制的鼓吹者，也不是一个倾向于生产资料社会化的改革家，而是一个既想保持私有制，又想改变其意义使之成为由某些人行使社会职能的一种制度的组织者。①

（二）托克维尔的美国式民主

托克维尔一生最重要的著作之一就是《论美国的民主》一书。书中对于美国19世纪早期经济文化的分析，以及对贵族社会与民主社会在政治经济方面进行的比较令人印象深刻。

当托克维尔描述美国人与经济问题的关系时，他常常会运用混合利益与情感的表达方法，例如，商业热情、对财富的热爱等等。这并不是说美国人是非理性的。美国人认为依照宗教行动是个人利益的体现，这就使得他们在经济问题中表现出耐心、有条理以及高效率。"当一个人在为他人服务时，其实，他也是在服务于自己，个人利益也就变得恰当了。"②在《论美国的民主》一书中，托克维尔时常提及不同类型的利益形式：个人利益、公共利益以及物质利益等。他认为，在贵族社会，我们视家庭为单位，而在民主社会中，个体及其利益才是关键单位。

托克维尔认为工业和商业不会重新形成传统形式的贵族政体。他认为，商业和工业活动造成的财富不平等与现代社会的平等趋势并不矛盾。首先，由商业、工业和动产形成的财富是可变的，是不会在世代保持特权地位的家庭里一成不变的。其次，在企业主和工人之间不会产生过去社会里地主与佃户之间的那种等级关系。如此一来，财富的不平等，无论是否明显，与现代社会的地位根本平等这一特征并不矛盾。托克维尔也指出，如果在民主社会里有朝一日会出现贵族政体回潮的话，那么这种回潮将是通过企业主来实现的。但总的来说，他还是坚信现代工业不会产生贵族政体。相反，他认为财富的不平等将随着现代社会的越来越民主而趋于缓和。雷蒙·阿隆认为，托克维尔的观点与20世纪60年代的西欧社

---

① 阿隆．社会学主要思潮．上海：上海译文出版社，2005：56－59.

② 斯威德伯格．经济社会学原理．北京：中国人民大学出版社，2005：5.

会最为接近。①

托克维尔对于美国社会组织的作用也非常感兴趣，并将美国与法国进行比较。在法国，政府控制着创建社会组织的权力。而在美国，随处可见各类宗教组织、政治组织以及经济组织等。他认为社会组织在孤立的个体与政府之间起到了调停的作用，也对民主社会向积极方向发展起到了关键性作用。他还借助参与各种自发组织观察美国人获取知识的方式，这些知识在以后想要开创自己的经济组织时会被运用到。托克维尔的观点与当代关于社会资本的论述是相似的。

你怎么看

我国社会组织发展的情况是怎么样的？

（三）马克思的资本论

与同时代的法国人托克维尔不同，马克思对于经济在社会中的角色感到困惑，他创立了一个理论，指出经济决定社会总的演变。马克思认为，在日常生活中驱使人们的是物质利益，普遍来说，这也同样决定了社会的结构和演化。马克思在《资本论》中提到，劳动是不以一切社会形式为转移的人类生存条件。物质利益是普遍的，劳动是社会的，其更胜于个体，因为人们为了生存必须互相合作。

在马克思看来，处于任何社会发展阶段的社会，都是建立在一定的经济基础上的。马克思称之为物质生产的生产方式，并将其分为两部分——生产力和生产关系。在经济基础上，还存在着一个上层建筑，即法律的、政治的、宗教的、美学的等各种制度的总和。生产关系的总和构成社会的经济结构。生产方式制约着整个社会生活、政治生活和经济生活的过程。人们在生产过程中形成的一套最基本的社会关系就是阶级结构，即社会分为占有财富的统治阶级和贫穷的被剥削阶级。马克思认为在资本主义生产方式下，这两个阶级就是资产阶级和无产阶级。资产阶级占有生产资料，无产阶级只能出卖自己的劳动力。在这种生产关系中，国家、教会、社区等，也就是上层建筑，是为资产阶级服务、压迫无产阶级的。在这种情况下，马克思得出了“社会的政治是为经济服务的”这样的结论。

重要概念

社会分为占有财富的统治阶级和贫穷的被剥削阶级。马克思认为在资本主义生产方式下，这两个阶级就是资产阶级和无产阶级。资产阶级占有生产资料，无产阶级只能出卖自己的劳动力。

马克思对经济学家在他们的分析中运用孤立的个体作为研究对象进行了激烈的批判。他用“社会个体”来解释个体通常是与其他人相联系的。最重要的利益是一种集体性质的，即“阶级利益”。但是这些利益只有当人们认可自身归属于某一阶级时才是有效的。此外，马克思还批判了亚当·斯密关于个体的经济利益是通过“看不见的手”聚集在一起并进而形成社会普遍利益的这一观点。马克思

① 阿隆．社会学主要思潮．上海：上海译文出版社，2005：175－180.

指出，正是阶级之间的暴力斗争使得历史成为“血与火的写照”。

马克思关于政治、经济与社会之间关系的观点是相对复杂的。在一个经济制度生机勃勃的上升发展阶段，政治巩固经济；而在经济制度腐朽衰落的阶段，政治与经济便发生冲突，冲突最终导致旧经济制度和政治制度的灭亡。在任何时期，经济与政治之间的关系和相互作用形式都取决于社会的发展阶段。

(四) 韦伯的社会行动理论

1882年，韦伯考入了海德堡大学。他的一生对经济社会学的贡献主要集中在《新教伦理与资本主义精神》及《经济与社会》两部著作中。前者提出研究文化因素与经济活动之间的关系，后者是其社会行动理论的根源。

《新教伦理与资本主义精神》是韦伯《宗教社会学论集》的第一部分，主要考察新教伦理与资本主义起源的关系。他的研究基于这样一个假设，即新教教义的某种解释曾经造成某种有利于资本主义制度形成的动因。他从三个方面来论证这一假设：首先，他用统计数字分析宗教观念对个人或集体的行为的影响，即新教徒所拥有的财富是否超过其他人群；其次，分析新教伦理与资本主义精神在理智或精神上的共同性；最后，他研究宗教条件在其他文明（如中国、印度等）中是否或在多大程度上有利于资本主义制度。由于资本主义在西方文明以外的任何地方都未曾有过发展，问题也就可以归结为由宗教信仰决定的对劳动的特殊态度在多大程度上成为西方历史进程所独有的东西。为此，必须深入研究西方的新教伦理，即新教的经济伦理观(economic ethics)。

《经济与社会》以通史为对象，涉及经济社会学、法律社会学、政治社会学以及宗教社会学等领域。韦伯强调社会学是以认识社会行动为己任的，为此他区分了行为、行动、社会行动和经济行动等概念，并且通过对社会行动的界定，形成了一个分析社会行动的理论框架。同时，他又通过对社会行动理想类型的分析，揭示出社会行动的理性与非理性两面，从而为经济社会学研究经济行动的合理性与非理性问题提供了一个范式。在韦伯看来，所谓行动者就是受自身价值目标、物质利益、传统以及情感驱使的主体，而物质利益一般在经济领域中居支配地位。

韦伯指出：“一个行为，只要当它根据其所认为的意向，以设法满足对有用效益的欲望为取向时，就应该叫作以经济为取向。经济行为应该叫作一种和平行使主要是以经济为取向的支配权力，而合理的经济行为应该叫作目的合乎理性地，即有计划地行使以经济为取向的支配权力。经济应该叫作一种自主安排的持续的经济行为，而经济企业应该叫作一个按企业方式安排的持续的经济行为。”[①] 他认为，社会学主要就是要研究当行动指向其他行动者的行动时所

> **重要概念**
>
> 经济行为应该叫作一种和平行使主要是以经济为取向的支配权力，而合理的经济行为应该叫作目的合乎理性地，即有计划地行使以经济为取向的支配权力。

① 韦伯．经济与社会．北京：商务印书馆，1997：85.

发生的状况。经济行动支配的只是社会的特定领域，该领域就是经济领域，但是这一领域并非孤立的，它影响并同时受到其他社会领域的影响，如政治领域、宗教领域等等。最后，随着人类社会的发展，不同的价值将得到推崇，由此，一般意义上的经济社会学也将在旧主题衰弱的时候开始研究新的主题。[①]

（五）涂尔干的社会分工论

《社会分工论》是涂尔干的博士论文，旨在讨论人与集体之间的关系。涂尔干的思想实际上和孔德有相似之处，即对经济学研究持批评态度，而主张应将经济现象作为一种社会事实来加以研究分析。

亚当·斯密认为劳动分工的唯一功能是生产财富以便于交换。涂尔干认为斯密忽视了分工的另一重要功能，即分工加深了人们之间的相互依赖，促使人们更加团结，因而提供了“有机团结”的潜力。另外，涂尔干发现现代经济的某些力量可能会破坏社会的内聚力，因而出现“社会的反常状态”或者是缺乏行为规则。涂尔干认为，在劳动分工中，个人意识全部在自我以外的社会中，必须用集体状态来解释个人现象，而不是用个人现象来解释集体状态。因而，对于涂尔干来说，劳动分工是全社会的某种结构，社会的技术分工或劳动经济分工只不过是一种表现（representation）而已。

涂尔干认为：“在所有的经济学理论中，价值论是最基本的理论，而这种理论也带有臆想的色彩。经济学家是先制造理论，然后进行科学研究。为了制造理论，他们只满足于冥思苦索，想出一个他们认为可以称为价值的东西，即可以互相交换东西的观念；他们发现价值的观念与效用、稀少等观念有着密切的联系，并用他们分析所得的这些产物做出对‘价值’的定义。当然，经济学家也用一些实例去证明这个定义。但是如果想到这样的理论应该解释的事实是不胜枚举的，怎么能够承认偶然拿来作证的，必然是十分稀少的事实具有哪怕是最小的论证价值呢？”[②] 我们不难从中看出涂尔干对待经济学研究的态度。他对经济学研究的主观臆断是不满意的，因为它不是从实际的社会现象出发来进行研究的。对于涂尔干来说，他所要发展的社会学或者说他认为社会学的研究正是要从实际的社会现象出发，亦即“客观性是科学的出发点”，应当“将社会现象看作客观事物的具体准则”[③]。在涂尔干看来，社会学应该独立于哲学，且社会学研究方法应具有客观性，最为重要的是把社会事实作为我们的研究对象。

（六）帕累托的逻辑与非逻辑理论

帕累托对人类社会运行的研究受到达尔文进化论的影响。他认为，社会可抽

---

① 杨倩红，唐礼勇．马克斯·韦伯的经济社会学观点．国外社会学，2004（6）．

② 涂尔干．社会学方法的准则．北京：商务印书馆，2002：44-46.

③ 涂尔干．社会学方法的准则．北京：商务印书馆，2002：46-50.

象地构思出两种极端的类型，一种是完全由感情支配的社会，另一种是完全由逻辑经验的推理支配的社会，而人类社会则介于上面所指的两种类型之间。在他看来，一个完全由逻辑经验行为构成的社会是无法设想的，因为逻辑经验思维无力确定社会的最终目标。在经济行为中，个人或集体受本能和理性的推动去占有对生命有用或有益的物质财富，具有寻求尊严和荣誉的倾向，这种倾向表现为最有可能合乎逻辑的行为，即经济主体行为。经济主体行为是利己的、合乎逻辑经验的，因而经济学在研究个人时假定他们想达到这些目标，并采用最合适的方法来达到这些目标。

逻辑与非逻辑理论是帕累托最重要的社会分析构架。他原是一名工程师，在自身的职业活动中体验出逻辑行为就是由科学认知支配的，是意识活动与客观世界的事实发展之间的一致性的行为。后来他从工程师变成经济学家，又以不同的方式再次找到逻辑行为的共同点，这次是用对利润、开支和产量的计算来确定逻辑行为的，他认为经济计算可以确定一种逻辑行为。一旦有了某些目标和某些可支配的手段，逻辑行为就按照科学知识了解外部环境，尽力适应一种偏好的等级制度。然而，帕累托不甘愿只做一名经济学家，他还观察了 19 世纪末 20 世纪初法国和意大利的制度。他惊奇地发现，工程师或经济主体的逻辑行为与政客的行为之间相去甚远。政客们援引理性，无穷无尽地推理，但都是不合理性的。一些人以为人类的宗教与工程师或经济主体的行为同出一辙；另一些人相信可以依靠科学来改变人类社会秩序，并宣布社会主义革命或自由主义革命之后将会有正义的统治。换句话说，帕累托对照了工程师和经济学家的经验与在政治舞台上观察到的事实，提出了他著作的基本论题，即逻辑行为与非逻辑行为的二律背反。

你怎么看

你如何理解这种逻辑行为与非逻辑行为的二律背反？

（七）齐美尔的货币哲学

齐美尔在讨论经济现象的时候，通常对非经济现象更为感兴趣。但是在其《社会学》一书中包含着其对利益的重要思考。他叙述了社会学利益分析应该是怎样的以及为什么利益分析对于社会学来说是必不可少的问题。齐美尔认为利益驱使人们形成社会关系，而且只有通过社会关系，利益才能被表达。当然，这里所说的利益，也包括经济利益，它们都能够以不同的社会形式呈现。同一利益在不同的社会中可能会表现为不同的形式。比如，经济利益，它以生产者竞争和有计划的组织形式来实现，既与其他团体相互隔离，又与它们相互融合。

1900 年问世的《货币哲学》虽然褒贬不一，但在这部著作中，齐美尔敏锐地分析了货币在现代文化中的特殊作用。他认为，货币的价值只能延伸到权威能保证的地方，或者只能在“经济圈”之内。货币还被各种“经济上重要的情感”环绕，例如希望与害怕、渴望与焦虑。齐美尔指出，没有信任，货币交易就会失败，社会也将不复存在。①

从上文我们不难发现，社会学自诞生之日起就对于经济问题非常感兴趣，相应的研究和讨论层出不穷。孔德、托克维尔、马克思、韦伯、涂尔干、帕累托以及齐美尔这些社会学家有关经济问题的思考，都为经济社会学理论奠定了基础。

第二节
经济社会学理论的兴起及其意义

作为一个确定的研究领域，经济社会学的历史还不到一百年，尽管我们今天可以在以往哲学和社会思想的传统中寻觅到它理论的根源。在过去的二三十年时间里，经济社会学学科及其理论都经历了巨大的发展，已然成为最引人注目和生机勃勃的一个研究领域。

一、经济社会学理论的兴起与发展

虽然在19世纪末20世纪初的学者们的著作中包含着丰富的经济社会学思想，但是作为一门学科，经济社会学的形成主要是在20世纪50年代。1956年，帕森斯与其学生斯梅尔瑟合作出版了一部重量级理论著作《经济与社会》，标志着经济社会学作为一门独立的学科正式创立。在这部著作中，作者运用结构功能主义分析手法，把社会定义为一个由许多子系统组成的大系统，经济只是其中一个子系统。经济系统与其他系统相互作用，所有子系统在维持社会大系统运行的过程中都发挥重要功能。斯梅尔瑟随后用同样的方法研究了英国的工业革命，并出版了经济社会学领域的第一部教科书《经济社会学》。

自帕森斯、斯梅尔瑟时代以后，经济社会学的发展基本上处于停滞状态。经济学与社会学的分离达到了高峰。产生这种现象的原因主要有以下两方面：一方面是经济学家迷恋经济学的技术分析手段，而忽略了社会学的方法；另一方面是社会学本身的理论水平没有得到提高。②

直至20世纪70年代，石油危机和西方经济的滞胀动摇了经济学家的自信心，经济学家对自己的经济视野及经济学理论产生了怀疑。与此同时，新马克思主义的复苏和新韦伯思想的出现，以及美国的民权运动和女权主义的盛行，这些因素都促进了经济社会学的复苏。随着1985年《美国社会学杂志》发表格兰诺

---

① 斯威德伯格．经济社会学原理．北京：中国人民大学出版社，2005：15-16.

② 周长城．现代经济社会学．武汉：武汉大学出版社，2003：31-33.

维特（M. Granovetter）的论文《经济行为与社会结构：嵌入性问题》，经济社会学新的研究视野出现了，该文率先从嵌入的角度出发，采用社会网络的分析方法来研究经济行为和经济秩序。同年，格兰诺维特在美国社会学会的演讲中提倡创建新的经济社会学。格兰诺维特认为，新经济社会学与以往经济社会学的最大不同，就是对核心经济问题，如企业、合同、市场等进行了研究。

毋庸置疑，格兰诺维特开创了利用社会结构和社会网络分析经济行为和经济秩序的经济社会学新纪元。这篇文章被社会学家和经济学家公认为经济社会学发展趋势的决定性文章。格兰诺维特的理论假设体现了新经济社会学的关键特征，即认为所有的经济制度都是"社会建构"的。在文中，格兰诺维特对于那些试图把新古典经济学应用于非经济领域的经济学家提出了批评。他认为经济活动不是存在于真空中的，而是嵌入于社会关系网络之中的。①

重要概念

嵌入指的是各类经济行为都受到其所处的社会结构的限定，这种社会结构决定着它们的形式与结果。

关系性嵌入是指经济行动者嵌入个人关系之中，而结构性嵌入则指许多行动者嵌入其中的更为广阔的社会关系网络。

"嵌入性"是新经济社会学的核心概念。"嵌入"指的是各类经济行为都受到其所处的社会结构的限定，这种社会结构决定着它们的形式与结果。这一概念源于著名经济人类学家波兰尼，又由格兰诺维特进一步发展。后者指出，波兰尼认为社会因素在很大程度上塑造着前资本主义社会的经济，这一观点是正确的，但波兰尼关于在现代市场交易中社会因素几乎不起作用的观点是不对的，因为情况正好相反，在现代市场中各种社会因素对经济行动产生着重要的影响甚至是决定性的作用。格兰诺维特对"关系性嵌入"和"结构性嵌入"做了区分，认为前者是指经济行动者嵌入个人关系之中，而后者则指许多行动者嵌入其中的更为广阔的社会关系网络。在经济社会学家的眼中，经济行动是受社会限定的，它嵌入持续存在的人际关系网络之中。这种观点强调通过个人、群体的具体互动关系来分析经济生活。也就是说，人类的经济是嵌在制度之中的，包括经济的与非经济的制度。这里提到的非经济制度至关重要，宗教、政府对于经济的结构与功能的形成所起的作用与货币制度等一样重要。②

新经济社会学吸引了大批出色的经济学家和社会学家，他们主要分布在美国，但在欧洲和其他地区也有志同道合的学者们。20 世纪 70 年代初，经济社会学作为社会学领域的一门独立学科在日本有了较显著的发展。富永健一在大学期间深受日本的"社会学之父"高田保马的影响。他希望自己能像高田那样，把社会学与经济学结合起来研究，以更好地解释日本社会。20 世纪 70 年代末正值世界各国风行对结构功能主义的批判，富永健一则坚持认为，若对日本的经济成长和社会变迁做出社会学的分析，则只能采用结构功能主义的理论分析框架。不过他强调不应照搬帕森斯的理论，而要把他的理论加以改进，即要"用自己的头脑

---

① 刘应湘．浅谈新经济社会学的复兴与发展．新学术，2008（6）．

② 王曼红．新经济社会学与社会经济史研究．贵州财经学院学报，2004（1）．

重新组织它，以期将它改造成分析非西方后起社会现代化的有用工具”①。富永健一在其《经济社会学》一书中主张使用社会学的概念工具和理论体系说明经济行动和经济系统，即用行动理论来解释说明非经济变量和社会因素对经济变量和经济因素产生的影响，并用结构功能分析的方法研究经济系统和社会系统的相互关系，最后，要从动态的角度，研究经济发展与社会发展的关系问题。②

20 世纪 70 年代以来，经济社会学经历了从仅仅是把经济学的思想延伸到表面上更具社会学色彩的主题上，或仅仅是界定与分析那些包含经济活动的社会背景，到近十年来开始提出自己对经济活动具有真正替代性的，以社会为基础的描述、解释和理论的重大转变。社会学家们推动经济社会学进入了全新的发展时期。正如普林斯顿大学社会学系的教授泽利泽（V. A. Zelizer）所说，新经济社会学在过去 30 年中，一直试图对市场、货币以及一般人所创造的一系列有意义的社会关系做出阐释，而在其视野中，存在多种多样的市场，而且每一种市场都不仅仅受到文化与独特社会关系的影响，更是由文化与独特的社会关系建构的。因此，各种市场并没有一种标准的、固定的结果，相反其结果与影响是高度可变的。③

二、当代经济社会学理论兴起的意义

相对于客观存在的社会需求而言，经济学与社会学两大学科联手解决现实问题的理论供给存在严重不足。因此，经济社会学的产生既是为了弥补社会学理论性的不足，又是为了转变格兰诺维特所说的“经济学失败的方向”，以一种新的视角——经济学和社会学相结合的角度来分析经济和社会发展过程中客观存在的问题。④

经济社会学从社会与经济的关系出发，假定经济行动是社会行动的一种形式，经济制度是一种社会建构。经济社会学家在一般意义上赞同经济行动是一种与配置稀缺资源相关的行为，但它同时把经济行动看成是一种社会行动，无法与社会认同、地位、社会性与权力等因素分离开来。因此，经济社会学研究内容在新时代的开拓，对于社会学理论的社会功能的开拓具有一定的意义。具体来说，当代新经济社会学理论的兴起至少具有以下几方面的意义：

首先，从研究对象上来看，当代新经济社会学是以整个社会与经济诸多方面的问题为研究对象的。为了回答当代复杂的经济与社会问题，需要研究经济社会学，用社会学的观点去分析社会经济现象、经济问题及经济行为过程，从中找出带有规律性的东西，进而丰富社会学理论体系。

---

① 董兴华．富永健一的学术生涯．社会学与现代化，1998（3）．
② 汪和建．现代经济社会学．南京：南京大学出版社，1993：8.
③ 泽利泽．亲密关系的购买．上海：上海人民出版社，2009：2.
④ 徐延辉．经济社会学百年历程简述．国外社会科学，2001（3）．

其次，可以说经济社会学是伴随社会发展应运而生的，它是社会发展到一定阶段的必然产物。为了研究经济与社会协调及可持续发展的理论，使经济增长与社会发展同步进行，经济社会学的理论正是我们所需要的。由于经济的发展，社会生产力不断提高，促进了社会变迁；而社会的变迁又会反作用于经济的发展。对经济社会学理论体系、范畴及主要内容的研究，可以使人们对经济体制、经济与人口、经济与文化、生态环境与企业社会同步增长和可持续发展的理论有更深入的了解。

再次，从方法论来看，当代新经济社会学的网络研究方法介乎社会科学研究的两大方法之间，为社会科学研究提供了一个全新的思路。相对于文化决定论（如帕森斯）方法而言，网络研究方法为行动者（无论是个人还是集体）的自由行动保留了活动空间；而相对于原子化的个人主义方法论而言，网络研究方法又强调了结构和外在限制。这无疑代表着社会科学研究的第三条道路。

最后，从学术源流来看，当代新经济社会学家最初是以社会网络分析家的身份出现的，后又借助于网络分析而创造了一个经济社会学流派。这无疑为学术发展提供了一个范例。从一种方法向一种理论体系的成功转换，意味着社会科学研究的巨大灵活性与生命力。另外，新经济社会学家也为社会网络分析做出了巨大贡献。可以说，正是他们的研究推动着社会网络分析的发展。当代新经济社会学的代表人物怀特（William H. White）扩展了对社会结构的数学基础的研究，把北美学术前辈的关键性观点融为一体，并由此创造出一种独特的方法。这一方法后来被他的学生发展和推广。这些学生遍布于美国各高等院校，他们的研究把怀特的思想和英国研究者的观点结合为一种复杂却一致的社会网络分析框架，从而稳固地奠定了作为结构分析方法的社会网络分析的基础。例如，尽管格兰诺维特的经典研究并不具有明显的几何学味道，但却成为社会网络分析的纲领性宣言，并使得社会网络分析开始风行起来。

【知识窗】

威廉·怀特，1917 年生于美国宾夕法尼亚州，1999 在纽约逝世。他是美国著名的社会学家、新闻记者和人类研究学家；是美国关于城市、人与开敞空间方面最有影响力和最受尊敬的评论家之一。他在 1939 年毕业于普林斯顿大学，在二战中曾作为美国海军陆战队的一名官员在瓜达康纳尔岛参战。战后不久，他成为纽约《财富》杂志的编辑，开始了对战后郊区文化、生活方式和居住环境的研究。

当代新经济社会学理论成了对经济生活进行社会学研究的一个里程碑。同时，它也推动了社会学的发展。经济社会学家从社会学的视角出发，使人们对经济生活有了一个全新的理解。可以说，当代新经济社会学大大拓展了社会学的研究领域，从而推动了社会学在当代的发展。当代新经济社会学理论的贡献在于使经济学和社会学在一个微观的层面上进行对话。当代新经济社会学能够在一些具体而微小的经济、社会现象上把社会网络导入分析之中，然后对经济学家的解释进行补充，至少提供了把社会关系结合到经济模型中的可能性。

第三节 社会学理论的经济转向及其方法论特征

社会学理论的经济转向主要体现在近20年间，但是它的萌动似乎更早一些。当然，社会学理论的经济转向的脉络是非常复杂的。但细细看来，社会学理论的经济转向有两条主要路径：一是从社会学的视角去理解和研究经济行为本身，即这些经济行为如何与不同的个体和集体结合在一起。何种价值观念使这些经济行为得以合法化，何种规范和制约手段使这些经济行为得以调节、管理。二是伴随着社会的发展，经济现象成为社会学理论关注的焦点，经济视角在整个社会学理论中的影响也越来越大。

一、经济转向的背景及其意义

当代新经济社会学之所以能在20世纪80年代后期兴起并迅速发展，与近几十年来经济学和社会学之间的融合趋势密不可分。同时，相关领域的发展使大量的新思想、新方法不断涌现，理性选择理论，社会经济学，心理、社会、人类的经济学，以及交易成本经济学都为新经济社会学提供了丰富的养料。这些思想经由格兰诺维特的综合和提炼，形成了新经济社会学的奠基性主张。

从经济学和社会学各自独立的发展历史来看，两门学科是并行不悖的：经济学研究的是经济人追求利益最大化的“理性”决策过程，而社会学则研究那些被经济学家忽视的其他社会问题。从理论上来说，两者在研究对象和研究方法上各自独立，又互相补充，完全可以通过对话促进各自的发展。遗憾的是，这种对话总是时断时续，且往往伴随着学科之间的敌视或漠视，即使到了20世纪70年代中期，仍有经济学家警告社会学家必须和经济学主题保持距离。20世纪70年代，经济学家贝克出版了《人类行为的经济分析》一书，这意味着经济学家向原来的学科分工发起了彻底的挑战，它成为“经济学帝国主义”的最强音，是经济学家“入侵”其他社会科学领域的号角。以此为代表，微观经济学的基本方法和概念，如理性选择、利益最大化、交换等等，渐渐成为一些非经济问题（如犯罪、家庭、教育等）的解释变量，并取得了出乎意料的效果。不过，这种经济学思想和方法的扩张很快引起了社会学界的警觉，出于自卫，许多社会学家撰文声讨“经济学帝国主义”对社会学的“入侵”。对话是在令人不悦的气氛中进行的，但它的客观结果的确促进了学科间的深层次交流。这种相互交流、批判和彼此启发的过程既促进了相关领域的发展，同时又带动了新经济社会学研究的兴起。

新经济社会学鼎盛之势的形成离不开众多研究者在此领域的辛勤耕耘。这场轰轰烈烈的学术运动涉及多门学科，参与者多数仍为经济学界和社会学界的学者。例如，研究组织间网络的贝克、罗纳德·伯特（R. Burt），研究各种文化在经济现象中的作用的迪马乔（P. DiMaggio）、泽利泽，研究企业间关系对企业影响的汉密尔顿（G. Hamilton），研究社会关系的作用的波特斯（A. Portes）、林楠（N. Lin）等[1]，他们活跃在美国的各大高校中，是引领本学科发展方向的先锋。就所取得的成果而言，格兰诺维特的《求职》、伯特的《结构洞》、波特斯的《移民的经济社会学》等都具有很好的代表性。这些成果分别从不同的角度分析了经济行为之于社会结构的嵌入性，形成了网络研究、组织研究和文化研究这三个最突出的方向。

二、社会学经济转向的方法论特征

斯梅尔瑟把经济行为看作经济社会学的一个研究重点。经济社会学的特色应该强调经济行为的社会层面。经济行为作为社会行为的有机组成部分，必然具备社会属性。无论经济行为的具体形式是什么，其实质都是人们之间相互作用的过程。[2] 关于经济社会学的第二个研究重点，斯梅尔瑟认为应该是经济与社会的关系，经济与社会的关系包含丰富的内容。这种关系是多样化的，具体说来，至少应该包括以下几种关系。

【知识窗】

斯梅尔瑟1958年获哈佛大学哲学博士学位。后在旧金山精神分析研究所进修，并在加利福尼亚大学伯克利分校任教，1972年成为该校社会学教授。他将社会学理论应用于经济制度、集体行为、社会变迁，以及人格与社会结构等方面的研究，在学术界有较高的声誉。在《工业革命中的社会变迁》一书中，他运用结构-功能分析方法，通过考察1770—1840年间英国兰开夏郡棉纺工业的历史情况，探讨了早期工业资本主义发展对家庭结构和社会分化的影响，认为这一历史过程导致了成功的经济性分化，拓展了行动范围，并产生了一系列响应市场要求的非经济性分化。

一是局部与整体的关系。从这点意义来说，经济是社会的一部分，经济服从

① 陆德梅，朱国宏．新经济社会学的兴起和发展探微．国外社会科学，2003（3）．

② 梁向阳．经济社会学．广州：中山大学出版社，1996：4．

社会并为社会服务，而社会是经济发展的环境。

二是并列关系。在研究发展的时候，通常把经济与社会并列起来，把它们看作是彼此独立的两个部分。

三是重叠关系。这是指经济与社会这两个领域有部分重叠。对于一些经济活动来说，它既是经济活动，也是社会活动，经济的发展同时也是社会的发展。

四是因果关系。经济与社会之间的因果关系有两种。一种是单向因果关系，例如，人们常把经济发展看作是社会发展的原因，也就是说，社会发展被看作经济发展的结果，列在经济发展之后。另一种因果关系是双因果关系，即把经济和社会看作互为因果。

五是功能关系。所谓功能也就是作用的意思。经济与社会之间存在功能关系，两者互相起作用。这种功能关系是双向的，但这种双向关系不是均等的或完全同一的。一般而论，经济对社会的作用被看作主动的和正向的，而社会对经济的作用被看作反作用。

六是显关系和潜关系。在经济与社会之间，既存在显关系，也存在潜关系。显关系是明确的、经常出现的、必然的和可直接测量的。而潜关系则相反，它是模糊的、不经常出现的、偶然的以及不能直接被测量的。①

此外，斯梅尔瑟还在《经济社会学》一书中对经济学和社会学在方法论上做出了比较分析。两者在方法论上的差别主要集中在以下四个方面。

一是相关变量。经济学的最基本的相关变量是生产、资源配置方式和收入的分配；而社会学所要研究的则是有规则、有意义的社会行为的某些方面，社会学家所要解释的是个人行为取向、个人行为、群体行为、社会结构、制约和价值观念这些现象的规律性变化。

二是自变量。经济学的自变量是供求关系，供求规律可以解释所有相关变量的变动；社会学一般从其所要解释的现象中寻找解释变量，即自变量，社会学的自变量内容范围比经济学更为宽泛。

三是变量间的关系。在经济学的模型中，相关变量是两组自变量的函数，可以利用数学公式进行计算和预测。社会学的理论模型种类则更多也更加复杂，一般来说分为三种：一是静态模型，即用一个或多个变量解释某种行为模式或结构特征；二是过程模型，研究社会结构内部各种变量的变化；三是变迁模型，研究社会结构本身的变化。

四是“假定”的重要性。在经济学模型中，各种相关变量随供求关系的变化而变化，但在现实生活中，许多因素都会影响价格和变量。在这种情况下，为了达到研究目的，经济学家设定这些因素是不变的；在社会学中，使用的变量在种类和数量上都很多，在对这些变量进行理论性组合时不像经济学那么严格，也很难在解释模型中十分清楚地规定哪些是既定不变的假定，如果要以有限的变量做出适合各种情况的一般性解释，就必须把自己的分析建立在某些假定之上。

---

① 梁向阳．经济社会学．广州：中山大学出版社，1996：4.

最后，在经济社会学理论发展的过程中，文化与经济之间的关系成为该领域研究中的一个经典问题。特别是在经济生活成为社会生活中最具影响力的领域和市场经济成为组织经济生活的主要方式之后，对于市场的文化解读成为经济社会学持续关注的领域。大多数经济学家将市场看作是一个与社会无涉的独立自主的领域，与之不同，社会学家们则强调市场的文化、历史和社会属性。文化范式可以说是伴随着经济社会学一路成长的。

早在19世纪与20世纪之交，涂尔干和韦伯就通过他们的经验研究批驳了理性经济人的趋利本性不受其他非经济变量影响的观点。在对新教伦理的研究中，韦伯追根溯源地分析了宗教思想、价值观和态度对于经济行为的影响；而涂尔干的著作则阐明了市场并不能被简化为自利原则的产物，与之相反，现代市场中的合约执行和维护需要大量"制度性"的社会支撑。他们的研究都强调了非功利性和非物质性的社会力量在经济生活中所扮演的重要角色。在继承了经典理论家思想的基础上，经济社会学家们探讨了文化对于经济行为的影响。他们强调文化与经济行为互为条件的共生属性，文化所提供的分类图示和理解使人们得以从事特定的经济活动。与此同时，学者们将经济行为从文化当中分解出来，强调源于社会结构的规范和传统对于原始自利追求的约束作用。①

在《道德与市场：生命保险在美国的发展》一文中，泽利泽对非经济因素在美国的一项重要经济制度——生命保险制度——的发展过程中所发挥的重要影响进行了初步的探讨。② 该文考察了在对待将人类生命进行货币估价这一问题上，人们的态度变化，以及在生命保险市场发展过程中，对于风险和投机的文化定义的变化对该市场所产生的影响。同时，该研究也没有排除对结构性因素的考虑。例如，文章揭示了在对丧失亲属的人提供帮助方面，从一种具有社会交换性质的礼物馈赠体系向一种非人情的市场体系转换的过程中所呈现出的社会张力。生命保险市场的革命性变化，不仅是对于死亡的理解的转变，也是处置方式的转变。对于那些18世纪丧偶的寡妇来说，原来能够帮助她们减轻或摆脱经济上的困境的人，是朋友、邻居和亲属，现在则是一个营利性的组织。这样的思想在她后来的著作《货币的社会意义》中得到了进一步的体现。③ 她从文化的视角探讨了货币的社会意义，认为货币并非是一种非社会性的存在物。相反，它所代表的含义总是不可避免地受到文化多样性的塑造。泽利泽既反对经济社会学把什么都归因于社会关系和社会网络的趋势（她称之为"社会结构绝对论"），也反对只用文化术语来解释经济现象的趋势（她称之为"文化绝对论"）。她的主要研究集中在被她称为"人类价值观与市场行为的交互作用"的研究中。

---

① Zelizer V. Pricing the priceless child：the changing social value of children. New York：Basic Books，Inc.，1987.

② Zelizer V. Morals and markets：the development of life insurance in the United States. New Brunswick，N. J.：Transaction，1983.

③ DiMaggio P，Walter W P. The iron cage revisited：institutional isomorphism and collective rationality in organizational field. American sociological review，1983.

此外，迪马乔等人从文化的角度补充了格兰诺维特的“嵌入”概念，提出了“政治嵌入”“认知嵌入”和“文化嵌入”的观点。他们认为文化通过信念和意识形态，以一种理所当然的假设或者有形的统治系统作用于经济系统。弗里格斯坦（N. Fligstein）从社会学角度重新阐释了美国现代合作史，这也是文化范式对新经济社会学的一次扩展。

第四节 当代社会学理论中的经济解读

当代新经济社会学理论的主要研究内容包括对经济社会学定义的澄清、市场与交换、企业家与创新、货币等等。[①] 而“行动与结构”向来是社会学理论的一个传统议题，在经济社会学领域，研究者们很关注如何借用经济进一步深入理解“行动与结构”的关系。在本节里，我们将从行动与秩序、社会结构以及后现代等三个视角出发，解读经济社会学相关理论成果。

一、行动与秩序的经济解读

“行动”问题是一般社会学研究的出发点，而对于经济行为的观察正是经济社会学家们非常重视的，这也正是经济社会学的独到之处，即运用社会学的视野观察分析经济现象。经济学家与社会学家都认为，经济行动是一种对有多种用途的稀缺资源进行选择的行动。但是，经济学考虑的是利益最大化的理性行动，它对非经济的动机及影响视而不见。但是在社会学领域内，经济行动是一个微妙而复杂的社会行为。

（一）理性选择理论

科尔曼在分析批判传统社会学理论的基础上，以“理性人”假设和个人主义的方法论将宏观和微观分析相结合，把经济学的分析框架引入社会学研究领域，以此来观察社会行动、社会交换、社会组织、社会结构以及权威关系等一系列的社会学传统主题。

1989年，随着《理性与社会》期刊的出版，理性选择理论开始全面进入运用阶段。在传统的经济学理论中，对个体的行动持理性的假设占据了主导地位，即将个体作为经济人来考察。斯密认为人的理性体现在个体在各项利益的比较中选择自我利益最大化。科尔曼的理性选择理论以“理性”这个概念为基础，解释

---

① 周长城，伯恩斯．当代欧洲经济社会学——现状与研究主题．社会学研究，1998（2）．

广义上具有目的性的行动，行动者依据最大限度地获取利益的原则在不同的行动或是事物之间进行有目的的选择。其理论关注的基本问题是“人与社会作为两种独立而又相互作用的行动系统（个人行动系统和社会行动系统）如何共存”。理论的基本原理是，一个行动发生的可能性是行动者从多种可能的行动结果中所期望获得的功利的函数，行动者的这种行动所追求的是价值或是利益的最大化。不同的行动有着不同的利益，而行动者的行动原则可以表达为最大限度地获取利益。当然，我们有必要指出，这里的“理性”与“利益”并不局限于狭隘的经济含义，“理性人”的假设也不同于“经济人”的假设。①

乔纳森·特纳将理性选择理论的基本前提概括如下：第一，人们的行动受到目的或是目标的引导；第二，人在主观上对不同的选择结果及不同的偏好会进行排列；第三，人在理智上相信不同的选择会导致不同的结果；第四，社会结构、集体决策及集体行动归根到底是个体追求最大功利性而进行理性选择的结果；第五，人们根据不同偏好来选择功利性，以功利性来决定每一项选择的代价。②

科尔曼和费雷洛（T. J. Fairer）以理性选择理论研究“搭便车”现象，说明心理学的观点在理性选择理论中只扮演次要角色。“搭便车”现象与个体心理无关，它涉及的是一种会导致“理性的”行动的激励结构。理性选择理论建构的是一种关于制度结构如何产生系统行为的理论的策略。这种策略力图处理微观与宏观之间的连接问题。他们认为大部分从事行动层次研究的社会理论家都运用理性选择的方法。他们多数的理论都建立在行动者的行动是“合理”或“可理解”的基础上。理性选择理论与这些理论的差别在于将最大化原则运用于所有问题。此外，理性选择理论的主要目标不是解释一种特别的行动为何在行动者看来是合理的，而是展示对行动者而言合理或理性的行动如何能结合起来产生社会后果。这些后果有时是行动者预期的，有时则是预料之外的，有时对社会而言是最优的，有时则相反。

【知识窗】

“搭便车”理论首先由美国经济学家曼柯·奥尔逊在于1965年发表的《集体行动的逻辑：公共利益和团体理论》一书中提出。其基本含义是不付成本而坐享他人之利。

“搭便车”问题是一种发生在公共财产上的问题，是指经济中某个体消费的资源超出他的公允份额，或承担的生产成本少于他应承担的公允份额；或指一些人需要某种公共财产，但事先宣称自己并无需要，在别人付出代价去取得后，他们就可不劳而获地享受成果；也常指宏观经济学中的公共品的消费问题。

① 文军．西方社会学理论：经典传统与当代转向．上海：上海人民出版社，2006：219-226.

② Turner J. The structure of sociological theory. California：Wadsworth Publishing Company，1998：304.

科尔曼在对社会规范的分析中，清楚地体现了他的立场。他指出许多社会学把社会规范作为既定条件，以之研究规范指导下的个人行为或社会系统行为。帕森斯学派便是著名的代表，他们认为规范是行动原则的基础，即个人根据社会规范行动，其作用与理性选择理论中最大限度获取效益这一概念相当。理性选择理论则认为个人利益是既定的，规范的概念完全没有存在的必要。科尔曼拒绝将社会规范作为既定的条件，他对规范如何产生并且在行动者之间怎样维持更感兴趣。在科尔曼看来，规范指明人们什么样的行动是合乎体统或正确的。社会规范是人们有意创造的。创造并维持规范的人认为，如果人们遵守规范，那么他们将获益；如果人们违背规范，那么他们将受伤害。规范中也蕴含着各种利益。因此，社会需要规范的条件是行动对行动者之外的其他人具有同类性质的外部影响，但以控制此种行动的权利为交易对象的市场难以建立，接受外在影响的任何个人都无法在争取控制权的交换中获益。规范蕴含的利益不能形成规范，也不能确保规范必然形成；但是，利益为规范提供了基础，即接受外在影响的人们产生了对规范的需求。

通过上述介绍，可以将以科尔曼为首的社会学的理性选择理论归纳为：以宏观的社会系统行为作为研究目标，以微观的个体行动作为研究起点，以合理性说明有目的的行动。合理性是理性行动者的行动基础，行动者的行动原则是最大限度地获取效益。该理论通过研究个体行动如何产生制度结构以及制度结构如何孕育社会系统行为，实现微观与宏观的对接。

> **重要概念**
>
> 理性选择理论以宏观的社会系统行为作为研究目标，以微观的个体行动作为研究起点，以合理性说明有目的的行动。

因此，当代新经济社会学理论研究的逻辑起点和核心论题并非“嵌入论”和“社会网络分析”，而是理性选择理论。正如刘少杰所指出的，如果把霍曼斯(G. C. Homans)、格兰诺维特和科尔曼的研究联系起来考察，可以看到新经济社会学产生和发展的一条演化线索，这条线索的核心就是把理性选择的原则与方法引入社会学。在霍曼斯那里，人们的交往行为被等同于追求经济利益最大化的理性选择行为；格兰诺维特则坚持求职等社会行为也是理性选择行为，但是在这里，理性选择的对象和活动领域都已经开始扩大，即理性选择的目标已不仅仅是经济利益，还包括职业、社会地位和声望等等，理性选择行为也从市场领域走向比较广泛的社会网络关系；科尔曼的理论构架进一步扩展，因为他明确地提出要研究社会的微观系统和宏观系统之间的关系，所以在他的理论构架中，能够看到比格兰诺维特在求职与社会网络的研究中更为丰富的理论内容，人力资源、社会资本、组织制度、权力关系等等社会构成因素都是科尔曼考察的内容，但是无论他的理论涉猎面有多么广阔，其核心一直是理性选择。①

如此看来，新经济社会学的产生与发展是对理性选择理论的认同，或者说是把经济学的理性选择理论引入对社会关系或社会系统的研究。就此而言，经济社

① 刘少杰．理性选择研究在经济社会学中的核心地位与方法错位．社会学研究，2003（6）．

会学的产生与发展，并非是对“经济学帝国主义”扩张的抵制，而是对经济学以理性选择理论向其他学科特别是向社会学领域扩张的响应。

（二）金融市场中的行为解读

金融市场中的行为无疑是一种社会现象。参与者的交易在很大程度上受到其他参与者言行的影响。股民的恐惧、忧虑和贪婪的情感与对经济形势的认知以及他们自身的心理倾向，都是影响金融市场行为的主要原因。因此，金融市场的变化不仅是“客观”经济现象的函数，还取决于投资者的情感、个性、倾向性、主观认识以及投资者自己对经济环境的评价。由此可见，强调个人认知和解释情景，以及社会影响过程动力学的大众行为理论在解释市场价格变化的人为因素方面有很大的说服力。此外，金融市场行为也可被视为一种集体行为，力图解释集体行为逻辑的社会学理论在解释金融市场方面也表现出色。

> **重要概念**
>
> 所谓循环反应，就是个体行为激励他人按照统一方式行动，然后接二连三地扩散开来的一种激励方式。结果，激励和类似行为逐步扩散，一个强化另一个并感染上升。

在这一领域内，伦伯的感染理论（contagion theory）较有代表性。它源于伦伯试图分析和解释人群行为的观察。感染理论的基本假设是暗示性，激情和情绪传播程度的增加导致大众中的成员以相同的方式行动。感染理论的基本原理是“循环反应”（circular reaction）原理。所谓循环反应，就是个体行为激励他人按照统一方式行动，然后接二连三地扩散开来的一种激励方式。结果，激励和类似行为逐步扩散，一个强化另一个并感染上升。

为了使循环反应发生和社会感染过程扩散，人们必须相互接近。然而，就社会感染发生而言，身体接触并非必要条件。即使人们并不接触，有关金融市场和经济的消息迅速扩散，也会使得循环反应和社会感染过程发生。证券市场的大屏幕行情显示器播报的股票交易量和价格变动对信息接收者而言有着潜在的激励效应。当股票升跌幅度较大且交易量相应放大时，这种“唤起”效应最易发生。[①]

感染理论是十分有用的，因为它强调情感的扩散和情绪化行为对价格变动的效应。在很大程度上，人们对事件的认识和解释使得人们摇摆在不能控制的乐观和过度悲观之间，所以价格波动取决于人的情绪波幅。基于资产、股息、产量和预期繁荣的公司股票的实际价值并非每日每月都在变化，从短期来看，价值和价格的变动也许相互之间没有关系，是人们对股票波动和有关消息过于情绪化的结果。

（三）消费行为的解读

消费是人类重要的活动，具有社会、文化、符号等多重属性。消费作为经济

---

① 参见百度百科词条“感染理论”，见 http：//baike. baidu. com/view/2018728. htm。

活动过程的一个环节，经济学的消费研究曾经呈现一统天下之势。但消费的社会、文化等属性基本上被忽略了。消费的本质是在一定社会经济条件下，人与人的社会关系中的行为过程；随着社会的发展，尤其是后现代社会的来临，消费的表现性与符号性越来越突出，社会意义和文化意义更加明显。

> **你怎么看**
>
> 生活中哪些现象体现了消费的符号性？

关于消费，斯梅尔瑟认为不能像经济学家那样孤立地研究，而要考察经济和非经济两方面之间的互动关系。在研究中，应将消费者首先看作是一个社会人，摒弃将消费者假设为经济人的分析范式。消费领域的相关研究不胜枚举，目前也已形成了消费社会学这一专门分支学科领域，但是消费作为一种经济行为，对其的研究很多是在经济社会学的范畴内进行的。

我们通常认为消费者具有某些必需的生存需求和其他不那么迫切但是相对而言比较稳定的需求，因为这些需求取决于社会。对消费者进行长期的观察所得到的结论与此观点较为一致。一个物质财富日益丰裕的国家，贫困人口往往通过消费原先只有富人才能负担得起的消费品而终结贫困。低收入家庭希望未来能够达到富裕家庭现阶段的消费水准。这种消费动力遭到了诸多批判。其中最为激进的一种观点认为：过于强调消费对于提高生活水准所具有的虚假的特征，实际上是对地球上存量有限的各种资源的浪费。能否留给后代子孙一个物质生活更为美好并实现了可持续发展的社会这一宏大命题，吸引了社会学家更深层次的关注，这也在很大程度上改变了他们研究消费的策略和方法。

通过回顾法国、英国、德国和美国社会学家的经典分析，法国社会学家尼古拉·埃尔潘（N. Herpin）首先探讨了消费的社会分化和家庭预算结构、伴随着大众消费和广告的发展所产生的社会变迁，以及作为生产者和消费者的社会行动者的消费形式等三方面的问题。其次，埃尔潘着重探讨消费社会所带来的环境污染、交通阻塞、人流拥挤以及暴力犯罪等问题。许多消费活动产生的不良后果并没有被事先预料到，这表明消费并不能兑现先前关于舒适、休闲和安全的承诺。消费社会横跨多个历史时段，经受了欺骗、失望，甚至是军事动员等。该理论的核心假设在于产品创新的性质。某些商品（如互联网）的出现颠覆了原有的职业体系和个人生活的组织结构，照亮了未来，并重新激发起消费的欲望。最后，埃尔潘强调消费者在生产各自的生活方式的过程中互相依赖的关系。实际上，舒适与安逸取决于其他消费者的行为，而不仅仅由商品来决定。例如，某个社区被誉为“居住惬意并安全”；人们参团旅行，希望整个行程“充满节日气氛，并能与团友结为朋友”；一所学校之所以优于另一所学校，是因为前者拥有“刻苦并能够激励学生上进的氛围”；等等。以上这些特征并不属于商业化的生产，也不属于家庭生产，甚至不属于公共产品。它们的出现具有偶然性，需要用户或者对其生产感兴趣的使用者来协调行动。将这些策略性的行动纳入考虑的范畴，为理解邻里关系或者位于同一个地域内部的不同城市之间的文化差异，提供了一个重要的维度。①

二、社会结构的经济解读

在社会结构方面，经济社会学也贡献颇丰。公共选择理论是一种用经济学的方法来研究政治决策过程的理论。与此同时，经济社会学者们更关注组织的社会维度。他们不仅关注单一的企业，还将研究对象由单一企业向企业集合转变。

(一) 公共选择理论

公共选择理论通过分析非市场的集体决策来探讨国家干预失败的原因，把用以调查市场经济之缺陷和过失的方法同样应用于国家和公共经济的相关部门。它以市场经济条件下政府行为的限度或局限以及“政府失灵”等问题作为研究重点，分析政府行为的效率并寻找使政府最有效率工作的规则体系。

根据道格拉斯·诺斯（Douglass North）的观点，经济学家们很少关注国家及其在经济生活中的作用。最近，这种现象在一定程度上得到了改善，经济学家们试图“内生化”（endogenize）国家，但是还是有很多主流经济学家仍然坚持对纯市场进行研究。然而，相较于重塑标准，更重要的是，20 世纪 60 年代以来，经济学家以及政治学家们将经济学理论的逻辑应用于分析政治行为，也就是现在所说的公共选择理论。

然而，从社会学的观点来看，公共选择理论有一点模糊。一方面，公共选择理论产生了许多具有启发意义的概念和观点。关于政治家与选民在政治生活中具有各自不同利益的观点现在已经牢牢确定下来，并且已经取代了影响政治行为的一系列意识形态的概念，这体现了公共选择理论的一个重要成就，我们称之为“不具浪漫色彩的政治学”。另一方面，人们很难找到对公共选择理论几个主要命题的经验性支持。人们不总是根据他们钱包里的钱来进行投票，官僚们也并不总是使他们控制的资源利益最大化，政治团体的决策制定也不总能通过投票倾向和政客间互相投赞成票达成对彼此都有利的提案。换一种说法就是：究竟是什么驱动人们在投票的时候不仅仅考虑自身利益？意识形态与情感还有政治行动者所处的社会结构都是十分重要的。

对经济社会学来说，公共选择理论中另外一个有意义的视角就是由詹姆斯·布坎南（J. M. Buchanan）等人提出的宪政经济学。这类分析的焦点在于经济的基本结构，而不是像传统经济学那样研究市场经济中稀缺资源的配置。当传统经济学分析“约束内的选择”的时候，宪政经济学则分析宪政以及“约束间的选择”。关于宪政经济学，一个较早的例子是《国富论》中提到的两种不同类型的经济体系：重商主义和市场经济。与传统的经济学不同，宪政经济学还在很自然

① 埃尔潘．消费社会学．北京：社会科学文献出版社，2005：6－30.

的方式下进行研究，它提供了对经济现象进行讨论的更为广阔的空间，如帕累托最优以及社会选择等概念。①

（二）组织理论

新经济社会学的组织理论，同样建立在对传统经济学产业组织理论批判的基础之上。传统的经济学理论在研究组织问题时倾向于采用贝恩（J. S. Bain）的SCP分析框架（Structure-Conduct-Performance Model）。② 这种产业组织理论认为市场结构决定企业的市场行为，市场结构与市场行为决定着市场绩效，市场结构是理解产业组织理论的核心。政府的公共经济政策（产业组织政策）的核心则是维护利于有效竞争的市场结构，以规范市场行为，实现良好的市场绩效，优化资源配置。③ 新经济社会学否定了产业组织理论对市场行为的纯粹"趋利"假设，关注企业间在合作时采用的非正式关系，互派董事、企业领导人之间存在的非正式社会关系和由于长期合作而建立起来的伙伴关系等都会促进企业间的合作行为。同时，在企业内部，企业员工在具体的行为中也会利用非正式的社会关系，部门间的合作、员工间的合作甚至企业内部的冲突和协调都可能涉及非正式社会关系。

经济社会学对新古典经济学发出了挑战，其中包括基于组织研究的新制度主义和关注制度在历史进程中的动态变化的历史制度主义。约翰·迈耶（J. W. Meyer）是组织分析新制度主义的代表人物。他与罗文（B. Rowan）于1977年发表的论文《制度化组织：作为神话和仪式的正式结构》通常被看作组织分析的新制度主义的开山之作。自韦伯以来，科层制结构就被认为是经济市场化和国家集权化的必然结果。组织的这种理性的正式结构被看作是展开合作的最有效率的组织形式。然而，对组织的进一步经验研究发现了大量与韦伯的科层制假设不符的现象。迈耶指出，韦伯的科层制假设忽视了组织的正式结构得以产生的其他来源——正式结构的合法性基础。组织不仅是技术需要的产物，而且是制度环境的产物。各种组织总是受到制度环境的影响，即制度化。组织的制度化过程即组织或个人不断地接受和采纳为外界所公认、赞许的形式和做法或"社会事实"的过程。如果组织或个人的行为有悖于这些公认的社会事实，就会出现"合法性"危机，引起社会公愤，对组织今后的发展造成极大困难。迈耶明确指出这种制度环境压力下的合法性要求解释了组织的同构现象。通过揭示组织运作的合法化机制，强调组织生存的制度环境和制度化过程，组织研究的新制度主义对经济学的效率逻辑

> **重要概念**
>
> 组织的制度化过程即组织或个人不断地接受和采纳为外界所公认、赞许的形式和做法或"社会事实"的过程。

① 斯威德伯格．经济社会学原理．北京：中国人民大学出版社，2005：121-123.

② 即所谓"市场结构"（market structure）影响企业行为（enterprise conduct），企业行为带来市场绩效（market performance）的逻辑。

③ 谢地．产业组织经济学．长春：吉林大学出版社，1998：12.

发出了挑战，该方法很快就得到了广泛应用。

在众多沿着迈耶和罗文的思路所做的研究中，迪马乔和鲍威尔被认为对拓展迈耶和罗文的研究框架做出了重要贡献。在1983年发表的论文《铁笼的再检验：制度同形性与集体理性》中，迪马乔和鲍威尔指出有三种机制导致制度的趋同性或者说组织形式、组织行为的趋同性：强制同形性、模仿过程和规范化压力。他们明确指出，任何一种趋同机制都不能从理性选择的效率逻辑中得到有效解释。[①]

不同的组织结构是经济社会学者们的又一关注焦点。艾科斯（R. Eccles）所提出的“准企业”（Quasi-firm）理论指出，在经济生活中存在着某种以关系网络为基础的经济组织方式，尽管处于这种经济组织中的经济活动者并没有构成结合紧密的企业，但彼此之间的合作与协调仍具有相当的稳定性，就像一家“准企业”一样。此外，学者们也运用管理学中的威廉斯（O. E. Williams）的交易成本理论和查德勒（C. Chandler）的多头公司理论对经济组织进行了研究。随着市场研究的继续和深入，以及新制度经济学的创建，经济社会学中涉及企业组织等的研究越来越多，它们讨论市场与等级制度之间的关系、企业与市场的关系，以及多头公司的发展是否都具有传统理性的经济理性等等。

在新经济社会学关于组织的研究中，资源依赖理论（resource dependency）出现于20世纪70年代，其基本主张是组织为了生存需要从环境中获取资源，也就是说从其他组织获取资源。因此，组织总是要依赖它的环境，组织的领导层要格外努力地制定策略以应对外部的束缚。[②] 伯特的研究指出，公司组织的独立程度受到竞争者、供货商及消费者的巨大影响，而竞争者、供货商、消费者等则构成了公司组织所处的环境。在公司与其环境的关系中，公司的独立性越强，则其所获利润越高。当然，近年来研究者也开始关注一些其他的主题，如组织生态学、新制度主义等。例如，弗里格斯坦所著的《公司控制的转型》从社会学的视角出发，对美国大公司的历史进行了重新考察；而杜宾（F. Dobbin）所著的《打造工业政策》则对19世纪美国、英国、法国等国家的铁路政策的演变做了比较研究。

三、后现代视野中的经济解读

从20世纪70年代开始，怀特等人就开始从网络的视角出发来研究经济问题，并发表了一批极有影响力的著作。在这些著作中，除了格兰诺维特有关弱关系和劳动力市场中的关系网络的著名研究外，施瓦茨（M. Schwartz）关于连锁企业、艾科斯关于买卖双方的互动、贝克关于保险市场等的研究都颇具特色。在20世纪70年代后期，在社会网络研究的基础上，社会资本理论应运而生。

---

① 甄志宏．网络、制度和文化：经济社会学的三个基本视角．江海学刊，2009（2）．

② 斯威德伯格．经济社会学原理．北京：中国人民大学出版社，2005：74.

（一）网络理论

网络理论主要关注的是网络在经济行为特别是市场中所扮演的重要角色。网络理论认为，经济行为是被社会性地限定的，是“嵌入”社会网络中的，因此，仅用个人的动机不足以解释纷繁复杂的经济生活。这种理论批判社会学家把行动者看成“过度社会化”的个体，能够自觉地、无条件地遵从社会规范和社会准则的观点；同时，它也认为经济学家的观点是“社会化不足”的，反对他们将经济行为的主体看成是完全不受他人影响的原子化个人。相反，网络理论认为，个人的决策和行为是与具体的社会情境无法割裂的，必须用“嵌入”来说明个人行动与其所处的社会现实之间的关系，并解释行动者真实的行为背景。

20 世纪 80 年代以前，网络研究主要集中在“互锁”（interlock）问题上。格兰诺维特认为，人际关系中的“弱关系”在美国白领求职者的求职过程中举足轻重。帕尔默（D. Palmer）对互锁中断（个人退休或死亡）的研究则表明，当出现这些中断时，几乎没有哪一种关系有被重置的可能。80 年代以来，随着新经济现象的不断涌现，网络研究的关注点出现了转变：在此之前，研究者感兴趣的对象主要是连锁公司与劳动力市场等领域；在此之后，一些新的领域开始展现在研究者面前。例如，新兴工业区的蓬勃发展、小公司网络的形成，都预示了网络研究的更大空间的出现。更重要的是，这一时期的网络研究产生了一些影响巨大的理论成果。格兰诺维特从社会学的角度提出了“商业群体”（business groups）的概念，这一概念是指“通过某些正式或非正式的方式联系起来的企业的集合”。

另一项重要的网络理论是伯特的“结构洞”（structural holes）理论。尽管伯特师从科尔曼，但他与格兰诺维特、艾科斯等人一样，都深受怀特的影响，对经济生活中的网络特别关注。在此背景下，伯特在 1992 年的一本著作中提出了结构洞理论。这一理论指出，在社会网络中存在两种形态，其中一种是处于网络中的个体（个人或组织）与其他任一个体都存在着联系；另一种形态更为常见，即网络中的个体仅与部分个体存在直接联系，而与其他个体都不存在直接联系。这样，在第二种形态中，整体网络中就出现了某些个体与另外一些个体联系断裂的现象，就像网络结构中出现了洞穴一样，这就是结构洞。在理解市场中的竞争问题时，这样一种理论有着特别的重要性。经济竞争的结果并不完全取决于竞争者所拥有资源（如资本、权力等）的多少，而与竞争者在网络结构中的位置有关。某些竞争者可能比另外一些竞争者更具有关系网络方面的优势，因为他占有较多的结构洞，能够成为连接不同网络结构的中间人，从而获取更多的信息、机会以及控制能力。

> **重要概念**
>
> 结构洞理论指出，在社会网络中存在两种形态，其中一种是处于网络中的个体（个人或组织）与其他任一个体都存在着联系；另一种形态即网络中的个体仅与部分个体存在直接联系，而与其他个体都不存在直接联系。在第二种形态中，整体网络中就出现了某些个体与另外一些个体联系断裂的现象，就像网络结构中出现了洞穴一样，这就是结构洞。

总之，在当代新经济社会学研究中，网络研究方法适用面很广，它可用来研究个人与公司之间的关系、工业与经济的关系。此外，用网络研究方法解释经济中的个人与组织的变化之间的相互关系也有着很大的优越性。

(二) 社会资本理论

1988年，科尔曼首次在《美国社会学杂志》上发表了《社会资本在人力资本创造中的作用》一文，对社会资本做了初步论述，后在其所著《社会理论的基础》一书中对社会资本理论做了较为系统的阐述。

科尔曼把社会资本（social capital）界定为一种便利于行动者的藏于社会结构中的资源。科尔曼认为，社会资本是个人拥有的表现为社会结构资源的资本财产，由构成社会结构的要素组成，主要存在于人际关系和社会结构之中，并为结构内部的个人行动提供便利。[①] 在科尔曼看来，行动者拥有某些资源，他们部分或全部控制着这些资源，并有利益存于其中。行动者为了实现自己的利益，相互进行各种交换，甚至单方面转让对资源的控制，其结果是形成了持续存在的社会关系，包括权威关系、信任关系以及作为建立规范基础的关于权力分配的共识。

科尔曼认为社会资本主要有五种表现形式。[②]

第一种形式是义务与期望。当某人为他人提供了一定服务，并确信他人会为此对自己承担起特定的义务的时候，他就拥有了一种社会资本。

第二种形式是存在于社会关系内部的信息网络。个体可以从他的社会关系网络中获取对自己行动有用的信息，这种社会关系就构成了社会资本。

第三种形式是规范和有效惩罚。规范对个体行动起到了重要的约束作用，它通过惩罚自私自利的行动、奖励大公无私的行动，要求个体放弃自我利益而按公共利益行事，从而使某些行动目标更容易实现，由此构成了极其重要的社会资本。

第四种形式是权威关系。它为人们解决共同性问题提供帮助。权威是个人拥有的控制他人行动的权力，当某位行动者有权控制另一位行动者的某些行动的时候，他和后者之间就存在着权威关系。这种以控制权为特征的权威关系正是社会资本的表现形式。

第五种形式是多功能组织和有意创建的社会组织。科尔曼认为，组织的创立可以提高个体行动的一致性，产生更大的社会影响，从而使得行动更加有效。多功能的社会组织是指出于某一目的建立的组织同样可以服务于其他的行动目标，由此成为组织成员的重要社会资本。

科尔曼的社会资本理论被其用以解释国家与国家、社会与社会之间的信任程度，社会发展、社会规范、社会团结与社会动员、政治模式等的差别，又用以解释组织的运作、发展，个人的社会化，以及各种目标取向明确的社会行动。[③] 科尔曼试图用社会资本来解决社会学中宏观与微观、个人与制度、主观与客观之间

---

① 科尔曼．社会理论的基础．北京：社会科学文献出版社，2008：330.

② 科尔曼．社会理论的基础．北京：社会科学文献出版社，2008：331－354.

③ 文军．西方社会学理论：经典传统与当代转向．上海：上海人民出版社，2006：236.

的关系问题。他对于社会资本的诸多特性的描述，使得学术界对于社会资本的理解更为深入和具体，同时为各个学科提供了重要的分析范式。

第五节 对当代经济社会学理论的评论与反思

经济社会学有其独特的研究价值和研究体系。经济社会学日益试图把社会过程和社会关系定位于经济活动的中心，甚至认为先前神圣而未加探索的市场领域本身的实质与核心也是社会过程与社会关系。[①] 美国社会学学会在 2000 年通过并增设了经济社会学分部，而且在大众媒体中，经济社会学日益得到人们的认可。美国《新闻与世界报道》杂志也将经济社会学列为年度最佳课程之一。[②]

一、经济社会学理论的发展趋势

经济社会学的兴盛是综合了社会学、经济学、政治学，特别是社会学和经济学等多门学科研究成果的结晶。这种交流首先突破了经济学之于其他社会科学所设置的学科藩篱，使远离现实生活的经济学重新找到了“血和肉”，回到了活生生的社会现实中。同时，就社会学而言，使用社会学方法分析经济现象不仅改变了其相对于经济学而言的“剩余学科”的被动地位，帮助它拓展了自身的研究领域，而且加强了社会学对经济结构和经济过程的敏锐性，增强了学科创始人之一韦伯所强调的“经济与社会”的传统。目前，犯罪、婚姻、生育、教育、歧视越来越成为经济学和社会学共同关注的主题，新经济社会学综合两门学科的方法之长，正致力于市场、分层、公司的变迁、商业群体、社会资本及其他一些重要主题。

阿马蒂亚·森（A. Sen）改变了狭隘发展观的旧范式，阐述人的实质自由是发展的最终目的和重要手段，建立了全新的理论框架。《以自由看待发展》一书旨在论证发展是涉及经济、政治、社会、价值观念等众多方面的一个综合过程，它意味着消除贫困、人身束缚、各种歧视压迫、缺乏法治权利和社会保障的状况，从而提高人们按照自己的意愿来生活的能力。他根据大量的经验研究资料，分析了发展中国家面临的重大问题，阐明在实践中富有成效的解决途径。在强调市场机制、全球化对提高人们生活水平做出基础性重大贡献的同时，他指出，还需要政府和社会在人的生存、保健、教育等领域承担责任，更需要人作为发展的

---

① 泽利泽．亲密关系的购买．上海：上海人民出版社，2009：序言．

② 杨雁斌，史乃新．经济学与社会学的完美结合：《新经济社会学——一门新兴学科的发展》一书述评．国外社会科学，2005（4）．

主体在全面的社会交往和变革中发挥主动作用。

由于目前新经济社会学的研究主要集中在几个核心主题上，经济生活的其他方面还没有得到足够的重视，尤其是一些特殊领域。经济史研究、性别研究、法律与经济的关系、对世界各国所做的具体研究等都是典型的被遗忘的主题。这表明，我们还有大量的研究要做，以揭示相关研究的最新进展，说明它们与经济社会学的关系，并密切关注其他特殊经济现象的研究进展。由于自身纷繁复杂的研究主题，新经济社会学需要继续吸收政治、文化等学科的思想，以获得新的发展动力。

在对经济社会学的众多研究领域做了大量论述之后，毛诺·奎伦（M. Guillen）、兰德尔·柯林斯和马歇尔·迈耶（M. W. Meyer）等人认为，经济社会学的新方向应当体现在以下几个方面：文化、网络与社会资本、信任、努力与激励以及组织研究。① 与此同时，在全球化与本土化关系的基础上，分析全球化如何嵌入和形成经济生活特征也显得尤为重要。

除此以外，经济社会学还应将人性和文化因素引入分析中。如泽利泽反对将货币看成是冷酷无情的、纯经济性的因素。她将货币分为四种类型：家庭中的货币、作为礼物的货币、制度性的货币、道德性的货币。她指出，在不同的环境中，这四种货币各有其特定的文化价值与社会价值，而不仅仅是一种纯经济属性的计量单位。另外，法与经济学的研究在新经济社会学复兴以前作为一个独立的分支在进行，但很少受到经济社会学家的注意。渐渐地，新经济社会学家意识到法律是构成现代经济的一个重要核心，是不容忽视的。因此，从社会学的视野来分析法律的角色的研究最近几年拉开了序幕。艾蒂尔门（Edelman）是研究法与经济的先驱之一，她特别强调应该把组织和法律放在一起研究。她早期的作品主要涉及处理工作场所中的合法程序和法律认可问题 。

在学科方法论方面，经济社会学家都主张必须使用多种理论和方法，应把其他学科的研究方法运用于对经济现象的研究，应在不同的分析层次上收集量的和质的数据；同时他们认为归纳和演绎推理仍然是有力的补充性工具。总之，经济社会学家正在综合运用这些方法，重新把经济与社会作为一个整体来研究。经济社会学的复兴，使经济现象日益成为社会学的中心研究领域，把社会分层、文化、组织或经济发展研究者们集合到了一起。这使社会学日益复归为一种更为普通的社会科学。经济社会学也将会超越学科分化，并可能提出共同概念与假设。总之，当前的经济社会学研究超越过去学科边界的努力是非常明显的。②

二、对当代经济社会学理论的反思

从学科历史的角度来看，经济社会学是一门非常年轻的学科。它的产生与

① 杨雁斌，史乃新．经济学与社会学的完美结合：《新经济社会学——一门新兴学科的发展》一书述评．国外社会科学，2005（4）．

② 姚人伟．国外新经济社会学研究的新进展．社会学，2004（4）．

三次学术高潮都是具有特定历史原因的必然性。经济社会学与其他以研究对象命名的社会学分支不同，它的研究对象是经济领域，这也使它的学科理论和研究方法在社会科学中独树一帜，经济社会学不能脱离经济学或者社会学任何一门学科单独存在。但是作为一个新兴学术流派，经济社会学本身也存在着许多不足。

首先，当前的经济社会学研究，涉及的内容非常丰富，研究的问题也非常广泛，但是多少显得有些凌乱，还没有形成一系列整体性的理论框架。相关研究也缺乏宏观层面的分析，这就使得它对整体经济生活的解释力度大打折扣。与此同时，学科界定也有待进一步清晰化，特别是在一些基本概念上的混淆和差异，经常会导致许多分歧。而归根结底，这些分歧的主要原因还是概念界定的模糊性。尤其是当同一词语在社会学和经济学两门学科中含义不尽相同的时候，这种歧义就会越发明显。

其次，新的研究还有待发掘。经济社会学领域内的研究多关注当下的、即时的社会结构和社会互动，而忽略了其他长期性的因素。同时，伴随着社会的发展，很多新的影响因素出现，这也包括以往我们忽视的法律、性别等维度。此外，从研究方法上看，网络分析是一种结构式分析，具有静态特征。[①] 研究方法的科学效果越好，学科构成成分的单一性程度就越低。学术研究中的“帝国主义”争论只会导致非理性的争斗，最终形成的将是有悖于学科进步的负面效果。经济学与社会学的学科分化导致了经济社会学发展的一个小小的低谷，但之后“经济学帝国主义”的扩张在社会学界引起了强烈的反击，最终带来经济社会学的再度兴起——以“嵌入”理论为基础的新经济社会学的诞生。只要经济学仍然像遵循第一笛卡儿定律一样发展，只研究一个非常严格抽象的人类模型，社会学家们就能轻而易举地找到批判性立场，指出这一标准化模型不合实际。

最后，虽然现代多元的研究方法将丰富和活跃经济社会学，但是对古典社会学进行更为大胆的创新性研究，目前还显得底气不足。如果不能在理论发展中与其他学科相互取长补短，而是一味地强调专业化，那么必将自掘坟墓。经济社会学应继续加强对重要理论问题探索的力度。

经济社会学的发展顺应了当今世界学科综合化的势头，很可能会在接下来几十年里有长足的发展。学术界显而易见的共识是，经济社会学的发展既需要经济学理论基础，又需要社会学的分析方法。不过，正如凯勒伯格（A. L. Kalleberg）所言，经济学和社会学的交流只是一种合作，而非取而代之。[②] 就经济制度和经济过程对社会生活日渐增长的重要性而言，经济学和社会学应当突破边界一起发展，以促进我们对经济和社会进一步的理解。

---

① 李淼，张广利．新经济社会学的崛起：渊源、理论及意义．河北大学学报，2004（1）．

② Kalleberg A. Sociology and economics：cross the boundaries. Social forces，1995，73（4）：1207－1218.

◎思考题

1. 新经济社会学“新”在何处?
2. 经济与社会的关系是什么?
3. 文化如何影响经济行为?
4. “理性人”假设和“经济人”假设的异同点在哪里?
5. 经济社会学理论发展的趋向和不足是什么?
6. 如何从经济社会学的角度去理解“行动与结构”的关系?

◎阅读书目

1. 斯梅尔瑟，斯威德伯格．经济社会学手册．2 版．北京：华夏出版社，2009.
2. 斯威德伯格．经济社会学原理．北京：中国人民大学出版社，2005.
3. 阿隆．社会学主要思潮．上海：上海译文出版社，2005.
4. 韦伯．经济与社会．北京：商务印书馆，1997.
5. 涂尔干．社会学方法的准则．北京：商务印书馆，2002.
6. 泽利泽．亲密关系的购买．上海：上海人民出版社，2009.
7. 梁向阳．经济社会学．广州：中山大学出版社，1996.
8. 谢地．产业组织经济学．长春：吉林大学出版社，1998.
9. 埃尔潘．消费社会学．北京：社会科学文献出版社，2005.
10. 科尔曼．社会理论的基础．北京：社会科学文献出版社，2008.

第四章

法律社会学理论及其当代发展

【本章要点】

- 法律社会学的思想可追溯到启蒙思想时代。19 世纪末西方法学领域出现了社会法学派及“法的社会化”理论。20 世纪初，法律社会学成为与分析实证主义法学和新自然法学并驾齐驱的重要理论流派之一。20 世纪中叶以来，社会的法律化和法律的社会化趋势互相渗透，法律越来越以整个社会为出发点而发挥日益扩张的功能。
- 法律社会学家从社会的总体观念出发，认为法律与社会之间存在紧密联系，以法和社会的关系为研究对象，将社会学中对法律的研究剥离出一般社会学，强化了社会学中的法律面向。法律社会学的范围包括一般理论研究和应用性研究两个方面。
- 在法律社会学内部，有两个基本的理论分野。社会法学派从社会学的概念出发，将法律当作一种工具研究社会问题和社会现象；法律社会学派则主要从法律本身出发，借用社会学研究的方法和理论研究法律。
- 从宏观层面出发，历史唯物主义的哲学方法论和以实证为基础的法学方法论是法律社会学理论研究的方法论基础。法律社会学研究中还使用角色分析法、组织分析法、规范分析法、制度分析法和比较分析法等广义的社会学方法论。
- 当代法律社会学理论对法律的解读主要有两个基本趋势：依照原有法律社会学理论的思想逻辑，对其进行进一步理论创新与深化；对原有的法律社会学理论进行批判，主张建立一种新的法律社会研究范式。

【关键概念】

法律◇社会◇法律社会学◇社会学法学◇社会中的法◇活法◇行动中的法◇社会秩序◇社会惩罚

法律在传统社会学研究中一直占据着十分重要的地位。最早可以追溯到孔德对于“社会连带”的研究。在传统社会学理论中，继孔德之后，涂尔干也通过对社会团结的研究，提出了法律作为一种社会控制在有机团结和机械团结的社会中所起到的不同作用。马克斯·韦伯更是对法律在社会行动中所起到的重要作用给予了大量的关注，他所提出的合法性概念以及对法律类型的划分，更加深入地解释了法律这一社会现象对日常生活的重要性。除了传统的社会学理论家，在法学内部，一些敏锐的法学家早在社会学诞生不久即意识到社会学的研究方法对法学的重要性，因此也大量采用社会学的理论视角研究法律。本章将对法律社会学理论的发展历史与基本现状做详细介绍。

第一节 法律及其在传统社会学研究中的地位

考虑到传统社会学和法学之间对法律研究的一脉相承，本节将重点梳理法学家的法律和社会学研究，以便更加全面地分析法律在传统社会学中的地位。我们将主要从法律的性质研究出发，对法律概念在社会学领域的演变以及法律作为社会学研究的基本对象进行阐述，进而分析其在社会学研究中的地位。

一、作为一种社会事实的法律

社会学鼻祖孔德从实证主义哲学出发，阐述了在社会中存在一种“自然世界的机械论”，这一观点为法律社会学的产生提供了可靠的哲学基础。[①]即法律作为一种社会事实应当被放置于社会中进行实证研究，而不是作为一种条例和法令仅仅存在于法学院的资料室里。尤其是在分析社会连带（亦译作社会团结）中，孔德认为“社会是由家庭组成的，社会本能与个人本能在家庭里得到混合并相互调节。家庭和社会各有其职责，但目的是一致的”[②]。这种社会中社会与个人、家庭的混合和相互调节有其自身的规律，而法律就是其中的一种规律。个体就是在社会法律的框架下追求自己的利益并不知不觉互相合作的。

涂尔干进一步阐发了孔德的“社会连带”的思想。他提出了“社会事实”（也译作“社会现象”）这一更为宽泛的概念，进一步将“社会事实”界定为“一切行为方式，不论它是固定的还是不固定的，凡是能从外部给个人以约束的，都叫作社会事实”[③]。涂尔干把社会事实作为“物”来研究，并把社会事实中的“集

① 周尚君．论法律社会学的知识传统——以关键人物为线索．金陵法律评论，2010（1）．

② 石磊．狄骥法律思想之社会学理论基础探析．法治与社会，2008（4）．

③ 涂尔干．社会分工论．北京：三联书店，2000：36.

体意识”这一类看不见的社会心理和社会规范也作为外在的物来考察。[①] 涂尔干运用形成于个人意识之外的“更容易抓住”的现象对这一看不见的社会事实进行间接研究。在对法律的研究上，涂尔干将法律条文作为一种看得见的符号，用以研究“社会团结”这样一种看不见的社会事实——“整体上的道德现象”。因此涂尔干认为，法律和道德之间存在类似符号的能指与所指之间的关系，法律与道德具有同一性和共变特征。

重要概念

社会事实是指凡是能从外部给个人以约束的一切固定或非固定的行为方式。法律是一种可供观察的外在事实，可作为分析社会的有效工具。

同时，针对法律的外在表现形式，涂尔干指出，作为社会生活无法避免的限制形式和组织形式，法律是其中最古老、最明确的形式。蕴含在法律中的社会团结也由于法律类型的不同而有所不同，即与“机械团结”的社会相对应的是那些压制性制裁的法律，与“有机团结”的社会相对应的是那些恢复性制裁的法律。因此涂尔干认为，法律作为一种可供观察的外在事实，可以成为社会学研究的有效工具，用以分析那些看不见的社会事实——社会心理和社会规范。

二、作为一种社会秩序的法律

作为一种社会秩序的法，这一观点主要是由奥地利法学家埃利希（Ehrlich）提出的。埃利希从实用的法概念出发，强调法与社会的关系，运用社会学的理论概念，独树一帜，将社会性团体的内部秩序、社会组织和社会规范与法的事实、审判规范等问题相结合考虑，建立了自由法学派，提出了“活法”的概念。埃利希指出：“人类联合之内在秩序不仅是法律最初的形式，而且直到现在为止还是它的基本形式。”[②] 这一概念表明，法律作为一种联合的内在秩序，是社会秩序本身，这种法律被称为“活法”（living law）。[③]

重要概念

“活法”是指一种联合的内在秩序，其揭示了社会生活中为社会团体成员所认可的、实际支配人们行为的规则，构成了人类社会法律秩序的基础。

这种“活法”“不限于对法院适用的、供判决之用的规范或对成文法的内容有影响。活的法律还具有一种独立的价值。它构成了人类社会法律秩序的基础”。“活法”包括国家法，但更为重要的是，“活法”揭示了在社会生活中为社会团体成员所认可的、实际支配人们行为的规则。这些规则不存在于指定法法典的条文中，而是存在于各种民间的契约和章程中，是独立于国家法典的道德、宗教、习惯等存在。作为社会秩序的一种，这种法律在社会生活中起到

① 权小娟．迪尔凯姆法社会学思想解析——兼论其对构建和谐社会的启示．法学与实践，2007（5）．

② 沈宗灵．现代西方法理学．北京：北京大学出版社，1992：273.

③ 王蓓．法律社会学“活法”理论评析．兰州大学学报（社会科学版），2004（5）．

了规范人们行为的作用。埃利希认为："法律发展的重心自远古以来就不在国家的活动，而在社会本身。现在也必须从社会中寻找。"[①]这不仅指出了法律产生和发展的社会源流，也为他倡导自由法学，鼓励法官在国家法没有覆盖的领域运用"自由判决"的方法，进行法律的自由发现提供了理论基础。

埃利希从论证法的概念出发，找到了法律与社会的关系。他对法律和社会关系的强调，批判了当时分析实证主义法学派认为法是以国家强制力为后盾的主权者的命令的观点，同时也驳斥了历史法学对法是民族精神的体现的认识。在埃利希看来，上述学派忽视了法与社会的联系，抽去了法的社会本质。法的实质是社会团体（组织）、社会生活演变的一个组成部分，是社会性团体中通行的规范的一种。埃利希深受古典社会学的影响，认为法是社会的事实，由社会内部力量产生。[②] 人们只有在与社会相联系的限度内，才能认识法的本质。[③] 因此，埃利希的"活法"理论把法律视为社会秩序本身，或者说，"联合的内在秩序"。对法的这种认识或界定，使埃利希的法学思想成为一种"彻底的社会学法律理论"。考虑到这些原因，我们将埃利希的法律社会学思想作为传统社会学的发展，归入本节。埃利希的法律社会学思想是欧洲 20 世纪早期社会学法学的代表，其对美国的社会学法学也产生了深远的影响。继埃利希之后，庞德受埃利希关于"活法"与"国家法"的划分的影响，进一步提出"行动中的法"与"书本上的法"的划分。

在此需要特别指出的是，法律人类学家提出的法律多元理论进一步丰富了我们对"活法"的内容及其普遍存在性的理解。传统"活法"侧重于强调国家法以外的规则和制度体系，法律多元论则明确提出并系统研究了非国家法、类法律制度之类的概念，把"活法"具体化为诸多类法律。法律多元论加强了对国家法和类法律之间关系的研究，从而使"活法"理论更加丰富和系统。

三、作为一种社会控制的法律

将法律看作一种社会控制，这一观点由 20 世纪初法律社会学家罗斯科·庞德（Roscoe Pound）提出。事实上，作为一名法学家，庞德最初的法学思想主要集中在法律概念、法律的历史发展上。在美国社会学家沃德与罗斯关于社会力量及社会控制的观点的基础上，庞德建立了自己的法学思想体系。[④] 因此在本章中，我们将庞德的法律社会学思想作为在传统的社会学思想影响下产生的一个分支流派进行介绍。庞德认为："在某种意义上，法律是发达政治组织化社会里高度专门化的社会控制形式，即通过系统的、有秩序的适用社会的暴力而达到的社会控

① 沈宗灵．现代西方法理学．北京：北京大学出版社，1992：273.

② 何勤华．埃利希和现代法社会学的诞生．现代法学，1996（4）.

③ 吕建高．埃利希的法社会学思想．当代法学，2002（11）.

④ 张忠利．论庞德的社会学法学思想．吉林大学社会科学学报，2000（6）.

制。在这一意义上，法律是一种制度，即我称为法律秩序的制度。”①

庞德将法律看作一种社会控制的工具，基于此，他认为人们研究法律时不要去过多争论法律的本质，而要去考虑实际的利益、主张和要求，要看结果是否实用和有效。他进一步将作为社会控制工具的法律和一定时间、空间的文明密切联系起来，认为要从三个方面来看待法律：一是从过去看，法律是文明的产物；二是从现在看，法律是维护文明的产物；三是从将来看，法律是推进文明的产物。庞德对法律社会学的研究是紧紧围绕法律的社会基础、社会作用和社会效果展开的。②

庞德在进一步发展了埃利希的“活法”理论的基础上，增加了社会利益这一元素进行分析。庞德认为，一切的法律制度都是通过社会成员确认、为实现和保障社会利益而设立的一种秩序。法律的主要功能体现为控制人类行为的社会性活动和过程——社会控制（社会工程学说）。具体而言，庞德的法律社会学体系分为以下几个部分：研究法律制度、法律律令和法律准则所具有的实际的社会效果，为法律制定进行社会学研究，研究使法律律令具有实效的手段，对法律方法进行研究，对法律史进行社会学研究，承认法律律令特殊化适用的重要性，在普通法国家强调司法部的作用。庞德的法律社会学是从法律的内在视角审视和建构出来的，旨在表明在“书本上的法”（law in book）之外还有“行动中的法”（law in action），这是美国社会学法理学与欧洲经典法律社会学的实质性区别。③

四、作为一种阶级统治工具的法律

同样是将法律看作一种社会控制，马克思却从阶级斗争的角度，阐述了法律作为统治阶级制造的社会控制工具，在维护其社会利益方面的重要作用。马克思法律学说主要阐述的是在资本主义法权体制下财产权对人权的压榨。马克思认为，法律作为一种社会上层建筑，是以社会的经济结构为其现实基础的，“法的关系是一种反映着经济关系的意志关系。这种法的关系或意志关系的内容是由这种经济关系本身决定的”④。同时，法律对社会的稳定和客观发展具有重要作用。法律作为一种规则和秩序，对任何取得社会固定性和不以单纯偶然性与任意性为转移的社会独立性的生产方式来说，都是一个必不可少的要素。在资本主义社会，“法律、道德、宗教……全都是资产阶级偏见，隐藏在这些偏见后面的全都是资产阶级利益”。在历史唯物主义和阶级斗争的理论框架下，马克思认为法律

① Pound. An introduction to the philosophy of law. Michigan：Book Crafters，1982：34.

② 张明新．法律的社会学研究运动：思想、理论述评及其中国意义．清华法律评论，2006（1）．

③ 张善根．法社会学理论资源的梳理与研究．上海：上海师范大学，2005.

④ 范关坤．“法的关系是一种反映着经济关系的意志关系”——学习《资本论》中法学思想札记．法学，1984（1）．

更多的是统治阶级的利益与社会经济结构的反映。①

作为统治阶级控制社会各个阶层的工具，法律在社会中的地位主要体现在以下三个方面：首先，国家法律在“人人平等”的理念下创立了一系列的个人权利，从而起到减少社会对经济平等的要求的作用；其次，国家法律强调个体的自主性与私有财产的神圣性，从而有利于统治阶级对他们的财产和利益的维护；最后，国家法律是镇压社会中阶级冲突的有效手段，从而对现存社会秩序的维系起着至关重要的作用。同时，作为上层建筑的法律对社会的经济结构也存在反作用。按照马克思的观点，法律在资本主义社会中的核心意义在于其对私有财产的合法化以及对阶级冲突的缓和与镇压。②然而马克思的法律学说也不是一成不变的，其法律社会学思想也经历了阶段性的变化，有学者将马克思法律社会学思想形成过程分为如下三个阶段：

第一阶段（1835—1842），马克思分析法与社会自由的关系，认为“法不是压制自由的手段”，相反，“法律是肯定的、明确的、普遍的规范，在这些规范中自由的存在具有普遍的、理论的、不取决于个别人的任性的性质。法典就是人民自由的圣经”③。

第二阶段（1842—1844），这是马克思由新理性主义与批判主义法律社会学向科学的法律社会学的过渡时期。马克思分析了法与市民社会的关系，初步指明法律社会学的唯物主义方向。“法的关系正像国家的形式一样，既不能从它们本身来理解，也不能从所谓人类精神的一般发展来理解，相反，它们根源于物质的生活关系，这种物质的生活关系的总和，黑格尔按照 18 世纪的英国人和法国人的先例，概括为‘市民社会’。”④ 法是社会财产关系的外在表现形式，社会财产关系则是法的实在内容。除此之外，马克思还考察犯罪与刑罚的辩证关系，初步阐明刑法社会学的基本原则。

第三阶段（1844—1846），马克思科学地揭示了法与社会形态以及历史运动的一般规律。马克思指出，在一定的意义上，法没有自身独立运动的历史，法与社会体系的内在联系在于法是表现统治阶级共同利益的国家意志。法的社会价值的根据在于人的社会性与社会的人性二者的有机统一。

五、作为一种社会秩序和社会行动的法律

马克斯·韦伯的法律社会学思想主要来自对法学家施塔姆勒（Rodolph Stammler）的法哲学思想的批判。这一批判在法律社会学领域具有重要影响。⑤

① 马克思，恩格斯．马克思恩格斯全集：第 1 卷．中文 1 版．北京：人民出版社，1960.

② 高鸿钧，马剑银．社会理论之法：解读与评析．北京：清华大学出版社，2006：440.

③ 马克思，恩格斯．马克思恩格斯全集：第 1 卷．中文 1 版．北京：人民出版社，1960：71.

④ 马克思，恩格斯．马克思恩格斯选集：第 2 卷．2 版．北京：人民出版社，1995：32.

⑤ Coutu M. Weber，lecteur de Stammler : quels horizons pour la sociologie du droit? . Paris：Droit et société，2009.

韦伯首先就法律作为研究对象在法学领域和社会学领域的差异进行了区分。韦伯认为，社会学是一门经验的科学（empirical science），与法学作为一门规范性学科有所不同。① 后者主要强调法律的规范性（normativity），即法律应该如何划分合法与非法。而社会学则将法律看作一种社会事实，所重视的是法律的实在性（facticity），即法律是什么的问题。②

为了研究法律是什么，韦伯主要从社会行为的类型出发，探讨了合法性（legitimacy）问题，并确立了工具合理性、价值合理性、情感性和传统性的四种合法性作为社会行为有效性的依据，进而构建出三种合法权威的社会类型：传统型、卡里斯玛型、法理型。③

【知识窗】

马克斯·韦伯的三种合法权威：

- 传统型权威：建立于古老的传统惯例的神圣性。如中国古代的帝权和宗族长老的权威。
- 卡里斯玛型权威：个人凭借超凡的才能、杰出的品格、英雄主义及其创立的典范、信仰而拥有的权威。如革命年代获得无条件服从的领袖、伟人。
- 法理型权威：建立在对理性、法律及官僚体制和法定授权的信任、服从之上，其合法性依赖于非人格的组织机构和制度规范。

韦伯考察了在不同类型的社会中，法律本身在不同意义上的“合法化”。这将取决于法律思想在何种过程对合理化起作用。④ 韦伯运用了以下两组概念：第一组概念是理性化（rational）和非理性化（irrational），两者的区别在于手段与所要达到的目的之间是否存在着科学或理性上的必然因果联系；第二组概念是形式（formal）和实质（substantive），两者的主要区别在于据以做出决定的依据是否是可感知的和可做逻辑分析的。据此，韦伯把法律和法律思想划分为四种类型⑤：（1）形式非理性的法律类型。这种法律类型有严格的程序，但没有明确的规定和原则。主要表现为人类社会在早期的神启时代所采用的根据神谕处理纠纷的原始程序。（2）实质非理性的法律类型。这种法律类型并不依赖法律，而是通过法律外的标准，尤其是宗教伦理和政治价值等来处理纠纷。（3）形式理性的法律类型。这是非人格化的法律，强调通过逻辑的方法收集全部法律上具有效力的规则并使之合理化，再把它们铸造成内部一致的复杂法律体系。（4）实质理性的法律类型。这种类型不突出逻辑的一致性，而是强调符合道德的考虑范畴和公共

① 伯尔曼．法律与革命——西方法律传统的形成．北京：中国大百科全书出版社，1993.
② 吕芳．韦伯法律社会学的理论背景．南京大学法律评论，2006（1）．
③ 韦伯．经济与社会．北京：商务印书馆，1978：37.
④ 韦伯．论经济与社会中的法律．北京：中国大百科全书出版社，1998：60.
⑤ 韦伯．经济与社会．北京：商务印书馆，1978：671.

政策。韦伯认为神授法律是神授社会的特征，传统法律是传统社会的特征，形式理性的法律是资本主义社会的特征，实质理性的法律并不与历史上的任何社会类型相对应。①

> **重要概念**
> 法律作为一种正当的秩序被提出，是为了集体承诺或惩戒违规而对个体采取强制措施或手段，正当性为其存在前提。

通过对法律所规范的社会行动和法律的合法性的研究，韦伯指出，“法律”主要是指：一群执行人员为了集体承诺或对违规进行惩戒而运用的对个人生理或心理的强制措施或手段。然而“法律”是作为“正当的秩序”中的一种而被提出的，法律的“强制性”也是以法律的“正当性”要素为前提的。②正如韦伯所强调指出的：“我们所理解的‘法律’，只不过是一种‘秩序’，只是这个秩序不仅得到实现的机会，还得到某些特别的保障而已。”③这种特别的保障就是除强制手段以外的人们自觉的服从与认同。这种服从的动机，韦伯认为是很复杂的，但最主要的是这种动机作为一种主观因素，大部分可能出自功利性的、伦理的或主观习惯性的考量。④

韦伯不仅从法律的外围即从经济社会的视角观察法律，而且还深入社会结构的内部，尤其是政治结构和法律结构的内部，对不同社会形成不同的法律秩序做出自己独特的阐释。为此，他从社会学的视角研究了法律与其他社会规范、法律与经济社会中权利的创设和法律与法律职业三对范畴，深入说明了法律作为一种社会规范在社会中的功能与作用。韦伯社会学视野中的法律概念，与传统法学中的法律概念有着重要区别。韦伯认为法律是指实际对人类行为起决定作用的因素。法律是一种具有实在效力的并起到特定保障作用的秩序制度，法律的实施使官员的行为具有了秩序。⑤法律不是一个独立的自在体，而是一种与其他社会规范一样的调节社会关系的规范。但法律具有特殊的强制力。法律可以通过控制强制性机构运行的现代规范，促使某些经济关系产生。⑥在不同的经济条件下，法律的自由度有着明显的差别，而这种差别主要来自不同社会的经济结构。

韦伯倾向于宏观观点，把法律当成是一个历史发展过程中的社会秩序与社会制度。同时韦伯也从宏观的社会结构和社会秩序，转移到从社会行动的角度，对法律进行分析。韦伯研究社会秩序并不是以“整体”为参考点，而是以秩序中的行动的个人与群体的“历史个体”为参考点。⑦ 他把法律作为一种社

---

① 张善根．法社会学理论资源的梳理与研究．上海：上海师范大学，2005.

② 李强．马克斯·韦伯法律社会学中的“正当性”问题．法学论坛，2010（3）．

③ 韦伯．韦伯作品集Ⅳ———经济行动与社会团体．桂林：广西师范大学出版社，2004：197.

④ Rocher G. Le droit et la sociologie du droit chez Talcott Parsons. Sociologie et sociétés，1989，21，n°1：143－163.

⑤ 韦伯．论经济与社会中的法律．北京：中国大百科全书出版社，1998：14.

⑥ 韦伯．论经济与社会中的法律．北京：中国大百科全书出版社，1998：99.

⑦ 高鸿钧，马剑银．社会理论之法：解读与评析．北京：清华大学出版社，2006：168.

会行动来看待，行动者（不仅是法律人）应保证其法律行动的有效性与正当性。①

韦伯之后的一些学者对他的法律社会学思想进行了一系列的批评，主要是认为他的相关思想"实质上建立了这样一种流传广泛的信念——法律系统之所以存在的基本理由乃在于它使得'在一块领土上垄断了合法使用物质力量权'的人得以实施对其领土上的人民的控制，也因为它实质上建立了这样一种流传广泛的倾向——用特定意识形态类型的术语为既定的法律体系贴上标签，使其中的每一个体系都与特定的政治权威对应"②。除此之外，韦伯认为分析西方资本主义的中心问题，是理解建立在经济预测和经济活动的具体形式之上的社会现象。在韦伯的法律社会学理论中，同马克思的法学理论一样，贯穿着法律和经济关系这一主题。但韦伯认为，资本主义经济活动主要不是生产的剥削关系，实质目的在于市场交易的合理企业家活动。所以在分析法律时，韦伯强调的是：法律的重要意义在于促进形成企业家基础的合理预算和合理计划的形式。这与马克思关于法律的镇压或故弄玄虚的作用，是完全不同的。③ 韦伯认为，在法律与经济的一般关系中，社会学意义上的法律绝不仅仅是保障经济利益，而是保障各种各样的利益，并且在某些条件下，当经济关系发生剧烈变化时，法律秩序可能维持不变。法律在很大程度上服务于经济利益，法律与经济不是单纯的决定与被决定的关系。④

第二节
法律社会学理论的兴起及其意义

法律研究在传统社会学领域占据着重要的位置，然而法律社会学理论的兴起，却不仅仅是由社会学领域的某一股重要学术思潮所推动的。在同一历史时期，也有许多法学理论家致力于采用社会学的方法研究法律和社会之间的关系。随着社会学家和法学理论家这两个学术团体之间相互交流程度的加深，法律-社会研究的影响扩大了，法律社会学理论在更为广泛的学科中得到传播。因此，本节主要从法律社会学理论作为一种思想流派的角度出发，阐述法律社会学理论兴起的过程及其学术意义与现实意义。

---

① Michae P. Weber Max, Sociologie du droit, Vingtième Siècle. Revue d'histoire, 1987, 16, N°1: 160-161.

② 伯尔曼．韦伯法律社会学的若干错误前提．比较法研究，1994（3，4）．

③ 科特威尔．法律社会学导论．北京：华夏出版社，1989：176.

④ 孙文恺．社会学法学．北京：法律出版社，2005：90.

一、法律社会学理论的兴起

(一) 法律社会学理论兴起的历史背景

【知识窗】

孟德斯鸠（1689—1755），法国启蒙时期思想家、律师，西方国家学说以及法学理论的奠基人，是一位百科全书式的学者，在学术上颇负盛誉，与伏尔泰、卢梭合称“法兰西启蒙运动三剑侠”。

法律社会学的思想可以追溯到启蒙思想时代法国思想家孟德斯鸠对社会契约的研究。在《论法的精神》中，孟德斯鸠就从气候、国土、人口等自然因素角度揭示了法律同各种政治、风俗、宗教之间的关系，使人们对法律的内在精神结构的理解从神权的世界下降到自然世界中的社会。法律的本质不再是“人神契约”，而是人与人之间的“社会契约”。因此涂尔干将孟德斯鸠当作法律社会学的先驱，并试图用社会科学的视角解释历史、风俗习惯和自然环境这些社会力量在建立法律中的作用，发现一种社会的法则。英国哲学家休谟也在《人性论》一书中主张，法是不断变化的社会制度，它起源于社会常例，而不是人性。

【知识窗】

大卫·休谟（David Hume，1711—1776），苏格兰不可知论哲学家、经济学家、历史学家，被视为苏格兰启蒙运动以及西方哲学历史中最重要的人物之一。历史学家们一般将休谟的哲学归类为彻底的怀疑主义，但一些人主张自然主义也是休谟的中心思想之一。

从19世纪末到20世纪初，社会的一系列变革迫使思想家对法律问题进行再思考。这一时期西方主要资本主义社会经历了由自由资本主义到帝国主义的阶段，其间各种社会矛盾趋向激化，产生的一系列社会问题亟待法律做出回应和解决。资本主义法律制度与资产阶级革命时期提出的民主法治理想之间产生的差距越来越大，严峻的社会事实使得“法律的社会化”成为时代的潮流。一贯主张把法律放在社会关系中进行理解的理论家再次强调法与社会之间的关联，并试图借助来源于孔德的实证主义哲学和社会学为法学提供理论和方法论基础。①

① 田成有．法律社会学的学理与应用．昆明：云南大学出版社，2001：15.

20世纪中叶以来，科技进步和生产力水平整体提高，传统的秩序调整机制显示出其弱点，社会生活在更大程度上依赖于法律来组织和调节。社会的法律化和法律的社会化趋势互相渗透，法律越来越以整个社会为出发点而发挥日益扩张的功能。①面对这种日益复杂的职能期待，受自然科学，尤其是生物进化论的影响，法学家开始尝试对法律系统，尤其是概念法学和分析法学进行反思，并在此基础上进行自我调适。已有的部门法难以应对由社会变化所导致的新的问题，因此需要超越现有的法学内部的研究，而借鉴法学之外的其他经验——实证科学方法，来对法律系统的运行状况进行客观的认识和描述。法学家的这种努力旨在从微观和宏观两个方面解析和说明法律机构的各种正式与非正式的、理想与现实的、合理与不合理的"运行-操作"实际状态。社会学的系统论和实证主义为其提供了基础，因此，大批的法学家开始转向社会学领域寻求解决的办法。在法理学内部，法律原则逐渐从个人本位转向社会本位，而对社会现实做出积极的回应。②

（二）法律社会学理论的发展阶段

【知识窗】

埃利希（Ehrlich Eugen，1862—1922），奥地利法学家，社会学法学派在欧洲的首创人之一。出生于律师家庭，曾在维也纳大学学法律。1899年起在切尔诺夫策大学任罗马法教授。著作有《法的自由发现和自由法学》《法律社会学的基本原理》《法学逻辑》等。埃利希宣称他的学说的中心思想是：法的发展的重心不在立法、法学或判决，而在社会本身。他认为法比国家出现得更早，国家制定和执行的法仅是法中很小的一部分。

从全球范围来看，法律社会学理论的发展主要集中于欧洲大陆和北美。自19世纪末西方法学领域出现了社会法学派及其所谓"法的社会化"理论以来，这一理论就因其广泛的实用性和综合性被不断地传播和发展。20世纪初，尽管在法学内部，法律社会学又被认为是"社会法学研究"，但法律社会学已经成为与分析实证主义法学和新自然法学并驾齐驱的重要理论流派之一。此时，法律社会学思想的对象不但早已形成，而且得益于涂尔干的社会学思想，法律社会学进一步发展。奥地利法学家埃利希在1913年出版的《法社会学原理》一书，采用社会学的研究方法对法律和社会之间的关系进行了研究，认为法是一种社会现象，特别强调法对社会生活的作用以及各种社会因素对法的影响，形成了欧洲"传统的"法律社会学家的理论。20世纪中期，法律社会学的研究对象开始固

① 马雁．法律社会学思潮产生与发展的现实价值．中国城市经济，2011（30）．

② 朱景文．法社会学．北京：中国人民大学出版社，2005：56.

定，并产生了一系列的分支学科，如法民族学、法人类学、法心理学等。20 世纪 60 年代末开始，在苏联和美国，法律社会学都有长足进步，到 70 年代进一步发展，不仅突破了欧洲大陆传统的法律社会学家的理论，而且对具有不同特点的法律社会学流派进行了分类。实证研究方面更是从研究法律工作人员的气质、法律职业、法院与诉讼这些传统问题转移到分析法学研究中的政治经济学、法学实践与司法、社会运动的关系问题，尤其是对于法院与大型诉讼的研究，成为 70 年代以来西方法律社会学研究的主要特点。①

【知识窗】

菲利普·塞尔兹尼克（Philip Selznick，1919—2010），美国加州大学伯克利分校教授、社会学家，第二次世界大战后美国法律社会学的主要代表人物之一，主要著作有《法律、社会和工业正义》（1969）等。主要论著是《法律社会学》（1957）、《社会学和自然法》（载《自然法论坛》1961 年第 6 期）、《法律、社会和工业正义》（1969）。

第一位系统地划分法律社会学理论发展阶段的是美国社会学家菲利普·塞尔兹尼克。塞尔兹尼克在整合“法律社会学”和“社会学法学”的基础上，于 1959 年仿照其他社会学分支的发展规律，把法律社会学的发展划分为如下三个基本阶段。

重要概念

法律社会学的三个发展阶段：“交流视角”“社会学工匠师”“智力自主和成熟”。

第一阶段——“交流视角”。19 世纪中后期到 20 世纪二三十年代，欧美法学界关于法律与社会的关系问题的主要代表人物是庞德和霍姆斯以及埃利希、韦伯等欧洲大陆的一些学者。人们开始把那些以国家与社会之间的区隔和相互作用为前提、以社会科学（social sciences）的方法来考察法律现象的客观规律以及制定和执行法律规范的实际状态或功能效果等的各种理论和经验性研究概称为法律社会学。但真正自觉地把法律学与社会学结合在一起，使法律社会学的研究被作为一种理论而体系化的，是 1913 年出版的埃利希的杰作《法社会学原理》。马克斯·韦伯也在同一时期完成了他的法律社会学理论，但其法律社会学理论的代表作《经济与社会》却是在 1920 年出版的。这一阶段的研究为法律社会学提供了宏大的理论框架，但很少甚至根本没有这方面的经验性研究。仅有的一些经验性研究也主要是有关实体法律问题而不是法律制度的运行的，而且这些研究主要由法律实际工作者而不是由

① 吴丽娟．试述西方法社会学“活法”理论的两种观点．广播电视大学学报（哲学社会科学版），2006（1）．

社会学家或学院派法学家进行。①

第二阶段——“社会学工匠师”。20 世纪五六十年代，法律社会学理论主要集中在对法律社会学研究方法的讨论上。法学理论家提出研究的问题和范围，社会学家则与他们进行合作并使社会学中流行的技术适应这种研究。代表是 H. 卡尔文和H. 蔡泽尔对美国陪审团的研究，他们调查了初审法官如何审理案件以及陪审团如何裁决案件等内容。法学家逐渐掌握了社会学研究方法并使用统计学和控制论技术。但由于这一阶段受技术激励的研究项目往往被市场价值主导，以对委托人立竿见影的实际用途为主要目标，因此它很少受到重大理论的有效指导，并且这一阶段不加选择地把所有的社会学理念应用于法律领域，忽视了法律概念的理论基础。

第三阶段——“智力自主和成熟”。这是法律社会学深层理论的发展阶段。法学家已掌握了必要的方法和技术，以更高、更熟练的水平回到开创时期所提出的一些问题上去，如法律的功能、法制的作用、正义的意义等。以法学家为首的法律社会学家开始反思和批判社会学的研究方法在法律社会学领域的运用，如社会学的价值中立原则和实证主义与法律所追求的价值判断——规范主义之间的冲突，这些研究使法律社会学家认为社会学方法论将事实和价值割裂开来是错误的。塞尔兹尼克本人在其主要著作《法律、社会和工业正义》中就将社会学观点和价值论结合起来。在解释和分析法律与社会之间的相互建构时，作为社会控制的手段，法律的重要性仅仅来自它自身，是从它作为另一种更为宏观的组织体系的一部分归纳出来的。盖戈（Theodor Geiger）、卢曼等试图重新解读法律和社会之间的关系。一方面，法律与其他社会规范手段之间的繁复关系使得法律存在于多种因素的交错中；另一方面，法律本身的类型化和规范化的运作方式使得在支援社会发展过程中存在隐藏的反向建构情形。②

塞尔兹尼克的这一划分主要侧重于美国本土法律社会学理论的发展，在欧洲大陆和苏联，法律社会学理论一直都延续着最初的宏大叙事的视角。具体而言，美国和欧洲大陆在法律社会学理论发展方面存在很多差异。美国的法律社会学最初是由美国社会学会第一任会长沃德从欧洲引入的，其最重要的代表是庞德。20世纪初，霍姆斯的现实主义法学和庞德的社会法学的传统，形成了“法与社会”的研究范式。庞德发展了埃利希的“活法”理论，创立了社会学法学。20 世纪20—40 年代，以弗兰克和卢维林为代表的现实主义法学在美国影响较大。20 世纪 50 年代，美国兴起计量法学（jurimetrics）以及法律与社会（law and society）运动。20 世纪 60 年代，法律社会学的研究中心从西欧转向了美国，这一时期成为法律社会学研究的黄金时代。美国的社会科学在这个时期取得了一系列振奋人心的成就，“法律与发展运动”也从内部推进了法律社会学的发展，使得美国的

---

① 沈宗灵. 塞尔兹尼克的法律社会学. 中外法学，1990（3）.

② 王勇. 法律社会学及其中国研究进路的初步思考——一般理论与本土问题的知识建构. 法治与社会发展，2007（2）.

法律制度的运行依赖于各种社会科学知识，尤其是法律社会学。到20世纪70年代中期后，法律社会学的研究逐渐进入低谷。一方面，人们期待它对新的社会变革进行解释，但法律社会学家集体失语；另一方面，其发展的方向并没有被统一在法律社会学的经典范式下，显得有些杂乱无章。因此，20世纪70—80年代，美国兴起了批判法律研究（critical legal studies）运动。[①]

在苏联，法律社会学理论则主要是以马克思法律社会学理论为主导的。苏联法学家和社会学家在20世纪60年代到70年代，第一次总结了苏联以及东欧国家研究法律社会学的经验，出版了《法与社会学》一书，其中包含了大量的用以分析法学问题的社会学材料。在刑法学、犯罪学的理论研究中，也广泛运用社会学原理、社会学材料和社会学方法，出版了一些专门著作，如《刑法科学中的社会学问题》《刑法社会学》等。一些苏联学者，如H. 扎戈罗德尼科夫、H. 斯特鲁奇科夫等运用马克思主义的法学原理和社会学原理，积极开展法律社会学的研究，丰富和推动了法学理论研究的深度及广度。[②]

二、法律社会学理论兴起的意义

法律社会学理论的兴起，具有重要的意义。就这一理论的思想内容来说，其兴起具有三个方面的重大意义。

首先，法律社会学理论的兴起对理论界本身的发展具有重要意义。法律社会学理论的兴起促使相关领域的理论家整合各派理论对法律的性质和法律与社会的关系进行反思，这尤其体现在法学领域。法律社会学家采用社会学实证主义和系统论的观点，以法律自身运转过程为基础，更加客观地研究法律运转的过程，解释法律变化发展的一般规律。如韦伯认为，法律社会学以法所规范的社会行为的事实为研究对象，着重研究法规在现实社会条件下的意义及其对社会各要素的影响。法学社会学研究对象是法律运转过程中的规律，系统地揭示法律如何影响社会及其受社会现实影响的条件。这一理论创新摆脱了传统的概念法学的禁锢，将法律从条文和书面记录中解放出来，使之更加符合发展变化中的社会需求。

埃利希、庞德等法律社会学理论家，则更加明确地以法律和社会之间的相互关系为基础进行研究，认为法律社会学的研究对象是法律和社会的相互关系、影响和作用过程：法律显示的社会内容和法律与社会生活其他因素之间的相互作用；各种社会因素上升为法律规范的机制和法的作用机制——法的社会本质、法的作用和发展。对法律和社会的关系的强调，打破了传统的概念法学和分析法学对法学理论的垄断，即认为法律是与社会无关的严格的规范体系与逻辑缜密的条文的集合。对法律的社会基础的研究，使得理论家得以根据法的社会背景分析法律及其现实状态，完善了法治与法制的理念，为实质正义的追求提供了理论依

① 季卫东．界定法社会学领域的三个标尺以及理论研究的新路径．法律评论，2005（10）．
② 陈明华．法社会学刍议．西北政法学院学报，1987（4）．

据。同时在研究法律的运转的过程中，对现实的法律问题和法律现实状况进行了分析，揭示了法律在实际的社会生活中的形式、过程、特点和规律。将法律的制定、执行、遵守作为一个有机联系的、相互制约的动态过程，更加科学地解释了法律在现实社会生活中的作用。①

其次，法律社会学理论的兴起对法律社会学这一学科的形成具有重要的促进作用。法律社会学理论的兴起，首先在理论框架和概念定义的基础上，建立了法学和社会学之间的联系，促进了两个学科之间的交流和融合，为法律社会学这一跨学科理论的诞生提供了重要的理论基础。尽管在概念的建立过程中，法学家和社会学家从未停止过对自身学科优势的强调，但不可否认的是，学科间的融合和相互影响也在争论的过程中得到实现。如对法律社会学的定义的争论就体现了跨学科综合多学科优势的特点，学科基础的多元化使得交叉学科本身的发展具有更多的可能的创新，丰富了学科的理论内涵。

如仅仅是“法律社会学”这一术语，在西方语言当中就有多个翻译与之对应：sociology of law，sociologie juridique，sociologie du droit，Rechtssoziologie，等等。19 世纪末，意大利法学家安齐洛蒂第一次使用了“法律社会学”这一术语。20 世纪，大部分社会学家和法学家接受了“sociology of law”这一术语，如埃利希和庞德等。在对法律现象的探讨中，这一术语被用以区别于传统的法理学和各部门法学。而仍然有一些研究者没有直接使用“法律社会学”这一术语，尽管他们对法律现象的研究使用的是社会学的方法，如涂尔干的《论社会分工》、韦伯的《经济与社会》等。因此，法律社会学又被称为法社会学（legal sociology）和社会-法律研究（socio - legal studies）。正因为法律社会学的理论基础丰厚，因而难以以一种简单的方式对其进行概括。1985 年出版的美国《国际社会学百科全书》对法律社会学的解释是：“法律社会学不像社会学的其他分支学科，其理论并非源自普通社会学，而是从法律理论的不同流派中产生的。”因此，在欧洲大陆，尤其是在罗马法系国家，法律社会学既不是法学的分支学科，也不是社会学的分支学科，它是一门独立的社会学。尽管它的冠名是法律社会学，但它的学科地位却和社会学等同，是研究法这种社会现象的专门学科。它主要研究社会过程之中的法律问题；它从社会的角度分析和说明法律，研究社会生活实际的法律问题；它有自己特殊的理论范畴、分析工具和技术手段，是一门独立的研究学科。② 但“正是它在各个学科的渗透，使它的研究更加具有了社会科学、人文科学，甚至是自然科学的底蕴”③。

最后，法律社会学理论的兴起对这一领域的实证研究起到重要的指示作用，具有重大的现实意义。具体而言，新的法律理念和社会学研究方法的运用，具有很强的实用价值，从整合的角度出发，相比于单纯的法学研究，为与法律相关的

---

① 周伟．关于法律社会学的几个理论问题．比较法研究，1989（1）．

② Jacques Commaille et Patrice Duran. Pour une sociologie politique du droit：présentation. L'Année sociologique，2009，59：264.

③ 张善根．法社会学理论资源的梳理与研究．上海：上海师范大学，2005.

社会问题的解决提供了更好的建议和对策。如沿着埃利希的法官自由裁量权的理论脉络，庞德将经验研究与理论分析统一起来，使用问卷、资料统计、行为调查等技术手段进行分析，有助于更加全面地揭示这一问题。庞德对法官“造法”在经验研究的基础上进行了深入的理论分析，认为：“传统的分析法学家把法看作是各种法律的总和，并以刑法典中的一个章节作为典型而把一种法律看成是一种法规，这种观点已经不适应高速发展的社会经济。在发达经济秩序中，法的内容却比这重要得多，它要求并发展一种权威性的程序，法规因素通过这种程序而得到发展和应用，这种程序因素的权威并不比法规本身差，而且它同法规本身一样也是法律的一个组成部分。”① 通过大量的实证研究，庞德提出了法官法这一建议，认为应该保持法律的确定性，但不能因为法律规则无法达到确定程序而牺牲在个别案件中应有的合理性与公正性，因此在特殊的案件中可以适用法官法。但这一法律的适用条件是有严格限制的，在符合条件的基础上，法官可以在以下三种情况下灵活适用法律规则：一为裁决（discretion），二为法院造法（judicial legislation），三为诠释（interpretation）。② 这个过程包括通过系统有序地运用政治组织的强制力量来调整关系和安排行为的制度，也包括维护法律秩序以解决各种争端的过程，还包括一套法治理想、技术、律令（除规则外，还包括道德、风俗、传统等）。③

第三节 当代社会学理论的法律面向及其方法论特征

法律社会学的产生是法学学者对社会学研究理论和方法加以借用的结果，因此这一领域内部自诞生之初就表现出法律的社会学维度。作为法律社会学家的法学家，脱离了传统的法学范畴，更加强调法律的社会学范畴。法律社会学家从社会的总体观念出发，认为法律与社会之间存在紧密联系，以法和社会的关系为研究对象，将社会学中对法律的研究剥离出一般社会学。相比于传统的社会学，这一法学和社会学的结合，强化了社会学中的法律面向，研究者的目的也多是以法律为重心，试图解释法律的性质、功能、运行状况等。具体而言，法律社会学的范围包括一般理论研究和应用性研究两个方面。④ 本节将从法学家的法律社会学思想和社会学家的法律社会学思想两个方面出发，具体分析法律社会学中法律的

① 庞德．通过法律的社会控制——法律的任务．上海：商务印书馆，1984：67.

② 吴丽娟．试述西方法社会学“活法”理论的两种观点．广播电视大学学报（哲学社会科学版），2006（1）.

③ 周尚君．论法律社会学的知识传统——以关键人物为线索．金陵法律评论，2010（1）.

④ 王子琳．法律社会学．长春：吉林大学出版社，1991：24－25.

面向及其研究方法上的特殊性。

一、社会学理论的法律面向

社会学领域的法律社会学家一直以来都强调应该研究"社会中的法"，研究法律在社会生活中的实行、功能和成效。[①] 这种社会学的研究一直遵循传统社会学研究的目标，即将法律作为一种研究工具和切入点，强调以社会为中心，试图分析社会的运行状况以及社会的结构变迁等。相比于法学本身对法律的研究，传统社会学中的法律面向更为狭窄，社会学家只是将法律看作社会中的一个要素，认为法律在地位上等同于其他社会要素，与其他社会系统相结合，从而对社会整体进行研究。目前而言，两派之间融合的趋势越来越明显，因此出现了专门的法律社会学这一领域。法律社会学逐渐被整合成一个通过法研究社会学，同时在社会中研究法律的领域。概括起来，法律社会学中法律的面向主要有以下三点：第一，以社会学的观点和方法来研究法律，强调法律是社会现象，研究法律的历史变迁、法律与其他社会因素的相互作用；第二，研究现代与国家、与政府相对的其他社会组织所形成的社会秩序；第三，研究法律的运作过程及其与社会因素相互影响的关系，具体而言则是强调法律的"社会化"，强调从"个人本位"转向"社会本位"，研究社会作用以及诸如权力的象征等带有不同含义隐喻的法律意识，同时研究什么因素和资源影响法庭上的陈述，以及人们的行为在法律制度中如何发挥作用。[②]

由于在第一节中我们已经分析了传统社会学中的一些法律研究，因而本节主要阐述当代社会学理论中法律的面向，并以德国当代社会学家卢曼为代表。卢曼的社会理论更加明确地表现出以法律为研究手段进而研究社会的倾向。卢曼借法律分析现代社会中功能分化所形成的新系统。卢曼认为，现代社会与古代社会（即原始社会或部落社会）和近现代社会（即等级社会）的一个根本区别在于：古代和近现代社会的社会分化形式是块状分化和阶层分化，而现代社会则出现了功能分化。[③] 在这种功能分化中，社会出现了一个个的系统，系统在功能上对整个社会开放，但在其操作手段上却对整个社会封闭。法律系统就是此中的系统之一，其形成的标志就是出现了"实证法"，即可以通过法律内部的决定来进行变化的法律。它是封闭的，也是偶在的（可随着时间和情境的不同不断地发展和变化）。[④]

因此，卢曼概括出了现代社会法律的一些特征，并以此为基础分析法律系统与政治系统之间的关系。卢曼分别从历史、社会和语义的角度考察了两个系统之间的关系，认为政治实行（making politics）意味着政治性地决定什么法律是有

---

① 朱景文．现代西方法社会学．北京：法律出版社，1994：21.

② 张冠梓．法人类学的理论、方法及其流变．国外社会科学，2003（5）．

③ Luhmann N. A sociological theory of law. Boston：Rotledge & Kegan Paul，1985：103－259.

④ 卢曼．生态沟通：现代社会能应对生态危害吗？．台北：桂冠图书公司，2001：55.

效的法律，没有这一点，政治作为一个系统就会崩溃。他还总结性地指出：“国家的概念就成为一个将政治系统和法律系统中所出现的自我强化力联结起来的一个人为的机制。”而法治国家则显示了法律和政治系统之间的一种互惠的和寄生的关系。政治系统受益于合法和不法的编码化的区分，并在法律系统中被管理。相反，法律系统受益于政治系统中维持稳定的和平、权威的明确区分和决定的可执行性。① 卢曼认为，不存在一种天生的本体性的法律概念，法律是与其他事物或者说系统相区别而存在的，因此法律的概念需要与其他概念相区别而确定。比如，法律与道德的区别在规范性、强制性上，与政治的区别在明确性、肯定性上，与经济的区别在形式性、条件性上，等等。②

除此之外，卢曼还探讨了法律与法律包含的强制力之间的关系。卢曼将其称为物理暴力（physical force）。卢曼认为，物理暴力被预设于已经建立的法律之中，法律可能会更加依赖于对物理暴力的运用。法律因其强制性的存在而成为规范的一种。在社会生活中，法律具有一种稳定社会成员规范性期待的功能。这种功能可具体地表现为一种“社会的免疫系统”。在社会矛盾增多时，可借助于法律使社会成员的规范性期待继续得到维持。③

二、当代法律社会学的方法论特征

在法律社会学内部，有两个基本的理论分野。正如我们在本章第二节“法律社会学理论的兴起及其意义”中谈到的，“法律社会学”一词，自诞生之初，就令法学家和社会学家争论不休。社会学家从社会学的概念出发，将法律当作一种工具研究社会问题和社会现象，因此他们又被叫作“社会法学派”。而法学家则主要从法律本身出发，借用社会学研究的方法和理论研究法律，在法学内部他们又被叫作“法律社会学派”，以此区别于传统的分析法学派与概念法学派。近年来，随着法律社会学的发展，这两种理论视角存在融合的趋势，越来越多的法学家作为法律社会学家，吸收和借鉴社会学的理论，从社会和法律之间的关系，以及法律在社会生活中的运转规律和过程出发，对法律进行研究，进而也对社会进行研究。然而，在法律社会学领域，由于其在诞生之初，是法学家主动将社会学研究方法引入法学领域，因而尽管社会学家早就对法律的性质以及法律和社会之间的关系进行了考察，但是法学家在法律社会学家中所占的比例还是大大超过了社会学家。绝大多数的社会学家只是将法律作为许多社会学研究对象的一种，而不像法学家出身的法律社会学家那样，所有的研究都只围绕与法律相关的主题进行。因此，在法学内部，有很多学者认为，法律社会学只是研究法律的一种理论

---

① Luhmann N. Law as a social system. Oxford：Oxford University Press，2004：364－404.

② 赵春燕．对“软法”概念的冷思考——兼谈对卢曼法社会学理论的正确理解．河北法学，2010（12）．

③ Dirobilant A. Genealogies of soft law. The American journal of comparative law，2006：499－550.

流派，是与传统法律研究流派平等的一个新的思想派别，而不是一个完整的学科。事实上，近年来绝大部分法律社会学家认为，法律社会学的研究方法主要是社会学的研究方法，因此本节从社会学方法论自身变化发展的历史出发，讨论法律社会学的方法论特征。

（一）法律社会学理论研究的方法论

1. 历史唯物主义的哲学方法论

科学地解释法的本质和发展规律的历史唯物主义法律观，是历史唯物主义理论在法学研究领域的具体体现。这一法律观的实质在于从社会经济基础出发来把握法律现象的本质。它的核心命题是，法律应该以社会为基础。

2. 以实证为基础的法学方法论

所谓“实证”一词，在实证主义者看来至少可以做以下理解：第一，实证意味着是现实的，而不是空想的，即实证主义所研究的法律是现实、具体的本体，而不再是抽象的本体。第二，实证意味着是有用的，而不是无用的。研究法律的目的是用其解决实际问题。第三，实证意味着是精确的，而不是模糊的，反对超越人的理性能力去谈论法律，因而提倡明晰性、坚固性。第四，实证意味着是积极的，而不是消极的，反对形而上学否定法律现实，应以建设为目的。第五，实证意味着是相对的，而不是绝对的。实证主义反对任何绝对化的法律知识。①

从社会学的实证主义出发，法学家对其接纳程度与其本身受法学研究方法影响的程度成反比。社会学的实证主义传统强调经验研究、实地考察、对法律行为进行预测以及严格的价值中立，而法学的规范主义传统则强调规范分析、制度分析以及价值判断。② 两者之间的差异促使法律社会学家在研究具体的法律问题时选取不同的理论视角。概括起来，法律社会学的研究又主要有以下几个理论视角：功能主义、结构主义、现象学、行为主义等。

传统的功能主义与结构主义对法律社会学的研究影响巨大，尤其是对法律与社会的关系，以及对法律的运转过程研究方面，传统的功能主义和结构主义作为法学家的理论工具，清除了传统法学中概念法学和分析法学的弊端。功能主义要求研究者从功能的角度出发，并运用系统的观点去考察各种社会现象。这一点体现在法律社会学中，则是将法律作为社会整体的一个系统，考虑它与跟它相互联系的其他各个系统之间的关系，如道德、风俗等其他社会规范，从而揭示法律对维系社会整体所具有的功能。同时，法律作为社会的一个子系统，在具体运作时，其各个组成部分是在与其他组成部分的相互作用中发挥功能的，所以其功能的发挥程度不仅与其自身运用的完善性有关，而且还取决于它与其他部分的协调程度。在法律社会学的研究中，结构主义方法论则主要被用来解释一系列法律现象，如法律规范的结构、法律制度的结构、法律文化的结构以及法律在社会生活

---

① 张烨．法律社会学的研究方法．商品与质量，2012（3）．

② 周尚君．论法律社会学的知识传统——以关键人物为线索．金陵法律评论，2010（1）．

中的运行结构等等。

由于社会结构本身的剧变，从20世纪70年代中期开始，法律社会学研究原有的基本范式开始动荡和改组，而新的替代性基本范式尚未确立，只是出现了许多中、小型的理论模型以及经验分析的成果。在20世纪末叶，对法律社会学研究影响较大的理论模式、思想流派以及知识体系和方法包括身体论意义上的现象学、符号论、解构主义、行为主义、交换理论、博弈论等等。其中以行为主义和现象学的兴起为代表，促使法律社会学的研究方法发生了一定的转变。行为主义反对把法律当作有效的规则或有约束力的律令，而认为法律是法官、检察官、警察和律师等各种法律主体的行为，强调"法存在于可以观察到的行为中，而非存在于规则中"。与此相联系的是，现象学学派也要求突出人的主观能动性，认为人是有意识的，如思想、感情和行为的意义、目的以及对于存在的认识，所以人不是机械地对外界刺激做出反应，因此法官、检察官、律师等法律职业，本身也应从人自身来寻找其行为的合法性，并对这一行为所包含的意义做出解释，而不应该仅仅依靠法律条文的规定进行判决和辩护等一系列与法律相关的活动。现象学方法论强调法律从业者自身对法律予以理解、体验并赋予意义后，将其转化为法律行为的内在意图、动机和目的。①

事实上，概括起来，我们可以看出，法律研究范式的转变是：从研究宏观的法律与社会关系以及法律运行规律等角度，转移到研究微观的法律活动的个体，包括法官群体内部的等级制度、法律活动主体与国家社会的关系等。法律社会学所理解的主体是一种"社会人"。这种法律的"社会人"的概念，意味着在制定法律或法律规范个体行为时，应该考虑到所有主体始终处于一定的社会之中，由该社会赋予身份、地位和角色，并受到社会期待和社会规范的制约。

这种法律社会学领域方法论的转变，在法学家和社会学家之间存在着显著的区别。一般而言，法律学者更倾向于以职业化的观点来观察法律现象，希望法律社会学的研究成果能够有利于提高立法和司法的客观性、效率，侧重于根据实践需要收集事实素材，对规则、决定、参与者的动机进行合理化解释，并往往站在角色体系以及功能主义的立场上来分析法与社会之间的相互关系和相互作用。而社会学家则倾向于在非常广阔的背景和非常多样化的脉络中把握法律现象的实质和表象，注重作为观察者对事实以及具体状况进行精确的记述、分析，以及对科学理论假说进行建构和实证。如从纯粹的社会学的角度来考察法律秩序的布莱克（Donald Black）的《法的行为》（1976）和霍贝尔（E. Adamson Hoebel）的《法人类学的基础理论》(1954)。②

然而，无论是侧重法律学还是社会学，无论是只研究与规范有关的边缘现象还是把规范本身也纳入研究的范围，我们都可以看到一种基本的趋势在扩张，这就是法律社会学在基本范式转变之际越来越明显地表现出这样的特征：强调互动关系和

① 科特威尔．法律社会学导论．北京：华夏出版社，1989：64.

② 张凌鹰．布莱克纯粹法社会学理论概要及其借鉴意义．经济研究导刊，2009（2）.

含义甚于强调制度和功能。法律的实施不再被理解为一种单行道的强制作用，而是被理解为一种双向行为的动态。在这个过程中，法律运作的主体和对象都不能完全孤立起来看待。即使强调个体的自由和能动性，也必须以一种能够与他者沟通的、具有强烈的责任感和自律精神的个体为现实性前提。即使强调法治和审判独立，也必须以民主化以及群众的承认和参加的程序要件为其正当性的前提条件。

在当代社会，对法律的信赖最终有赖于使用法律和服从法律的人的民主性同意。因此，强调人们的互动关系和相应的反馈过程的学术潮流应该有利于提高社会对法律的信赖，从而有利于增强法律制度的实效。但是，正如埃利希早就指出的那样，“活法”产生于社会的相互作用，通过互动达成合意的机制越强，非正式涌现的行为规范以及其他类型的规则也就越多，这就势必导致某种形态的立法竞争以及正式法与非正式法、明示规范与默示规范之间的紧张或者转化，给社会对法律的信赖不断投入新的变数。①

（二）法律社会学研究的基本方法

除了宏观理论层面的方法论以外，广义的社会学方法论概念还包括研究中具体采用的分析方法。目前法律社会学研究中使用的方法主要有角色分析法、组织分析法、规范分析法、制度分析法和比较分析法。

法律社会学的角色分析法所应用的研究对象主要是具有一定法律地位、履行一定法律职责的各类人员。在现代社会中，这些占有一定法律地位的人，凡是从事与法律相关活动的，都会扮演一个角色（如法官、陪审员、律师、立法者等），而每个法律角色都有社会和国家规定的模式或规范。对法律角色进行观察、分析和评价是法律社会学分析法律在社会中运行状态的重要线索。组织分析法是指对法律制度依靠的组织结构，如立法机关、司法机关、行政机关、强制执行机关及其职能进行分析考察。对法律组织进行分析，有助于从群体和组织层面了解现行法律规范的性质、法律规范的效力，认识各种法律组织结构与法律体系是否适应等，以便科学地配置或调整法律组织。法律社会学的规范分析法主要是把法律规范与其根本的价值以及作为法律规范客体的社会单位和其他的社会规范联系起来，分析法律在社会中的功能。制度分析法主要是将法律作为一项社会制度，观察在社会互动过程中法律和国家权力之间的关系。法律在调节社会矛盾的过程中，需要面对自身的社会适应性问题，同时也需要处理社会目标实现与国家利益之间的关系，以及法律运行的模式维护和如何实现法律强制力等问题。比较分析法是指对国与国之间不同法律制度和法律文化进行分类和比较，或对同一社会不同历史时期（阶段）的法律制度和法律文化进行比较分析。随着全球化趋势的加强，跨国交流对法律系统的发展也具有深刻的影响，大型国际组织的产生所导致的法律和社会问题，促使一种全球化的法律社会学正在形成。

在法律社会学的方法论方面，除了理论和具体的分析方法内部的分化以外，

---

①　季卫东．界定法社会学领域的三个标尺以及理论研究的新路径．法律评论，2005（10）．

理论研究和应用研究本身也存在矛盾和争议。这一矛盾以英国的法律社会学研究最为明显。从 20 世纪 60 年代后期开始，英国就存在被称作“社会-法律研究”的学派，这一学派主要采取多学科研究方法对审判过程、法律服务、法律改革以及案例分析等具体的法律问题进行大量的应用研究。然而，在英国，除了“社会-法律研究”这一分支外，法律社会学研究还有一支被称作“法律社会学”的流派，该派主要目的不是完善法律制度，而是谋求在社会结构中建立一种从理论上认识法律制度的理论。二者的区别在于，前者偏向于在现有社会制度框架内对具体问题进行经验性研究；而后者是一般社会学的一部分，旨在阐明法律秩序和社会秩序之间的关系，“把法系统放在社会结构当中来理解，以建构出一套理论性的解释”。后者比前者具有更为浓厚的理论兴趣。

概括起来，大多数社会学法学思想家更注重问题导向，根据问题综合采用历史的研究方法、逻辑的研究方法等。每个法学流派都有其关注的主要问题，社会学法学所关注的主要问题是法的“事实”或法的“实际”，它包括实际上的法、法的运行和实效、法与社会的实际联系三个方面。社会学法学家研究法律现象时，不是把目光对准立法机关制定的成文法，而是转向司法机关及其活动，甚至于转向社会的风俗习惯，转向各种非政府组织及其规章制度，转向法学家的科研活动及其成果，认为法律在本质上就是社会秩序。社会学法学家强调法与社会的关联，重视法的实现问题，即法的事实方面，具体包括两个方面：一是法律的实际运行问题，包括运行的过程及其规律、影响法律运行及其结果的各种因素等。二是法律在社会中的实际目的和效果。社会学法学家认为法扎根于社会，因而与社会有着密不可分的关系，特别强调法与社会利益的关系，法律就是为了协调各种利益的冲突，在增加社会利益的目的和前提下满足各种利益的要求。同时，社会学法学家强调法与文化观念之间的内在关系，认为必须在社会文化中研究法律。社会学法学研究的基本问题有其他法学流派不可替代的意义：它揭示和打开了“实在法”所隐藏的最根本的部分，能帮助我们克服认识上只重视成文法而轻视判例法、习惯法和学理法的片面性，纠正只重视法的制定而轻视法的施用的倾向，也能帮助我们纠正只重视对国外法律的研究而轻视对国情的深入调查研究的不良倾向。就法学研究而言，社会学法学打开了法学研究的一个新领域——民间法领域。①

第四节 当代法律社会学理论的法律解读

当代法律社会学理论的法律解读主要体现在二战以后欧洲和美国的法律社会

---

① 张明新．法律的社会学研究运动：思想、理论述评及其中国意义——西方法律思想史研究会第四届年会暨“法律与社会”学术研讨会综述．清华法律评论，2006（1）．

学家对传统社会学中的法律研究的反思，以及在此基础上对法律社会学思想进行的发展和批判上。当代法律社会学理论思潮在欧洲主要以福柯、哈贝马斯、卢曼等社会学家为代表，在美国则以布莱克等法律社会学家为代表，兴起了批判法律研究运动。当代法律社会学呈现出多元景象，正如荷尔摩斯在 1881 年《习惯法》中所强调的："如果你的研究题目是法律，那么，未来的方向命名是人类学、经济学、法理学、伦理学。朝着这个方向，你达到最后目的。"[①]当代法律社会学真正进入了这样一个多元主义研究取向的时代。然而，研究取向的多元化并不代表法律社会学内部是混乱而无序的，当代法律社会学理论对法律的解读主要有两个基本趋势：依照原有法律社会学理论的思想逻辑，对其进行进一步理论创新与深化；对原有的法律社会学理论进行批判，主张建立一种新的法律社会研究范式。[②]

【知识窗】

唐纳德·布莱克（Donald Black），美国行为主义法学派代表人物。布莱克在方法论上主张绝对的价值中立，企图建立纯粹的法律社会学。他批判当时的法律社会学研究混淆了科学与政策的区别，认为"科学的即纯粹的法社会学研究不涉及对法律政策的评价，而是将法律生活作为行为制度进行科学的分析"。这种分析最终将形成一种一般性的法律理论——预测、解释每一种法律行为的理论。

一、当代法律社会学家对传统法律社会学理论的认同

遵循法律社会学的传统，当代社会学家运用社会学的原理和方法，将法律作为社会问题进行实证分析和考察，据此研究社会的发展。而法学家则认为法律社会学这一思想流派是法学基础理论的组成部分，其所探讨的内容是法学基础理论中法的事实部分，与法学其他两个传统理论派别法哲学和专门法学并列。[③] 当代法律社会学普遍认为法律社会学研究的对象是法律问题，即研究的是法律与社会相互关系的内在规律，特别是研究法律实际运行的方式和运行条件的问题。有所不同的是，法学家对社会学的原理和方法的借用，在将社会学作为手段或工具的

---

① 及川伸．美国的法律社会学．国外社会科学文摘，1959（12）．

② 有学者列举了当代七种法律的社会理论（social theories of law）：帕森斯、卢曼和图依布纳等人的系统理论，哈贝马斯、布迪厄等人的法制化或司法化（juridification）理论，福柯的法律与规训理论，伦纳、帕舒卡尼斯、奎尼等人的新马克思主义理论，美国的批判法律研究，女权主义法律理论，吉尔兹、桑托斯、亨特等人的法律多元主义。还有学者从方法论上把法律社会学的理论倾向归纳为四对——实证主义与规范主义、形式主义与反形式主义、个人主义与共同体主义、一致与共识，并主张在语言的背景下，围绕法律制度和法律学说，把这八种理论倾向在当代综合起来。

③ 沈宗灵．塞尔兹尼克的法律社会学．中外法学，1990（3）．

同时，也对社会问题进行研究。① 但对社会问题的研究不是它的最终目的，其最终目的是解决整个法律运行的问题，通过解决这个问题使法律产生最佳社会效果，因此，对社会问题的研究仅仅是手段，这一点以埃利希和庞德为代表。此外，法律社会学在方法论上，既包含理论研究，也包括实证研究。针对研究方法的差异，当代法律社会学内部也出现了很多的争论。本节主要从社会中的法、法律与社会的互动关系以及社会中的法与法律社会互动关系并重的存在状态三个方面②，分别阐述当代法律社会学家对法律的解读状况。

福柯是法国著名哲学家、历史学家和思想家，针对法律的强制性和惩罚作用，他在《规训与惩罚》一书中分析了社会惩罚的变革与社会转型问题，并揭示了其中的权力策略或权力技术学。他区分了三种惩罚模式：中世纪末以来作为公共景观的酷刑模式，古典时期注重程序的、人性化的惩罚模式，现代社会类似全景监狱的监视模式。根据这三种惩罚模式产生的过程，福柯分析了其背后蕴含的三种权力形式：君主权力、法律权力、规训权力或社会权力。在第一种模式下，君主权力凌驾于法律之上；在第二种模式下，法律具有至上地位；在第三种模式下，"虽然现代社会的法律至上似乎划定了权力行使的界限，但是广泛流传的全景敞视主义使它在法律层面下运转一种既宏大又细密的机制，从而维持、强化和扩大权力的不对称，破坏以法律为中心所划定的界限"③。

福柯的思想体系表明现代法律的正当性来源已经不能仅仅从国家、制度、规范、权力中寻找。真正的现代化需要从社会和人性中寻找制度渊源。学术和思想者应当替代国家和制度，寻找更接近人类生活深层的和易于理解的思想力。福柯认为科学进步、法律理性和个人权利的增长所显示的并非人的自由与解放，而是社会的权力与控制的日益增强。以刑法而言，由秘密审判转变为公开审判，以及凌迟等肉刑的废除，看似进步，体现了对人权的保障，实际上则是从身体的惩罚转变为对心灵及行为的矫正。

卢曼是一位在欧美具有广泛影响的德国社会学家。卢曼对法律的讨论主要集中在《法的社会学理论》和《作为一种社会系统的法律》两本书中。他认为法是"依赖于规范行为预期的一般化的社会系统的结构"，是社会存在的条件之一。一切社会生活都是直接或间接地由法形成的，法最基本的功能在于为社会成员提供行为预期。随着社会复杂程度的加深，法会相应发生改变。卢曼划分了三种法律类型：古代法、前现代高度文明的法（法律家法）、实证法（立法/制定法）。④

卢曼的理论最初受系统论影响很大。从 20 世纪 80 年代开始，他逐渐从帕森斯的结构功能主义转向认知生物学和控制论的理论模式，进入了人文学科的"自我塑成"转向中。卢曼认为，后现代社会的法律如活的生命体一样，是"自我塑

① 杜万华．法律社会学学科性质简论．现代法学，1990（6）．

② 李瑜青，张剑．2010 年法律社会学研究报告．华东理工大学学报（社会科学版），2011（5）．

③ 福柯．规训与惩罚．北京：三联书店，2007：52．

④ 卢曼．生态沟通：现代社会能应对生态危害吗？．台北：桂冠图书公司，2001：54．

成”的。一方面，在规范上法律是循环封闭的，法律的各个组成部分之间通过自己的交流媒介和术语完成自身再生产，不与环境发生交流。法律对政治、经济、文化和自然环境的理解以其法律意义为基础。另一方面，法律对环境又是开放的，这意味着“法律在各方面都得适应环境”，法律系统会按照环境的需要和要求重新解释自身，调整内部程序安排，以对环境做出适应，就像一个活的生物体一样。[①] 卢曼认为，后工业社会（后现代社会）就是一个由“自我塑成”的法替代了现代社会中的实证法的社会。这一社会尤其表现在法律可以依实际情况随时修改。

哈贝马斯是法兰克福学派的第二代领军人物，他的法律与社会理论主要集中在《交往行为理论》和《在事实与规范之间：关于法律和民主法治国的商谈理论》两本书当中。法律与道德的分离促使系统和生活世界分化，道德日渐内化到个人行为中。社会系统的调制机制日渐脱离道德、宗教和家庭等生活领域的约束而具有自主性和独立性。经济系统和政治系统分别由私法和公法进行管理并脱离生活世界而独立运转。

【知识窗】

法兰克福学派是当代西方的一种社会哲学流派，也是“西方马克思主义”的一个流派，创建于1923年，由法兰克福社会研究所的领导成员在20世纪30—40年代初发展起来，以批判的社会理论著称。其社会政治观点集中反映在M. 霍克海默、T. W. 阿多诺、H. 马尔库塞、J. 哈贝马斯等人的著作中。该学派的理论来源主要是马克思关于分析批判资本主义的理论，更是“西方马克思主义”卢卡奇等人的理论的直接继承者；同时，还受到了黑格尔、康德、弗洛伊德的理论和浪漫主义等众多西方哲学思潮的影响。

同时，20世纪60—70年代以来，西方的马克思主义法律社会学研究逐渐分化瓦解出两个主要视角（哈贝马斯也属于新马克思主义学派的代表），即工具性马克思主义与结构性马克思主义。两者的一个根本分歧在于对法律与统治阶级意志的独立性的不同认识。工具性马克思主义认为，资本主义社会的法律完全是国家与统治阶级用来维持现存的社会经济秩序并试图将其永久化的工具。[②] 法律所制裁的对象只是那些没有权力的人，而控制着国家权力的人却不会受到法律的控制。法律秩序只是现存经济结构的反映，不存在独立于政治秩序与统治阶级意志的独立性。结构性马克思主义则认为，法律具有相对的独立性。统治阶级本身也要受到法律的约束，而并不能随意地改变法律。国家是一个“资本家本身也必须

---

① 黄勇．中国法社会学研究现状与后现代转向．理论界，2010（1）．

② Quinney R. Critique of legal order. Boston：Little Brown，1974：16.

对之加以服从的结构，但正是由于这种服从，这一结构却具有巩固他们阶级利益的功能”①。这两种对马克思法律思想的不同解读至今仍是马克思主义法律社会学中存在争议的重要理论问题。

二、当代法律社会学家对传统法律社会学理论的批判和发展

20 世纪 70 年代，法律社会学的研究中心从欧洲转向美国，以批判法律研究运动为代表。这一运动源于美国 20 世纪 70 年代末兴起的一股批判美国乃至整个西方传统的左翼思潮，主要代表人物有布莱克、昂格尔、肯尼迪、楚贝克、图什内特等，并形成了多个理论流派，如法律科学主义、法律规范主义、法律现实主义等。法律社会学的这一发展，丰富了其理论内涵，呈现出多元化的发展趋势。批判的法律社会学是以威斯康星大学的法学家为中心发展起来的。1977 年春天，批判法律研究第一次会议在威斯康星大学召开。此次会议将一批致力于批判地探讨社会中的法律的学者联结在一起，标志着批判法律研究运动正式开始。批判法学很快成为 20 世纪 80 年代美国法学界的主潮。随之而起的女性主义法学、批判种族法学、法律与文学运动、波斯纳的新实用主义法学等等，都深受后现代思想家德里达、福柯、罗蒂等人的解构主义思想的影响，“批判”与“解构”是这一时期西方法律社会学的主旋律。

（一）法律科学主义（纯粹法律社会学派）

纯粹法律社会学派以布莱克为代表，20 世纪 70—80 年代，该派与伯克利学派围绕法律社会学研究中的价值问题展开了一场大论战，大大推动了法律社会学研究的发展与深化。该学派的研究重点主要在法的科学性上——把法理解为随社会变化而变化的函数。同时，该派又将这个函数发展到法律行为领域，并让科学主义融贯法律社会学始终。布莱克认为，法律社会学可以在性质上和方法上成为真正的科学，即具有客观性、确定性和可验证性。因此“法律社会学的研究目的是寻找一种普遍适用的理论，它能预测和解释各种法律行为”②。这一学派又被称为“科学主义”。科学主义是“一种在理解和评价科学技术的社会作用时，将其发挥作用的形式简化，同时将其作用本身绝对化的理论体系”③。

（二）法律规范主义

与纯粹法律社会学派相对应的是法律社会学的规范主义学派，这一理论学派以伯克利的社会学家为中心，代表人物是塞尔兹尼克和诺尼特（Philippe Nonet）。规范主义者认为法律应以价值和理想为基础，法律调整的不是人身，而是

---

① Balbus I D. The dialectics of legal repression. New York：Russell Sage，1977：12 - 17.

② 布莱克．社会学视野中的司法．北京：法律出版社，2002：2.

③ 梁树发．“科学技术是第一生产力”与科技决定论辨析．思想理论教育导刊，2003（3）.

人的行为，“规范性的研究是在事实和价值的鸿沟中架设桥梁的方法之一”①。他们还以法治为基础，说明了社会的组织原理和结构，并进而在法律之外发现能够解决有关法律秩序各种问题的方式和方法。他们认为，规则和秩序是一切社会生活的基本要求，法律是调整人的行为的最具权威性的规范体系。在法的本体论上，规范主义者认为法有出自国家的规范以及国家制定和认可的规范两种形式。塞尔兹尼克认为：“法律社会学者所致力在做的和社会法学者（法学家出身的法律社会学家）不同，他们所关心的并不是法律专业、法律的改造，而是要延伸对于社会秩序的脉络与法律之间关系的知识与理解。”②

针对这种科学主义和规范主义存在着很明确的对峙和分歧，法律社会学的科学主义的法学家们试图用科学性来取代传统法学研究当中的教条主义，而规范主义的社会学家们则试图把社会学方法贯通到法律的规范性分析中。两种视野是对立的，但法律社会学的发展趋势必将使二者相互融合、相互内化。③

（三）法律现实主义

美国现实主义法学家继承社会学法学强调法律的社会效果的传统，以实用主义为主要哲学基础，强调研究“行动中的法”，而不是“书本上的法”和国家制定法规则，从而使“活法”思想得以进一步发展和细化。“现实主义”是对“形式主义”（formalism）的反动。对现实主义法学的支持和对形式主义法学的反对在20世纪20年代末期得到大力发展。到20世纪30年代，美国现实主义法律社会学日益超过庞德的社会学法学而成为美国法律社会学的主流势头，其中以哥伦比亚大学法学院教授卢维林和耶鲁大学法学院教授弗兰克（Jerome Frank）为代表。1930年，弗兰克出版《法律与现代精神》，卢维林发表《布满荆棘的丛林：我们的法律及其研究》，标志着现实主义法学黄金时代的到来。这一学派主要集中在耶鲁大学法学院和芝加哥大学法学院。芝加哥大学从事大规模的实证研究工作。现实主义者最直接的贡献就是使一批对当今法律社会学研究有兴趣的法律学教授社会化。④

重要概念

“活法”理论包含了国家法和分析法学派的规则法概念。它将国家法在“活法”系统中边缘化，但并没有忽视国家法的作用。相反，在一定意义上，它在与国家法的二元对立统一中强调了国家法的存在。在微观层次上，它主要表现为对法律行为的分析、对纠纷处理的角色分析、对社区交际的网络分析、对法官和当事人的心理分析等；在宏观层次上则主要表现为目标-效果分析、结构-功能分析、均衡-变动分析、系统-环境分析等。

---

① 张乃根．当代西方法社会学中的方法论之争及其启示//李盾．法律社会学．北京：法律出版社，1999：118.

② 坎培尔，威尔斯．社会中的法律研究//埃文．法律社会学．台北：五南图书出版公司，1996：28-29.

③ 王勇．法律社会学及其中国研究进路的初步思考——一般理论与本土问题的知识建构．法治与社会发展，2007（2）.

④ 斯科尔尼克，陈文藻，周子亚．美国法律社会学的概况和发展趋势．现代外国哲学社会科学文摘，1966（1）.

这一学派吸纳了自然法学派对法的道德要素和价值的关注，同时也借鉴“活法”理论对法律和社会之间的关系进行分析。

批判法律社会学的发展解构了现代法治的形式理性，把问题回归到法哲学的传统课题——实质正义。它试图通过批判，摆脱现代社会固守的理性法治理念，建构一种以实质正义为基础的改革行为模式。这与日益兴起的全球化法律社会学以及传统法律社会学相结合，使得法律社会学内部呈现出一种多元化的趋势。当代法律社会学不仅存在试图将各种研究方法整合起来的综合法学，也有从法律社会学分化出来向现实主义和社会学回归的经济法学，更有法律与社会科学、法律与科学的转向，尤其是法律与社会生物学的交叉研究。①

第五节
对当代法律社会学理论的评论与反思

迄今为止，学界对法律社会学的认识还不能避免探讨法律社会学与社会学、法律社会学与法学以及社会学与法学的关系。尽管在欧洲，绝大部分法律社会学家认为法律社会学本身是与法学和社会学处于同一学科地位的独立学科，然而，当我们对法律社会学思想的发展史进行反思时，就不难发现，法律社会学理论尽管近年来发展速度很快，理论内涵也很丰富，然而它要成为一门独立的学科，所需要的不仅仅是来自社会学和法学的理论基础，还有自身独特的研究范式和完整的理论框架。正如有学者说：“事实上，法社会学在它发展的现阶段还是极其松散而凌乱的，并没有一个坚实的理论框架。”② 因此，本节主要集中于对法律社会学的基本概念和理论框架以及研究方法做批判性的反思与讨论。

一、对法律社会学概念的辨析

对于法律社会学这一名称，不同的学者有不同的学术偏好，如社会学法理学、社会法学、法律与社会学等。然而作为理论学派，学科称谓的差异并不是研究重点，真正值得注意的是不同定义的内涵，以及相关的研究内容和研究对象。我们通过整合不同学科的法律研究，认为完整意义上的法律社会学研究应当包括三个方面的内容：第一，对法的必然性的研究，即揭示法产生、发展和未来走向的一般规律、条件、过程和途径；第二，对法的应然性的研究，即主要研究法的价值，揭示出法的价值取向、价值目标、评判法的价值标准，为改

---

① 张善根．法社会学理论资源的梳理与研究．上海：上海师范大学，2005.

② 科特威尔．法律社会学导论．北京：华夏出版社，1989：9.

革和完善法律制度提供指导原则和理想模式；第三，对法的实然性的研究，即揭示法的实际运行、实际作用和实际效果。[①] 与之相反的是，相当多的学者认为法律社会学理论的贡献和认知兴趣一般只在于第三个方面，即将社会学的分析框架和理论工具引进法学领域，在社会中研究法律，并通过法律研究社会，强调法律的社会作用和效果。相比于法学内部的自然法学派和分析法学派，这种强调法律的实然性研究，而忽视法律的必然性和应然性研究的做法受到了广泛的批评。

针对这种局面，为了建立起一个完整的法律社会学体系，当下法律社会学家主要从两个角度进行反思：第一，从法律社会学发展史的角度来追溯其学术传统，并关注法律社会学学术共同体在不同时期的问题意识；第二，从方法论、本体论、法律文化等视角来构建法律社会学的基本体系。[②] 当然，不同国家的法律社会学家对这两个领域的批判和反思也各有不同，这为开辟法律社会学比较研究的道路提供了可能。尤其是以美国和法国的法律研究为例，绝大多数比较法研究的文献对美国和法国法系以及法律社会学的差异提供了多种假设。[③] 总体来说，国家不同，司法传统不同，法学和社会科学之间关系的转变也不同。在理解这种区别时，应当考虑到与社会文化背景相联系的不同前提，其中司法领域在 20 世纪重构的方式以及法律研究与国家理论之间的关系最为重要。以美国和法国为例，在两国不同的法系和社会文化背景下，法律社会学的理论发展以及这一理论与社会科学之间的关系也有很大不同。[④] 法律社会学的研究对象是：通过各种社会现实问题来研究法律的实行、功能和效果。部分学者通过现实社会问题来研究部门法，不是出于社会学的动机和目的，而是以法学为主导。法律社会学与其不同的是通过对现实社会问题的研究，进而研究刑法、行政法、家庭婚姻法、劳动法等各部门法的实行，并且还要研究法律以外的社会、经济、政治、伦理、教育等一系列问题。[⑤] 社会学理论的发展和深化，为法学提供了发展和深化的可能性。

正如坎培尔和威尔斯所指出的："在法律与社会的关系上，法律社会学的研究采取的立场是如何从法律研究中发现社会秩序的本质。在对法律与既存法系统的探讨中，他们真正的目的不在于改善法系统，而是把法系统放在社会结构当中来理解，以建构出一套理论性的解释。他们不假设法律、法学命题、法定义等应该是什么，也不接受它们既有的样子，而是去质疑、探讨它们的起源与社会的关系，以及目的。""法律社会学者所致力在做的和社会法学者不同，他们所关心的

---

① 张善根．法社会学理论资源的梳理与研究．上海：上海师范大学，2005.

② 李瑜青，张剑．2010 年法律社会学研究报告．华东理工大学学报（社会科学版），2011（5）．

③ Villegas M G. Comparative sociology of law：legal fields，legal scholarships，and social sciences in Europe and the United States. Law and social inquiry，2006，31：2.

④ Villegas M G. Chamo juridique et sciences sociales en France et aux Etats-Unis. L'Année sociologique，2009，59：1.

⑤ 沈宗灵．法律社会学的几个基本理论问题．法学杂志，1988（1）.

并不是法律专业、法律的改造，而是要延伸对于社会秩序的脉络与法律之间关系的知识与理解。法律社会学的一般理论来自对法律与社会的双向关系的解释。"[①]

二、方法论上的反思

正如大家所熟悉的，法律社会学采用社会学的研究方法，将法律作为一种社会事实进行研究，这一研究方法的借用，在获得学术进步的同时也广受批评。自从法律现实主义对事实认识的不确实性和法律解释的主观性提出质疑后，受社会学的影响，法律社会学出现了经验性的调查和实证分析，例如探讨法官的出身阶层、生活经历、人格个性、政治态度、宗教信仰、性别、年龄与判决意见之间的相关性或者因果联系的法官社会学，量刑研究，陪审研究，以及检测政治因素对判决的影响的司法行动论。因此，与此相关的法律社会学研究的任务发生了一定的转变，法律行动者内部的各种复杂的互动、与此相应的社会关系的重组和法律实际运作的政治化机制都成为法律社会学研究的对象。[②] 因此，法律社会学呈现出一种从宏大理论框架到微观法律行动者的互动多个层次的理论研究面向。这一研究的出发点和落脚点都在于避免主观性和价值判断，维持法律及法律审判的客观性和中立性。

围绕着"活法"理论，法律社会学不仅在应用研究领域研究对象的选择上更加深入和多元化，在理论研究领域也发展出了以"活法"观点和方法为基础的多个分支流派。法律不再只是调解纠纷的规则和技术，而是有意识地进行社会控制的一种制度和工具，法与国家的关系转向法与社会的关系，从只见"国家法""规则法"转向更见非国家法和非规则类法。[③] 正式法与非正式法之间的相互作用日益活跃，这种中立第三者的客观性视点被相对化，甚至被否定，取而代之的是"主体间性"（intersubjectivity）的视点，是哈贝马斯构思的那种所有参与者之间的交涉、争议、沟通、论证以及合意形成。法官必须充分意识到费斯（Owen M. Fiss）教授所说的"解释共同体"（interpretive community）的存在，必须在反复考虑同僚或同行的期待、反应以及批判的状态下书写判决。

集中来看，学者对法律社会学研究方法的批评也主要聚焦在法律社会学内部的应用研究与定量研究方面。法律社会学是应用社会学的体现，数据支持和统计技术为法律社会学研究法律在社会规范中的运用提供了良好的条件。通过反思这种数据手段、分析手段在法律社会学中的应用，许多法学家对其经验研究的有效性进行了质疑[④]，他们认为这种研究片面强调法律在社会中的应用，脱离抽象的

---

① 坎培尔，威尔斯．社会中的法律研究//埃文．法律社会学．台北：五南图书出版公司，1996：28－29.

② 季卫东．界定法社会学领域的三个标尺以及理论研究的新路径．法律评论，2005（10）.

③ 王蓓．法律社会学"活法"理论评析．兰州大学学报（社会科学版），2004（5）.

④ Melot R，Pélisse J. Prendre la mesure du droit：enjeux de l'observation statistique pour la sociologie juridique. Droit et société，2008，2：69－70.

法典体系，缺乏严密的逻辑论证。除了法律社会学中传统社会学的研究方法受到质疑以外，由于社会学本身在方法论上存在着多个理论流派，不同的流派之间对法律社会学的影响也有所不同，因此在法律社会学对社会学研究方法的借用过程中，社会学理论流派内部的争论也一并被借用到法律社会学中。如符号互动理论与功能主义在法律社会学中的整合，以肯尼斯·博克的理论为代表，其认为法律是一种致力于规范社会的符号行动的形式。[①]法律作为一种符号系统，它的运作和结构与其背后的象征意义紧密相连。[②] 然而，法律的功能在于调节各方面的人际关系，国家不能预先制定一部法律来应对和解决层出不穷、变化多端的社会问题，因此法律本身必不是单纯的一部规则。[③] 法律的功能也随之不断改变，与此对应的法律社会学也面临着不断的发展与重构。

由于社会学的实证主义和应用性特征，法律社会学在借用其方法论后，研究领域日益拓展，覆盖了从家庭法到刑法，从城市管理到司法转型的各个方面。同时法律和社会的关系、多元化法律的出现等表明，法律社会学本身也正在经历一个转型，在研究方法上也从传统的韦伯、涂尔干以及埃利希等人的理论转变为一种跨学科和交叉学科的理论背景，更加重视比较研究和跨国研究的影响，尤其以“法与社会”运动的兴起为代表。这一运动的初衷在于将法学与社会学、政治学、经济学、人类学等其他社会科学结合起来，以矫正以往法律专业者对法律狭隘的、教条化的理解。1964 年 11 月成立的美国“法与社会协会 ”（Law and Society Association）标志着这个运动的制度化。“法与社会”运动一度成为美国法学界最有影响的法学思潮。但由于受行为主义以及现实主义和心理学行为主义的影响较大，美国的“法与社会”运动过于注重问卷、资料统计、法官行为调查和心理测验等社会学技术，以弗兰克、卢维林、摩尔、奥利芬以及布莱克等人为代表，法律社会学研究课题过多集中在具体法律问题上，忽视了对法律基本理论的研究，有些人甚至把法律社会学简化为统计和整理资料。因而到 20 世纪 70 年代后期，一些学者便与该运动分道扬镳，法与社会研究趋于衰退。“法与社会”运动的调查过程过于繁杂，各种理论交叉杂糅，导致法律社会学脱离了自身的传统研究范式。因此，这一发展在某些法律社会学家眼里，是法学对社会学方法的过度借用和阐释，他们认为这一趋势使法律社会学处在危机中，有必要发展出一种新的理论体系抑制这种趋势。[④]

根据 20 世纪 70 年代初期的统计，美国的法律社会学研究者中，法律科班出身的人数占总人数的 39%，而社会学专业出身的比例是 60%。但是其他国家法

---

① 吴丽娟．试述西方法社会学“活法”理论的两种观点．广播电视大学学报（哲学社会科学版），2006（1）．

② Meisenhelder T. Law as symbolic action：Kenneth Burke's sociology of law. False symbolic interaction，1981，4：1.

③ 滂恩．法学肄言．上海：商务印书馆，1928．“滂恩”现译作“庞德”。

④ Zumbansen P. Law's knowledge and law's effectiveness：reflections from legal sociology and legal theory false. CLPE research raper，2009：11.

律社会学研究者的构成则颠倒过来，法律学者占52%，社会学者占29%。目前，美国和其他国家的法律社会学研究者仍然维持这一构成。因此，美国的法律社会学与欧洲、日本的法律社会学在整体风格上的确表现出明显的差异，前者的主流是“关于法律学的社会学”，美国之外的学界主流则接近“基于社会学的法律学”，如日本川岛武宜的市民社会实用法学理论以及意大利卡培勒迪（Mauro Cappelletti）关于审判和纠纷处理的比较研究。①

针对这种研究方法过度技术化的法律社会学理论，20世纪80年代美国的批判性法学研究进行了深入而广泛的批驳，除对具体的研究方法进行质疑外，还对其方法论提出了质疑。在法律社会学内部，法律的概念受到规范主义和经验主义的限制。传统法学的规范主义要求法律研究遵守一定的道德判断，而社会学研究的经验主义要求法律研究保持价值中立的态度，这使得法律社会学与传统法学之间矛盾进一步激化。一方面，法学家和社会学家之间的思想分歧使这一理论流派的分化局面恶化；另一方面，实证主义的倾向和法学规范主义反过来也对法律社会学家内部的思想发展产生巨大影响。法律社会学包含严格的经验研究和严格的自主性，跨学科的交流是很有必要的。②

随之而起的女性主义法学、批判种族法学、法律与文学运动、波斯纳的新实用主义法学等试图弥合法律社会学内部的这一学术缝隙。这些理论流派试图用后现代主义解构法律社会学中的规范主义和经验主义的研究范式，从而消除后两者之间的矛盾。以布迪厄的法律社会学思想为代表，布迪厄不仅从方法论角度特别关注法律研究的价值中立问题，试图以一种纯粹社会学的价值无涉的立场对法律进行研究，同时也对司法本身的独立性问题做了大量的阐述，认为法律掩盖了统治机制的权力关系和符号暴力，这一法律权力（la force du droit）也源自这一领域从业者对法律运用的专业能力。③

我国台湾学者洪镰德先生曾将后现代主义法学思潮的批判性概括为两个核心：一是非难自文艺复兴时期以来的法律中心论，认为法律无法成为社会的基本组织原则，不再是理性与文明的具体表现；二是批判法律认识论，即否认哲学可以为法律言说（话语）提供认识论上的保证。这种对法律社会学的后现代解构和建构已经超出了传统的法律社会学研究，是在一种新的语法和语境下的话语实践形式。批判法律社会学与现实主义法学有一定的相关性，都相信法律与政治在事实上不能分开，前者在一定程度上可以视为后者的延续。但批判法律研究运动旨在对西方近代以来的自由主义法律制度和思想进行全面批判，它无论在思想的深

① 季卫东．界定法社会学领域的三个标尺以及理论研究的新路径．法律评论，2005（10）．

② International Sociological Association，Research Committee on Sociology of Law. Institut de Sociologie de l'Université Libre de Bruxelles，Centre de Sociologie du Droit de la Justice. — Sociologie du droit de la justice，sous la direction de Séverin—Carlos Versèle（Actes du Colloque international de Bruxelles，9－12 April 1969）. Bruxelles：Revue internationale de droit comparé，1973，25，3：761－763. Editions de l'Institut de sociologie.

③ Roussel V. Le Droit et Ses Formes? léments De Discussion De la sociologie de Pierre BOURDIEU. Droit et société，2004，1：56－57.

度上还是广度上都超越了现实主义法学，它其实是后现代思潮在法律领域的集中体现。①

通过上述分析，我们可以看出法律社会学思想中理论流派的争论实质上是法律和社会学之间的争论。法律和社会学在法律社会学中的关系，正如有学者所指出的，如同一对龙凤胎，同时降临到学术世界，谁也不能超越谁。但在一定程度上，社会学却受到法律的威胁。一方面，广义的法律中所包含的国家法概念，揭示了权力话语的运作过程。另一方面，法律社会学因其源起是法学家借用社会学的方法进行研究，后来的社会学家想要进入法律社会学领域，便面临话语权争夺的困难。法律共同体内部的法律社会学很少能容忍社会学家的介入。这种学科之间的竞争也促使法学家、社会学家以及历史学家对法律本质和社会规范进行思考和反思。②

尽管法律社会学近年来发展很快，但由于在法律社会学的研究对象和研究方法上存在以上争论，很多法学家和社会学家认为，建构一种真正意义上的独立的法律社会学还需要很长的时间。甚至有学者认为，尽管法律社会学在不断发展，但很多的法律研究仍然没有将法律作为一种社会现象，没有将其与现实社会相联系进行研究。我们应当尝试整合法学和社会学，分析社会-国家-法律之间的关系，这不仅有助于解释法律世界“小社会大国家大法律”的局面，也有利于法治的进一步发展和完善。③ 同时，我们还应考虑到与法律社会学同源的法律史的研究。以法国为例，在社会科学，特别是社会学内部，目前还没有一个理论流派真正致力于法律史研究。然而法律史研究从 19 世纪中叶就已兴起，我们应当继续发展这一研究，从思想源头上为法律社会学找到自身的学科位置。④

◎思考题

1. 简析法律社会学和社会学法学的异同。
2. 什么是“活法”？什么是“行动中的法”？
3. 法律社会学研究的基本方法有哪些？
4. 简析法律社会学的三个发展阶段。
5. 法学与社会学的整合是否能重塑或改变社会-国家-法律三者之间的关系？在当代中国，社会-国家-法律三者呈现什么局面？

---

① 王勇．法律社会学及其中国研究进路的初步思考——一般理论与本土问题的知识建构．法治与社会发展，2007（2）．

② Soubiran-Paillet F. Quelles voix (es) pour la recherche en sociologie du droit en France aujourd'hui? . Genèses presse，1994：142 - 153.

③ Izdebski H. Le rôle du droit dans les sociétés contemporaines：essai d'une approche sociologique du droit comparé. Revue internationale de droit comparé，1988，40，3：563 - 582.

④ Soubiran-Paillet F. Histoire du droit et sociologie：interrogations sur un vide Disciplinaire. Genèses press，1997：141 - 163.

◎阅读书目

1. 涂尔干．社会分工论．北京：三联书店，2000.

2. 高鸿钧，马剑银．社会理论之法：解读与评析．北京：清华大学出版社，2006.

3. 韦伯．经济与社会．北京：商务印书馆，1978.

4. 韦伯．论经济与社会中的法律．北京：中国大百科全书出版社，1998.

5. 科特威尔．法律社会学导论．北京：华夏出版社，1989.

6. 孙文恺．社会学法学．北京：法律出版社，2005.

7. 朱景文．法社会学．北京：中国人民大学出版社，2005.

8. 福柯．规训与惩罚．北京：三联书店，2007.

9. 布莱克．社会学视野中的司法．北京：法律出版社，2002.

第五章

传媒社会学理论及其当代发展

【本章要点】

- 传媒社会学是从社会学与传媒学的交叉领域延伸出来的新兴边缘学科，又称“传播社会学”“媒介社会学”等，是从社会学视角去研究传媒及其作用的学科。
- 传媒社会学的研究就是指研究者通过对传播活动与社会互动关系的某一主题进行系统的调查，在此基础上寻求解决办法的过程。
- 对传媒社会学影响较大的有两大社会学理论来源，一是主要来自欧洲的批判、思辨式的法兰克福学派，二是主要源于美国的实证和理论性的社会学研究。
- 传媒与经济和文化发展息息相关。
- 传媒社会学可以提供与传统社会学和经济学不同的角度去观察与解释社会中的经济、文化现象，丰富人们对社会与自身的了解。

【关键概念】

传媒社会学◇研究方法◇理论流派◇法兰克福学派◇芝加哥学派◇“守门人”理论◇传统学派◇批判学派◇发展学派

在当今世界，媒体与传播（media and communications）已成为社会科学的重要研究领域，尤其从20世纪60年代后期开始，社会科学家们就大众传媒对西方社会及其文化的各个方面所产生的影响做了较为详尽的研究和阐述。[①] 著名传媒社会学家施拉姆（Wilbur Schramm）就曾写道："我们是传播的动物，传播渗透到我们所做的一切事情中，它是形成人类关系的材料。它是流经人类全部历史的河流，不断延伸我们的感觉和我们的信息渠道。"[②] 作为传媒学和社会学的一个交叉学科，传媒社会学还是一门非常年轻的学科，其孕育和发展仍是与传媒学的兴起和成熟过程重叠的，并融合了传媒学和社会学的理论、方法与视角。随着现代传媒技术的不断变革、大众传媒的发展，传媒社会学理论也发展迅速，各种理论流派四起，为传媒社会学的学科建制做出了巨大贡献。

第一节 传媒社会学的发展脉络与理论渊源

传媒社会学是从社会学与传媒学的交叉领域延伸出来的新兴边缘学科，又称"传播社会学""媒介社会学"等，是从社会学视角去研究传媒及其作用的学科。传媒社会学，无论是作为社会学的一门分支学科，还是作为社会学和传媒学的交叉学科，我们在探究其理论渊源与发展脉络的同时，都势必会沿着社会学和传媒学的发展路径。"社会学"作为一门独立的学科，是孔德于1838年开创的，至今已有180多年的历史。而传媒学起步较晚，它作为一门科学研究，产生于科学技术高度发达、传播活动空前频繁的20世纪。

19世纪末20世纪初至20世纪30年代，是传媒学研究的第一个阶段。[③] 传媒学的兴起与形成，有着一定的社会和学科基础及需要。首先，20世纪初工业化大生产使资本主义生产活动和范围大大延伸，国内产业开始走向国际市场，走向跨国经营，因而对信息的要求就更高。其次，19世纪已经形成的报业，新兴的电影、广播、电视等新媒介，逐步形成了独立的产业——传播业，这给社会带来了强烈的冲击。到20世纪初，传媒学的母体学科如社会学、心理学、语言学等已经日趋成熟，传媒学从这些学科中汲取营养。了解了社会学、传媒学出现的时间次序，我们可以在此探讨社会学、传媒学、传媒社会学之间的关系。从学科基础来看，社会学作为母体之一，和许多其他学科一起，共同孕育了传媒学，社

---

① 王文棣．大众传媒与西部农村现代化——传媒社会学在甘肃农村的个案研究．兰州：西北师范大学，2003.

② 施拉姆．传媒学概论．北京：新华出版社，1984：20.

③ 英国学者丹尼斯·麦奎尔（Denis McQuail）和戴维·巴特勒（David Butler）将传播媒介的研究分为三个阶段。关于媒介研究三个阶段的说法，麦奎尔在其与斯文·温德尔合著的《大众传播模式论》中有简略描述，巴特勒在《媒介社会学》中对麦奎尔的说法做了明确阐述。

会学是传媒学的“哺育者”。传媒学自孕育形成起，融合了许多学科的思维与方法，并逐渐发展出独立的概念体系、研究框架。但是，在传媒学的发展过程中，社会学母体对它的影响一直存在，“哺育”的过程从未中断；与此同时，它从其他学科吸收来的营养以及它自身的学科特色也“反哺”了社会学。研究大众传播的先驱们很多是社会学家，他们把大众传播当作一个社会现象来研究，从社会学的视角来透视大众传播与社会的关系。

20 世纪 40 年代至 60 年代，随着大众传播的进一步繁荣，传媒学逐渐成为独立的研究领域和学科，各种传媒学的理论被提出来，最早进入这一领域的学者们大多来自社会学或者社会心理学领域。随着传媒学理论的丰富、理论框架的确立，随着大众传媒社会学研究对象的渐趋明确、研究内容和范围的逐步拓展，传媒社会学最终得以确立，成为一门独立的学科，这以一系列以传媒社会学为本体的研究著述的出版为标志。1969 年，英国学者丹尼斯・麦奎尔发表了著作《走向大众传播社会学》，1972 年其主编的《大众传播社会学》问世，标志着传媒社会学学科建制的形成。美国作为传媒学的发源地，也是传媒社会学兴起较早的国家之一。1962 年，罗杰斯发表著作《创新扩散》。1986 年，鲍尔-洛基奇等人主编的《媒介、受众与社会结构》问世。在法国，1969 年，卡森奈的论著《广播电视社会学》出版。

20 世纪 60 年代后期以来，传媒社会学已在世界范围内得到传播和发展。1979 年，日本著名传媒学者竹内郁郎主编了《大众传播社会学》，中国台湾学者杨孝溁编著了《传播社会学》。我国大陆的传媒社会学起步较晚，初期多以介绍西方相关理论和研究成果为主。

一、传媒社会学的社会学理论渊源

（一）古典社会学中的传播思想

约翰・瑞安（John W. Ryan）与威廉・文特沃斯（William M. Wentworth）在《媒体与社会：大众传媒文化中的产物》一书中，对 20 世纪以前社会学中的传媒思想做了详细的阐述。这本书概括了经典社会学时期的社会学三大理论家——马克思、涂尔干、韦伯社会学思想中的传媒思想。之所以称这一时期为传媒社会学的古典主义时期，主要是因为这些思想出现于 19 世纪中期和 20 世纪早期，而此时尚未出现传媒社会学这一学科。因此，从一定意义上说，这部分思想是影响传媒社会学发起者的重要思想渊源。在这里，我们对于三位社会学家的生平和理论不做过多的论述，而主要关注这三位社会学家对传媒社会学有所影响的相关理论思想。

马克思认为信息的传播实际上就是社会权力的运用：文化传播可以在行动上对人们进行规训，并且可以将不同的阶级分开。涂尔干告诉我们大众媒体的权力是什么：符号制造者可以通过传播把特定的符号告知大众。然而涂尔干认为，个人虽然会受到传媒的影响，但对符号制造者传播的内容却不一定完全接受。[①]

不同于马克思和涂尔干，韦伯更强调意义的相对性。韦伯认为，将社会结合在一起的黏合力是合法性和权力。合法性是社会黏合的首要形式。韦伯并不关心传播的媒体，也很少关注大众媒体。但我们还是可以从韦伯作品中收集一些重要的传播原理。[②] 通过对马克思、涂尔干、韦伯三位社会学者与传媒相关的理论和思想的梳理，我们可以对传媒社会学发展的脉络有更为清晰的了解。

(二) 法兰克福学派与芝加哥学派

对传媒社会学影响较大的有两大社会学理论来源，一是主要来自欧洲的批判、思辨式的法兰克福学派，二是主要源于美国的实证和理论性的社会学研究。

重要概念

法兰克福学派是20世纪20年代起以德国法兰克福大学为中心逐渐形成的，以批判的社会理论著称的西方社会理论流派。

法兰克福学派是20世纪20年代起以德国法兰克福大学为中心逐渐形成的，以批判的社会理论著称的西方社会理论流派。以霍克海默、马尔库塞和哈贝马斯为代表的法兰克福学派是西方马克思主义的重要流派之一，他们对资本主义制度和纳粹主义持有尖锐的批判态度。他们的研究触及西方社会的很多方面，其中包括大众传播和大众文化。霍克海默在20世纪30年代后期发表了论文《艺术和大众文化》，在文中，他将个人精神生活的崩溃、传统家庭的瓦解归咎于大众传播。“家庭的逐渐瓦解，个人生活进入闲暇的转变，闲暇进入管理细节的常规程序的转变，闲暇成为棒球场和电影、畅销书和收音机消遣的转变，这些转变会导致人内心精神生活的崩溃。很久以前，文化就被驾轻就熟的乐趣取而代之。因此，它已呈现出一个逃避现实者的特点。”[③] 霍克海默的这些话显示了其对西方大众传播带来的娱乐、消遣的批评态度，其针对的是西方资本主义的文化产业。霍克海默的这种批判态度在法兰克福学派中极具代表性。他们普遍认为，资本主义社会中的大众传播具有摧毁文化、麻木个人精神的负面功用，可以被政治权威掌控用来进行思想灌输以维护政权。虽然法兰克福学派当时对大众传媒的评论稍显极端，但他们将大众传播与社会的政治、经济和文化体系联系起来进行研究，为以后的传媒社会学的研究提供了重要的启示。

不同于法兰克福学派的思辨式，美国学者更注重实证研究和理论研究。以约翰·杜威（John Dewy）、查尔斯·库利（Charles Cooley）、罗伯特·帕克（Robert Park）以及乔治·赫伯特·米德（George Herbert Mead）等人为代表的芝加哥学派为传媒社会学在日后的诞生做出了贡献。芝加哥学派代表着社会科学在美国第一次真正的繁荣，它使美国社会学从关注宏观层次的进化论转向一种更

---

① Ryan J W, Wentworth W M. Media and society: the production of culture in the mass media. Boston: Mass, Allyn & Bacon, 1998: 29.

② Ryan J W, Wentworth W M. Media and society: the production of culture in the mass media. Boston: Mass, Allyn & Bacon, 1998: 30-31.

③ 张咏华．大众传播社会学．上海：上海外语教育出版社，1998：19.

为细微的、微观层次的社会心理学。芝加哥学派构筑了后来以媒介效果为研究重点的大众传播研究模型。

20 世纪初期，杜威和他的实用主义哲学思想在世界范围内掀起浪潮，受到众人追捧。他在密歇根大学任教时当过库利和帕克的老师，后来在芝加哥大学任教时与米德关系十分要好，杜威的实用主义哲学思想影响了后三位的传播研究。虽然现代传播对于杜威漫长丰富的一生事业来说是个次要的小题目，而且他是一个专注于传播过程玄奥复杂之处的传播哲学家，但是有人称他是当代传媒学的间接先行者。[①] 杜威认为，传播是活动参与和经验分享的过程，是人的社会化的方式和表现，它具有教育意义。社会是由无数个人构成的，传播可以将零散的个人联结成一个大的共同体，共同体是民主的基础。杜威也对报刊和公众出版做过批评。在《教师和他的世界》中，杜威认为资本主义经济体系中的报刊“是一个谋求利润的企业，所以也就为这个经济体系进行广泛而坚定的教义灌输”，他认为“目前学校的一个大的任务就是培养免疫性，使大众不受报纸和无线电的宣传影响”[②]。虽然杜威从哲学的视角来研究传媒学，不能为一般人所理解，削弱了他在传播领域的影响，但他的思想直接影响了他的三个追随者——库利、帕克和米德。他们四人联结为一个相互影响、相互交叉的人际网络，形成了以进步主义、实证主义和改良主义为特征的芝加哥学派。

库利是自我发展理论的创始人。他认为，个人和集体构成了社会，个人与社会是无法分割的，一个人的自我观念是在人际传播过程中通过他人的映射形成的。因此，他提出了“镜中我”的概念，强调个人与社会之间的联系。同时“初级群体”（也称“首属群体”）和“次级群体”也是库利的两个重要概念。库利将小群体划分为初级群体（primary group）和次级群体（secondary group）。初级群体是指成员间面对面交往与合作的群体，是一个直接的、自然的关系世界，一般规模较小，如家庭、朋友、死党等都属于初级群体。而次级群体则往往是以非情感的依赖相结合，以分工建立关系，公司、军队、学校等均为次级群体。库利认为，“在初级群体中，人性逐渐产生。人性不是生来就有的，人只有通过交往才能得到人性，而人性又可以在孤立中失去”[③]，传播是人类社会进步的动力。库利是第一个为解释传播媒介如何改变行为和文化做出成功尝试的人。[④]

> **重要概念**
>
> 自我发展理论是指，个人和集体构成了社会，个人与社会是无法分割的，一个人的自我观念是在人际传播过程中通过他人的映射形成的。

帕克曾被人称为“第一位大众传播研究者”[⑤]。1904 年，他在博士论文《大众与公众》中论述了大众媒介的作用以及塑造民意的过程。他将报纸和民意联系起来，研究二者之间的相互关系。他从社会学视角探讨过一系列有关大众传播的

① 许加彪．传播哲学家和间接先行者——论杜威对传媒学研究的贡献．新闻大学，2004 (1)．
② 杜威．人的问题．上海：上海人民出版社，1965：63 - 64.
③ 库利．社会过程．北京：华夏出版社，1999.
④ 胡申生，李远行．传播社会学导论．上海：上海大学出版社，2002：14.
⑤ 邵培仁．媒介社会学．南京：南京大学出版社，1994：15.

课题：人际网络如何与大众传播媒介联结？报纸影响民意的程度如何？报纸如何受民意制约？媒介如何推动社会变迁？等等。帕克还提出民意可以测量，并且提出“议题是由新闻渠道预先议定的”“新闻是人际交谈的基础”[①] 等观点。

米德是社会心理流派中的符号互动论的创立者。符号互动论认为，人类世界不仅仅是一个自然的物质世界，而是一个人造的符号世界。这个世界的创造和维系依赖于人类通过符号进行传播的能力。[②] 人通过与他人的互动认识自己。米德的符号互动论对日后传媒学的影响重大，他本人也培养了一批优秀的学生，其中有著名的社会学家布鲁默。布鲁默发展了符号互动论，研究电影对青少年社会行为的影响。无论是法兰克福学派还是芝加哥学派，都为传媒社会学的兴起提供了丰富、深厚的社会学理论基础。

二、传媒社会学的传媒学理论渊源

第二次世界大战对传媒学有巨大的影响，1930 年左右，由于希特勒上台，大批知识分子从欧洲迁入美国，学术思想跨越大西洋的步伐因而大大加快。在这个过程中，开创传媒学领域的学者联结成了一个密集的网络，其中涌现出传媒学的四位奠基人物：哈罗德·拉斯韦尔（Harold Lasswell）、库尔特·勒温（Kurt Lewin）、卡尔·霍夫兰（Carl Hovland）和保罗·F. 拉扎斯菲尔德（Paul F. Lazarsfeld）。除霍夫兰（实验心理学家）之外，其他三位都有深厚的社会学学科背景，因此他们对传媒学领域的贡献，也奠定了他们在传媒社会学领域的学术地位。

拉斯韦尔是美国著名政治学家、社会学家、传媒学家。他是宣传效果分析的创始人。拉斯韦尔曾对第一次世界大战时各交战国之间的宣传战做过研究，对宣传这一人类社会信息传播的特殊态势做出深入探讨，研究其技巧、规律、功能，尤其是其在社会控制方面的作用。1948 年，拉斯韦尔在其《传播的社会功能与结构》一书中，概括了大众传媒的三大作用——环境守望、社会调适和文化传递，并概述了传播行为的基本结构，即传播者、渠道、内容、受众以及效果。拉斯韦尔在书中提出了传播线性模式（也称拉斯韦尔模式）、传播过程中的 5W 模式，即传播者（谁）、受众（对谁）、信息（说什么）、媒介（通过什么渠道）、效果（取得什么效果）（见图5－1）。他的理论提出后，被称为拉斯韦尔模式或 5W 模式。这个模式第一次较为详细科学地分解了传播过程，为传媒学搭建了一个比较完整、全面的理论构架，使传媒学的确立成为可能。这一模式涉及了传媒学的基本内容，对下列五类传播研究、传媒研究起了奠基的作用。

重要概念

拉斯韦尔模式：传播者（谁）、受众（对谁）、信息（说什么）、媒介（通过什么渠道）、效果（取得什么效果）。

---

① 邵培仁．媒介社会学．南京：南京大学出版社，1994：15.

② 芮必峰．人类社会与人际传播——试论米德和库利对传播研究的贡献．新闻与传播研究，1995（2）.

第一类："谁"，提出了对信息的控制问题（如对传媒把关人的研究），开拓了控制分析的研究领域。

第二类："说什么"，开拓了内容分析的研究领域。

第三类："通过什么渠道"，是对传媒本身的研究，开拓了媒介分析的研究领域。

第四类："对谁"，开拓了受众分析的研究领域。

第五类："取得什么效果"，是衡量某项传播活动成败的重要尺度，开拓了传播效果研究的领域——效果分析。

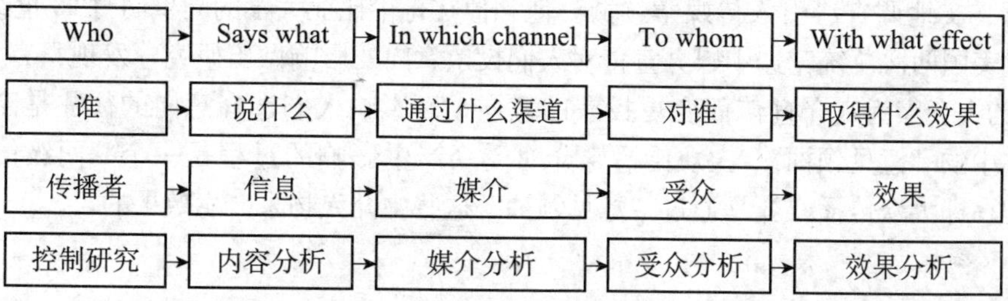

图 5-1 拉斯韦尔 5W 模式

库尔特·勒温是一位美籍德国犹太人，是一位社会心理学家。他长期研究群体对个人的思想行为和倾向的影响、群体间互动效果，以及大众传播媒介对群体的影响。勒温在 1940 年提出的"守门人"理论使其成为传媒学理论研究的先驱。所谓守门论，又称"把关论""守望论"，此概念是勒温于 1947 年在其《群体生活的渠道》一文中首先提出来的。勒温在文章中指出："信息总是沿着包含'关卡'的某些渠道流动，在那里，或者是根据公正无私的规定，或者是根据'守门人'的个人意见，对信息或商品是被允许进入剧情还是继续在渠道里流动做出决定。"[①] 他认为，在信息传播过程中存在着决定是否准许信息通过的人或机构，即"守门人"，他们对其接收到的信息起到选择和过滤作用。[②]"守门人"这一概念不仅是传媒学的一个重要理论，也开拓了传媒社会学的研究领域。

重要概念

守门人理论是指在信息传播过程中存在着决定是否准许信息通过的人或机构，即"守门人"，他们对其接收到的信息起到选择和过滤作用。

美国社会心理学家卡尔·霍夫兰是通过实验测量大众传播对态度转变程度的影响来研究传播劝服效果的先驱。在第二次世界大战期间，执教于耶鲁大学的霍夫兰带领一个专家小组，对美国政府制作的军教宣传片的劝服效果进行研究，发现人们对很多问题都有两方面不同甚至矛盾的观点，在宣传劝服中，对于有争议的问题，对有知识的人讲"两面理"比只讲"一面理"更有劝服效果，对一无所

① 胡申生，李远行．传播社会学导论．上海：上海大学出版社，2002：230.

② 邵培仁．媒介社会学．南京：南京大学出版社，1994：19.

知或文化水平低下者讲“一面理”则效果更好。

拉扎斯菲尔德在形成现代传播研究方面具有重要的影响力，他是传媒效果研究的开创者。从1930年在维也纳对广播听众的传播效果研究，到1937年在美国进行的广播研究项目和1940年对美国总统大选的研究，他通过样本调查分析，做出了影响个人行为的、有因果关系的推论，提出了“既有政治倾向”的作用、受众的“选择性接触”机制、人际传播中的“意见领袖”的影响等。他认为，受众在大众传媒面前不是没有个性、消极被动的，而是积极活跃的，人际传播会影响其态度。他对研究方法也做出了重要贡献，将面对面的访谈和分组实验、定量分析、实地调查法引入传媒学领域。他和他在哥伦比亚大学的同事们对20世纪40年代美国两次总统竞选中媒介宣传对人们投票意向的影响做出研究，发现只有大约5%的人会因为媒介宣传而变更投票的意向，而影响人们选择意向的往往是亲友、团体中的“意见领袖”。大众传播媒介对受众产生影响的过程是一个“两级传播”过程，即大众传播媒介是通过“意见领袖”这些中介人物来产生效果的。

【知识窗】

拉扎斯菲尔德重视社会调查方法，强调精确的定量测量和定性的评价分析。“拉扎斯菲尔德-斯坦顿节目分析仪”是一种资料收集仪器，从本质上说是媒体效果的测度仪器，记录实验对象即时的心理反应，从而能使研究者们将广播节目或广告内容预期与受众个人的情感影响连接起来。

传媒学的四位先驱为传媒社会学提供了丰富的理论、研究方法和领域。综合社会学和传媒学的理论、研究方法和研究视角，传媒社会学形成了自身的学科建制，发展起了自己的理论思想。

第二节 当代传媒社会学理论的主要流派

传媒社会学虽然兴起较晚，但却发展繁盛，短短数十年间，各种理论流派兴起。这些理论流派可分为传统学派、批判学派以及介于两者之间的发展学派。这一部分将对这三个流派做整体概括，并对每个流派中的几个理论进行重点介绍。

传统学派发源于美国，主要理论来源于社会学中的结构功能论、社会冲突论、符号互动论以及社会学习理论等，这一派多主张“传播主体论”（又称“传播工具决定论”“传播决定论”）和“传媒中心论”。所谓“传播主体论”，是指把传播活动看作是第一性的东西，认为社会是传播的产物。“传媒中心论”即大众传播研究主要从传播机构的利益出发，以大众传媒为中心，为传播机构的利益服务。传统学派的当代传媒社会学理论主要有媒介系统依赖论、传媒整合论、情境论、形塑论、模式化理论及意义论等。

批判学派起源于20世纪60年代的欧洲，是西方社会理论通过自我反思加以批判、修正、补充和更新的结果，深受二战后兴起的马克思主义思潮影响。批判学派侧重于将人类传播活动置于整个社会中加以分析，并从社会的政治、经济、文化等角度对传播活动进行研究。批判学派的传媒社会学理论主要包括法兰克福学派的批判理论、社会文化理论、"思想统治权"理论、社会科学学派的理论和多伦多学派的理论等。

发展学派的产生和兴起有着深刻的历史背景和现实诉求。二战后民族解放和民族独立运动高涨，大批独立的民族国家登上世界舞台，成为一种重要力量；同时，信息处理、传播技术突飞猛进，广播电视、通信卫星等新技术发展迅猛。这些背景促使传播与国家发展之间的关系成为传媒社会学研究的新领域，得到很多学者关注。[①] 发展学派的主要理论观点和模式有勒纳的基本理论模式、施拉姆的传播发展战略、罗杰斯的创新扩散模式等等。

一、媒介系统依赖论

媒介系统依赖论是较为宏观的大众传媒社会学理论。这一理论的创立者是美国著名大众传媒家桑德拉·鲍尔-洛基奇（Sandra Ball-Rokeach）和梅尔文·德弗勒（Melvin DeFleur）。这两位学者在其1976年的论文《大众传播媒介效果的依赖模式》中首次提出这一理论。

媒介系统依赖论试图阐释媒介-受众-社会三者的关系，并据此去解释大众传播复杂的影响力。媒介系统是当代社会结构中的一个重要组成部分，与个人、群体、组织和其他社会系统均相互发生关系，这些关系的性质主要是依赖关系。目标与资源是媒介系统依赖关系的两个基点。大众传播媒介系统控制着大量信息资源，这是大众传播媒介影响力的来源，媒介系统依赖关系也基于此。该理论认为，以目标-资源为基础的媒介依赖关系是解释大众传播社会效果的关键因素。[②]

媒介系统依赖论吸收了"结构功能论""社会冲突论""符号象征论"和"认知结构论"的一些思想，博采众长，分析了媒介系统与其他社会系统、媒介与受众个人不同层次的关系。一方面，它把社会看作相互依赖的有机结构，认为媒介与其他社会系统彼此依赖对方控制的资源，以求实现自身的目标；另一方面，它也看到了媒介与其他社会系统之间可能发生冲突。从主观上讲，各系统都希望更多地掌控对方的资源以减少或摆脱依赖。系统间可以为了自身的利益而相互依赖，彼此合作，也可以为了自身利益而争夺他人的资源，产生冲突。冲突是促使

---

① 范东生．发展传媒学——传媒学研究的新领域．国际新闻界，1990（3）．

② 德弗勒，鲍尔-洛基奇．大众传媒学绪论．北京：新华出版社，1990：357．

媒介系统依赖关系发生变化的主要动力之一。利用心理学的"认知结构论"的一些思想，媒介系统依赖论认为个人与媒介系统也存在着相互依赖关系。个人受谋求生存和发展这两种基本动机的驱使，树立起了三种目标：理解自身与社会、确定行动及互动方向、获得社交和单独娱乐。这些目标的实现有赖于媒介控制的信息资源。在解释造成媒介系统依赖关系强弱不同的原因时，受到"象征互动论"的影响，媒介系统依赖论认为，社会是依据人们对于现实的主观理解维系在一起的，是否认为情况"意义不明确"、充满威胁和社会变化等环境因素是影响媒介系统依赖关系的强度的重要因素。当情况"意义不明确"，人们缺乏足够的信息对情况的意义做出判断时，人们往往会高度依赖媒介系统。

媒介系统依赖论创造性地综合了社会学和心理学的一些基本理论，对媒介-受众-社会的关系及媒介的社会影响提出了很有见地的观点。但一些学者，后来包括鲍尔-洛基奇自己都指出媒介系统依赖论有些缺陷。鲍尔-洛基奇认为媒介系统依赖论有如下理论上和实证上的局限。

第一，"依赖性"这个术语存在模糊性误导。这往往容易让人们理解为弱势的个人从属于强势的媒介系统。

第二，未能反映媒介的变化。传播科技的变化使得个人与媒介间的非对称性成为一个变量而非常量。个人介入信息生产全过程的能力不断变化，这使个人与传媒间的依赖关系更为多样化。在新的媒介环境里，对先前假定的非对称关系需要重新考察。

第三，以往的媒介系统依赖研究只是假设个人与媒介系统之间存在着相互依赖关系，但未能通过实证方法验证。已经有人考察了媒介系统依赖关系在特定社会情形下的应用，比如自然灾害、独断型意识形态的政治环境或者技术恐慌。一些重要的个人环境在实证研究中还未被考察，比如家庭网络、朋友圈、工作与组织环境、邻里关系。

第四，忽略了对中观层面的角色的诠释。媒介系统依赖论侧重于微观的个人和宏观的社会系统的关系，对于中观层面（如人际传播网络）阐述不足。

为了突破媒介系统依赖论的种种局限，也是基于最新研究而达到的成果，鲍尔-洛基奇后来在媒介系统依赖论的基础上提出了传播基础结构论。[①] 该理论旨在揭示处于不同的社会环境中的传播基础结构，考察何时何地传播基础结构是强大的或弱小的，并弄清传播基础结构的强弱产生什么影响。[②]

二、传播基础结构论

1998年起，鲍尔-洛基奇带领南加利福尼亚大学传播学院的"传媒转型：改

① 鲍尔-洛基奇，郑朱泳，王斌．从"媒介系统依赖"到"传播机体"——"媒介系统依赖论"发展回顾及新概念．国际新闻界，2004（2）．

② 张咏华．传播基础结构、社区归属感与和谐社会构建——论美国南加州大学大型研究项目《传媒转型》及其对我们的启示．新闻与传播研究，2005（2）．

变社区黏合纽带”大型课题组在以人口、文化的多样化而著称的洛杉矶市展开调查研究。

这是一项试图弄清在21世纪如何建设地方社区的大型研究。该项研究深度考察全球化、信息传播新技术和人口多样化因素影响下城市社区的变迁。它聚焦于人们的社区归属感，围绕这一核心探讨了有关传播技术与城市社区的一系列问题：是什么赋予居民以培育市民社会的凝聚感和共同目的？当下的社会结构是否有利于培育有效的城市社区？经济全球化、文化多样化和科技变迁这些因素对社区环境进而对人们心有归属感的社区的形成有何影响？今天的城市社区有哪些互相“讲述”有关其社区的“趣闻逸事/故事讲述”的机会？地方传媒与社区组织者如何才能帮助居民谈论其社区？社区“趣闻逸事/故事讲述”（或者这种行为的缺失）如何影响居民的社区归属感经验？如何应用传播资源服务于人们心有归属感的社区的形成？当居民们感到同社区分离并难以采取集体行动因而冷漠笼罩社区时，如何赋予居民社区新的活力？

> **你怎么看**
>
> 为什么该研究选择这7个居住所为研究对象？

该研究以洛杉矶的7个形形色色的居住地区为研究点，它们分别是：墨西哥裔居民云集的East Los Angeles地区、非洲裔美国人居多的Greater Crenshaw地区、华裔居民云集的Greater Montery Park地区、朝鲜族裔居民云集的Koremown地区、中美洲居民云集的Pico Union地区、白种人（清教徒背景居多）云集的South Pasadena地区和白种人（犹太裔居多）云集的Westside地区。这些居住地区不但在种族上和语言上具有多样性，而且从移民的新近性、人们在这些地区居住的时间长度以及居民的住宅拥有情况看也有很大差异。该项目的研究者使用多种语言接触这些研究点的居民，并运用电话访问调查、社区问题焦点小组、社区组织成员访谈和当地传媒生产者访谈等研究方法采集相关信息。该研究主要有以下几个发现：

（1）每个地区都有一个独特的传播基础结构（a unique communication infrastructure），这一事实警示决策者在社区建设中不能采用千篇一律的策略。

（2）“归属（感）”——依恋感和睦邻行为——是社区最重要的要素。那么是什么造成“归属（感）”的呢？并不一定是财富或特定的文化背景。“传媒转型”在洛杉矶的研究发现，非洲裔美国人云集的居民点Greater Crenshaw地区的居民在“归属（感）”指标上得分最高。

> **你怎么看**
>
> 如何理解“趣闻逸事/故事讲述”结构？

（3）“归属（感）”产生于当社区具有居民点“趣闻逸事/故事讲述”结构时，通过这样的居民点“趣闻逸事/故事讲述”结构，居民、当地传媒与社区组织相互激励，从而聚焦于共享的居民事务。

（4）一个强大的居民点“趣闻逸事/故事讲述”结构或网络积极培育归属（感）、集体效验（collective efficacy，即相信“我们”能够携手合力解决居民点的问题）以及公民参与。居民在其中居住的传播环境的物理的、经济的和心理的特征——例如地区的（设施）保养、消费者服务质量和安全且有吸引力的公共空间的可获得性等——直接影响人们是否能够感到“归属（感）”以及“讲述”其社区归属方式的“故事”。

（5）互联网已经成为更大的传播结构的一部分。

（6）归属于网络社区的人们很可能对于其居住地区也有归属感。

（7）人们对城市的某些地区的害怕及在某些地区的舒适感是通过人们相对谈论的主流电视节目形成的；害怕感和舒适感并不能准确/精确地反映居民地的犯罪率。

（8）那些为“9·11”悲惨事件中的受害者提供帮助和支持的人常常是在自己的社区中参与度最高的人。

（9）有效的干预能带来传播基础结构（或者说嵌入社区之中的“趣闻逸事/故事讲述”系统）的变迁。与改变政治的、经济的或其他基础的结构所要求的时间和资源投入相比，这种变迁可以在短得多的时间中发生，并且所需的资源投入少得多。该研究的最大成就是，在理论上为考察全球化、传播新技术和人口多样化因素影响下的社会变迁首创了一种新视角，即“传播基础结构的视角”。

鲍尔-洛基奇在洛杉矶大型实证研究的基础上，从生态学构架的视角提出，传播基础结构“是置于传播行动的背景下的趣闻逸事讲述网络”。它包括人、传媒和基础组织创造和传播的日常谈话和趣闻逸事（即邻里趣闻逸事讲述网络），以及居住地所拥有的促进邻里传播的资源（即传播行为的环境，如公园、安全的街道、图书馆、学校等）（见图5-2）。

图5-2直观地表明，传播基础结构由邻里趣闻逸事讲述系统和传播行为的环境两部分组成。

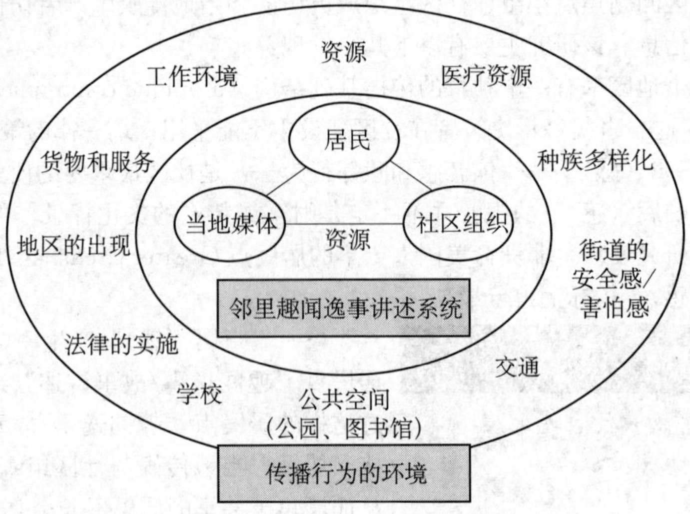

图5-2 传播基础结构

资料来源：王晨燕．鲍尔-洛基奇的传播基础结构理论探略．现代传播，2008（2）．

（一）邻里趣闻逸事讲述系统

鲍尔-洛基奇将趣闻逸事讲述者区分为宏观、中观和微观三种，其在各自所代表的主体及其讲述的对象上都有差别。宏观的趣闻逸事讲述者是指主流媒体，这些主流媒体主要讲述的是整个城市、国家甚至是世界的故事。中观的趣闻逸事讲述者主要是指当地媒体和社区组织。当地媒体指的是以某个具体的地区或者某一部分人口（如新移民）为目标群的媒体。而社区组织则是将个人由某个小区的物理空间的纯粹占有者转变为社区事务的积极参与者的有效渠道，其手段是向居民提供共同“想象”或“谈论”他们所居住小区的事务的机会。对象是这个城市的某个特定地区，或者也可以称为某个社区。而微观的趣闻逸事讲述者就是指居住在某些地区的居民本身。鲍尔-洛基奇通过研究发现，个人能够和邻居讨论所居住小区里的事情是三种邻里趣闻逸事讲述者中最重要的因素。在宏观、中观和微观这三种趣闻逸事讲述者中，传播基础结构论更侧重中观和微观的讲述者，他们构成了传播基础结构论的邻里趣闻逸事讲述系统。

传播基础结构论的一个独特的地方是它不仅强调每个邻里趣闻逸事讲述者的强度，而且强调整个邻里趣闻逸事讲述网络的强度和质量。测量趣闻逸事讲述网络质量的一个重要标准是三种趣闻逸事讲述者的融合程度。在一个理想的社区，中观和微观的趣闻逸事讲述者形成一个整合的网络，在这个网络中，一个趣闻逸事讲述者激发其他趣闻逸事讲述者谈论社区。在一个拥有整合的趣闻逸事讲述网络的传播环境里，人们能够了解他们居住的地区正在发生的事，和邻居谈论邻里问题和事件。此外，当当地媒体和很多种族或新的移民媒体谈论的只是居住地以外正在发生的事时，当地媒体和作为趣闻逸事讲述者的居民之间的关系就割裂开了。

（二）传播行为的环境

传播基础结构另一个重要的部分是趣闻逸事讲述网络运作所在的传播环境，在传播基础结构论中，它被称为“传播行为的环境”，是存在于传播行为周围的特有的情况和条件的总和。“传播行为的环境”这一概念来源于哈贝马斯对“公共领域”的讨论。哈贝马斯将 18 世纪现代自由民主的诞生和公共空间（如咖啡馆、俱乐部、沙龙、社团等）的出现联系了起来，讨论了现代西方民主发展过程中社会环境的重要意义。提出“传播行为”的概念是为了说明在公共领域中理性讲演的先决条件的重要性。但在传播基础结构论中，这一术语的使用是为了展示在具体的社区趣闻逸事讲述的前提。它包括阻碍或鼓励传播的各种因素，如都市里的物理结构、阻碍或促进传播的社会文化特征等等。在本质上，传播行为的环境是随着开放和封闭的程度而变化的。一个开放的环境能鼓励人们与他人沟通，而一个闭塞的环境会阻碍人们互相交往。

传播行为的环境对于个人和社区形成强大的、完善的趣闻逸事讲述网络有着重要的意义。比如社区内的健身配套设施不完善，居民就可能不经常到小区的公共场所活动，那么居民之间碰面和接触的机会就会相应减少。如果社区内没有配套的教育文化机构（如幼儿园、学校、图书馆、幼儿兴趣班等），那么居民们只好到社区之外的地方去寻找这些机构。或者如果社区内的这些教育文化设施相对简陋、师资配备较差，那么必然导致居民到社区以外的地方去寻找水平比较高的教育文化机构。这样一来，他们就很难培养与当地社区的其他组织的关系，也很难培养对社区的归属感。

传播行为的环境也为社区中的居民提供了一个不分社会阶层、种族、性别和国籍参与社区事务的条件。它对趣闻逸事讲述网络的建设有着重要的作用。早期和近期的研究者、人类生态学者已经进行了关于社区类型对个人生活模式和质量的影响的研究。他们认为社区的类型是直接限制我们的社会行为和传播行为的环境因素。即使我们已知我们现在生活在一个“空间”对我们来说不是很重要的时代，这些关于社区效果的研究表明人们依然在很大程度上受到他们的邻居所做、所说、所想的影响。现在，随着更精确的研究工具的出现，许多研究开始系统化地检验社区在居民个人生活方面的影响。比如社区对教育和收入的影响，对青少年怀孕的影响，对犯罪和青少年违法的影响，对成人社会行为的影响，对教育成果的影响，等等。

为了更明了地看出两种理论的特点，我们对媒介系统依赖论与传播基础结构论进行了比较。

(1) 概念的重新界定：从“依赖性”到“联结性”（或称“相关性”）。

在传播基础结构论的框架下，鲍尔-洛基奇等人提出了微观层次的“联结性”的术语。“联结性”源于媒介系统依赖论中的“依赖性”，但弥补了“依赖性”概念的缺陷。传播基础结构论中的联结性是指作为社区层次资源的宏观趣闻逸事讲述网络和个人层次的微观趣闻逸事讲述网络的联系。从社区层次上看，一个完整的趣闻逸事讲述网络表示的是社区趣闻逸事讲述者之间产生、散布和回顾社区故事的支持关系。从个人层次上来看，一个完整的趣闻逸事讲述网络表示的是个人在他们的每日生活中能完全和社区趣闻逸事讲述者联结上。

> **重要概念**
>
> 联结性是指作为社区层次资源的宏观趣闻逸事讲述网络和个人层次的微观趣闻逸事讲述网络的联系。

传播基础结构论采用了“联结性”这个概念，从概念和方法的框架来解释和测量个人是怎样在他们的传播环境中和重要的趣闻逸事讲述者联结的。传播基础结构论中的联结性具有以下特点。

第一，生态关系。与“依赖性”概念相比，“联结性”概念的所指对象包含了范围更广的传播资源，从人际传播到新老传播，到大小媒介，均涵盖在内，而不仅仅是个人与大众传媒的关系。在传播基础结构论的名义下，联结性使得研究人们日常生活中可得的所有传播资源成为可能。

第二，相互影响关系。传播基础结构论的联结性认为，社区趣闻逸事讲述资源和个人之间的联系不是单向或线性的影响，而是双向的相互影响过程。个人连入趣闻逸事讲述网络为个人带来了积极的结果，比如较高的社区归属感和公民参与度，而且这些积极的结果同时作为一个组成部分再次进入一个更大的传播基础结构来增强它的趣闻逸事讲述网络。

第三，多维度关系。既然传播基础结构论的联结性具有联系社区层次的传播资源与个人层次的能开发传播资源为个人或社区谋利益的能力，那么联结性也就有了多维度性。作为研究传播和媒体的多维度方法，传播基础结构论有几个假设。首先，社区不仅仅是它的居民和资源（街道、高速路、高楼、公园和通信基础设施）的集结体。其次，传播基础结构论把社区看作是面对环境中的各种规则和资源的有机组织。再次，一个层次上的目的和目标的寻求、需求的满足会在其他层次产生不同的结果。

(2) 传播基础结构论源于媒介系统依赖论，又是在媒介系统依赖论的基础上的升华，比较两种理论，有四个方面的差异。

第一，传播基础结构论能够更广泛地将人们日常生活中可获得的所有传播形态包括进去。媒介系统依赖论的主要对象是大众传媒系统，但传播基础结构论还包括中观层次的当地媒体和种族媒体，并把人际传播作为个人日常生活中逸闻传播系统的重要部分加以对待。

第二，传播基础结构论提出的趣闻逸事讲述系统的概念涉及微观、中观和宏观层次的对象，明确地将叙述同社会学分析融入一个框架。在媒介系统依赖论中，个人和大众媒介之间关系的本质被定义成一种基于不对称的资源配置的权力依赖关系。而传播基础结构论将趣闻逸事讲述作为传播者之间内部相关性的重要特征。个人和传播媒介的关系不仅有权力依赖的性质，还是一个持续进行的生产和分享趣闻逸事的沟通过程。

第三，与媒介系统依赖论相比，在传播基础结构论中，个人被认为是趣闻逸事讲述系统中较为积极的参与者，同宏观和中观层面的传播渠道产生互动。中观层次的传播网络联结了个人和宏观媒介系统，当优势的大众传媒不能提供充分、适当的资讯时，当地媒体、种族媒体以及人际网络就成为个人可能发生联系的备选机制。

第四，传播基础结构论在解释被媒介系统依赖论称为人们的个人环境和社会环境的概念时，采用了更为扎实牢固和更为具体的方式。它提出了“传播行为的环境”的概念，把可能促进或限制趣闻逸事讲述系统活力的环境因素细化为物理的、社会的、文化的等等。传播基础结构论把个人、社会环境和趣闻逸事讲述者们以更明确的、更具社会生态学意味的方式联结起来。

由此可以看出，传播基础结构论的提出，对于在全球化、新传播科技和人群多样化背景下的传媒学研究有着积极而重要的意义，是传媒学对于社会科学理论的一大贡献。

三、多伦多学派

多伦多学派是 20 世纪 60 年代由加拿大多伦多大学学者哈罗德·伊尼斯

(Harold Innis)、艾瑞克·亥乌洛克（Eric Havelock）和马歇尔·麦克卢汉（Marshall McLuhan）共同创立的。目前的多伦多大学麦克卢汉文化与技术研究所继承了这一理论，代表人物是戴瑞克·德科柯夫（Derrick De Kerckhove）。总体上来说，多伦多传媒学派的媒介文化理论可以分为三种，即奠基人伊尼斯提出的“传播偏向论”、核心人物麦克卢汉倡导的“媒介信息延伸论”和20世纪80年代以来德科柯夫以新电子现实为研究框架所倡导的“文化肌肤论”。多伦多学派提出了一种在人类文化结构和人类心智中居于首位的新理论和新的媒介分析技术，对后来的传媒学发展产生了重大的影响。

(一) 伊尼斯及其“传播偏向论”

伊尼斯的理论主要集中在《帝国与传播》(1950) 和《传播的偏向》(1951) 这两本专著中，这两本著作也成为后世传媒学的经典。伊尼斯是最早对传播媒介和特定历史时期的社会结构形态之间可能存在的联系进行系统而详尽的思考的学者之一。[①] 他从传播媒介和权力机构之间的关系角度出发，提出了“传播媒介具有偏向性”的理论。任何特定的传播媒介（如口头、书写、石刻、纸张等）在时间和空间上均有偏向性，也就是说，一种传播媒介对于知识在空间和时间中的传输会产生重要的影响，而这种对时间或空间因素的相对注重将意味着被植入其中的文化会出现意义上的偏向。“文化在时间上延续并在空间上延展。一切文化都要反映出自己在时间上和空间上的影响。”[②] 书写印刷取代了口头传播，成为主导的传播方式，创造了一种新的文化，这种文化使得创建帝国成为可能，而传播媒介的发展则使得权力更加集中。一个稳定的社会应该在时间偏向和空间偏向之间保持平衡的机制。而西方文明打破了这种平衡并带来严重后果，导致西方文化的扩张。伊尼斯把印刷术和摄影术看成是向书面传统的回归，是“回归于眼睛占支配地位的文明，而不是耳朵占支配地位的文明”，是一种“视觉本位的传播”[③]。伊尼斯希望通过自己的“传播偏向论”来给倚重空间扩张的西方文明敲响警钟，希望西方人在考虑媒介对各种文明的意义时，能够更加清楚地看见他们自己文明的偏向，能够用更加谦虚的态度来认识他们自己文明的特征。

总的来说，伊尼斯的“传播偏向论”有着深厚的经济史学和政治经济学的跨学科背景。他以人类文明史和加拿大本土经济史为研究视角，关注文明发展进程中媒介技术的作用，具有强烈的现实关怀和人文关怀。他对现代西方文明过于强调物质科技的力量而忽视道德力量的批判性思考值得后人关注。有人对其“传播偏向论”提出过质疑，认为他的理论存在着某种“技术决定论”的局限。

(二) 麦克卢汉与“媒介信息延伸论”

麦克卢汉是多伦多学派的核心和关键人物，继承了伊尼斯的媒介理论。但与伊

① 巴兰，戴维斯．大众传播理论：基础、争鸣与未来．3版．北京：清华大学出版社，2004：295.

② 伊尼斯．传播的偏向．北京：中国人民大学出版社，2003：113.

③ 伊尼斯．传播的偏向．北京：中国人民大学出版社，2003：116.

尼斯不同的是，麦克卢汉的研究重点不在传播和社会组织之间的关系上，而是集中在传播媒介对人类感觉中枢的影响上。麦克卢汉在《古登堡群英》（1962）、《理解媒介》（1964）以及《媒介即讯息》（1967）三本著作中阐发了他的媒介理论。1964年《理解媒介》问世，在整个西方甚至全世界引起了强烈的反响，受到热烈的追捧，也受到激烈的批评。他对"地球村"的预言在当时被认为是荒诞的，如今却是真实的存在，这也是他和他的理论在今天仍被人们关注的一个原因。①

麦克卢汉著述的语言晦涩难懂，思想超前，很难理解。下面仅对他的几个重要概念和理论给予简单介绍、概括。

（1）媒介即人的延伸。麦克卢汉是一个泛媒介论者，各种技术性的工具和发明，如电灯、车轮、铁路、飞机等在他眼里都成了媒介，都成了人类感觉器官或身体功能的巨大延伸。对他来说，文字与印刷媒介是视觉器官眼睛的延伸，广播是听觉器官耳朵的延伸，电视则是全身感觉器官的延伸。媒介在时间和空间上延伸了人的视觉、听觉和触觉。② 而电子技术发展之后，我们的中枢神经系统又得到了延伸，以至于能拥抱全球。③

（2）地球村。麦克卢汉认为，电子媒介打破了旧的时空概念，使人与人之间的时空距离骤然缩短，整个世界紧缩成了"地球村"，电子媒介使人们重新体验部落文化中村庄式的接触交往，使人类社会在高级阶段又重归部落文化而不是国家文化。

（3）媒介即讯息。新的媒介形态改变着我们对于自身和社会的经验，这种影响最终比它所传达的特定信息的内容更重要。④

（4）"热媒介""冷媒介"。所谓热媒介，就是一种不允许参与并具有丰富信息内容的媒介，主要是指电影、广播、照片、书籍、报刊等。相反，冷媒介则能给受众留下更多的参与空间，表现出较低的信息强度，主要包括电视、电话、漫画、谈话等。热媒介是集中化和权威性的，需要制作人将受众转换到另一个世界；而冷媒介却给受众留下了更多的想象空间，给区域性的方言提供了更多表达的机会，是一种更加非集中化的媒介。冷媒介逐渐替代热媒介是把电子媒介的变迁与现代性经验属性的嬗变联系起来考察的最佳表征。地球村已将等级、统一和个体化的印刷文化弃置一旁，取而代之的是一种更可触知的同步文化。

> **重要概念**
>
> "热媒介"即一种不允许参与并具有丰富信息内容的媒介；"冷媒介"则能给受众留下更多的参与空间，表现出较低的信息强度。

麦克卢汉对媒介的理解十分具有创造性和启发性。他对新媒介技术，特别是电子媒介对重构人类社会生活的重要作用的预言已得到验证。然而，他对电子媒

---

① 何道宽在麦克卢汉《理解媒介——论人的延伸》的中译者第三版序中提到了三次"麦克卢汉热"，分别是在1964年《理解媒介》出版之后，20世纪90年代信息化、网络化、数字化、全球化加速发展之际，21世纪网络信息化进一步发展之时。

② 巴兰，戴维斯．大众传播理论：基础、争鸣与未来．3版．北京：清华大学出版社，2004：296.

③ 麦克卢汉．麦克卢汉精粹．南京：南京大学出版社，2000：169.

④ 巴兰，戴维斯．大众传播理论：基础、争鸣与未来．3版．北京：清华大学出版社，2004：296.

介的这种作用做了过分的渲染，具有明显的唯技术决定论特征。

(三) 麦克卢汉文化与技术研究所

如今的多伦多大学麦克卢汉文化与技术研究所是多伦多学派媒介理论得以继承和发扬的主要源泉。该研究所的学者们主要是在麦克卢汉理论的框架内及各自研究课题的基础上，从理论和实践两方面去研究最新科学技术或媒体技术的发展对文化和社会所产生的影响，开拓并超越了早期多伦多学派的研究内容和研究领域。戴瑞克·德科柯夫是该研究所的负责人和多伦多学派的学术继承人。

德科柯夫的研究兴趣主要是基于虚拟现实的赛博空间和赛博文化给人们带来的媒介新体验。《文化肌肤》(1995) 一书是其所有著作中最为重要的一部，德科柯夫在这部著作中以其先辈们的理论为基础，扩展和深化了他们的见解和思想，以预言家的胆识和学术勇气讨论了通信技术与电子媒介对人类社会产生的最终塑造作用。他认为，人类目前正处于一个崭新的电子时代，在这个电子时代，我们以全人类为自己的肌肤。电子媒介爱抚着我们，并在我们的肌肤之下揉擦着其意义，为我们提供一种外在于身体和心智的“精神”现实。电子媒体和赛博空间将会改造我们的心理状态，虚拟现实技术将会填补观念与现实之间的鸿沟，我们正在创造一种超越所有个人智慧的集体心智。

以伊尼斯、麦克卢汉和德科柯夫三人为代表的多伦多传媒学派对传媒学和文化研究的发展是功不可没的。通过跨学科的比较研究，他们把媒介技术置于人类文明发展史的大背景中进行考察。他们一反以媒介传递的信息内容为中心的研究传统，开创了一种以媒介技术为焦点、以媒介技术史为主线把文明发展史贯穿起来的新的研究传统，为后人充分认识各种传播媒介带给人类文明的影响提供了一种独特的视角与方法，具有十分深远的启迪意义。

第三节 当代传媒社会学的主要研究方法

传媒社会学的研究就是指研究者通过对传播活动与社会互动关系的某一主题进行系统的调查，在此基础上寻求解决办法的过程。大体上，传媒社会学的研究方法可以分为两大类：一类是研究传播信息本身，即以传播信息的研究为导向的研究，如调查研究法、内容分析法等；另一类是研究传播对人们社会行为的影响，即以行为或是任务为导向的研究，如控制实验法、民族志方法等等。

一、调查研究法

调查研究法（survey research）是一种在社会科学中经常使用的观察方法，

在一个典型的调查中，研究者采用问卷、访谈或观察等技术，搜集所需资料。调查研究通常有两大类型：描述性调查和分析性调查。描述性调查试图生动形象地描述或揭示时下存在的状况和态度，也就是说，描述目前存在的东西。例如，广播电台和电视台为了确定节目的风格，就需要持续地对可能影响节目的一些因素，诸如受众价值观念和生活方式的变化等进行调查。在这类描述性调查中，研究人员的兴趣在于发现某个既定领域目前的状况。分析性调查试图描述和解释为什么某种状况得以存在。在使用这种方法时，为了验证研究假设是否正确，研究者通常要对两个或更多的变量进行检验，其结果既可以检验变量之间的相关性，又可以做出解释性的论断。例如，电视台进行市场调查，以确定受众的生活方式怎样影响其收视习惯，或受众的生活方式能否被用来预测节目的成败。①

重要概念

描述性调查试图生动形象地描述或揭示时下存在的状况和态度，也就是说，描述目前存在的东西。分析性调查试图描述和解释为什么某种状况得以存在。

拉扎斯菲尔德被公认为用调查研究法研究传播问题的奠基人。1940 年美国总统大选期间，他和助手等人调查了俄亥俄州伊利县的选民，分析他们的投票意愿与接触大众媒介之间的关系。当时的学术界普遍认为大众传播具有“魔弹”和“皮下注射”一般的强大效果，认为大众传媒具有强大的影响力，就传播效果而言，传播者和大众传播媒介是决定因素。它假定，媒介自身具有不可抗拒的力量，受众除了无条件接受和信服媒介的传播，绝无抵抗力。然而，拉扎斯菲尔德等人的调查研究表明，大众传播对个人的投票行为之影响不及人际传播大。他们所提出的“两级传播模式”“意见领袖”等概念，已经成为理论框架中的重要组成部分。两极传播论认为，大众传播过程包含了人际传播，来自媒介的消息首先抵达“意见领袖”（或称“舆论领袖”），通过他们将消息传递给其追随者，人际传播的影响比大众媒介更经常、更有效。对“意见领袖”这一富有创意的概念，拉扎斯菲尔德通过考察做了归纳：他们更经常接触大众媒介，对相关领域有主观兴趣，同时更关注与自身素质相关的媒介内容。因此，他们能引导群体成员的态度，影响其选择。

重要概念

意见领袖更经常接触大众媒介，对相关领域有主观兴趣，同时更关注与自身素质相关的媒介内容，能引导群体成员的态度，影响其选择。

【知识窗】

拉扎斯菲尔德是美籍奥地利人，著名社会学家。毕业于维也纳大学，先后获哲学、人文学和法学博士学位。作为传播学四大奠基人之一，拉扎斯菲尔德在形成现代传播研究方面具有重要的思想影响，是传播效果研究的开创者。拉扎斯菲尔德及其助手合作完成的《人民的选择》被称为“社会科学史上最复杂的调查研究之一”，也是传播效果研究的经典著作。

---

① 李本乾．描述受众特性，揭示因果关系——调查研究法简介．当代传播，2000（3）．

谈及“议程设置”“两级传播”等概念，就不得不提罗杰斯。罗杰斯是“议程设置”理论的杰出发展者和当代主要代表人物。他主要探讨了该理论的历史、发展状况和未来趋势，在总结概括以往理论的基础上，进一步延伸了理论的论述范围和检验范围。1962 年，罗杰斯在调查基础上发表了研究报告《创新扩散》（又译为《技术革新的普及过程》），这项研究对“两级传播”的概念做了重要的补充和修正。罗杰斯把大众传播过程分为两个方面：一是作为信息传递过程的“信息流”，二是作为效果或影响产生和波及过程的“影响流”。前者可以是一级的，即信息可以由传媒直接流向一般受众；而后者则是多级的，要经过人际传播中许多环节的过滤。1971 年，罗杰斯创立了创新扩散模式，这个模式涉及创新扩散过程的诸多因素，如创新观念本身、扩散渠道中的大众传播和人际传播、接受创新发明的社会成员的社会状况和个性特征等，它们从不同角度影响着创新观念的扩散。之后，意见领袖在其人际传播范围内施加影响，协助或组织创新的散布。罗杰斯认为，创新扩散总是借助一定的社会网络进行的。在创新扩散过程中，信息技术能够有效提供相关的知识和信息；但在劝服阶段，人际传播则显得更为有利。除了上述研究成果，罗杰斯在传媒社会学领域的另一大贡献是，他还致力于研究大众传媒与社会变革之间的关系、发展中国家向现代化过渡阶段信息的作用、国际传播新秩序等问题。

二、内容分析法

内容分析法（context analysis）是“通过将信息内容分类，以便测度某些变量的途径对传播信息进行研究”①。其内容可以包括书籍、杂志、网页、诗歌、报纸、歌曲、绘画、讲演、信件、电子信息、网络上的布告、法律条文和宪章，以及任何其他类似的成分或集合。② 内容分析法是数量化的系统分析，是较为客观的分析方法，具有非接触研究、定量研究与定性研究相结合的特点，可揭示文献的隐性内容。19 世纪美国报业崛起，内容分析法被广泛应用于传播领域，主要通过统计报纸上某方面内容的新闻报道篇数，来考察报道的重点以及社会舆论状况，并对艺术、音乐、文学和哲学等方面文献的主题内容进行分析，以期发现社会和文化变化的历史趋势。比如奈斯比特所著《大趋势——改变我们生活的十个新方向》一书的出版，标志着内容分析法走向了成熟。他的咨询公司运用内容分析法对 200 份美国报纸进行分析、综合，经过几年的积累，归纳出美国从工业社会过渡到信息社会的十大趋势。在这部书取得成功的同时，众多研究者开始关注内容分析法在社会研究中的巨大作用和潜力。③

内容分析法特别适用于对传媒社会学的研究，能够回答传媒研究的“5W”

---

① 罗杰斯．传媒学史．上海：上海译文出版社，2002：223.

② 巴比．社会研究方法．10 版．北京：华夏出版社，2005：306.

③ 邱均平，邹菲．关于内容分析法的研究．中国图书馆学报，2004（2）.

的经典问题。现在内容分析法在传媒研究中有着广泛的应用范围，不仅用于分析文字信息（如报刊、书籍、信件、公文信息），而且扩展到各种声音或图像信息（如广播、演讲录音、电视录像、电影等）。例如，在美国，人们一直批评电视节目中暴力镜头太多，对青少年有不利影响。究竟暴力镜头多到什么程度呢？这可以用内容分析法进行精确的观测。有一项研究表明，美国的每名少年儿童长到12岁时，已从电视中看了10万个表现暴力行为的镜头。这表明电视节目确实过多地渲染了暴力行为。①

卜卫认为，内容分析法有三个目标②：其一，将媒介与社会现实进行比较。研究者在从事这类研究时，一般暗含着一种假设，即传播内容的倾向与社会现实（或现代社会价值观）不符。其二，从媒介内容推论传播者的态度。研究者的假设是，在大多数情况下，媒介内容在相当程度上自然而然地表现了媒介或传播者的态度。如研究某个杂志中的女性形象可推断出这个杂志对女性的态度。其三，从媒介内容推论传播效果。研究者的假设是，人们长期接触某种媒介内容，就会受到某种媒介内容的影响。这一假定已得到一些理论的支持。但也有理论指出，媒介内容对受众的影响不是直接的，而是有条件的。受众接触该内容的动机、态度、原有认识结构以及其他因素也将决定媒介内容产生的影响。就研究的可靠性而言，第一个目标最为可靠，只要找出关于社会现实的数据或表达清楚研究者所认定的价值观念等，就可将媒介现实与社会现实进行比较，并能较圆满地揭示结果。比如，一项关于小人书的性别模式研究发现，在20世纪60年代的美国，已有超过50%的女性参加了工作，但在300多部小人书样本里，职业女性的比例为零，所以内容分析得出结论：小人书所反映的性别模式与社会现实严重不符。内容分析的第二、三个目标含有推论。在一些情况下，内容分析有可能推论出媒介或传播者的态度，尤其是广告、宣传等说服性信息，但对于是否能就此推论出传播效果（对受众的影响）存在争议。

三、控制实验法

所谓控制实验法（control experiment），就是说其研究是在实验室内进行的，而且在进行时要对某些实验因素加以人为的控制。它是由勒温和霍夫兰从实验心理学引入传播研究领域的。进行实验时，必须人为地控制某些变量，以观察特殊变量与传播效果之间的因果关系。

控制实验法在传媒研究中的应用，一般被认为是从勒温和霍夫兰开始的。勒温首先研究群体动力学，为了弄清小团体内的人际关系，用控制实验法对团体内的传播活动进行了观测。霍夫兰的兴趣则在于对大众传播的效果进行心理分析。二战期间霍夫兰在美国军队中对态度变迁问题进行了一系列的实验。他设计了一套实验程序，让士兵们观看《我们为何而战》《大不列颠之战》等战争动员电影，

① 吴飞，王学成．传媒·文化·社会．济南：山东人民出版社，2006：7-9.
② 卜卫．媒介与性别．南京：江苏人民出版社，2001：37-38.

然后测量士兵们对美国参战的不同态度，结果发现单一的大众传播信息并不能有效地影响到人们的态度变迁。

【知识窗】

勒温的“专制气氛”和“民主气氛”实验发现，团体的内聚性受领导者的工作作风的影响。一般而论，民主的小组更富有成果，内聚性较强。与民主小组相比，专制小组在活动中不是更放肆就是更漠然，当在实验中故意对各小组展开攻击时，专制小组显得士气低落，并有分崩离析的倾向，而民主小组则比受攻击前团结得更紧密。

近年来，实验研究出现了一种新的趋势，即开始转向“实地实验法”（field experiment）。这是指在实地而非在实验室里进行实验。在典型的实地实验中，研究者会在现存环境中引入一个实验变量。比如，研究者想要比较某一新产品或服务信息的口头传播与电台传播的情况（即新闻如何传播），那么研究者可以找出两个邻近的城镇，它们在工业、收入、教育等方面非常相似，然后在一个社区中由意见领袖介绍产品，在另一个社区则由广播介绍产品。①

四、民族志方法

民族志方法（ethnography）② 一词中，“ethno”意指“一个民族”“一群人”或“一个文化群体”，而“graphy”是绘图、画像的意思，所以，“ethnography”的意涵便是“人类画像”，并且是同一族群当中人们“方向或生活”的画像。也就是说，民族志研究是在描述一个种族或一个团体中的人的生活方式，并解析其与文化中的人、事、时、地、物各因素的交互影响过程。研究者必须“长时间参与”或以“一对一访谈”的方式搜集数据，重视他们原本的真面目，叙述他们如何行动、如何交互作用、如何建构意义、如何加以诠释的问题。其目的在于发现他们的信念、价值、观点和动机等，而且要依照团体中成员的观点，来了解这些信念和价值如何发展和改变。

传媒社会学的民族志（ethnography of communication）是从文化人类学及社会语言学中演化而来的，研究者试图理解的是某一文化或群体成员所采用的传播方式。盖瑞·菲利普森（Gerry Philipsen）归纳了传播的民族志研究的四种假设。第一，同一文化群体的成员创造了共享的意义。他们所采用的符码具有一定程度的共性。第二，任何一个文化群体内的传播者都必须协调他们之间的行动。

---

① 辛格尔特里．大众传播研究方法——现代方法与应用．北京：华夏出版社，2000：165.

② 对于“ethnography”，国内学者有多种译法，如“民族志学”“民族志方法”“田野志”“人种志方法论”或者“民俗学方法论”。为求表述的统一，本书一律采用“民族志方法”这一译名。

换言之，传播行为必须具有一定的秩序或者体系。第三，对单个的群体来说，意义和行动具有特殊性。换言之，它们因文化的不同而不同。第四，不同群体的行为和符码模式各不相同。不仅如此，每个群体在理解特定符码和行为时所采用的方式也不同。① 菲利普森在对芝加哥南部的一个工人阶级语言社区进行长期的考察后发现，那儿的人在进行说服他人的传播活动中，人们相互之间最重要的传播手段——谈话——并不是在所有的场景或语言社区中都会起同等的作用或者具备同等的价值。比如在该语言社区，普通成年男子相互之间多通过谈话来进行沟通、理解和说服，因为他们之间的地位相近；而对于那些地位低于他们的人，如妇女、孩子等，则更多地通过一些动作之类的非语言传播方式来传递信息或命令；对那些地位高于他们的人，如自己的上司，他们较多地通过第三者来传递相关的说服信息。②

采用民族志方法研究传媒的学者们往往得花上一年甚至是数载的时间，追踪一个选定的观察群体，同他们一起生活。例如，和他们一起看电视，讨论节目内容，讨论他们看电视的方式以及电视在家庭中的作用，等等。研究者将在尽可能不干扰对方甚至不让对方觉察的情况下，记录研究对象的一言一行。这些采访的副本是以后进行分析的原始数据，并往往在公布的研究成果中作为附带摘录。美国学者柯克·约翰逊的博士论文《电视与乡村社会变迁——对印度两村庄的民族志调查》就是这一方面的代表作。约翰逊在印度进行了对两个村庄的民族志研究（一个离小镇较近，另一个相对较远），采用了适合田野情况和本主题的深度访谈和参与式观察的方法。他研究探讨的是印度乡村生活的社会环境以及电视在不断变化的景观中所起的作用。他探究了村民们的生活并研究了电视对他们的抱负、理想、亲情和传统的影响。他试图了解电视在这些乡村地区社会和经济发展上所起的作用。他重视的是真实人物的生活和他们的意见，而不是一连串的数字和资料。对于村庄，他是在他们与电视的正在演变的关系以及电视在社会变迁中所起的作用这样的语境下加以描述的。③

五、案例研究法

案例研究法（case study）也称个案研究法，是对具有典型意义的个案进行研究，形成对某一类共性（或现象）的较为深入、详细和全面的认识的方法。案例研究对象所需要的不是统计学意义上的代表性，而是质性研究所需要的典型性。④ 在案例研究的实例中，较为出名是“把关人研究”。“把关人”是勒温在研究团体传播过程中提出的一个概念，意即在传播过程中，从传播者到受众之间，有时还存在一些“把关人”，他们起着过滤和筛选信息的作用。1950 年，怀特首

---

① 李特约翰．人类传播理论．北京：清华大学出版社，2004：228.
② 蔡骐，常燕荣．文化与传播——论民族志传播学的理论与方法．新闻与传播研究，2002（2）．
③ 约翰逊．电视与乡村变迁——对印度两村庄的民族志调查．北京：中国人民大学出版社，2005：8.
④ 王宁．代表性还是典型性？——个案的属性与个案研究方法的逻辑基础．社会学研究，2005（5）．

次用案例研究法对“把关人”进行了实际研究。他所选择的“把关人”是一位40岁左右的报纸编辑，该编辑在中西部某家发行量为3万份的日报里负责处理外来电讯稿。怀特对他进行了连续一周的观察，要求他解释取舍每一条电讯稿的原因，并详尽了解这位“把关人”的原有立场，他对读者口味的预测、对来稿在题材和文笔方面的要求标准。通过比较各类稿件的采用率和所占版面篇幅，并列表说明稿件被“枪毙”的各种原因，怀特就可以对这位编辑的把关标准做出全面的描述了。

案例研究只涉及某一个别事例，它与抽样调查不同，不能据此做出合乎逻辑的科学推论。因此，案例研究一般事先不提出什么假设，也不以其最后结果去证实什么观点。案例研究的特殊意义在于，它较详细深入地占有资料，能够提出丰富的见解与观点，可以作为其他方法进行研究、求得一般性结论的基础。因此，有些研究者把案例研究与其他方法结合使用。

六、话语分析法

话语分析法（discourse analysis）是语言学领域一门新兴的交叉学科，其研究对象是句子以上的有意义的语言单位。通过话语分析，可以探索话语形式与意义之间的联系、参与者之间的关系和地位、语境与话语之间的互动等许多问题。话语分析方法众多，包括叙事分析、言辞行动理论与语用学、新闻话语分析、批判话语分析等等。荷兰语言学家托伊恩·A. 梵·迪克（Teun A. Van Dijk）在《作为话语的新闻》一书中提出新闻话语分析方法。他认为：新闻应该从作为一种公共话语形式的角度来进行研究。从新闻参与者的社会认识角度，研究者集中探讨了记者的新闻制作过程和读者的新闻理解过程。通过这种方式，新闻结构既直接地与社会实践和新闻制作的意识形态联系在一起，又间接地与新闻媒介的结构环境、宏观环境联系在一起。①

第四节
对当代传媒社会学理论的评论与反思

在社会学研究中，存在着几大经典传统，尽管诸多学者对此表述不一，但仍有脉络可循。在传媒社会学领域，各种理论同样也盘根错节，许多学者力图对此进行化约，并提出了传媒学研究的两大传统：一是经验学派，二是批判学派。也有学者提出第三大基础学派——技术学派，它着眼于媒介机器与人的交流设计，关注不同媒介之间对社会影响的比较和新媒介对社会影响的前瞻

① 迪克．作为话语的新闻．北京：华夏出版社，2003：1.

研究。

其实，社会科学领域有不少研究者从事理论规范的梳理工作。早在1968年，哈贝马斯就在《认识与兴趣》一书中，基于实践的观点，将人类社会的生活世界划分为三种基本的构成要素，即劳动、交往（沟通）和权力（支配）。与此对应，形成技术的、实践的和解放的三种基本旨趣。进一步，再发展出三种类型知识：经验-分析科学（empirical-analytical science）、历史-解释性科学（historical-hermeneutical science）、以批判为导向的科学（critically oriented science）。依循这条思路，我们可以将传媒社会学领域的研究理论区分为三种类型：实证主义研究、人文主义研究、批判主义研究。当然，这一划分并非泾渭分明，许多被归为同一类的理论之间也有不少差别。[①] 在以下的讨论中，我们将梳理传媒社会学的这三种类型的理论传统。

一、实证主义研究传统

当代主流传播研究始于二战时期，此时实证主义研究在美国正处于巅峰阶段。这一社会科学研究思潮深深地影响到传媒社会学的研究，实证主义研究传统由此生长并逐渐繁荣起来。1927年，拉斯韦尔发表了博士论文《世界大战中的宣传技巧》。1950年，他在与开普兰（Abraham Kaplan）合著的《权力与社会》一书中，将权力定义为“一种过程：可以以实验的方法观察其行为”，这正是实证主义社会科学研究的基本方法之一。霍夫兰所领导的军队态度变迁研究亦遵循这一研究路径，他推广并完善了控制实验法在传媒学领域的应用。1942年年初，美国陆军总参谋长乔治·马歇尔招募卡普拉（Frank Capra）制作了七部50分钟的电影，即《我们为何而战》的系列片。根据这些电影，霍夫兰设计了一系列实验来检测这些电影对士兵态度的影响，并创作出“美国士兵”系列丛书中著名的《大众传播实验》一书。拉扎斯菲尔德进一步发展了实证研究的传统。在早期他领导的普林斯顿大学广播研究所及其后的哥伦比亚大学应用社会学研究所中，他将民意测验的方法变成调查分析法，即分析性地利用样本调查来做出影响个人行为的有关因果关系的推论。其后，社会调查法逐渐在传媒研究中盛行。

实证主义的传媒社会学研究，往往要求具体说明一个特定的媒体——通常是该媒体的某一方面——与人们经常使用该媒体时产生的主观体验或行为的某一两个维度之间的假设性关系是否存在。

实证主义的传媒社会学研究者相信涂尔干关于社会事实是“物”的观念，在他们的思维中，研究对象比如电视节目或者报纸的版面是客观的，因为这些物是独立于研究人员也独立于受众的。作为一种社会事实，对这些内容的测量就都具有可操作性，如情节、叙事结构、角色行为模式以及其他的节目形态特征。在媒体使用的研究方面，他们同样相信这种研究的客观性。人们有先在安排和背

① 吴飞，王学成．传媒·文化·社会．济南：山东人民出版社，2006：1-3.

景特征——年龄、阶级、性别、种族、教育程度、家庭规模等——以及由于电视而产生的某些特定行动和感觉，所有这些内容都可以作为非连续的变量被测量。在实证主义研究传统中，有三种常用方法：调查研究法、内容分析法、控制实验法。

二、人文主义研究传统

人文主义传统可以追溯到狄尔泰，旨在理解作为社会行动者的个人行动的主观意义，以及这种意义对行动者和社会现实的影响。秉承这一传统的研究者认为，社会现实是由人的有意义的社会行为建构的。韦伯倡导对社会行动的理解，在韦伯看来，理解只能以文化科学领域中的事项为限，或者说以社会行为为限。人文主义传统的研究者提倡采用生活史、自传、案例研究、日记、信件、非结构访谈方法，尤其是观察法。

传媒学的集大成者施拉姆在 1971 年写道：“在刚刚过去的 40 年中，一般传媒学理论中的最大变化是逐渐放弃了被动的受众的思想，并以异常活跃、异常有选择的受众概念取而代之，这种受众操纵着信息，而不是为信息所操纵，他是传播过程的一个完美合作者。”① 一旦某个活跃的受众（或更准确地说，传播过程中的一个参与者）概念被接受了，探求传播信息对于受众个体的标准效果的做法看来就成问题了。取而代之，学者会探讨每一个受众个体赋予被接受的信息的独特意义，探索人们如何构筑意义。传媒社会学的人文主义传统强调传播信息对于个体的主观意义，其核心问题是：在理解和阅读的过程中，到底谁的意志占主导？是受众还是传播者？人文主义研究一般采用民族志方法、案例研究法与话语分析法等方法。

三、批判主义研究传统

（一）法兰克福学派

传媒社会学中的批判主义实际是众多具有社会批判意向的传媒学派的总称，他们主要活跃在欧洲学术界，所以通常又被称为欧洲学派。批判学派最初和最大的代表是德国的法兰克福学派，其代表人物包括霍克海默、阿多诺、本杰明、马尔库塞、哈贝马斯以及与他们有关的人物。1937 年，霍克海默在《社会研究杂志》上发表了一篇为法兰克福学派奠定思想根基的论文，题目叫作《传统理论和批判理论》。这篇重要文章不仅是法兰克福学派社会批判理论的宣言，也是当今满天横流的批判思潮的源头。文中明确指出，批判理论是同传统理论相对立的。这两者之间的本质区别在于：传统理论把自己置于现存社会中，旨在帮助社会；批判理论则把自己放在既定秩序之外，旨在推翻这个社会。

---

① 罗杰斯．传媒学史．上海：上海译文出版社，2002：208.

1969年以后，法兰克福研究所逐渐解体，批判理论的主旨仍以不同的形式保存在新一代理论家的著述中，其中最有影响的是哈贝马斯。对传媒社会学而言，重要的是看到哈贝马斯实质上是在提出一种社会传播理论。概括而言，批判学派主要着力于政治、经济和文化三个方面，尽管批判重点不同，但它们都是从西方马克思主义的立场出发，始终紧扣“控制”的命题——“谁控制传播”“为什么控制”“为谁的利益而控制”。时至今日，一些批判学派的成员仍然继续研究着这些有关大众传媒机构的所有权和控制的问题。

（二）女性主义传媒批判论

除了法兰克福学派的批判思想，批判主义传统中还包括女性主义传媒批判论。1978年，美国学者塔什曼与他人合作出版了论文集《炉床与家庭：媒介中的女性形象》，这是传媒与性别研究中具有里程碑意义的一部作品。该论文集主要探讨了两方面的问题：一是女性在媒介中如何被描绘，二是在媒介中工作的女性。从这本书开始，女性在大众传媒中的形象得到了更多研究者的关注。

作为一种新兴的传媒批判类别，女性主义传媒批判论鲜明地表现出了它对大众传媒中展现出的性别惯例的批判态度，女性主义者们纷纷从性别权力结构观点出发，对大众传媒中所表现出的与女性有特殊关系的“文本”加以分析，从中观照女性在社会中所处的独特位置，并探寻构成这种文本的内在机制。他们认为，当今媒介中尽管充斥着各种类型的女性形象，但它们并未展示出真实的女性生活，在男权话语主导下，媒介所塑造的女性形象充满了忽视、偏见和歪曲。

需要指出的是，在女性主义传媒批判论中，意识形态批判不仅支持了女性主义者“女人不是天生的”这一观点，揭示出所谓的女性气质、妇女受压制的社会地位其实是长期以来由居于统治地位的父权意识形态强加的，更启发了女性主义批判者在解读和阐述媒介文本时，对媒介文本如何表达两性性别权力关系等方面进行详细的考察，从中发现了性别意识形态的表述方式和作用于受众的过程。①

（三）文化帝国主义

文化帝国主义的话题，实际上隐含着全球化背景和意识。如果没有全球化所触发的世界历史的变革，自然也就不存在文化帝国主义的问题和思考。作为现象的文化帝国主义可以说由来已久，但它真正引起人们的普遍关注则是在20世纪60年代，而凸显则在70年代。二战以后，大众媒介通常被视为最具保障性的现代化渠道之一，特别被视为战胜传统形态的有效工具。从这个观点来看，大众媒介从已经开放的西方资本主义国家流动到开放程度较低的地区，被认为是有利于接受者“对抗社会主义、计划经济与政府控制的另类现代化模式”。

如果从接受端国家社会的角度来框定大众传播的全球化过程，那么根据批判

① 段鹏．传媒学基础：历史、框架与外延．北京：中国传媒大学出版社，2006：88-89.

理论，只有四个命题要考虑：第一，全球性的媒介促进了依赖关系的发展，而非经济的成长；第二，大众媒介内容流动的不平衡，侵蚀了文化的自主性，抑制了文化的发展；第三，新闻流动的不平等关系，相对增加了那些庞大、富有的新闻生产国的全球势力，并阻碍了适当的国家认同和自我形象认知；第四，全球性的媒介流动造成了文化同质或一致化的状态，导致了一种支配性文化模式的出现，而这种文化模式和多数人的真实经验并没有什么关系。

从20世纪70年代开始，以上述命题为研究核心，涌现出了一批文化帝国主义的批判学者，代表人物有法国的阿芒·马特拉（Armand Mattelart）、英国的杰里米·滕斯托尔（Jeremy Tunstall）、美国的赫伯特·席勒（Herbert Schiller）等。他们大多秉承了依附理论的思想传统与批判精神，将当代世界的传播问题置于资本主义/帝国主义的世界体系中进行整体考察。[①]

这里简要介绍一下美国学者赫伯特·席勒。他认为，大众传媒联系着政治和经济权力中心，由于这种联系，媒介在提供民主论坛和公共空间、监视有权势的利益集团方面就会有所不足。1976年，他在《传播与文化支配》中首次使用并系统诠释了“文化帝国主义”理论。他认为，媒介传播中的帝国主义现象是由占媒介优势地位的国家的有关政策和策略造成的，美国的媒介优势是美国外交和国防政策的结果，而媒介则是为这些政策服务的重要工具，美国传媒使美国文化和价值体系向外渗透。20世纪八九十年代以后，随着各种新传播技术的发展，特别是多媒体、互联网、信息高速公路的兴起，席勒又将注意力转向“信息社会”。他认为，在新的信息技术扩展之时，跨国公司和市场逻辑所支配的权力关系不仅丝毫没有改变，反而进一步巩固了原有的极不合理的世界政治、经济和文化秩序，以及信息与传播秩序，从而使公司的权力深入到世界的新部分和生活的新领域（包括教育领域）中去。

> **重要概念**
>
> 媒介传播中的帝国主义现象是由占媒介优势地位的国家的有关政策和策略造成的，美国的媒介优势是美国外交和国防政策的结果，而媒介则是为这些政策服务的重要工具，美国传媒使美国文化和价值体系向外渗透。

(四) 后现代主义

再来看批判思潮的未来预言——后现代主义。后现代主义理论促进了整个世界的后现代转向：离开真理、确定性、普遍性、本质和系统的现代话语以及拒斥自由与解放宏伟叙事的转向。经过一大批理论家如福柯、德里达、利奥塔、鲍德里亚（Jean Baudrillard）等人的呐喊后，后现代主义已成为当今最引人注目的思潮。传媒批判理论与后现代主义的连接主要表现在对传媒进行后现代的思想分析上。

从社会与文化的角度出发，后现代的传媒批判理论强调现代传统理论根基的倾覆、元叙事的合法消失、一般准则的崩溃和价值的多元化等。后现代主义的一个重要论点是，现代性培育了很多神话或元叙事，并为它们所维系。这些故事使

① 段鹏．传媒学基础：历史、框架与外延．北京：中国传媒大学出版社，2006：89-90．

人能把那些可能会被当成神经错乱或不合逻辑的行为过程合理化，而大众传媒则为宣传现代的元叙事提供了重要手段。在许多经由媒介传播的神话中，存在着一个共同的主题，那就是发展的必然性。每一个科学发现、每一项技术革新，都被看作是在通往光明美好的未来之路上又迈进了一步。如果能够理性地控制发展过程，那么世界终将走向和平、繁荣、昌盛。但是，后现代主义理论认为，如果没有充分考虑环境将受到长期影响，没有充分了解人类自身的局限性，那么这些目标将是非常危险的。这些强有力的元叙事排斥对自己的批判，它们为大规模战争、种族灭绝和其他诸多暴行提供了借口和合法的理由。后现代主义认为，媒介恰恰处于现代主义迅速瓦解的中心。我们依赖媒介中的刺激因素帮助我们建构和理解日常生活经验，这种依赖程度几乎等于将我们全方位地置于媒介的影响之下。现在已经出现了恶性循环：媒介生产出越来越多的信息，逐渐毁掉我们维持现实统一经验的能力；随着这种能力的被破坏，我们对媒介的使用发生了变化，而这种变化又反过来鼓励媒介提供更具破坏性的内容。后现代的传媒批判理论为我们展现了一幅在“游戏”中嬉戏、抵制、抗争，甚至寂灭、死亡，既具希望又令人困惑的后现代世界场景。①

下面以鲍德里亚为例，简要介绍一下他提出的“虚拟现实世界”概念。鲍德里亚是当代最有影响的传媒理论家之一。他认为现代大众传媒的影响与其他技术的影响迥然不同，且更为深刻。大众传媒，尤其是像电视这样的电子传媒的出现，改变了我们生活的最基本的性质。电视不单单是把世界“展现”在我们面前，还日益在界定着我们实际生活的这个世界。他所使用的“虚拟现实世界”概念，跟利普曼提出的“虚拟环境”意涵基本一致。

就在1991年海湾战争爆发前夕，鲍德里亚写了一篇题为《海湾战争不会爆发》的报刊文章。后来战争爆发，一系列的血腥冲突发生，看起来鲍德里亚显然是估计错了。但是，并非如此。战争结束后，鲍德里亚又写了一篇文章，题为《海湾战争没有爆发》。这到底是什么意思？他的意思是说，这次战争和以往的战争不同。这是一场发生于传媒时代的战争，是一种电视景观。在这场战争中，全世界的观众是通过看CNN的报道来了解战争的进展的。

> **你怎么看**
>
> 海湾战争到底有没有爆发？

鲍德里亚认为，事实上，在这个大众传媒无所不在的年代，一种由人们的行为和传媒图像共同构建的新的现实，即虚拟现实，正在出现。这个虚拟现实的世界是由幻象构筑的。这种幻象是一些只能由其他图像赋予意义的图像，因此不具备在“外部现实”中存在的基础。例如，著名的希尔顿香烟系列广告就根本不谈香烟，只展示其长期广告系列中出现过的广告形象。现在的政治领导人如果不在电视上频频露面，就难以在选举中取胜。领导人的电视形象就等于大多数观众所知道的“那个人”。

① 段鹏．传媒学基础：历史、框架与外延．北京：中国传媒大学出版社，2006：90－92.

传媒社会学秉承着与社会学相似的研究传统，在研究方法上也与其母体学科社会学相似，当代传媒社会学正处于兴盛阶段，当代传媒社会学理论的发展也不是单一的以社会学和传媒学理论为主，而更倾向于运用其他学科进行综合。所以对于传媒社会学而言，尽管所涉及的研究范围相当广，但它总离不开社会学的理论，尤其是批判理论、功能主义理论、女性主义理论等。当代传媒社会学研究倾向于与实证相结合，而不只是单纯的理论研究。比如和传媒的实证工作相结合，通过传媒社会学的视角来剖析传媒中的实证工作存在的问题。传媒社会学理论从出现以来，对传统社会学的理论、方法、研究对象和范围等方面都产生了重大的影响。传媒社会学不仅拓宽了社会学的研究范围与视野，同时也在一定程度上促进了社会学理论本身的进步与完善。

当代传媒社会学与政治、文化、经济和社会的联系更加紧密，现实性更强，为社会科学的发展与社会的进步发挥了不小的助力。传媒社会学与政治的关系主要指的是传媒社会学与权力的关系。传媒社会学家们在他们的传媒社会学理论中都或多或少地研究或探讨过大众传媒与权力之间的关系。如媒介系统依赖论指出，个人和大众媒介之间关系的本质被定义成一种基于不对称的资源配置的权力依赖关系；伊尼斯从传播媒介和权力机构之间的关系角度出发，提出了“传播偏向性”理论，而且他认为传播媒介的发展有可能使得权力更加集中；拉斯韦尔与开普兰合著的《权力与社会》一书，也着重探讨了传媒与权力之间的关系。可见，传媒从出现到今天一直与权力有着解不开的关系。传媒更是与经济和文化发展息息相关。换言之，媒体也是随着经济和文化的发展与进步应运而生的。传媒社会学可以提供与传统社会学和经济学不同的角度去观察与解释社会中的经济、文化现象，丰富人们对社会与自身的了解。

当然，作为一门新兴的学科，传媒社会学仍有许多不足与缺陷。首先，关于传媒社会学本身。近年来关于传媒社会学的著作虽然不少，但是对于传媒社会学本身的定义却少有论述。以美国学者麦克莱编写的《传媒社会学》一书为例，尽管书名取为“传媒社会学”，但是全书并未对“传媒社会学”下过任何定义，提及某学者也是模糊地冠以“传媒社会学家”。而且，就全书的编写体例来说，明显是从传媒学的视角予以安排的，而对传媒研究有贡献的社会学者只是散见于诸如“传媒力量”“传媒议程”“传媒受众”等传媒学色彩浓厚的章节中。当必须涉及传媒社会学的概念时，大多数学者都会以“传媒社会学是一门传媒学与社会学的交叉学科”来笼统介绍。当然也有对传媒社会学给出明确定义的学者，如英国学者巴特勒在《媒介社会学》中指出：“媒介社会学是近年来从传媒学和社会学脱胎出来的一门年轻的边缘学科，是社会学的一个新的分支学科。它是运用社会学理论，分析传播过程，研究媒介和社会的相互作用、相互影响的规律的学科。”① 但这一介绍也还是稍显单薄。其次，关于研究方法。目前，一提及传媒社会学的研究方法，我们便会先想到调查、访谈、观察、实验等相对表层的社会

① 巴特勒．媒介社会学．北京：社会科学文献出版社，1989：2.

学研究方法，而甚少从历史或是特定文化、经济背景的角度去考量一个事件的发生过程。不管在研究方法还是在研究传统上，传媒社会学与其母体学科都有太多的相似性，我们并不是说这样有哪里不好，而是呼吁或许传媒社会学可以建立起一套自己的研究方法，以便更好地、更全面地探讨传媒与社会的问题。虽然传媒社会学理论仍然有很多需要完善的方面，但这也从一个方面说明它还有进一步发展的空间。总而言之，当代传媒社会学理论的发展才刚刚开始，未来的发展会更加绚丽。

◎思考题

1. 传媒社会学这门学科是如何产生的？
2. 什么是传媒社会学的研究对象？如何正确进行认识？
3. 如何理解传媒社会学与社会学、媒介学的关系？
4. 传媒社会学如何与社会相关联？
5. 传媒社会学研究的进步性与不足在哪里？
6. 案例研究方法的优点与缺点是什么？它与抽样调查有什么不同？
7. 大众传播对政治、经济、文化与社会有什么影响？
8. 传媒与权力的关系是什么？

◎阅读书目

1. 施拉姆．传媒学概论．北京：新华出版社，1984.
2. 张咏华．大众传播社会学．上海：上海外语教育出版社，1998.
3. 段鹏．传媒学基础：历史、框架与外延．北京：中国传媒大学出版社，2006.
4. 杜威．人的问题．上海：上海人民出版社，1965.
5. 库利．社会过程．北京：华夏出版社，1999.
6. 胡申生，李远行．传播社会学导论．上海：上海大学出版社，2002.
7. 邵培仁．媒介社会学．南京：南京大学出版社，1994.
8. 德弗勒，鲍尔-洛基奇．大众传媒学绪论．北京：新华出版社，1990.
9. 巴兰，戴维斯．大众传播理论：基础、争鸣与未来．3 版．北京：清华大学出版社，2004.
10. 伊尼斯．传播的偏向．北京：中国人民大学出版社，2003.
11. 麦克卢汉．麦克卢汉精粹．南京：南京大学出版社，2000.
12. 罗杰斯．传媒学史．上海：上海译文出版社，2002.
13. 巴比．社会研究方法．10 版．北京：华夏出版社，2005.
14. 吴飞，王学成．传媒·文化·社会．济南：山东人民出版社，2006.
15. 卜卫．媒介与性别．南京：江苏人民出版社，2001.
16. 辛格尔特里．大众传播研究方法——现代方法与应用．北京：华夏出版社，2000.

17. 李特约翰．人类传播理论．北京：清华大学出版社，2004.
18. 约翰逊．电视与乡村变迁——对印度两村庄的民族志调查．北京：中国人民大学出版社，2005.
19. 迪克．作为话语的新闻．北京：华夏出版社，2003.
20. 莱博．思考电视．北京：中华书局，2005.

第六章

教育社会学理论及其当代发展

【本章要点】

- 教育社会学是研究教育与社会及社会亚系统之间的关系和影响的学科，其研究对象涉及教育、社会和个人关系。
- 涂尔干认为，教育最基本的功能是把人从个体人转化为社会人。
- 韦伯被视为冲突论教育社会学的创始人，他对教育社会学的贡献在于他从冲突论的社会学观来看待和解释教育。
- 教育社会学的两种理论趋势，首先是重新诠释传统理论著作，其次是呈现出“跨学科、跨范式”的理论综合趋势。
- 教育社会学的理论范式的演进先后经历了“前范式”时期、“规范性理论范式”时期、“证验性理论范式”时期和理论范式的竞争时期等几个阶段。
- 教育社会学以教育与社会的关系为主要研究目标。

【关键概念】

教育社会学◇社会本位◇功能论◇冲突论◇互动论◇理论范式◇“新”教育社会学

教育社会学，顾名思义，就是依据社会学的视角来研究教育的一门学科。正如任何一门新的学科理论都是为了适应人们某一社会生活领域的具体需要而产生的，都是随着人们对这一学科认识的不断深入而逐渐形成的，教育社会学理论也是随着人们对教育与社会相互关系的认识的深化而逐渐形成并发展起来的。具体而言，教育社会学是在教育学和社会学这两门学科的基础上发展而来的，是研究教育与社会的关系的一门学科，其研究内容多来自教育领域，而理论方法则多借助于社会学。基于此，叶志诚将教育社会学理论总结为“一群在逻辑上相互关联的变项所组成的概念，用以解释说明教育现象及教育行为。教育社会学的理论不是哲学的思辨，它具有相当程度的可实验性”①。本章将从教育社会学诞生的历史渊源出发，详细阐述教育社会学的主要理论脉络、发展趋势及研究范式等内容，以帮助读者了解教育社会学的发展脉络和主要理论流派，并从中体会当代教育社会学理论所蕴含的独特魅力。

第一节 社会学理论的教育学溯源

教育社会学来源于教育学和社会学，是两门学科融合发展而来的一门新的学科。一般认为，教育社会学的真正形成是在 20 世纪初至 20 世纪 40 年代的美国。具体而言，教育社会学的形成经历了以下五个标志性事件：（1）正式成为大学的一门课程。1903 年，苏则罗（H. Suzzalo）在哥伦比亚大学第一个开设了“教育社会学”课程，标志着教育社会学学科地位的正式确立。（2）正式出版教材。史密斯（W. R. Smith）于 1917 年出版了美国也是世界上第一本教育社会学教材《教育社会学导论》。（3）成立了全国性的学术组织。1923 年，美国教育社会学研究协会成立，并出版年鉴。到 1926 年，全美已有 194 所大学及学院开设了教育社会学课程，标志着这门学科的研究力量已成规模。（4）正式出版专业杂志。1928 年，裴恩（E. C. Payne）首创了《教育社会学杂志》，这不仅增进了研究者的相互交流，而且使教育社会学的知识得到了大力传播。②（5）1949 年，布鲁克夫发表《教育社会学的定义问题》一文，标志着现代教育社会学的正式确立，同时，他明确倡导将英文世界中的“教育社会学”从原来的 educational sociology 更名为今天通用的 sociology of education，奠定了教育社会学的社会学学科性质。③

---

① 叶志诚．教育社会学．台北：威士曼文化事业股份有限公司，2006：25.

② 周艳．教育社会学与教师研究．武汉：华中科技大学出版社，2008：5－6.

③ 马和民．新编教育社会学．上海：华东师范大学出版社，2009：21.

一、教育社会学诞生的历史背景与思想渊源

（一）历史背景

西方教育社会学理论同社会学理论一样，都是近代资本主义工业化社会的产物。18 世纪至 19 世纪上半叶，是欧洲工场手工业迅速向机器化大工业过渡的时期，资本主义的生产关系先后在英、法、德等国家确立，社会生产力得到极大发展。

这一新的发展阶段，将科学技术作为社会发展的普遍基础，因而引起了政治、经济、文化和思想上的巨大变革，并造成重新调整全社会各方面关系的需要。在教育方面，首先表现为工业生产领域对教育的需求日益增大。随着电动力的发现和机器制造业的兴起，工艺过程日趋专门化和复杂化，不仅要求劳动者具备一定的技术素质，而且要求劳动者具有起码的文化素质，以便进行社会化大生产，这便产生了通过教育训练劳动者的普遍需求。其次表现为价值-规范文化对教育的需求日益复杂。劳动过程的社会化乃至整个社会生活各个领域的社会化，要求劳动者具有共同的价值和规范意识，从而既满足社会分工的需要，又符合社会整合的需要，这使得个体社会化的过程与问题更加复杂和艰巨。① 同时，社会矛盾的激化，导致了一系列新的和教育相关的社会问题的产生，这些问题引起了教育学家和社会学家的共同关注，社会学原理开始被应用于教育科学。因此，在工业化之后，教育与社会、教育与个人的关系发生了本质上的变化，需要新的理论从新的角度来研究教育制度和教育过程。

（二）思想渊源

首先，教育社会学诞生之初，其主要思想源头汇集了教育学与社会学的相关理论。在教育社会学中，教育学的相关思想来源主要是教育体系中与“个体本位论”相对的“社会本位论”的形成，这也是教育社会学脱胎于教育学，而转向从社会学的角度来观察教育过程的源头。在 19 世纪中叶以前，教育学的主流是以研究个体的自由和谐发展为目标，这种取向被称为“个体本位论”。而 19 世纪 70 年代以后，在自由资本主义向垄断资本主义过渡的转型期，在德国、法国以及美国出现了强调“社会本位”的从全社会范围考察教育本质的教育学。持这种观点的学者主张应从社会的角度认识教育，通过教育认识社会。具体而言，强调“社会本位”观点的学者包括以下流派。一是“社会教育学派”，主要代表人物是德国的纳托普（P. Natorp）。纳托普认为，教育从根本上受制于社会，而社会上众多矛盾的解决又依赖于教育。教育的作用在于使人明白社会的真相和处世的方法。② 二是“文化教育学派”，其主要代表是德国的斯普朗格(E. Spranger)。该学

① 马和民，高旭平．教育社会学研究．上海：上海教育出版社，1998：2－3.

② 厉以贤，毕诚编．教育社会学引论．哈尔滨：黑龙江教育出版社，1989：15.

派主张，教育就是文化的传递和陶冶，教育的目的和意义只有从文化方面才能获得解释，教育变迁的原因也应当从文化的独特性和历史性中找到。① 三是“民主教育学派”，主要代表为美国的杜威。杜威把学校视为社会的缩影，认为教育的目的是培养民主的公民；学校不能孤立于社会之外，否则就会造成教育的浪费。② 四是“教育科学派”，该学派由德国的克里克（E. Krieck）和罗荷纳（R. Lochner）于20世纪初首创。该学派认为，传统的教育学过于思辨化和观念化，预先假定关于教育和人的普遍本质，并由此演绎出理论，而且只注意教育过程中极小部分的问题，即教师对儿童有意图、有计划的活动，而忽视了人的形成过程以及教育的社会功能等重点问题。因而，他们采取更为实证和科学的方法（主要是民俗学的方法）研究教育与社会的关系。这种教育理论已与教育社会学十分接近，其关注的焦点是民族、国家、社会制度等与教育制度、教育功能的关系问题。五是“环境教育学派”，主要代表是德国的布斯曼和法国的赞尼耶夫斯基。该学派采用实证方法（主要是调查和统计方法），科学地研究了地区、近邻、家庭、班级、同伴等较小的社会单位对教育和青少年的影响。③ 可以说，这一时期，教育学家已逐渐摆脱教育学初期形成的以个人为出发点的倾向，开始有意识地把教育同整个社会的发展联系起来，对教育的目的、任务、作用、性质等进行重新认识。这些认识虽然还不够系统，但均在不同方面有助于教育社会学理论的形成。

重要概念

个体本位论指以研究个体的自由和谐发展为目标的教育学取向。

社会本位论指从全社会范围考察教育本质的教育学取向。

【知识窗】

杜威曾应江苏省教育会、北京大学和北京大学知行学会等五个团体之邀来访中国，先后在北京、南京、杭州、上海、广州等地讲学，由胡适先生等人担任讲学的翻译，把民主与科学的思想直接播种在中国。杜威夫妇原来打算过了夏天就回美国，后来他们变更了计划，决定在中国留一整年。这是由于五四运动大大地引起了他们的兴趣，他们要看一个究竟。当杜威离开北京启程归国的时候，胡适写了一篇《杜威先生在中国》的短文，为之送行，登在《东方杂志》和《民国日报·觉悟》上，文章中极力推崇杜威先生对中国深远的影响。

其次，早期社会学家对于教育的社会作用的重视成为教育社会学形成的另一大思想源头。由于资产阶级革命和产业革命带来了社会变迁的加速、社会矛盾的激发、社会问题的增多、道德风尚的混乱等等社会问题，而早期的社

① 钱民辉．教育社会学——现代性的思考与建构．北京：北京大学出版社，2004：19.

② 张人杰．国外教育社会学基本文选．上海：华东师范大学出版社，2009：20-34，138-145.

③ 马和民，高旭平．教育社会学研究．上海：上海教育出版社，1998：4.

会学家们意识到了教育是促进社会进步、解决社会问题的重要手段，因此，他们都十分重视教育的社会功能，对教育与社会的关系也有着许多经典论述。

孔德认为，教育体系是组成社会的中心要素，教育的任务是协调社会的关系，学校的普及是社会稳定的基础。① 马克思是人类思想史和社会科学发展史上的巨人，他的理论深刻地影响了自他以后人类思想发展的各个领域。马克思对教育与社会的关系、人类的发展等问题的论述，对此后教育社会学的研究有巨大的影响。马克思所提出的“教育作为一种上层建筑受制于经济基础，同时教育对经济基础又有反作用”的观点，直接成为新马克思主义教育理论形成的基础，后者于20世纪60年代后期出现，在西方社会学界影响极大。② 沃德是美国社会学会的第一任主席，也是对美国教育社会学的形成有较大影响的人。他在1883年出版的《动态社会学》一书中，列出专章讨论教育与社会进步的关系，并第一次提出了“教育社会学”这个概念。他提出了著名的“社会导进论”，即主张通过教育使人们获得知识，从而产生有目的的社会行动来引导社会进步。③ 沃德十分重视知识和教育。他强调，要获得知识，只有依靠教育，但并非通过所有的教育都能获得知识。他把当时流行的教育观念分为五种：(1) 经验的教育；(2) 训练的教育；(3) 教化的教育；(4) 研究的教育；(5) 传播信息的教育。沃德认为前三种教育无助于社会的进步，首要的和必需的教育是后两种：研究的教育以发现真理为最大目的，因为人类的一切进步都是发现真理的成果；传播信息的教育旨在把世界上已有的、最重要的知识传播给全体社会成员，这样做有助于智力的发展以及真理在社会实践中的充分运用。④ 沃德并未将教育社会学从一般社会学科中分离出来，作为一个特殊的领域进行研究，所以他并没有建立教育社会学的知识理论体系。然而，他的理论第一次比较系统地阐述了教育与社会进步的关系，对后来教育社会学注重“教育与社会变迁”相互关系的研究产生了极大的影响。可以说，早期社会学家的思想为教育社会学留下了极其丰富和宝贵的遗产，西方教育社会学最终走向成熟，在很大程度上得益于对这些理论遗产的充分吸收。

二、“教育”的古典社会学理论渊源

教育社会学是一个相对较新的领域，它在一开始就是由教育学家和社会学家共同参与，从各自熟悉的领域分别出发着手研究的。尽管两方面的学者在学术方向与研究途径上存在较大的差异，研究缺乏明确的学科意识与理论之间的系统关

① 钱民辉．教育社会学——现代性的思考与建构．北京：北京大学出版社，2004：21.

② 董泽芳．教育社会学．武汉：华中师范大学出版社，2009：5.

③ 刘季洪，罗志渊．云五社会科学大辞典：第八册．台北：台湾商务印书馆，1970：23.

④ 马和民，高旭平．教育社会学研究．上海：上海教育出版社，1998：11.

联性，但是在以教育与社会的关系为主要研究目标这一点上却是共同的。[①] 同时，正如前文中提到的那样，由于教育社会学的学科理论体系起源于欧洲的古典社会学理论，其理论基础是扎根于包括孔德、涂尔干、马克思和韦伯等社会学先贤在内的欧洲社会学家的著作之中的。因此，研究教育社会学理论必须追溯到社会学这个源头。

（一）孔德的社会静力学与社会动力学

19 世纪法国著名哲学家、社会学家、社会学之父孔德从借鉴自然界物理运动研究的视角出发，把社会学定义为“对于社会现象所固有的全部实证的研究”，这种研究又可分为两大类，即“社会静力学”和“社会动力学”。前者研究现实社会的结构和秩序，后者研究社会的动态演变和发展。孔德在其 6 卷本《实证哲学教程》的第 4 卷中，深刻阐发了他的教育社会学思想：社会是个集体性质的有机体，只有集体的所有成员同时得到发展，社会才能得到发展。[②]具体而言，孔德把社会看作一个有机体系统，各部分彼此保持着联系，而且这种联系“始终应当是社会系统各部分及其整体之间的一种自发的和谐”，这是孔德社会静力学的主要观点。智力发展三阶段的理论则是孔德社会动力学的基本内容。所谓智力发展三阶段规律，就是“我们的每一个主要观念，我们的每一个知识部门，都相继经历三个不同的理论阶段：神学阶段，或虚构阶段；形而上学阶段，或抽象阶段；科学阶段，或实证阶段”[③]。社会发展的阶段与人类智力发展的过程相一致，经历了三个阶段或历史时期：远古时代的神学阶段，中世纪时期以来的形而上学阶段，18 世纪、19 世纪之交开始逐步进入的科学阶段。应当说，孔德的社会静力学和社会动力学的两分法研究方式，代表和反映了他对人类社会组织、结构及其运动规律的基本思想，而孔德的智力发展三阶段说为以后教育社会学的研究奠定了思想理论基础。

> **重要概念**
>
> 智力发展三阶段规律是指，我们的每一个主要观念，我们的每一个知识部门，都相继经历三个不同的理论阶段：神学阶段，或虚构阶段；形而上学阶段，或抽象阶段；科学阶段，或实证阶段。

（二）斯宾塞的社会进化论

英国著名哲学家、社会学家赫伯特·斯宾塞将教育与社会学联系起来的理论工具是社会进化论与社会有机论。例如，他在著名的《教育论》一书里提出的“教育准备说”，实质上与“适者生存”的社会进化论思想是息息相关的。可以说，斯宾塞的社会进化观点和孔德的社会有机体共同揭示了社会发展的最基本原因，即现代文明社会有赖于与时俱进的现代教育。经济发展和社会进步对劳动者的素质要求日益提高，人的社会化过程随之复杂化。于是，人们越来越意识到教

---

① 董泽芳．教育社会学．武汉：华中师范大学出版社，2009：5.

② 鲁洁．教育社会学．北京：人民教育出版社，1992：4.

③ 贾春增．外国社会学史．北京：中国人民大学出版社，2003：29－30.

育的社会功能，即研究社会问题离不开教育，研究教育问题也离不开社会实际。因此，教育社会学应运而生，而学校则被社会设计成一种满足社会需要的组织。[①] 从社会宏观的角度来看待教育的社会学理论视角也由此起源。

（三）涂尔干的人的社会化理论

涂尔干是法国著名的社会学家和教育家，西方社会学界一般把他同马克思、韦伯并列为社会学三大传统的创始人。1903 年，涂尔干在其《教育与社会学》一书中最早确立了教育社会学这一概念，自此教育社会学才从社会学中正式分离出来，作为独立学科得以发展。由于他对推动社会学与教育社会学发展所做的巨大贡献，他也被公认为社会学与教育社会学的奠基者。涂尔干的教育社会学研究基于其“社会事实”的社会学观。他认为教育是社会学的重要组成部分，“教育从其起源、功能来看，是一种突出的社会现实，因此，教育学比所有其他科学更加紧密地依存于社会学”[②]。涂尔干对于教育社会学理论的贡献在于，进一步加深了社会宏观层面对于教育本质的思考。

> **重要概念**
>
> 涂尔干认为教育制度有两种社会功能：一是社会化——社会整合功能；二是选择，即为社会经济发展和进步选择专门化适用人才。

在主张社会秩序与集体主义论的涂尔干看来，教育的功能在于将人加以社会化，由此确保了社会秩序和社会的良性运行。涂尔干对于教育制度的社会功能尤为关注，他认为教育制度有两种重要的功能：一是社会化——社会整合功能，即教育以文化传递的方式，使社会成员接受社会规范及价值体系，适应社会生活，从而达到整合社会秩序的目的，简单来说就是“使年轻的一代系统地社会化”[③]；二是选择，即为迅速变迁的社会培养个人知能，为社会经济发展和进步选择专门化适用人才。正如其在《教育与社会学》一书中指出的，教育的社会功能是年长的一代给未能适应社会生活的年轻一代施加影响，其目的在于发展后者的生理、智慧和道德三类品质，使其适应政治社会和具体环境对个人提出的具体要求。教育就是系统地将年轻一代社会化，教育最基本的功能是把人从个体人转化为社会人。教育是由更广泛的社会秩序决定的，而社会秩序又依赖教育才得以维持。[④] 同时，涂尔干认为，教育所要培养的社会性，并非全部根植于现实社会，而是着眼于社会的理想。由此他特别强调道德伦理对社会的统合作用，即所有道德体系对个人要求的纪律精神、社会群体的依附和现代道德要求的“自决或自治”。[⑤] 涂尔干对于道德教育的研究也延续了其“社会事实”的研究观，他认为道德是一种理性的事物，是一种可视同自然现象一样用经验科学手

---

① 瞿葆奎．教育与社会发展．北京：人民教育出版社，1989：591.

② 王养冲．西方近代社会学思想演进．上海：华东师范大学出版社，1996：133.

③ 涂尔干．教育及其性质与作用//张人杰．国外教育社会学基本文选．上海：华东师范大学出版社，1989：10.

④ 中国大百科全书·教育卷．北京：中国大百科全书出版社，1989：173－175.

⑤ 袁锐锷．迪尔凯姆道德教育思想探讨．华南师范大学学报（社会科学版），1991（3）.

段加以研究的社会事实，因此，道德教育也必须在逻辑的指导下进行。① 总而言之，涂尔干阐释了教育促进社会进步的重要性，但他主张教育途径以统合的社会道德权威约束个人，完成个人的社会化。这种观点具有重要的时代意义，但偏于教育的保守性功能，忽略了教育的角色分配、人才选拔功能；重视社会静态平衡的一面，忽略了社会动态变迁的一面；重视社会秩序和约束的一面，忽视了个人自由发展与创造社会文明的一面。

(四) 马克斯·韦伯的解释主义教育社会学

德国著名社会学家、哲学家马克斯·韦伯是世界公认的西方社会学和教育社会学的重要创立者之一。韦伯把一种思辨传统注入社会学中，强调研究个体重于研究社会现象，主张将社会学建立在对个人的社会行动做“解释性的理解和因果性的说明”之上，从而开创了社会学理论中“解释主义的传统”，人们称他的社会学为“理解社会学”或解释社会学。因此其教育社会学的思想也带上了因果解释的深刻烙印。

从社会行动的因果解释观点出发，韦伯以广义的社会运动成因来论述教育与社会之间的关系。他在研究教育与社会发展之间的关系时认为，工业社会的教育功能主要是培养人，使个人在社会结构中形成一定的社会角色，占据相应的社会地位，具有适应这一地位的独特生活方式。韦伯认为，教育必须适应社会变迁，包括社会政治制度、经济制度的变迁和工业社会科学技术的快速发展。

具体而言，韦伯有关教育的著述集中体现于他在支配社会学领域内展开的教育类型论上。② 而社会支配的类型来源于社会权威的建立类型，根据他的分析，社会权威大致分为三类：第一类是精神感召的权威。建立于这种权威之下的社会制度，领导者以其英雄才干统领其服从者。教育在这种社会制度中，强调的是培养特殊的个人才干及品质。第二类是传统的权威。建立于这种权威之下的社会制度，包括贵族在内的少数英才受到重视。于是教育强调的是英才培养以及传统的人文教育。第三类是法定的权威。建立于这种权威下的社会制度，讲究的是合理的科层体制，对应之教育强调的是培养专业人才的专业教育。韦伯认为，在这三方面占有优势的统治阶级为了排斥其他阶级和群体，总要通过教育这个工具，保持对知识、学历和文凭的控制，从而以文化资本优势来确保其社会政治与经济地位的优势。韦伯经过比较后认为，传统与现代的教育考试制度具有本质差异。传统教育考试制度有价值传递的特点，而现代考试制度则重在社会分工和人才选拔需要。科层制和考试制度的变革，使教育制度与社会结构的关系日益密切，教育的选择功

> **重要概念**
>
> 韦伯的三种社会权威类型：第一类是精神感召的权威。第二类是传统的权威。第三类是法定的权威。

① 刘欣，王小华．迪尔凯姆教育社会学思想述评．高等教育研究，1993（4）．

② 贺晓星．马克斯·韦伯与教育社会学研究．广州大学学报（社会科学版），2006（5）．

能日显重要。[①]

除此之外，韦伯的科层制论、社会阶层论和身份集团等进一步深刻地揭示了教育的选择功能，完善了教育的社会分层功能的理论，并成为现代公共管理科学和人力资源管理的重要依据。由他确立的试图把社会宏观分析与微观分析相结合的社会行动理论，则成为20世纪80年代后一些西方学者重组教育社会学理论框架的思想源泉。

三、教育社会学理论的后续发展

在上述传统社会学领域的大家的学术思想的影响下，20世纪60年代以后，教育社会学的理论体系也开始逐渐成形。

20世纪60年代前期，活跃在教育社会学领域的大都是一些持功能主义立场的学者。功能论在初创时期以英国斯宾塞和法国涂尔干这两位功能论经典大师为代表，后来衍生了两个主要流派：以英国社会人类学家马林诺斯基与拉德克利夫·布朗为代表的"社会功能文化学派"和以美国社会学家帕森斯与默顿为首的"结构功能主义学派"。其中对教育社会学功能论的形成发展具有历史作用的是斯宾塞和涂尔干的早期功能论思想以及50年代后帕森斯、默顿的结构功能主义学说。[②]到了60年代后期，西方许多国家发生了剧烈的动荡，爆发了潜在的社会问题，由于未能有效地用其理论说明并解决社会所出现的问题，同时，由于其理论本身所存在的缺陷，结构功能主义受到了来自冲突学派与重视微观研究的互动理论的批判。

20世纪60年代末，伴随着美国青年反权威和女权主义运动的开展，社会学领域中一个新的理论流派——冲突论迅速崛起，并取代了结构功能主义长期以来在社会学界的主导地位。[③]如代表人物鲍尔斯和金提斯，他们批驳了功能主义学派关于资本主义教育平等能带来更大的社会平等的观念，指出不平等教育植根于使之再生的阶级结构之中；文化再生产理论的首要代表人物布迪厄则认为，学校的作用在于通过"文化专断"与"符号暴力"来传递统治阶级的文化，贬抑或削弱其他阶级的文化，通过"霸权课程"进行"文化资本"的分配，从而保证统治阶级文化资本的合法化与再生产。

功能主义和冲突主义都是从宏观的角度来分析教育问题。以英国著名社会学家B. 伯恩斯坦和M. F. D. 扬为代表的"新"教育社会学，主张从学校内部来解释教育与社会不平等关系等问题。这种侧重微观教育问题的研究促进了另一种新研究范式的出现。法国学者在20世纪60年代早期就接受了英国学者的影响，也

---

① 厉以贤，毕诚．教育社会学引论．哈尔滨：黑龙江教育出版社，1989：53.

② 钱扑．功能论及其教育目的功能观——对一种教育社会学理论流派的剖析．外国中小学教育，1999（4）.

③ 钱扑．功能论及其教育目的功能观——对一种教育社会学理论流派的剖析．外国中小学教育，1999（4）.

在一定程度上参与了这个学派的开创性工作，其代表人物有布迪厄和 J.C. 帕塞隆。到 70 年代中期，美国学者也对“新”教育社会学进行了探索，其中杰出的人物有 M.W. 阿普尔和韦克斯勒等。70 年代是“新”教育社会学的中兴时期，但从 70 年代后期开始，它就出现了衰退的趋势，到 80 年代后期，这个学派的影响就日趋削弱了。[①] 教育社会学在 20 世纪 80 年代出现了学派林立的状态。1980 年以后的学派之争，集中反映在美国的功能主义传统与马克思主义者之间，美国的“传统”教育社会学与“新”教育社会学之间，教育社会学的宏观研究取向与微观研究取向之间，微观研究取向的心理学主义与社会学主义之间，教育社会学方法论上的价值判断与事实判断、定量分析与定性分析之间。80 年代后期，“新”教育社会学的影响开始衰落，在论争中分化，进入了一个反思的时期，一种“教育的社会分析”学派取代了“新”教育社会学的地位。随着后现代思潮的挑战，教育社会学的传统理论和当代理论开始被“消解”、质疑，教育社会学所有的理论都被纳入“现代性、后现代性和全球性”的工程中进行重构。[②]

相对于传统偏向于宏观视角的教育社会学流派——功能主义和冲突主义而言，“新”教育社会学下的符号互动论、拟剧论、常人方法学等重要分支，都是从微观的角度来探讨教育过程的，在解释学校与课堂生活过程方面，如对教师、学生角色地位的研究，对师生互动过程的研究等，往往具有很强的说服力。而这些恰恰是功能主义与冲突主义解释不够或无力解释的。因此，有学者称，理论都归于“教育社会学的互动取向”。而无论是只研究宏观的教育制度的结构，还是只研究微观的教育活动过程，都构不成“完整的、准确的”教育社会学的研究，甚至也不可能对任何层面的教育现象获得“完整的、准确的”社会学认识。因此，如何将微观与宏观、个体主义与整体主义进行综合成为当今教育社会学家面临的主要问题。[③] 第一节我们简要总结了教育社会学理论的起源和发展，后面将进一步详细介绍教育社会学理论的发展过程。

第二节
教育社会学的主要理论取向

教育社会学是研究教育与社会及社会亚系统之间的关系和影响的学科，其研究对象涉及教育、社会和个人关系。“教育社会学”概念于 1883 年由沃德首创，尽管对于其具体的学科归属还存在一定争议，但不能否认的是，社会学自创立以来，一直对教育保持了理论关注，也因此形成了审视教育与社会、个人关系的不

---

① 杨昌勇．“新”教育社会学产生的归因分析．国外社会科学，1994（4）．

② 钱民辉．对国外教育社会学知识体系的思考．北京大学学报（哲学社会科学版），2003（1）．

③ 盛冰．当代社会理论发展的最新趋势及其对教育的影响．上海教育科研，2004（1）．

同理论视角。同时，理论、学派或者学说的形成是一门学科成熟的标志之一，而理论之间的争论和分歧则代表着学科的进一步进步和成熟。从这个意义上说，教育社会学的真正成熟是在20世纪50年代，迄今为止，教育社会学的理论流派是复杂多样的，而且不同的学者的分类方式也不尽相同（见表6-1）。现代教育社会学并没有一种单一的、占统治地位的理论。不同的选择决定了教育社会学中不同的“理论视角”，从而也就限定了对研究问题、研究方法的选择以及对教育事实的不同解答方式。

表6-1 教育社会学主要理论取向的不同分类

卡拉贝尔、哈尔西的分类（1977）	《国际教育百科全书》的分类（1985）	珍妮·巴兰坦的分类（1988）
1. 教育的职能主义理论 2. 人才资本经济理论 3. 实证主义 4. 教育冲突论 5. 教育研究方面的相互作用和“新”教育社会学的挑战	1. 职能主义 2. 政治-社会算术 3. 解释社会学 4. 再生产理论 5. 教育批判理论	1. 功能论 2. 冲突论 3. 互动论 4. “新”教育社会学

资料来源：钱民辉．教育社会学百年进程．社会学研究，1997（5）．巴兰坦．教育社会学．南京：江苏教育出版社，2011：5-12.

本节将主要沿用珍妮·巴兰坦（J. H. Ballantine）的分类①，先从功能、冲突、互动三大传统的教育社会学理论取向进行介绍，然后下一节专门针对“新”教育社会学这一代表了教育社会学理论发展趋势的类型进行梳理和介绍。

一、功能取向的教育社会学理论

功能主义起源于斯宾塞的学说，经过19世纪末20世纪初早期社会学家涂尔干等人的传承而初步形成，又经美国社会学家帕森斯和默顿的发展，在20世纪50年代成为社会学的主导性理论。该理论在20世纪60年代末期受到冲突论的冲击，但在当代教育社会学中仍有较大影响力。② 功能主义适合研究稳定的、小规模的社会系统，如学校、工厂、村庄或某一小城镇、社区等。它有助于我们理解在社会系统中，人们之间是如何形成有秩序的生活、如何进行团结合作的。功能论者总是从整体来认识学校，把学生、教师、管理者、食堂人员、看门人等，包括校长办公室、教务处、总务处、年级组等机构视为其有机构成部分。所有这些部分都相互联系，并对学校的正常运作做出贡献。以下将根据功能主义的发展历程，分别论述各个时期功能主义代表人物及其教育社会学理论的主要内容。

① 巴兰坦．教育社会学．南京：江苏教育出版社，2011：5-10.
② 马和民．新编教育社会学．上海：华东师范大学出版社，2009：27.

(一) 涂尔干的教育社会学思想

涂尔干是第一位将社会学应用于教育方面的学者，因而被西方公认为教育社会学的奠基人。他的教育社会学思想主要反映在其《教育与社会学》《道德教育论》《教育思想演进》等著作中。他认为，教育和社会是无法分割的，教育可以促进社会的延续，教育是一种工具，社会通过此工具为儿童提供各种必要的生活条件，而这些生活条件都是为了社会本身的存在。每个社会都有其"理想者"类型，它包括智识、生理、道德等各个方面的条件。教育的任务即为培养社会所需的理想成人，使他们在宗教、道德、民族传统和集体意识方面都符合社会期待。① 同时，教育是一种社会机制，是一种社会控制和约束的过程，促使个体接受（或内化）社会的共识。在《道德教育论》一书中，涂尔干阐述了学校在训练道德方面的功能，特别强调以统合的社会道德权威约束个人，完成个体社会化。② 依据涂尔干的观点，学校教育应具有四方面的功能，即智识功能、政治功能、社会功能和经济功能。③ 其中，经济功能指协助学生准备日后扮演的职业角色，运用各种机制来筛选、训练并分配学生进入社会分工体系。涂尔干的理论对20世纪教育社会学产生了深远的影响，功能学派的教育学者的思想就是对其理论的继承。

(二) 帕森斯的结构功能主义理论

帕森斯的教育社会学思想主要体现在其著作《当代社会制度》的第一章和其论文《作为一种社会体系的班级》中，表现为以下几点。

第一，班级社会体系的社会化和选择功能。社会化功能包含了将成人社会中胜任工作的能力内化于学生，选择功能则提供了在成人社会的角色结构中分配人力资源的方法。对此，帕森斯认为，人的社会化是社会系统得以运作和稳定的重要因素，因而社会化包括分配和整合。通过分配，使应当早就训练有素的工作人员社会化；通过整合，社会化能使有效分配必然产生的不平等报偿被当作平等来接受。④ 正如帕森斯在《作为一种社会体系的班级》中指出的，教育已引起新形态的不公平，因而可能使社会趋于分裂和冲突，教育通过传播"机会均等"与"成就"这样的意识形态将这种不公平合法化，以缓和此种"紧张"；这种教育的主要功能经由"社会化"的过程来行使。⑤ 帕森斯认为，教育系统对于学生存在一种选择和分化的过程，这也是一种社会化的过程，因为成就的价值——借着在

---

① 谭光鼎，王丽云．教育社会学：人物与思想．上海：华东师范大学出版社，2009：51.

② 涂尔干．道德教育论//张人杰．国外教育社会学基本文选．上海：华东师范大学出版社，2009：321-330.

③ 谭光鼎，王丽云．教育社会学：人物与思想．上海：华东师范大学出版社，2009：53.

④ 钱民辉．教育社会学——现代性的思考与建构．北京：北京大学出版社，2004：47.

⑤ 帕森斯．作为一种社会体系的班级//张人杰．国外教育社会学基本文选．上海：华东师范大学出版社，2009：419-438.

"成就的轴"（the axis of achievements）上加以区分的制度，被强化在学生身上。可见选择与社会化，是两种不同却息息相关的教育功能。

第二，AGIL 模式和学校教育的功能交换。帕森斯的 AGIL 模式的四个方面可以用表 6-2 表示。

表 6-2　帕森斯的 AGIL 模式

适应（A）经济资源	达到目标（G）政治目标
维持模式（L）价值观	整合（I）规范

其中每个子系统的需求可以由相邻的边界提供，相邻子系统的需求由它来提供，它们之间的关系是相互依赖的。根据帕森斯的 AGIL 模型，教育可以看作是来自"L"向"A"和"G"的输出。在学校中，孩子们被教授符合社会要求的价值观，在进入劳动力市场（"L"和"A"与"G"组织之间的边界）后，被分配到不同的社会位置上，并最终接受成人的组织责任角色。① 可见，教育的存在和发展受到了社会适应系统和政治目标系统的影响和限制。为了维持经济系统的稳定和发展，教育的分化与选择是必需的，这是因为经济系统需要不同层次的劳动力。帕森斯的 AGIL 模式，为功能主义学派所普遍接受，不仅被用来对整个教育系统，且用于对教育的分支系统与分支范畴进行理论分析。②

作为对早期功能论的修正和发展，自 20 世纪 30 年代起，以美国社会学家帕森斯为代表的结构功能主义迅速崛起。自建立以来至 20 世纪 60 年代，它都是社会学的主导理论；而 60 年代后期，随着社会变迁的加剧，功能理论已不能提出有效的分析策略来解决当时的社会问题。于是，人们开始对功能主义进行反思和批判，在回应这些批判的过程中，出现了一批新功能主义的代表和理论，其理论观点也对教育社会学进行了新的探索。

（三）默顿的"中层理论"的教育蕴义

作为帕森斯的学生和继承者，美国社会学家默顿对结构功能主义的进一步发展做出了卓越的贡献。与早期功能主义大师不同的是，他强调经验功能主义的重要性，反对创建宏大的、排斥经验现象的分析框架；他建立起中层理论的研究范式，来取代功能主义宏大的理论。③ 默顿的"中层理论"拓展了结构功能分析的范畴，提出了"显功能""隐功能""正功能""负功能"等概念。他对于"功能"的分析思想为教育社会学的应用性研究提供了有效的框架，拓展了教学论、课程论、学校组织和学生亚群体文化研究等。④ 默顿的这一理论，使得我们从一直把

---

① 钱民辉．教育社会学——现代性的思考与建构．北京：北京大学出版社，2004：49.

② 谭光鼎，王丽云．教育社会学：人物与思想．上海：华东师范大学出版社，2009：125.

③ 文军．西方社会学理论：经典传统与当代转向．上海：上海人民出版社，2006：130.

④ 钱扑．功能论及其教育目的功能观——对一种教育社会学理论流派的剖析．外国中小学教育，1999（4）.

教育与社会之间的和谐状态视为考察教育功能的不言自明的前提的泥淖中走出来，从而进一步考虑到教育与社会之间可能会出现的失落乃至冲突状态[①]，也使得对于教育功能的反思得以深化。

虽然默顿本人并没有专门就教育社会学进行探讨，但事实上其功能分析理论常被后人应用于学校教育的实践中，进而极大地推动了教育社会学的研究向纵深发展，这不能不说是默顿对教育社会学学科的巨大贡献。[②]

【知识窗】

在社会学研究中，默顿反对狭隘经验主义或实用经验主义和抽象理论化的倾向。默顿不反对把建立一整套全面的社会学理论作为社会学的终极战略目标，但他认为现阶段还不够成熟，为此他提出了与当代社会学相适应的理论目标，即中层理论概念。认为它能够解释社会现象中的有限部分，并在有限概念范围内适用。典型的中层理论主要包括角色冲突、参照群体、社会调适性、规范的形成、异常行为与社会控制等。

二、冲突取向的教育社会学理论

冲突理论发端于马克思，早期社会学家如帕克、斯莫尔等人也曾研究过社会冲突。但是直到20世纪50年代，社会冲突论才得到重视，并在德国的社会学家韦伯和齐美尔的推动下发展为主流。20世纪60年代以后，一些教育社会学家运用冲突理论的基本观点，探讨了教育制度的社会功能、学校内部的社会过程等方面的问题。教育社会学中冲突论的代表人物还有美国学者鲍尔斯与金提斯、阿普尔（M. W. Apple），法国的布迪厄，英国的威利斯（P. Willis）等人。

从宏观角度来看，冲突取向的教育社会学理论认为，教育作为一种有限的资源，本身就蕴含着不平等、冲突的因素，因为它往往被控制在社会的中上层阶级手中，教育在某种程度上只是服务于其各种目的的工具而已。首先，教育的内容设置来源于他们对于经济活动的需求范围；其次，教育不可避免地处于其强大的政治控制之下，从而演变为其进行社会控制的工具；最后，其在教育体系中处于优势地位，更容易通过教育获利。因此，中下层民众接受的社会化其实就是强势阶层主导的价值观、意识形态及知识技能的社会化。[③] 所以说，教育本身就必然

① 朱志勇．教育社会学的功能论和冲突论——兼论两种理论对我国教育现状的解释．上海教育科研论坛，1997（6）．

② 钱扑．功能论及其教育目的功能观——对一种教育社会学理论流派的剖析．外国中小学教育，1999（4）．

③ 李峰．教育社会学主要理论流派及其视野下的成人教育．成人教育，2006（2）．

蕴含着冲突。而微观层面的冲突取向的研究则更多地关注对学校和课堂的分析。冲突论者认为，学校秩序只是不同群体之间相互竞争的短暂结果，是不稳定的，因此，他们重点关注了学校平静背后不同群体之间的各种利益对抗①，一切正如威拉德·沃勒（Willard Waller）所认为的那样，学校也一直处于潜在的不均衡状态之中。② 以下将具体介绍冲突论的几位代表人物及其思想。

（一）韦伯的教育社会学思想

韦伯被视为冲突论教育社会学的创始人，他对教育社会学的贡献在于他从冲突论的社会学观来看待和解释教育。韦伯认为，社会成员之间往往会因为经济状况、权力地位或者文化条件等的差异而在生活方式上处于地位、利益诉求存在冲突的不同身份集团，而这些利益冲突必然要反映在教育观念与具体的教育过程中。他指出，当处于较低等级和地位的利益群体成员没有机会向上流动时，冲突将有可能产生，而在科层组织中，录用和升迁的选择机制则成为处于等级之外的能力和业绩等等，这样会极大地降低冲突发生率。③ 基于科层制的选择功能，韦伯重点分析了教育制度与社会结构的关系。除此之外，韦伯对于教育社会学的贡献还体现在以下两个方面：其一，他以西方近代理性化发展为目标，分析了东方（尤其是中国）传统、希腊传统及近代西方教育目的之发展趋势，认为西方近代以来的教育趋势正顺应了社会理性化与科层化的趋势；其二，韦伯对现代社会的分析，如形式理性与实质理性的冲突、科层制的两难、价值多元的社会及责任伦理的处世原则，对教育目的、教育内容、教育行政、教师的角色教育改革等，均有深刻的意涵与启示。④

（二）沃勒的“教学社会学”思想

美国社会学家威拉德·沃勒于1932年出版了其著名的《教育社会学》一书，这是在教育社会学领域最早以冲突论观点剖析学校内部社会关系的经典论著，其中有关“师生关系”的论述见解独到，影响甚大，至今仍受到教育理论和实践研究者的高度重视。具体而言，沃勒以冲突为基础，勾勒出学校内部人际关系的总体状况，即学习在内力与外力作用下，其内部的方方面面始终处于不断的冲突、争斗的关系之中，而学校对此须进行协调，将不平衡转化为平衡。

沃勒认为，首先，教师的权威来自制度化的力量。在制度化力量之下，教师被界定为整个教育过程的领导者，其权威不亚于封建体制下的君王——只要其行为模式能够适应制度化的要求，他就拥有了合法的领导力。其次，教育过程中的师生关系也被制度化了，形成了一种“支配-从属”关系。制度化使得教师的意志成为支配学生行为的关键，而其维持支配秩序的手段，诸如命令、责备、处

① 波普诺．社会学．北京：中国人民大学出版社，1999：19.
② 巴兰坦．教育社会学．南京：江苏教育出版社，2011：10.
③ 董泽芳．教育社会学．武汉：华中师范大学出版社，2009：5.
④ 谭光鼎，王丽云．教育社会学：人物与思想．上海：华东师范大学出版社，2009：77.

罚、训斥、考试、评分等则会导致师生关系进一步走向对立。这就不可避免地导致学校、班级等教育机构充满了强制性，由此也就带有普遍的斗争和冲突，在不断地斗争和冲突之中，平衡不断被打破和再生。① 可以说，沃勒的冲突论教育社会学展现了学校这一重要的教育场域中所存在的平衡-不平衡状态，使得教育本质中的不平等因素进一步明晰。

(三) 鲍尔斯、金提斯的“新马克思主义冲突论”

鲍尔斯和金提斯被视为冲突论学派中“新马克思主义”的重要代表。其冲突论的观点集中体现为“社会再生产理论”，包括以下内容：教育做什么——“社会再生产”；教育如何实现——“符应原则”；支持再生产的力量——主要是“资本主义制度和相应的经济结构”。其基本观点是：教育是社会的一个组成部分，它的存在和发展必然会受到社会基本的经济制度的作用，成为保持或增强社会和经济制度的社会制度之一，因此，要理解教育，就必须将其置于广阔的社会经济背景之中。② 该论点驳斥了功能主义学派关于资本主义教育平等能带来更大的社会平等的观念，指出不平等教育根植于使之再生的阶级结构之中，因此，教育不可能成为促进更大平等与社会正义的改革力量。③ 鲍尔斯和金提斯于1976年合著的《美国的资本主义制度与教育》④ 一书率先将新马克思主义冲突论引入教育社会学的研究之中，在欧美学术界引起极大的震动。该书指出，美国教育制度的最大特征在于制造“有能力且具有受雇意愿的劳动力”为资本主义服务。而要改变不平等的学校体系，必须进行彻底的教育改革，他们呼吁有志者应以积极的态度投身改革，从学校、工会、媒体等方面着手，并以教育改革促进社会改革，实现经济结构和社会分配的根本民主化。⑤ 可以说，新马克思主义冲突论在揭露教育冲突和不平等的道路上走得更远，同时还兼具唤起社会改革的思想。

> **重要概念**
>
> 教育是社会的一个组成部分，它的存在和发展必然会受到社会基本的经济制度的作用，成为保持或增强社会和经济制度的社会制度之一，因此，要理解教育，就必须将其置于广阔的社会经济背景之中。

(四) 阿普尔的主要教育思想

如果说教育制度的再生产理论对社会制度的批判代表了教育社会学中冲突理论的主流倾向，那么反抗理论则代表了教育社会学中冲突理论的一个新的分

---

① 钱扑．冲突论及其教育目的功能观——对一种教育社会学理论流派的剖析．外国教育资料，1999 (4)．

② 钱民辉．教育社会学——现代性的思考与建构．北京：北京大学出版社，2004：54.

③ 盛冰．当代社会理论发展的最新趋势及其对教育的影响．上海教育科研，2004 (1)．

④ 鲍尔斯，金提斯．美国的资本主义制度与教育//张人杰．国外教育社会学基本文选．上海：华东师范大学出版社，2009：279-301.

⑤ 钱扑．冲突论及其教育目的功能观——对一种教育社会学理论流派的剖析．外国教育资料，1999 (4)．

支。[①] 其代表人物阿普尔长期任教于威斯康星大学教育政策研究所，其教育研究取向充满了批判色彩。为了应对实证主义与现象学研究的缺点，他相当强调关联性分析的应用。[②] 在研究方法上，他对实证主义多持批判的态度。他认为，实证主义存在价值中立的谬误和对科学语言的误用。例如，他认为，学校并非中立，而是阶层化社会中，阶层文化及经济再生产的有力媒介。正如他在1992年发表的《国家权力和法定知识的政治学》一文中指出的那样，教育机构天然具备积累、合法化和生产等功能，但是这些功能的发挥却时刻处于社会各阶层在政治、经济和文化方面的压力中，因此其功能的发挥是充满了矛盾甚至是对立的。同样，学校课程这种教育内容的确定也是阶级冲突和妥协的产物。[③] 可以说，阿普尔深刻地揭示了学校这一教育机构所天然存在的内部冲突及其原因，使得阶层化社会中的教育的矛盾被更加清晰地展现在世人眼前。

三、互动取向的教育社会学理论

相较于功能论和冲突论关注社会结构与教育之间的关系，互动论更关注个人、小群体、学校生活、教育过程等，强调要对学校中的人际互动、个体行为进行研究，重点研究人们在日常的学校生活中是如何交往、如何使这种交往产生实质性意义的。在研究方法上，互动论强调定性方法，主张以理解和解释的方式探索人们的动机、目的、目标和他们理解学校生活的方式。[④] 互动论者也不把学校看成是一种其成员必须与之相适应的一成不变的组织，而把它看成是经过其成员的各种互动而发展变化的。这一理论视角也被部分学者称为“解释论”或“微观社会学”。互动论的创始者是美国社会心理学家米德。阿普尔称，米德在教育社会学上的贡献，“使个体重新回归到事件的核心地位”，宏观研究虽然告诉了我们许多新知识，但它并不能使我们明了学校所发生的实质情况，而这一缺陷则由互动论者给予了弥补。[⑤] 在他之后，戈夫曼创造性地提出了“拟剧”理论，成为现代符号互动理论最有影响力的理论家。

> **重要概念**
>
> 互动论取向的教育社会学重点研究人们在日常的学校生活中是如何交往、如何使这种交往产生实质性意义的。

(一) 哈格里夫斯的教育社会学思想

哈格里夫斯（D. Hargreaves）在《人际关系与教育》一书中提出了几个核心概念——“自我”“有知觉的人”和“角色”。在他看来，课堂中学生对自我的认识和评价正是基于同学和老师对他的看法形成的。因此，互动中的个体都是有知

---

① 文军．西方社会学理论：经典传统与当代转向．上海：上海人民出版社，2006：56.
② 谭光鼎，王丽云．教育社会学：人物与思想．上海：华东师范大学出版社，2009：455.
③ 阿普尔．国家权力和法定知识的政治学．华东师范大学学报（教育科学版），1992（2）.
④ 马和民．新编教育社会学．上海：华东师范大学出版社，2009：29.
⑤ 马和民．新编教育社会学．上海：华东师范大学出版社，2009：30.

觉的人，在与他人互动时，我们承认他人的目标，承认他们有自己解释世界的方式以及某些自由，并以此来建构自己的反应行动和关于他人的概念。[①] 因此，在研究学校师生的关系时，哈格里夫斯对教师区分了三种不同的角色：驯狮手，对其来说教育是使学生从蒙昧野蛮走向文明的过程；招待者，他们会用各种教改和新鲜的教学法吸引学生的注意力；浪漫者，他们从不同的观点出发，认为学习是人类的本性，学生本来就有学习的需要。[②] 从学生的观点看，在学校中最重要的事情是“取悦教师”。学生会试图探知教师的期望是什么，并隐瞒教师所厌恶的事情。可以说，课堂中教师与学生的互动渗透着双方各自的策略和目的，表面上的和谐是一种与实际的冲突“磋商”的结果，这样的和谐是暂时的，因此，磋商要不断发生[③]，也就是说，教育过程中的和谐局面需要通过不断的有效互动才能得到维持。

你怎么看

对于哈格里夫斯对教师三种不同角色的区分，你是如何理解的？

（二）戈夫曼的教育社会学思想

戈夫曼是当代美国社会学大师，他一方面从微观分析的角度来探讨面对面行为的本质与内涵，另一方面也关心宏观社会秩序的建立与维持，对后世互动理论的发展影响甚巨。戈夫曼虽然未直接论述本身理论在教育情境中的应用，但他所提出的戏剧理论却对学校教育产生了直接的影响。[④] 其对于教育社会学理论的贡献主要体现于以下方面。

第一，形象管理与学校教育。戏剧理论认为人生宛如一场表演，因此，它运用许多戏剧名词与观点来诠释生活中的事物。戏剧包含许多因素，其中剧本、舞台、演员、观众是不可缺少的。戈夫曼将分析戏剧的语言引入社会学中，将整个世界看作是一个舞台，每个生活于世界中的人都是演员，人与人之间的互动、交往都被认为是一种表演，这一切就构成了具有一定意义的生活剧情节。[⑤] 而人们总是在扮演各种角色，必须随着情境的转变而选择适当的角色，根据不同的剧本来调整自身的角色期待，成功地完成角色的任务。[⑥] 对社会交往中的具体情境如何定义就成为形象管理的关键，但是形象管理却往往会受到干扰，从而造成错误的形象认知。例如，学校是教育的舞台，校长、教师、学生及学校其他成员都依照规范而扮演不同的角色，他们必须随时控制本身的行为，才能创造完美的学校形象，因为学校形象的塑造关系着教育活动能否顺利地开展。[⑦] 此外，戈夫曼还像分析舞台一样，把情境分为前台和后台两个区域，两者之间的界限在日常生

① 钱民辉．教育社会学——现代性的思考与建构．北京：北京大学出版社，2004：62.
② 董昭江．教育社会学中的解释学派述评．外国教育研究，1992（2）．
③ 钱民辉．教育社会学——现代性的思考与建构．北京：北京大学出版社，2004：62.
④ 谭光鼎，王丽云．教育社会学：人物与思想．上海：华东师范大学出版社，2009：211.
⑤ 孟蔚．戈夫曼戏剧分析理论述评．黑龙江史志，2008（5）．
⑥ 谭光鼎，王丽云．教育社会学：人物与思想．上海：华东师范大学出版社，2009：225.
⑦ 谭光鼎，王丽云．教育社会学：人物与思想．上海：华东师范大学出版社，2009：225.

活中随处可见。一般认为，一个人如果在后台的时间越少，就越能够表现出前台的理想化的客我。这一观点运用到教育之中的典型就是教室，上课时，它就是师生呈现自我的前台，而当下课教师离开教室之后，它就成为学生自由行动的后台。①

第二，学校教育的互动仪式。互动是一种基本社会过程，它的发生至少需两个人的参与。人们可通过互动行为来传达信息，而无论是教师与学生间的沟通行为，还是学生与教师或其他学生之间的信息交换，都是通过互动来完成的。教室中的互动不仅可帮助达成教育目标，也可作为教师与学生了解个人及社会目标的机制。② 学校教育的互动主要包括师生间的互动和亲师之间的互动（学生家长和教师之间的互动）。师生之间的互动形式主要以“不对称性规则”为模式，同时也受到“礼貌性疏忽”的影响，即双方在互动过程中往往会由于顾虑礼貌而避免过于唐突的举动。而亲师的沟通则往往受阻于面子问题，如果家长能够站在尊重和肯定的立场，打破中国人的面子情结，主动与教师沟通联系，那么亲师的沟通将有助于教育工作的开展。③ 戈夫曼的戏剧理论一方面澄清了教师与学生的角色分际，另一方面也剖析了教育活动的仪式表演。更重要的是，戈夫曼提出的核心概念已深入教室互动的本质，重新提醒人们正视师生关系的权力问题。特别是前台行为、形象管理、面子功夫、角色距离等概念，细腻地描绘了教师与学生不为外人所知的心态与做法，使平时较不为人们所关注的互动规则受到重视。④ 戈夫曼的理论内涵丰富，极具创造性，然而其忽略了理论逻辑概念的重要性，因此，其理论中的偶然性和不确定性也为后来的学者所批判。

你怎么看

你对戈夫曼以戏剧理论阐释学校教育如何理解？

（三）伯恩斯坦的教育社会学思想

伯恩斯坦（B. Bernstein）是英国伦敦大学教育学院教育社会学教授。20 世纪 60 年代初，他曾就社会阶级与儿童学习和运用语言的关系开展研究，提出了他的社会化理论。伯恩斯坦是从语言学的角度论证人的社会化问题的。他认为，语言是人类相互作用的主要工具，儿童通常是通过运用语言来接受教育的，因此，语言的学习左右着个人的社会发展，是个人社会化的条件。⑤ 基于社会阶层的划分，伯恩斯坦提出了两种不同的语言习惯。一种是精密型的，又叫详析语法，主要由中上层阶级使用。这些阶级重视子女的语言表达能力和对抽象概念的

① 李启凤，吴广丽．戈夫曼《日常生活中的自我呈现》戏剧论思想解读．重庆科技学院学报（社会科学版），2008（10）．

② 谭光鼎，王丽云．教育社会学：人物与思想．上海：华东师范大学出版社，2009：229.

③ 许殷宏．高夫曼戏剧论在学校教育上之蕴义．教育研究集刊，1986（11）．

④ 谭光鼎，王丽云．教育社会学：人物与思想．上海：华东师范大学出版社，2009：231.

⑤ 黄育馥．当代西方教育社会学概貌．国外社会科学，1987（7）．

认识，使用的词汇较多，有利于儿童进行逻辑思维和认识人际关系。另一种语言习惯是封闭型的，又叫局限语法，主要由下层阶级使用。下层阶级不重视培养子女的语言表达能力，使用的句子较短、词汇较少，词不达意的情况较多。[①] 伯恩斯坦指出，习得了精密型符码的儿童能够更加容易地概括和表达抽象的观念，这使得他们更容易适应学校环境，从而更容易在现代的教育体系中获得成功。[②] 而下层阶级的子女则会在“可教育性”上处于明显的劣势，这都会进一步影响其社会化进程。20 世纪 70 年代以后，伯恩斯坦又运用语言学中“代码”“分类”和“框架”的概念来分析正规教育的课程及其变化。这些概念在后来的教育社会学研究中得到了比较广泛的运用。此外，伯恩斯坦的理论还被用来解决教育中的一些实际问题，尤其是在补偿教育（指英美等国政府向偏僻或贫困地区提供经费以加强对下层阶级儿童的教育）中得到应用。[③] 应当说，伯恩斯坦语言符码的相关理论不但从微观的角度开始了对于教育平等的探索，更使得整个教育社会学理论开始进入一个全新的探索领域，因此伯恩斯坦被视为“新”教育社会学的奠基人。[④]

重要概念

伯恩斯坦提出了两种不同的语言习惯：一种是精密型的，又叫详析语法，主要由中上层阶级使用；另一种是封闭型的，又叫局限语法，主要由下层阶级使用。

(四) 扬的教育社会学理论

扬（M. F. D. Young）是英国著名的社会学家和教育理论家，于 1971 年发表了一部重要著作《知识与控制：教育社会学的新方向》，该书被认为是西方“新”教育社会学产生的标志。他在该书中对教育社会学提出了一系列新见解，指出了教育社会学的新方向。他在《课程作为社会构成知识的一种研究取向》一文中，从权力与知识的关系角度预告了知识社会学产生的可能性：“身处权位的那些人将试图界定，什么被当作知识，不同团体接受任何知识的可能性如何，以及不同知识领域之间公认的关系是什么。因此正是有关这些过程如何发生的探究，应该形成教育社会学的焦点。”[⑤] 他指出，学者不应该把教育社会学看作是和知识社会学完全不同的研究领域：“人们对教育社会学的主要兴趣已经转变为对教育机构中社会组织或社会知识的研究。”[⑥] 其主要论点是：过去的教育社会学盲目地承认教师、教育学者所界定的诸概念，而“新”教育社会学则需研究合理性及科学的教条性质。“新”教育社会学须探求知识的社会性组织的问题，也就是说，须追究为何某些知识或标准成为支配教育的主流知识，其形成过程

---

① 钱扑．冲突论及其教育目的功能观——对一种教育社会学理论流派的剖析．外国教育资料，1999（4）．

② 雷宝燕．伯恩斯坦语言符码理论视野下的教育不平等．东南传播，2007（6）．

③ 黄育馥．当代西方教育社会学概貌．国外社会科学，1987（7）．

④ 杨昌勇．“西方马克思主义”思潮与“新”教育社会学理论的关系分析．华东师范大学学报（教育科学版），1998（1）．

⑤ 杨昌勇．“西方马克思主义”思潮与“新”教育社会学理论的关系分析．华东师范大学学报（教育科学版），1998（1）．

⑥ 马奇班克斯．解释主义的教育社会学．国外社会科学文摘，1989（3）．

又是怎样的等问题。因此，作为知识社会学的分支，“新”教育社会学应重视语言及课程的社会学研究。[①] 扬的“新”教育社会学理论不但反思了教育体系中的权力问题，还进一步强调了知识及其标准对于教育的意义，从而为教育社会学打上了知识的深刻烙印。

第三节 当代“新”教育社会学及其理论趋势

自 20 世纪 70 年代早期以来，一种“新”教育社会学备受英国社会学家的关注，并在美国和其他地方得到了响应。作为对“宏观理论”忽视互动的回应，这些理论家以系统互动论、常人方法学和现象学为基础，开辟了教育社会学的另一种理论路径。他们强调必须理解日常生活中的常识，即我们是怎样看待周围的事件和情境，以及人们是如何做出反应的。

应当意识到，“新”教育社会学的出现来源于社会学家之间出现了一种共识，即对社会现象（包括教育现象在内）需要从不同的角度去观察，从每一个角度都只能看到事物的一部分，并不存在一个可以看到事物的所有方面的角度，而这些不同的理论流派就是从不同的角度进行观察的结果。每一种理论都有其合理性和特定情境性，因此不能盲目地用一种理论的合理性去否定另一种理论的合理性。在这种理论综合趋势的指导之下，教育社会学也发展出了如下两种理论趋势[②]，标志着教育社会学理论的发展进入了新的阶段。

首先是重新诠释传统理论著作，以寻找新的生长点。“新”教育社会学是在对传统教育社会学理论的批评中形成的，其所探寻的是一种综合道路，即对传统的教育社会学理论重新进行判读，在反思中寻找到与时代结合的新的生长点。[③] 正如当代冲突论的两大派别也都是在对古典理论的重新阐释中发展起来的，是从结构功能派中分化出来的，并自称其理论是对结构功能主义的修正和补充。其中，以美国刘易斯·柯塞和兰德尔·柯林斯为代表的“功能冲突论”强调冲突本身具有维持社会稳定、促进社会协调、强化社会整合的功能，冲突是推动社会变迁的必要因素，为解决社会冲突到来的危机，必须设立“社会安全阀”机制，以有效控制冲突的进程。以德国社会学家拉尔夫·达伦多夫（R. Daliendorf）为代表的“辩证冲突论”，从社会权威和权力分配的角度研究冲突现象，认为冲突是社会每时每刻都必然经历的过程。冲突既是一种破坏力，也是一种生产力，冲突

① 钱民辉．教育社会学百年进程．社会学研究，1997（5）．

② 钱民辉．教育社会学——现代性的思考与建构．北京：北京大学出版社，2004：41.

③ 钱民辉．对国外教育社会学知识体系的思考．北京大学学报（哲学社会科学版），2003（1）．

重要概念

辩证冲突论从社会权威和权力分配的角度研究冲突现象，认为冲突是社会每时每刻都必然经历的过程。

会导致结构的重组，重组的结构又会酿成新的冲突，由于社会是建立在一部分人统治另一部分人的基础上的，因此权威、权力便构成了社会变迁和社会结构重组的决定性因素。[①] 新一代的理论家们正有条件地对先前互相争辩的理论进行思考，吸取所有理论的精华，以发展一个包容当今各学派理论的综合理论来结束这场“学派之争”。

吉登斯的结构化理论、哈贝马斯的生活世界的殖民化理论、布迪厄的文化再生产理论，可以看作是这一整合运动中具有代表性的观点。在吉登斯看来，结构具有二重性，即社会结构不仅对人的行动具有制约作用，而且也是行动得以进行的前提和中介，它使行动成为可能。该理论对促进教育论的进一步发展有重要意义，其对教育的启示包括：师生应合力找出学校中结构与行动的一体两面，师生互动应是规范约束、控制辩证、意义共构的过程。[②] 而哈贝马斯对古典理论和冲突理论重新做了解释。“沟通理性”是哈贝马斯学说的中心概念，从这一概念的提出和阐释可以看出哈贝马斯在社会学理论综合方面的努力。他指出，在现实生活中，一方面，生活世界与系统是相互联系的，另一方面，系统和生活世界的理性化采取了不同的形式，造成系统与生活世界日益分离，生活世界被系统“殖民化”。要解决这一根本问题，需重新整合系统与生活世界，使社会建立在合理的交往行动基础之上。[③] 布迪厄则试图搭起结构主义与建构主义之间的桥梁。“文化再生产”是布迪厄在 20 世纪 70 年代初提出的一个概念，他用此理论分析资本主义的文化制度如何在人们的观念里制造出维护现存社会制度的意识，从而使得现存的社会结构和权力关系被保存下来，即被再生产出来。[④] 在他看来，所有的文化都有“文化专断”的特点。教育制度也有它自己的“文化专断”，这是支配阶级文化专断的变种。布迪厄认为，学校的作用在于通过“文化专断”与“符号暴力”来传递统治阶级的文化，贬抑或削弱其他阶级的文化，通过“霸权课程”进行“文化资本”的分配，从而保证统治阶级文化资本的合法化与再生产。[⑤] 布迪厄确定了“文化再生产”和“社会再生产”之间的关联后指出，经济支配阶级能够根据其通向高雅文化的途径证明自身的优越性，使其处于上位的位置合法化。而从属阶级的成员不仅受到物质方面的约束，在文化上亦即在评价上也是处于劣势的。社会和教育不平等体制的种种事实也因此得以合法化。[⑥] 语言带来的“温和暴力”（the gentle violence）也是贯穿于布迪厄对于教育社会学的研究之中的主题之一，其不论是对教育场域的研究，还是对文化、艺术的社会学分

① 钱扑．冲突论及其教育目的功能观——对一种教育社会学理论流派的剖析．外国教育资料，1999（4）．

② 谭光鼎，王丽云．教育社会学：人物与思想．上海：华东师范大学出版社，2009：435－436.

③ 盛冰．当代社会理论发展的最新趋势及其对教育的影响．上海教育科研，2004（1）．

④ 宗晓莲．布迪厄文化再生产理论对文化变迁研究的意义——以旅游开发背景下的民族文化变迁研究为例．广西民族学院学报（哲学社会科学版），2002（3）．

⑤ 盛冰．当代社会理论发展的最新趋势及其对教育的影响．上海教育科研，2004（1）．

⑥ 钱民辉．教育社会学——现代性的思考与建构．北京：北京大学出版社，2004：55.

析，甚至是对结构功能主义理论的反思，都和语言及其符号暴力的问题密切相关。①

其次是呈现出“跨学科、跨范式”的理论综合趋势。除了重新诠释传统理论之外，另外一种努力是在研究某种特定的教育现象之时，出现了其他两种形式：一种形式是在对某一具体教育现象进行研究时，寻求可以解释的一种理论，这种理论可以是跨范式的，也可以是跨学科的。如关于教育与经济关系的研究，有的学者从教育经济学的视野，探讨全球化背景下的教育与经济发展，新知识工作，教育、技术规格与经济发展，人力资本的新概念等。关于教育与政治、经济关系的研究，有的学者从政治学和经济学的角度，探讨政治、市场与学校组织结构的关系，教育、民主和经济，集权制下与非集权制下的教育制度比较，教育与政府的角色等。还有的学者从知识、课程和文化政治学的角度开展研究，他们的注意力主要集中于知识与课程的政治意义、多元文化主义与政治社会化的关系、文化资本和官方知识、教育与后现代主义和女权主义等等。② 另外一种形式是，在教育社会学形成一个综合的理论架构之前，他们开始将各种不同的研究经过选择整理成册，使得人们能够系统地了解到不同理论家出版的著作。这种工作起源于20世纪60年代的《当代社会学》，书中对欧洲和美国的社会学做了评估；在70年代，充满挑战性的“新教育社会学流派”总结了一批不同理论家的研究，将教育社会学的视野引到了学校中的微观领域。③ 之后的三本经典的教育社会学文集更是清楚地体现了这种趋势：第一本文集是1961年由哈尔西（A. H. Halsey）和安德森（C. A. Anderson）主编的《教育、经济与社会：教育社会学读本》，第二本文集是1977年卡拉贝尔（J. Karabel）和哈尔西主编的《教育中的权力与意识形态》，第三本文集是1997年哈尔西、劳德、布朗和威尔斯主编的《教育：文化、经济与社会》。三本著作以论文集的形式，汇集了诸多理论家的最新研究成果，而三本文集在内容上也体现了鲜明的阶段性特征。例如，第一本文集功能论的色彩浓厚；第二本文集则功能论的色彩转淡，冲突学派（含新韦伯主义及新马克思主义）与解释学派（“新”教育社会学）的观点明显浮现；到了第三本文集，则汇集了这两种观点以及女性主义、后现代主义、后殖民主义（批判种族论）、多元文化主义等新思潮的批判论点。④ 这一切都说明，教育社会学的综合研究正在被纳入现代性、后现代性和全球性的工程中。⑤

最后还需要提到的一点就是前文只鳞片爪涉及的后现代主义（postmodernism）对于教育社会学理论的影响。后现代主义超越了与工业时代相联系的现代思想，而这正是传统教育社会学的理论和现实基础。与传统教育社会学，乃至整

① 文军．西方社会学理论：经典传统与当代转向．上海：上海人民出版社，2006：258.

② 钱民辉．教育社会学——现代性的思考与建构．北京：北京大学出版社，2004：41-42.

③ 钱民辉．对国外教育社会学知识体系的思考．北京大学学报（哲学社会科学版），2003（1）.

④ 张建成．教育社会学的流变与智慧：由 A. H. Halsey 等人所编三本教育社会学文集谈起．外国中小学教育，2005（3）.

⑤ 钱民辉．对国外教育社会学知识体系的思考．北京大学学报（哲学社会科学版），2003（1）.

个社会学所不同的是，后现代主义所强调的是人类的多元化、差异性以及不同人观察与看待学习方式的模糊性，并且意识到教育赖以发生的环境的多样性，在教育领域，后现代主义的主旨在于整合课程设置、训练批判性思维以及追求个体化的发展等等。[①] 应当说，后现代主义的社会学理论对于教育社会学的影响正在逐步扩张，并有可能成为未来发展的一个理论趋势。

正是有了这些教育社会学理论家的贡献，教育社会学工作者才能在此基础之上进行全面而系统的整理和综合工作，而这些经典之作与研究的最近趋势正在进入大学的课堂中，传统的教育社会学课程内容正在发生变化，传统的研究主题正在被赋予新的意义。教育社会学的研究队伍迅速扩大，研究主题也在延伸和发展。教育社会学正在成为一门综合性的学科，在方法论上已经超越了教育学与社会学的范畴。[②]

第四节 教育社会学研究的理论范式及其演进

教育社会学自20世纪初建立以后，学者们以辛勤的研究不断构建学科理论体系和研究范式。由于研究方法和研究问题的视角不同、发展阶段不同，不同的学术思想和理论流派在其自身演进过程中，往往会出现不同的理论研究范式。可以说，一部科学理论史就是其研究范式的这种连续与断裂的表现史。[③] 教育社会学的发展也不例外，在其理论范式的演进过程中，先后经历了“前范式”时期、“规范性理论范式”时期、“证验性理论范式”时期和理论范式的竞争时期等几个阶段。

一、“前范式”时期

19世纪末20世纪初是教育社会学范式的初创阶段，也是教育社会学的“前范式”时期。教育社会学是伴随着当时社会的巨大变化以及一系列社会问题和教育问题而产生的。无论是早期功能主义教育社会学，还是早期冲突论教育社会学，都很关注社会问题和教育问题。在“前范式”时期，尽管教育社会学没有形成明确的研究理论范式，但是从总体上都专注于“秩序问题”的研究。

以涂尔干为代表的早期教育社会学学者们关注社会秩序，强调社会的稳定

① 巴兰坦．教育社会学．南京：江苏教育出版社，2011：12.

② 钱民辉．教育社会学——现代性的思考与建构．北京：北京大学出版社，2004：43.

③ 杨昌勇．新教育社会学：连续与断裂的学术历程．北京：中国社会科学出版社，2004：12.

与和谐，反对激烈的变革，认为教育除了为社会筛选人才之外，更重要的是发挥其社会化的功能，培养社会成员具有共同的信念、集体意识和统一的价值标准，促进社会团结，使社会在稳定中发展和进步。一般认为，涂尔干开创了保守的功能主义理论。他关于教育的功能、教育与社会变迁的关系、跨文化研究以及对学校与班级社会体系的关注，为教育社会学后续的研究奠定了学科基础。

马克斯·韦伯则是早期的冲突论代表，虽然他对教育的论述并不系统，对教育社会学的贡献也不十分直接，但是他的理论中的“合理性”概念具有非常重要的地位。他认为，社会中个人与集团的权力关系、利益冲突影响着教育系统，优势团体的利益与目的对学校具有决定性作用，学校的主要活动就是在课堂内外传递特定的“身份文化”。韦伯关于前工业社会和现代社会的研究及跨文化研究对教育社会学产生了较大的影响。韦伯与涂尔干一样，都关注“秩序问题”。涂尔干把社会看作是外在于和超越于人们的独立存在，认为社会强制和规范是社会秩序的基础；韦伯则把个人及其行动看作是社会的基本单位，认为社会秩序表现着以“社会习俗”和“法律”为基础的合理性，同时也表现着以个人为主观取向或以动机模式为基础的人的行为的合理性。

卡尔·马克思作为与涂尔干、韦伯并列的现代社会学理论三大创立者之一，其著作同样对教育社会学有所涉猎。马克思的社会理论重视冲突，但它的旨趣在于唤起被压迫阶级的阶级觉悟，使他们形成一种共同的阶级利益感和阶级意识，从而与统治阶级进行斗争，因此马克思非常重视教育在培养全面发展的个人、反对和推翻资本主义社会中的重要作用。

总而言之，初创时期的教育社会学力图阐明个人、社会和教育的关系，它们各自的教育目的观和教育功能观都着眼于文化和社会的建构，但是它们在社会哲学观层面和意识形态倾向性上显示出了重大差别。[①]

二、“规范性理论范式”时期

进入 20 世纪后，教育社会学有了较大的发展，它的学术地位得到了确定，并出现了新的特点，形成了一种旨在运用社会学理论和方法指导和规范教育实践的规范性（normative）理论范式。[②] 根据科恩（Abner Cohen）的范式理论可以认为，初创时期的教育社会学属于“前科学”时期或“前范式”时期，而规范性理论范式的出现则标志着教育社会学进入了“常规科学”时期。尽管规范性理论范式在其“科学性”“学理性”等诸多方面并不十分成熟，在后来的范式演进中受到了诸多责难，但“范式”毕竟形成了。

---

① 杨昌勇．新教育社会学：连续与断裂的学术历程．北京：中国社会科学出版社，2004：14.

② 吴康宁．教育社会学．北京：人民教育出版社，1998：26.

【知识窗】

美国科学史家科恩，以其代表作《科学革命的结构》而享誉世界。在科恩看来，“科学革命”的实质，一言以蔽之，就是“范式转换”；是少部分人在被广泛接受的科学范式里，发现现有理论解决不了的“例外”，尝试用竞争性的理论取而代之，进而排挤掉“不可通约”的原有范式。当然，一个新范式的确立并不是一蹴而就的，而是需要赢得大部分科学家的“选票”。

科恩认为，一门理论的正确与否是不可能被“证错”或“证对”的，它不过是在那儿。就像一套合身的衣服，直到发现它变得不合身了为止。一门理论在经历了一段时间的“问题解答”以后，就会遇到越来越多的“怪题”。从解答不了到出现危机，就会刺激新的理论出现，而旧的理论就像不合身的衣服一样被扔掉。“斜塔实验”就是这样使人们放弃了过时的亚氏理论。

这种规范性教育社会学的研究人员主要是教育学院和师范大学的教师以及教育管理者，在研究上具有较强的实用主义倾向，注重应用社会学的概念和理论来探讨和解决教育实践中的问题，如教育决策和师资培训等，但其研究缺乏科学的分析和理论色彩，也不太重视教育社会学自身的理论建设，其研究水平和学术声望并不高，因此后来它面临了“危机”。

三、“证验性理论范式”时期

新兴的教育社会学，往往又被称为“证验性教育社会学”[①]，主要是从二战结束后开始兴盛的。二战后世界各国进入了一个新的发展时期。在这个时期，人才资源开发、教育机会均等居于教育社会学问题领域的中心，学者们使用的核心概念是“结构”和“功能”。

较之于传统教育社会学，新兴的教育社会学的历史性进展主要是实现了由规范性的、应用型的教育社会学向证验性的、理论性的教育社会学的转变，这是以研究方法为其范式核心的“科学革命”，实现了范式的转换，证验性理论范式成为正统。就学术品质而言，形成了真正的教育社会学流派，教育社会学进入了新的“常规科学”时期，这一时期的教育社会学的研究方法的严密性和科学性都有所提高，诞生了科学意义上的理论教育社会学。

这一时期的优势范式是结构功能主义。在社会学和教育社会学中，结构功能主义成为一个显赫的流派，功能主义的一个显著特点就是把社会看作是由部分组成的系统，认为每一部分都发挥着一定的功能，社会的秩序与稳定有赖于社会各

① 陈奎喜．现代教育社会学．台北：师大书苑有限公司，1997：17.

子系统的功能整合与社会规范的一致，学校的基本功能就是传递社会稳定所需要的知识与行为。从二战结束到20世纪60年代末，功能主义范式似乎成了科恩所说的“常规科学”时期的唯一范式、唯一学派。但是，没过多久，功能主义范式又陷入了“反常”和“危机”中。

四、理论范式的竞争时期

正当功能主义盛行于学术论坛时，20世纪60年代后期的社会由安定转向了动荡，在这一特定的历史条件下，教育社会学出现了各种各样的理论与学派，动摇了功能主义的垄断地位，各学派之间的论争也很激烈。此时教育社会学出现了重大的转向：从宏观研究转到微观研究以及宏观与微观相结合，从关注社会转到关注个体，从强调制度转到强调群体互动、人际互动。有关人的能动性和社会变迁等涉及社会哲学的重大问题也发生了重大变化。教育社会学似乎又进入了新的“常规科学”的范式竞争时期，而不是科恩所说的范式竞争的过渡时期。

到了20世纪70年代初期，一个强调教育内容之重要性的学术流派出现，即“新”教育社会学，也可以认为它是一个新的替代性范式（an emergent alternative paradigm）。“新”教育社会学把结构功能主义教育社会学称为“旧”教育社会学，把这种“旧”教育社会学的范式称为“规范性范式”。的确，这个新出现的教育社会学思潮，在研究方法、理论概念和哲学思想上与先前的教育社会学即“旧”教育社会学有本质上的差别。

一般而言，冲突理论继承了韦伯和马克思的传统，因此又分为新韦伯主义冲突论和新马克思主义冲突论，在教育社会学理论领域则表现为新韦伯主义教育社会学和新马克思主义教育社会学。冲突论教育社会学表现了一种有利于集成的资本主义社会的保守主义倾向，它与功能主义强调社会的和谐与稳定不同，更加强调冲突和变迁；它也与功能主义把冲突归入负功能不同[①]，而更加强调冲突的正功能。一般认为，冲突论所强调的冲突是一种非阶级冲突，冲突论的策略在于容忍不危及资本主义基本价值的冲突，并力图利用此类冲突来避免危及统治阶级的冲突；而新马克思主义则试图超越资本主义既定思路，寻找在此之外的社会发展和变革道路。兰德尔·柯林斯是新韦伯主义冲突论社会学和教育社会学的杰出代表之一。在他看来，不同身份集团对财富、权力、声望的竞争必然反映到教育上来，教育上的冲突是教育发展的主要动因。哈格里夫斯则是互动论的代表。互动论关注社群中成员之间的互动以及由互动赋予的意义，正如前面所讨论的，哈格里夫斯对教师与学生之间的互动的研究也颇为引人注目。“新”教育社会学与新马克思主义和互动论都有紧密联系。

---

① 张人杰．教育与社会变迁的关系的理论之质疑——兼论教育的负功能．华东师范大学学报（教育科学版），1992（3）．

【知识窗】

柯林斯反对割裂宏观研究和微观研究，认为两者之间是统一的，对社会结构的阐释不但要从宏观过程来解释，也要从微观过程来理解，因为社会结构要素包括了从微观到宏观的各个层次。互动仪式链是社会结构的基础，正是这种微观的互动链形成了社会组织的主要特征，人们之间的互动是社会结构的最基本要素，是个人互动中存在的社会结构的加能过程。

由此可以看出，功能论与冲突论的差异主要不在研究范式而在理论范式上，它们在“和谐”与“冲突”这一组核心概念上的分歧具有学派性特征；而新韦伯主义和新马克思主义两种冲突论之间的学派性差异则在哲学范式上，特别是反映在它们的意识形态倾向性上；互动论、解释论和“新”教育社会学与功能论在研究范式上的差异则十分突出。①

可以说，教育社会学理论范式伴随着教育社会学的发展历程不断演进，经历了由无序到有序再到纷争的局面。这不但缘于社会学理论自身不断发展所带来的理论滋养，也缘于对教育实践的不断总结。

第五节 对当代教育社会学理论的评论与反思

从前文的分析可以发现，社会学由于其学科本身所具有的整体性、综合性特征，故而在教育社会学理论的探求上，总是从政治、经济、文化、制度等多重宏观角度来全面整合教育理论所蕴含的内涵。又由于社会学浓厚的哲学理论背景和突出的现实性特质，许多社会学家在进行教育社会学理论构建的过程中，一方面从理论上积极寻求针对教育的理论化、制度化诠释，另一方面也从现实和未来发展的角度寻求对于教育的最为直接的经验性概括与描述。综观这些教育社会学家在教育领域研究上的演变轨迹和理论贡献，我们可以清楚地发现上述特征。因此，在本节中，我们将以社会学的视角，从时间发展的沿革上，就教育社会学的几大理论流派进行简单的总结与评价，以帮助我们加深对于教育社会学理论的理解。

首先，从 20 世纪 40 年代末至 60 年代初，结构功能主义在教育社会学的理

① 杨昌勇．新教育社会学：连续与断裂的学术历程．北京：中国社会科学出版社，2004：14.

论研究中一直居支配地位。[①] 它的理论自孔德、斯宾塞开始，经过涂尔干的发展，最后由帕森斯完成整合。其共同之处在于，他们都认为社会是一个有组织的结构体，个体通过社会化过程被整合进社会结构之中，这些社会结构同时又具有相应的功能，而和谐和均衡是社会的常态。结构功能论正是在这个层面上强调教育的重要性，这也是该派教育社会学的理论起点。他们往往将教育视为一种具有功能导向的社会机制，也就是说教育的功能就是社会导向，将社会规范和文化内化到社会个体中，使他们对价值和规范等社会子系统产生合法性的认同感，从而共享同一种社会系统，实现社会的均衡。例如斯宾塞认为，教育具有五种功能——自我生存、赚取生计、父母身份、适当社会与政治关系的维持、休闲娱乐，目的在于消除人口增加、工业化与都市化可能造成的混乱[②]，不难看出，这些功能都是因有利于实现理想中的社会平衡而存在的。这种理论在涂尔干的教育社会学中得到进一步的发展。涂尔干充分论述了教育的正功能，强调了教育在整个社会均衡和社会进化过程中所起的决定性作用。结构功能论的集大成者当属帕森斯，他认为均衡的社会体系产生于个体结构性行为的建构，而个体行为并非处于无序状态，而是呈现出相类似的价值导向特性。但这种价值的塑造最终依靠的是教育的社会化功能，而教育的选择功能亦足以培育出社会阶层体系所需的人力。[③] 尽管功能论的教育社会学揭示了教育与社会结构的联系，但是忽略了教育过程中的冲突现象及其对于社会变迁的意义，同时，它还存在一个致命的弱点，即只能描述教育“是什么”，而无法解释其背后的原因。

教育社会学的另一大流派——冲突论则正是基于对结构功能论的某些缺陷的反思而出现的。冲突学派反对结构功能论关于均衡是社会常态的观点，批判该理论过于制度化和均衡化的倾向，他们强调社会权力和冲突。他们认为，均衡只是社会的暂时状态，而冲突才是常态，冲突甚至还被视为社会进步的原动力。其核心观点可以总结为四点：第一，所有的社会在对稀缺资源进行分配时，都充满着不平等现象；第二，分配的不平等在社会中造成了利益冲突；第三，利益冲突导致资源占有者和丧失者的对立；第四，冲突和对立引起社会体系的再组织和变化，同时为将来的不平等创造了条件。[④] 具体到教育领域的研究，在冲突论看来，教育作为一种有限的资源，其本身就蕴含着不平等、冲突的因素。教育往往为社会中上阶层所控制，教育只是为强势群体服务的。这是因为：首先，教育的内容是配合他们的经济活动项目与范围而设的；其次，他们运用强大的政治势力来干涉教育的内涵与运作，教育实质上不过是他们实现对社会的控制的工具而已；最后，劳动阶级的下一代处于不利的学习位置，难以取得高级学历。因此教育所传递的价值观也有利于强势阶层，民众接受的社会化，其实就是强势阶层主导的价值观、意识形态及知识技能的社会化。

---

① 王郁川．国外教育社会学的“结构—功能主义”理论述评．教育评论，1990（1）．

② 斯宾塞．教育论．北京：人民教育出版社，1962：35.

③ 张人杰．国外教育社会学基本文选．上海：华东师范大学出版社，1989：506－530.

④ 易益典，等．社会学教程．上海：上海人民出版社，2003：11.

如果说前两种理论都是从客观的立场来看待教育问题，那么符号互动论则是从主观的立场来探讨教育现象。符号互动论者认为，前两者都关注宏大叙事，而忽视了微观的研究。符号互动论则将行动者视为研究的焦点，从而在一定程度上弥补了此种缺失。其基本观点主要有五个：第一，人类活动是互动性的，是建立在相互依存的基础上的；第二，人类互动是建立在有意义的符号基础之上的，在符号意义不明确的情况下，人类会依照自己对符号赋予的意义而行动；第三，互动的前提是角色意识的形成，人们依据别人对自己的期待进行角色扮演；第四，社会现实和意义是由个体之间的互动建构的；第五，在方法论上，该理论强调以诠释的方法，来掌握个体行为的主观意义及其原因，舍弃了实证的量化研究取向，从而发展了“质的研究”范式。① 为此，学者在研究时可以不再持有预设的立场，而致力于探索社会变迁过程中教育功能的演变及其与外在环境的互动关系。就这点来看，符号互动论为理解教育问题提供了新的视野。该学派在应用方面也进行了全新的探索，将人们的视野从对宏观制度的考察转移到对具体的学校和课堂人际关系的分析（如哈格里夫斯将教师的角色分为“驯狮手”“招待者”和“浪漫者”）②，进而发展出诸如教育社会学中的标签理论、“合谋”理论等等。

具体而言，上述三种理论流派的社会学以及教育学指导理论的特征如表 6-3 所示。正如任何一种理论都有其适用性和局限性一样，上述三种教育社会学理论在解释教育及其相关问题方面都存在一定程度的缺陷，而这些缺陷正是该学派从特定角度观察教育所产生的一种必然结果。因此，1970 年以后，教育社会学有了新的发展，一种“新”教育社会学开始出现。所谓“新”教育社会学实际上包含了教师社会学与知识社会学，而其研究方法论则更注重象征互动论与常人方法学在教育领域的运用。

表 6-3　　教育社会学理论摘要

理论流派	社会理论	教育理论
功能论	整合的社会机构；达成共识的社会秩序；处于平衡状态的系统，各机构之间寻求平衡等	教育与其他社会结构互为整体；社会化的功能；筛选和分配的功能；创造新知识等
冲突论	冲突与剥削；维持秩序的权力和强制；支配与被支配的群体之间不断斗争等	教育是支配群体的权力/值得怀疑的自治力的延伸；教育再生产的社会秩序等
互动论	行动者磋商与界定的社会现实；社会秩序是共享符号和价值观的结果等	教育作为现实界定的过程；课堂互动是教育过程的中心；课堂是自我实现的预言等

资料来源：巴兰坦．教育社会学．南京：江苏教育出版社，2011：346.

一方面，“新”教育社会学理论秉承了非实证主义的论点，认为必须通过解

① 易益典，等．社会学教程．上海：上海人民出版社，2003：11.

② 布列克里局，杭特．教育社会学理论．台北：桂冠图书公司，1993：312.

释的过程来了解社会事实，而这些并不完全像自然现象一样是可以测量的。教育社会学的“量化”研究，只能描述表面现象，对于学校生活的本质，以及师生互动过程的内在意义，无法深入了解。他们更为强调“质”的研究，主张采用参与观察的方式，实地了解师生在互动过程中如何架构知识并形成价值观念。这种研究方式，直接在“生活世界”中观察社会现象，具有较高的“效度”，能够弥补实证方法的不足。“新”教育社会学理论的另一突出贡献在于由以往被动接受问题（taking the problem）转向主动发现问题（making the problem），由以往注重事实（fact）的问题转向进一步探讨“如何”（how）以及“为何”（why）等深层次问题，这些发展对以往教育社会学理论而言，具有相当的批判性。

尽管“新”教育社会学理论使以往教育社会学理论有了相当大的进步，但是它也存在一定的局限，例如，常人方法学的应用仅仅局限于小群体以及试探性质的研究中，并没有形成相应的教育社会学理论。而在知识社会学方面，由于实证资料的缺乏，并没有解决其主要的理论问题。参与式观察法在人类学研究中成效显著，但其应用通常局限于在特定社会对小样本进行长期研究。因此，微观教育社会学所采用的质性研究方法，固然能够对传统教育社会学理论进行补偏救弊，但是，事实上它无法（也不必）取代教育社会学理论主流对于量化科学实证模式的注重。[①]

总体而言，教育社会学的诞生是社会学与教育学这两门学科整合发展的必然，因此其在理论发展的过程中，不可避免地既受到两种学科理论的滋养，又受到两种学科理论的冲击。这种冲击，往往来自双方理论着力点的差异以及理论研究视角的区别。1949 年，在标志着教育社会学正式确立的《教育社会学的定义问题》一文中，布鲁克夫明确倡导将教育社会学从原来的 educational sociology 更名为今天通用的 sociology of education，确定了教育社会学的社会学学科性质。经过了大半个世纪的发展，教育社会学已经涌现了大量的理论研究著作，形成了一门虽然新兴但较为成熟的社会学分支。同时需要看到的是，当代教育社会学理论还存在很多不够完善的方面，不尽如人意，这些都是后继的社会学家继续深入研究的责任所在。

◎思考题

1. 教育社会学产生的背景是什么？
2. 教育社会学的研究对象是什么？
3. 教育社会学有哪几种理论取向，这几种取向有什么分别？
4. 如何理解教育社会学和社会学的关系？
5. 教育社会学的理论范式的发展经历了怎样的过程？
6. 传统的教育社会学和“新”教育社会学的区别在何处？
7. 你认为“新”教育社会学理论的局限在哪里？

---

① 陈奎喜．教育社会学研究．台北：师大书苑有限公司，1990：35.

8. 当代社会“新”教育社会学的发展方向是什么？

9. 你觉得教育社会学的发展对于中国社会中的教育问题有什么样的意义？

◎阅读书目

1. 叶志诚．教育社会学．台北：威士曼文化事业股份有限公司，2006.

2. 周艳．教育社会学与教师研究．武汉：华中科技大学出版社，2008.

3. 马和民，高旭平．教育社会学研究．上海：上海教育出版社，1998.

4. 马和民．新编教育社会学．上海：华东师范大学出版社，2009.

5. 钱民辉．教育社会学——现代性的思考与建构．北京：北京大学出版社，2004.

6. 董泽芳．教育社会学．武汉：华中师范大学出版社，2009.

7. 鲁洁．教育社会学．北京：人民教育出版社，1992.

8. 王养冲．西方近代社会学思想演进．上海：华东师范大学出版社，1996.

9. 瞿葆奎．教育与社会发展．北京：人民教育出版社，1989.

10. 涂尔干．教育及其性质与作用//张人杰．国外教育社会学基本文选．上海：华东师范大学出版社，1989.

11. 巴兰坦．教育社会学．南京：江苏教育出版社，2011.

12. 谭光鼎，王丽云．教育社会学：人物与思想．上海：华东师范大学出版社，2009.

13. 文军．西方社会学理论：经典传统与当代转向．上海：上海人民出版社，2006.

14. 杨昌勇．新教育社会学：连续与断裂的学术历程．北京：中国社会科学出版社，2004.

第七章

历史社会学理论及其当代发展

【本章要点】

- 历史社会学为社会学的研究注入了新的动力，打开了新的视角，可以使社会学更为动态、更为全面地进行深入的研究。
- 历史社会学可以帮助人们理解结构以及生活方式是怎样恰如其分地被塑造出来的，以及它们——至少在某些方面——如何才能被重新塑造。
- 历史社会学的意义不仅在于其学科本身，更为重要的是它为社会学研究提供了一种视角、一种取向，可以使社会学研究在时间和空间中积淀。
- 西方历史社会学的关注点已经从传统的阐释民主、揭示民主、揭示资本主义等话题转移到了批判和反思资本主义民主等社会领域的话题上面。

【关键概念】

历史社会学◇分析视角◇结构功能主义视角◇现代性思想◇全球化理论

历史学和社会学作为社会科学中两个独立的学科，在相当长的一段时间内是各自为政、互不相干的，其原因主要在于社会学作为一个独立学科形成较晚，而已经是独立学科的历史学却只关心政治、军事以及精英人物的传记，很少涉及对于民俗史、社会史的社会文化研究。二战以后，随着各种综合性问题的出现，跨学科研究成为愈来愈明显的趋势，历史学和社会学在分别实现社会学转向和历史学转向的基础上也逐步实现了新的融合，这一新的融合带来的直接结果就是历史社会学（historical sociology）的产生。因此，可以说，历史社会学理论的出现和形成，是二战以来历史学理论和社会学理论碰撞的结果，也是历史学研究的社会学转向与社会学研究的历史学转向的一种交互结果。

第一节 社会学与历史学的理论谱系

在传统的社会学理论领域中，社会学是一门完全不同于历史学的独立学科。有关社会学和历史学的区别，通常比较流行的看法是：社会学一般关注普遍性问题，而历史学则关注特殊性问题。同时，社会学是研究现在的，而历史学则是研究过去的。例如，彼得·伯克（Peter Burke）就认为，社会学是对单数的人类社会（human society）的研究，主要侧重于对现代社会的结构及其发展的归纳；而历史学是对复数的人类社会（human societies in the plural）的研究，主要侧重于研究各个社会之间的差别以及各个社会内部基于时间的变化。[①] 这种大家都能认识到的划分其实非常明显，尤其在社会学的自然主义反对详细叙述的历史学时更是如此。在正统共识占据主流地位的时期，社会学实现了与历史学最彻底的全面分离。[②] 更有甚者，一些古典社会学家甚至以一种轻慢的态度来界定他们与历史学家之间的关系。美国学者埃尔伍德（C. Ellwood）曾经这样描述社会学与历史学的关系：历史学是一种明确的、记述式的社会科学，其目的在于重构过去社会的图像；社会学则是一种抽象的、理论化的社会科学，关注那些支配社会组织与社会变迁的法则和原理……尽管如此，对社会学者而言，当代的社会生活确实比历史事实更紧要。就社会演进或其动态而言，社会学或可视为某种历史哲学，因为它至少尝试为历史学具体描绘的社会变迁提供科学理论。[③]还有社会学家将社会学与历史学的关系看成是生产者与消费者的关系，认为历史学家就像一个消

① 伯克．历史学与社会理论．上海：上海人民出版社，2001：2.

② 吉登斯．社会理论与现代社会学．北京：社会科学文献出版社，2003：39.

③ 王小章．社会状态的社会学和历史进程的社会学——一个社会学史的考察．浙江社会科学，2000（4）.

费者一样常常从社会学中借用各种理论来解释历史事件。从这些观点可以看出，很多社会学家认为历史学家只是扮演了一种搜集资料的角色，而对于具体事实的抽象和理论解释则是社会学家的任务。之所以会造成社会学与历史学的这种认识上的隔离，很多学者认为是因为不同的学科之间本身就有着不同的概念、价值观、理论和方法，在学科意识的强化下，学者们总是不断地为各自的学科规范所训练。结果，社会学家通常被训练得着重留意并概括一般规则和普遍化原则，因而时常删除例外的东西；而历史学家则被要求学习如何以牺牲一般模式为代价去关注某些具体细节。① 他们之间的对话，正像法国历史学家费尔南·布罗代尔（F. Braudel）曾经指出的那样，通常是“聋人之间的对话”②。

【知识窗】

彼得·伯克，英国历史学家。1937年生，获牛津大学博士学位。曾执教于苏塞克斯大学，1970年至剑桥大学任教，现为剑桥大学文化史荣休教授及伊曼纽学院研究员。伯克的研究专长为西方史学思想和欧洲文化史，致力于史学与社会学理论的沟通，探索文化史写作的新领地，是当代最著名的新文化史学家之一。

可见，从早期社会学理论开始，很多社会学家就在致力于从人类历史中找出一种“超越历史”的时间模式，从这个意义上来说，他们是在做着摆脱历史学，与历史学划清界限的努力。尤其是在20世纪60年代以前，如前面所说的，结构功能主义的影响使得社会学理论研究在很大程度上集中在社会结构的静态研究上，而这种研究的一个典型特点，借用蒂利的话来批评，就是“没有时间”“没有地点”③。从20世纪五六十年代开始，社会学理论内部开始不断出现对于这种主流学派非历史性的批判。

到了20世纪70年代，历史学者开始质疑社会学和历史学这种表面上的简单关系，历史学家劳伦斯·斯通（Lawrence Stone）便日渐怀疑社会学和其他社会科学是否真能如其所宣称的，提供可资历史学者应用的解释模式。斯通指出，社会学也已掉入一个全然静态的社会观中，部分是由于它过度热衷于社会调查记述，部分则是因为它全然采用功能主义的理论。与此同时，社会学内部的另一股思潮也开始对

---

① 例如，美国著名社会学家英克尔斯（A. Inkeles）就曾说过：“历史学者常常以细节的明确、具体为荣，此即历史学的特征。社会学者却经常从具体的事实中抽象、分类、推论，他们所关心的不是以某一特定民族的历史为真，而是以许多不同民族的历史皆为真的原理原则。” Inkeles A. What is sociology. Englewood：Prentice Hall，1964：21.

② Braudel F. History and sociology//On history. Chicago，1980.

③ 卢晖临．叙述的复兴——历史社会学及其发展//张一兵，周晓红，周宪．社会理论论丛：第一辑．南京：南京大学出版社，2001：72.

历史“事件”的可靠性产生了高度质疑。① 实际上，在社会科学中，社会学与历史学具有十分紧密的关系。② 从方法论的角度来看，尽管历史学主要是研究过去社会的，社会学是研究当代社会的，但它们都是从综合性的角度来对社会整体进行研究的，而且，当代社会与过去社会的分界线本身就是人为的，也是不断变动的。这种原因使得历史学家除了研究问题的方法和时态与社会学家不同之外，他们所关心的问题性质和采取的方法往往是一样的。马克斯·韦伯曾经说“社会学和历史学都是研究行为的经验科学”，两者之间的共同特点使得“历史学家和社会学家……都关注被视为整体的社会，关注全部人类行为……因而它们显然是学术上的近邻”③。正是这种学科上的相似性决定了两者之间结合的可能性。因此，许多历史学家坚信，在社会学与历史学之间必将能搭起一座跨越疆界的桥梁。

20 世纪 60 年代初，一些历史学家开始试图在历史叙述中注入分析与理论基础，社会学家也开始和传统的主流理论脱离关系，特别是高度抽象的结构功能主义建构模式。社会学家米尔斯认为，如果没有融合“历史学”与“传记”，如果不去了解宏观的社会进程如何融合个人经验及其家庭经验，如何赋予它们意义，我们就几乎不可能理解人类之间的关系。在最低限度上，社会学与历史学这两门独立的专门学科，已经可以越过分隔它们的高墙，进行一些零散的概念与技术交流。比较极端的学者如菲利普·艾布拉姆斯（Philip Abrams）甚至极力想要完全拆除社会学与历史学的分隔墙，他在《历史社会学》这本论文集中说：“就我对历史学与社会学的了解而言，二者之间可以说没有任何区别，因为从二者所关注的事物来看，历史学与社会学一直是同一件事。两者所要探求的都是人类的行为，同时也都从年代演变的角度来理解社会结构的形成。”④

当然，社会学和历史学之间究竟会不会实现这种全面的融合还有待我们进一步观察，但如今社会学与历史学相互之间联系越来越紧密却已成为学术界的共识。如果说现在总是会成为过去，那么我们就不能仅仅认为社会学家是关注现在，而历史学家是关注过去的。社会学的研究是可以超越时间的，历史学也不只是研究一些逝去的东西。“再现过去”作为历史学家的首要任务，包含着对过去的复兴，而这些在通常情况下是不在传统的社会学研究范围之内的。对学术的知识分工在任何情形下都不可能达到精确的程度，但这并不是说社会学和历史学之间必然存在着逻辑上或者甚至说是方法论上的区别。⑤ 尤其是到了 20 世纪八九十

① 肯德里克，斯特劳，麦克龙．解释过去，了解现在——历史社会学．上海：上海人民出版社，1999：4.

② 例如，在法国悠久的历史研究中，历史学家保留并发展了一门社会学的历史学（sociological history），而且通常在进化论的支持下，社会学家往往在一定程度上也是关注过去的。但对进化论的认可并非一定能推导出对历史的详尽研究，也不一定会推导出对历史偶然性的评价。在追求将社会学发展成一种普遍性科学的口号下，社会学家突破了进化论的观点。而且，无论在何种情形之下，历史学家的工作都并没有受到密切关注。

③ 韦伯．社会学的基本概念．上海：上海译文出版社，2000：1.

④ 肯德里克，斯特劳，麦克龙．解释过去，了解现在——历史社会学．上海：上海人民出版社，1999：1-2.

⑤ 吉登斯．社会理论与现代社会学．北京：社会科学文献出版社，2003：41.

年代后，产生了一大批关于社会科学历史的著作，而这些著作无疑提升了所有学科包括社会学的历史意识。① 一个奠基在历史学上的社会学理论对社会学将会有两大贡献："第一，它可以将社会学的研究历史化，并将其研究积淀在时间和空间之中。第二，它也为我们提出一些重大问题，这些问题存在于历史研究或真实的历史中，但却始终为社会学家所忽略。最值得注意的是，它迫使社会学者去检验某一时间点上的行为的残余如何束缚了接下来的行为。"②

第二节 历史社会学理论的发展脉络及特征

由于不同的研究者具体的看法和视角不同，人们对历史社会学理论发展阶段的划分也不尽统一。如彼得·伯克将历史学和社会理论之间的关系史分为三个时期：18世纪中期、19世纪中期和20世纪20年代前后。而丹尼斯·史密斯则将战后的历史社会学分为从灰烬中复出、起飞、高空翱翔三个阶段。为研究和叙述方便，我们把西方历史社会学（准确地说应该是有关历史学与社会学的研究）理论的发展大致分为四个时期（见表7-1）。

表7-1　西方历史社会学理论的发展时期及脉络

历史时期	研究中心	研究主题	代表性人物
古典社会学时期	德国、意大利	人类社会发展的驱动力	帕累托、韦伯、涂尔干、马克思等
现代社会学前期	美国、英国	反对集权，阐释民主	帕森斯、斯梅尔瑟、马歇尔等
现代社会学后期	美国	关注统治、不平等和反抗运动，解释民主	米尔斯、斯考切波、蒂利等
当代社会学时期	美国、英国、法国、德国	探讨与揭示资本主义，重新考察民主	沃勒斯坦、迈克尔·曼、吉登斯等

一、古典社会学时期：历史社会学的暧昧期

古典社会学时期（19世纪30年代至20世纪20年代）可以被分为两个具体

① 卢晖临．叙述的复兴——历史社会学及其发展//张一兵，周晓虹，周宪．社会理论论丛：第一辑．南京：南京大学出版社，2001.

② 肯德里克，斯特劳，麦克龙．解释过去，了解现在——历史社会学．上海：上海人民出版社，1999：19.

的阶段[1]：第一个阶段是从社会学诞生的19世纪30年代到19世纪70年代末，这是社会学的奠基阶段，其代表性人物是孔德和斯宾塞；第二个阶段是从19世纪80年代到20世纪20年代，这是社会学的形成阶段，其代表性人物是韦伯。但在这两个阶段，对历史社会学的研究来说，其关系比较暧昧，不仅不同理论家持有截然不同的态度，即使是同一理论家，其对历史社会学的态度也是前后判若两人。

在社会学的奠基阶段，社会学是实证主义占主导的时期。历史学与社会学之间处于极力相互排斥之中，很难谈得上相互借鉴与融合，也没有所谓的历史社会学，尤其是社会学对历史学的排斥甚多。例如，孔德就不屑一顾地谈到历史资料是"稚气地收集在一起的乱七八糟的零碎"，历史学家是"毫无用处的趣闻逸事的编者"。斯宾塞也曾声称，社会学之于历史学，"正像大厦是从周围堆积的砖石之中拔地而起"，"历史学家所能达到的最高境界不过是对民族生活的叙述，不过是为比较社会学提供素材"。斯宾塞又称："君主们的传记（舍此以外，孩子们别无所学）对社会科学几乎不能提供任何启示。"[2] 尽管孔德、斯宾塞等人对历史学排斥有余，但至少他们的社会进化论思想不能说与历史学毫无关系。[3]

到了社会学的形成阶段，人文主义开始在社会学中居于主导地位。这一时期著名的社会学家——意大利的帕累托和德国的韦伯——在历史学领域都享有盛名。帕累托在《论普通社会学》中深入研究了古代雅典、斯巴达和罗马，并从中世纪意大利中摄取例证。而韦伯的历史学知识无论是深度还是广度都是出类拔萃的。他在《新教伦理与资本主义精神》一书中翔实地讨论了新教伦理对资本主义产生的重大影响。正如伯克所言："韦伯将注意力集中到社会理论时，并没有放弃对历史的研究。他既向历史学借用材料，又向历史学家讨教概念。"[4] 同时代的批判主义社会学创始人卡尔·马克思也从生产方式的矛盾运动来考察了人类社会发展演变的历史。因此，这一时期的德国社会学理论一度成了历史学研究的重心。

二、现代社会学前期：历史社会学的冰冻期

在这一阶段（20世纪30—50年代），历史社会学进入冰冻期。历史主义的思潮在德国持续了很长的时间，却在20世纪20年代后撞在右翼和左翼极权主义的墙上而一蹶不振。[5] 用史密斯的话来说就是，"这些杜撰过去又'通晓'未来

---

① 文军．社会学理论的发展脉络与基本规则论略．学术论坛，2002（6）．

② 伯克．历史学与社会理论．上海：上海人民出版社，2010：10.

③ 实际上，社会学的先驱们在他们的理论研究中都或多或少地运用了历史资料，如孔德对人类知识形式的"三个阶段"的划分、马克思的阶级斗争理论和资本主义理论、斯宾塞的社会演化学说等等。

④ 伯克．历史学与社会理论．上海：上海人民出版社，2010：12.

⑤ 20世纪20年代以后，社会学家逐步放弃了书房中的扶手椅，开始越来越多地从当代社会中获取他们所需要的数据。一个生动的例子是，1892年，美国在芝加哥大学创立了第一个社会学系，它的首任系主任斯莫尔过去是一个历史学家。然而，到20世纪20年代，在帕克的主持下，芝加哥大学社会学家转向对当代社会，尤其是对他们所在城市的研究，如贫民窟、犹太人集中地区、移民、黑社会帮派、流浪汉等等。

的体制拒绝了历史社会学"①。大多数有创造性的人才被迫转入地下或流亡国外。可以说，这一时期社会学家的关注焦点已经从历史的架构中转向了现代社会的系统性研究，对于这种牺牲历史学而转向现实研究的变化，伯克的解释是，对这种情况"可以做出几种不同的解释。社会学本身的重心从欧洲向美国转移，而在美国（尤其是在芝加哥），与欧洲相比，历史不那么重要，在日常生活中也不那么明显。也许，社会学家会争辩说，拒绝历史是与经济学、人类学、心理学和社会学越来越自成体系和越来越专业化相关的。与历史学家一样，这些领域的学者当时纷纷创设他们各自的专业学会和期刊，与历史学和历史学家分道扬镳，对于这些新学科形成学科认同是必要的。另一方面，思想史家也许会强调一种学术趋向，即'功能主义'的兴起……这种功能主义立场被拉德克利夫-布朗和马林诺夫斯基所采纳，后者并视历史这一'死亡的被埋葬的东西'如敝屣，认为历史与社会的实际运行毫不相关"②。

但是，这个时期历史学家和社会学家之间从没有彻底断绝联系。比如1949年，终生倡导人类学和历史学紧密关系的英国人类学家埃文斯-普里查德（Evans-Pritchard）发表了一部关于昔兰尼加的塞努西教团信徒（the Senusi of Cyrenacia）的历史。③ 另外，马克斯·韦伯曾经关心过的主题如"理性的性质及公正与秩序的关系"问题，在20世纪30年代和40年代诸如阿多诺和霍克海默这样的欧洲流浪学者、诸如莫里斯·金斯伯格这样的遵循霍布豪斯传统的进化论社会学家等思想家的著作中也可见到。

【知识窗】

霍布豪斯是20世纪最具影响的现代自由主义思想家，英国新自由主义的主要代表，政治思想家，哲学家，社会学家。霍布豪斯认为，公民自由、财政自由、个人自由、社会自由、经济自由、家庭自由、民族自由和国际自由是自由主义的八大要素。他注重自由的社会意义，强调自由的社会整体性。霍布豪斯的理想是建立一种自由主义式的民主社会主义。

三、现代社会学后期：历史社会学的振兴期

在这一阶段（20世纪60—70年代），历史社会学开始越来越受到学生运动、少数族群运动、妇女运动和反越战运动的影响④，这些运动打破了人们将社会现

① 伯克．历史学与社会理论．上海：上海人民出版社，2010：3.

② 伯克．历史学与社会理论．上海：上海人民出版社，2010：14-15.

③ 伯克．历史学与社会理论．上海：上海人民出版社，2010：20.

④ 史密斯．历史社会学的兴起．上海：上海人民出版社，2000：1.

状视为平衡协调、和谐静止的理想化状态的幻觉，人们开始关注统治、不平等和反抗运动等主题。一方面，在西方社会学理论中，帕森斯式的结构功能主义视角的霸主地位逐步走向终结，其他多种理论流派兴起；另一方面，社会学研究中的静态化模式也引起了学界的普遍反思，如米尔斯在《社会学想象力》中就严厉地批判了非历史倾向的三种严重后果——阉割历史、形式主义和杂烩式研究。这一时期的历史社会学开始得以振兴，其主要代表有摩尔、汤普森（E. P. Thompson）、蒂利和斯考切波等等。

一个有趣的现象是，在现代社会学前期，就在社会学家对过去渐渐失去兴趣的同时，历史学家实际上却开始创造某些东西，似乎在回应斯宾塞提倡“社会的自然史”的呼吁。19世纪末，一些专业历史学家对新兰克派越来越不满。卡尔·兰普莱西特呼唤一种从其他学科汲取概念的“集体历史”，他大胆地宣称：“历史学首先是一门社会-心理学。”在美国和法国，振兴社会历史学的运动都得到了有力的响应。[①] 因此，在这一时期，历史社会学的振兴与历史学本身对社会学研究的重视是分不开的。

四、当代社会学时期：历史社会学的黄金期

在这个阶段（20世纪80年代以来），国际社会发生了翻天覆地的变化：美国从越南撤军、苏联从阿富汗撤军、日本的经济霸权增加了人们的忧虑、东欧爆发革命……随着政治界限逐渐被打破，新的想象的资源开始发挥作用，历史社会学的发展进入了所谓的“黄金期”。[②] 这个阶段的代表人物有安德森、沃勒斯坦、布罗代尔、迈克尔·曼、吉登斯等。

在这一时期，历史学和社会学理论之间的关系之所以日渐密切，其原因是显而易见的。伯克这样解释说：“日益加剧的社会变迁必然引起社会学家和人类学家的关注……那些研究世界人口爆炸的人口学家、那些研究所谓‘欠发达’国家农业及工业发展条件的社会学家或经济学家们发现，他们所研究的实则是以时间为序列的变迁——换句话说是历史；而且他们中的一些人，如法国人口学家路易·亨利和美国社会学家伊曼纽尔·沃勒斯坦，试图将他们的研究延伸到更遥远的过去。与此同时，世界各地的历史学家的兴趣都发生了由传统政治史（描述统治者的作为和政策）向社会史的巨大转移。”[③]

20世纪90年代以后，历史社会学能够对一种更灵活、更开放的公民文化做出重大贡献。它有一种潜能，即以它的成就来表明以下活动的实际价值：调查过去和系统地进行跨时空比较，找出异同点，追溯长时段过程，找出原因并追查结

① 例如，从1958年到1978年的20年间，美国有关社会史研究的博士论文数量就增长了4倍，到20世纪80年代初，在社会学的主要期刊上，几乎四分之一的文章涉及历史的内容。

② Collins R. Three sociological traditions. Oxford：Oxford University Press，1985：107.

③ 伯克．历史学与社会理论．上海：上海人民出版社，2010：21.

果，指出人们如何塑造了把他们束缚在一起和使他们相分离的机制以及这些机制又如何塑造了他们。它也许很有希望提供一条道路，即通过理性的、批判的以及富有想象力的研究来增进人们的理解和更有效的行动。[①] 的确，历史社会学为社会学的研究注入了新的动力，打开了新的视角，可以使社会学更为动态、更为全面地进行深入的研究。事物本身的状况是会随着时间和场所而改变的，是具有历史性的，而历史社会学的历时性的研究方式可以让我们更好地理解社会结构、生活方式等是如何可能的。[②]

第三节 当代历史社会学的主要理论形态

在前面叙述历史社会学理论的发展脉络时，我们已经指出，在 20 世纪 20 年代以后，“历史社会学濒临灭绝的边缘”[③]。这是因为整个萧条的西方世界的经济状况似乎使人缺乏对于历史探究的兴趣，人们为了生存，无暇顾及过去的世界。而在 20 世纪 30—40 年代，法西斯主义的兴起和第二次世界大战的爆发，更加令人们感到失望。随后由于冷战的登台亮相，历史社会学因其富于批判性的立场，遭受了更大的冷落。然而在这之后，它就如同凤凰涅槃一般，获得了重生，在随后的 20 世纪 70 年代和 80 年代，它再次展翅翱翔。这一方面是因为和平的世界局势，为人类更好地反思过去提供了良好的外部环境，同时，发展日益迅速的社会状况又促使人们从历史中寻求应对的智慧；另一方面，由于一些优秀的社会学家和历史学家共同的不懈努力，历史社会学在学科林立、竞争激烈的社会科学领域再次取得了令人瞩目的成就，像安德森、沃勒斯坦、迈克尔·曼、布罗代尔、埃利亚斯、吉登斯、罗伯逊等人在此过程中均做出了突出的贡献。

一、安德森：历史研究中的“过渡”与“系谱”

安德森是一位西方马克思主义者或新马克思主义者。他 1938 年生于英国伦敦，是一个热忱的社会主义者，而不是一个职业学问家。他主持《新左派评论》达 20 年之久，发表了大量著述，对英国马克思主义者重新评价自己的政治战略和理论遗产做出了多方面的贡献。安德森的著述也逐渐确立了他在欧美学术界的

① 史密斯．历史社会学的兴起．上海：上海人民出版社，2000：240.

② 当然，也有学者认为历史社会学这种“解释过去，了解现在”的取向存在着高度的危险性，因为其中的人为操纵空间很大，我们容易按照现在的状况来理解过去，这样我们既不能准确客观地考察过去，也无法基于这种对过去的理解来正确透视现在。

③ 史密斯．历史社会学的兴起．上海：上海人民出版社，2001：1.

地位和影响。

安德森坚持马克思主义的基本立场，但是反对线性进化历史观和单一模式。在他看来，世界历史的发展是统一性与多样性的结合。从他已发表的两部历史研究著作的标题看，“过渡”（passages）和“系谱”（lineages）都是复数。这是明确地强调历史发展的多样性。其代表作《过渡》不仅对欧洲封建社会的起源和性质提出了独到的见解，而且对于西欧和东欧的不同发展道路做了比较。他探讨了封建主义在主要西欧国家，如法国、英国、德国、意大利、葡萄牙、西班牙等国所形成的不同途径和特点，揭示了东欧诸国封建化进程中不同于西欧国家的特征，分析了斯堪的纳维亚、地中海沿岸和巴尔干各国的封建化情况，在此基础上全面阐发了封建主义在当时所表现的经济进步和社会进步。其间，对马克思、恩格斯有关古代中世纪史的某些观点和看法，他也做了分析和评论。其代表作《绝对主义国家的系谱》更是致力于通过对西欧和东欧的比较，建立绝对主义君主国的地区类型（regional typology），揭示其在向资本主义转变过程中的不同角色。在安德森看来，绝对主义国家是在封建生产方式占统治地位的社会结构内部发展起来的。安德森在每一项研究中都涉及了三个因素：研究对象的历史渊源、结构性逻辑及其对资本主义生产方式发展的意义。正如我们将看到的，在每一项研究中，他的经验分析都把特定社会或地区定位在一种类型学里，这种类型学辨别——至少是模糊地辨别——“原型”个案和其他各种广泛的例子。

【知识窗】

在西方传统中，线性历史观（linear history）源于犹太-基督教思想，最为集中的描述见于黑格尔的《历史哲学》。线性历史观认为历史发展是线性的、有意志的、导向某一个目标的，或是向上的、不会重复的、前进而不逆转的。

二、沃勒斯坦："世界体系理论"

沃勒斯坦是世界体系理论的创立者。他虽然被称为新马克思主义者，但在西方学术界却产生了超越其他左派人物的巨大影响，这是由其理论的基本特征——“融合性”（即对西方现代社会发展理论的主流学派经典现代化理论和非主流学派依附论的融合）决定的。世界两极格局的瓦解、经济一体化的发展是沃勒斯坦理论融合的现实基础，而多极格局的形成、地区性乃至世界性的冲突动荡则为其历史悲观主义、怀疑论的形成提供了现实背景。沃勒斯坦把现代世界体系分为三个维度：一体化的世界经济体、多民族国家体系和多元文化体。世界经济体是现代世界体系的经济功能体，是政治体、文化体存在与发展的决定性因素，沃勒斯坦常以之作为现代世界体系的代名词。

沃勒斯坦激烈地反对经典马克思主义者与新古典自由主义的主要假设，即认为资本主义的发展扩张至非欧洲的社会，扩张至西方帝国的许多前殖民地，必将带来有益的效应。经典马克思主义者和新古典自由主义者相信，所有（后进的）社会在经济发展上都将经历单一序列的各个线性阶段，这些阶段将推动这些社会步入现代化进程（可以理解为前进）。而沃勒斯坦在阐述欧洲世界经济体的成长时却抛弃了这一观点。他修正了马克思主义者认为资本主义必将扫除其他所有前资本主义生活方式的原理，宣称世界体系包含许多其他的生产方式。与此类似，他拒斥现代主义者根深蒂固的假设，认为欠发展和边缘依附的研究主题就足以证明，工业资本主义并不一定会带来社会与政治方面的推进。①

世界体系分析的核心主张是：考察任何社会现象和政治现象的性质，都必须基于对该现象与给定的社会"总体"的关系加以理解和说明。也就是说，不能孤立地理解民族国家或（民族的）"社会"。各个国家与社会是在一个政治、经济、文化、宗教和空间关系所形成的复杂型构中彼此相互作用的。在世界经济政治关系的领域之外来解释不同群体与个人的行动、价值观念乃至相互冲突的意识形态，就会犯 19 世纪实证社会学的错误，那种社会学天真地信仰一种关于"社会"的科学。由此看来，唯一可被合理称为社会总体的社会体系，就是世界帝国、世界经济体和独立自给的经济体。②

> **重要概念**
>
> 沃勒斯坦把现代世界体系分为三个维度：一体化的世界经济体、多民族国家体系和多元文化体。世界体系分析的核心主张是：考察任何社会现象和政治现象的性质，都必须基于对该现象与给定的社会"总体"的关系加以理解和说明。

沃勒斯坦拒绝了那种单一的分析模式，反对线性的西方发展模式。他试图用一个更广阔的概念来涵盖世界历史和人类社会现代化发展的历程，可是与之相矛盾的是，他似乎又让人感到是在用另一种具有决定论色彩的马克思主义模式来替代他所反对的那种决定论模式，并且他对"现代性"是如何通过不同的方式渗透进各个社会的发展过程当中的，或者说，"现代性"是否也是一个超历史、超国家的概念好像并没有做出清晰的解释。

三、迈克尔·曼："权力中心的去中心化"

在英国历史社会学中，社会的互赖性问题先于全球化理论的兴起而成为研究的主题。其入手角度主要是地缘政治学的时空维度，以及迈克尔·曼所谓的意识形态、军事、政治、经济等各方面的"社会权力来源"。在今天关注全球主义之前，对民族国家及其地缘政治位置的重新发现就已经有助于拓宽现代社会理论的分析范围，以涵盖他者（外人）这一角色，涵括陌生性的不祥形象。同时，这样

① 特纳，等．社会理论指南．2版．上海：上海人民出版社，2003：478.
② 特纳，等．社会理论指南．2版．上海：上海人民出版社，2003：480.

做还涉及战争与地缘政治竞争的领域，而这样的领域在大多数情况下是被忽视的，不仅在社会理论中如此，在相当程度上，甚至在世界体系理论中也是这样。迈克尔·曼批评了主流社会学一直坚持的一个神话，即我们生活在多少近于密闭的有机社会中。①

迈克尔·曼认为，要使我们摆脱更具有机论色彩、本质上属于种族中心论的道德观念或“共同体”观念的束缚，首先必须清除以社会为中心的认同模式。迈克尔·曼主张我们的研究目标应该是认识到“社会是由相互重叠、彼此交错的权力的多重社会空间网络构成的”。根据他的说法，人类作为历史的主体与客体的双重结合，不断地重新界定他们在相互重叠的权力与联盟网络中所具有的属于自身的自我形象，并重新商定他们自身所处的位置。②

迈克尔·曼明确表示：由于人类从根本上是社会性的，却非社会的动物，所以人类社会的驱动力并非制度化的。因此，我们可以说，无论是韦伯的民族国家概念，还是福柯的监禁社会观念，在认识论角度与历史角度上都有缺陷，都错误地坚持用一种过于制度化的、一元化的观念来理解社会生活。③

四、布罗代尔：对历史变迁的长时段研究

布罗代尔是法国年鉴学派的代表人物，在沃勒斯坦的世界体系研究之前，他已经开始考察物质生活和文明与地理和权力这两方面之间的关系。他关注时间的特性，认为历史变迁是以不同的速度进行的，他对时间形态做出了三种区分：第一种是代表地理和结构变迁的“长时段”；第二种是10～25年循环出现的经济现象，这是“中时段”；第三种是代表特定事件的“短时段”。④ 他对复杂理论的构造持怀疑态度，认为这些理论容易同社会现实脱节。他赞同古尔维奇（Gurvitch）把社会分为总体类型和微型类型以及各种社会团体的区分法，借助相对简单的模型进行研究。他侧重于研究大规模的缓慢变化的地理、气候等结构而非日常生活经历中的事件，并且不主张过分关注名家构造的历史，而是主张观察真实的生活。他的全局史可以看作是文明分析与全球性社会学的先驱，他对于社会的等级制度、国家、文明和城市的考察都是在以局势史（历时的）和结构史（静态的）为焦点的框架中建立起来的。“在布罗代尔的论述中，世界经济体系超越了国家、社会和文化界限，与它们相互作用但是绝不能控制甚至决定它们的形成，每个世界经济体系都有一个显著中心、明确的边界以及地区的内部等级。中心区总能发现一个占支配地位的资本主义城市和一个特殊的国家机器。”⑤

① 特纳，等．社会理论指南．2版．上海：上海人民出版社，2003：482.

② 特纳，等．社会理论指南．2版．上海：上海人民出版社，2003：483.

③ 特纳，等．社会理论指南．2版．上海：上海人民出版社，2003：484.

④ 肯德里克，斯特劳，麦克龙．解释过去，了解现在：历史社会学．上海：上海人民出版社，1999.

⑤ 史密斯．历史社会学的兴起．上海：上海人民出版社，2001：156.

五、埃利亚斯：文明的进程

埃利亚斯历史社会学的主要特色是在欧洲国家的形成与宫廷理性的漫长发展过程中所形成的文明观念以及各种形式的礼貌。他的《文明的进程》就对有关欧洲国家形成与西方礼貌文化史的历史社会学做出了贡献。[①] 他的基本观点是，社会的区分与社会互动中暴力的根除孕育了人类情感结构的转型。伴随着早期现代欧洲骑士的衰亡与贵族阶层的兴起，符合宫廷礼节的行为形式迫使人们在心理上产生了一种根本的转换：个人情感与冲动的节制。关于对身体机能的制约所发生的变迁，埃利亚斯的研究深入探索了“礼貌的历史”如何表现了西方对身体理解的重大变化：自我约束的贵族式礼仪逐渐扩散，宫廷理性也随之向“下层阶级”扩散。因此，埃利亚斯对文明化进程所关注的是驱力和情感的秩序、自我控制的秩序以及社会约束的秩序这三者的同时发展。这种发展超越了阶级、性别、民族、宗教等方面的差异，但并非与它们毫无关系，因此，在本质上属于文明的层次。埃利亚斯对文明化进程的考察具有“较大的辐射半径”，故而也需要一种长距离的视角来考察整个结构的社会生成，不仅仅是单个的国家社会，还包括由特定的相互依赖的一组社会形成的社会领域。[②]

> **你怎么看**
>
> 如何理解埃利亚斯所说的“礼貌的历史”的发展过程？

六、吉登斯：“晚期现代性思想”

安东尼·吉登斯对历史唯物主义与现代性理论的单线进化论进行了双重批判，和迈克尔·曼的立场不无类似，都明确地拒斥有关社会变迁的一元因果解释，以及各种抱守社会发展与道德发展均遵循单一持续路线的神话的历史哲学。在《社会理论中的核心问题》里，吉登斯已经着手勾勒一套“结构化理论”，该理论将同时超越现象学社会学与结构功能主义的局限性。而且，它还将为各种带有目的论色彩的历史哲学提供替代选择。他有关社会行动（agency）与结构的替代性理论，即结构化理论，致力于综合两种近乎互斥的学术取向——解释学的解释与结构主义的分析——的优点。吉登斯抛弃了正统的以阶级为基础的社会理论与历史理论，以及舒茨式的“解释社会学”。与此同时，他的非连续性的分析框架注重于所谓的将“传统”社会与“现代”社会区分开来的断裂。吉登斯借用了布罗代尔的长时段概念，以求把握长期发展中的四种关键性的“制度丛结”，是它们界定了现代世界，并脱胎于现代化的四种主导逻辑：工业化、资本化、民族国家的形成、监控机构的垄断化。如果不用这种长期的、宏观的观点来看待权力

---

① 特纳，等．社会理论指南．2版．上海：上海人民出版社，2003：489.

② 特纳，等．社会理论指南．2版．上海：上海人民出版社，2003：490-491.

和历史，结构化理论就将滑向舒茨这样的解释社会学家一贯所犯的错误，他们分析行动的现象学就未能考虑到这些问题。吉登斯社会理论的优点之一就是：对上述现代性的主导逻辑的理解并不局限于与全球视角相对的社会中心视角。他认为，促成社会整合的各种社会闭合形式“从来也不是无懈可击的”。相反，他主张不应把时空边界还原为动态社会力量的日渐开放，也不应该还原为赋予任何内生或外生的社会动力机制的优先性。这一主张的核心观点是：“实际上所有社会都存在或已经存在与其他社会相互关联的性质。”①

七、罗伯逊：“全球化理论”

罗兰·罗伯逊可以说是全球化论题最早的倡导者，他的理论与世界体系分析的共识甚多。尽管整体而言，对于吉登斯的社会学，罗伯逊始终保持批评态度，但是，他的理论与吉登斯秉持的非连续性立场的现代性理论仍有一定的相通之处。罗伯逊虽然不像吉登斯那样坚持关注对社会与国家暴力的批判，但也正确指出了现代化理论、世界体系理论和社会中心的社会理论的某些空白。他与内特尔（Nettl）较早开始社会学分析的国际化进程，其时正逢西方从深深的麻木中警醒，认识到正是自身的新型殖民支配造成了“不发达国家”的困境。因此，我们可以说，全球化理论的根源在现象上是现代化，同时在理论上又是对社会变迁的片面描述与对现代化所进行的批评性争论。罗伯逊的全球化理论设定了“作为整体的世界的具体结构化过程”，其入手点是考察个体与社会两方面如何将它们自己定位于一个全球域（global field）中，而这个全球域将同时规定并重新表述它们各自基于特殊主义而产生的利益及认同。全球化（globalization）不同于全球主义（globalism）之处，就在于它表达了这种被视为超民族或超社会的结构化的过程性质。罗伯逊注意到，“全球化”可能与某种微弱的（温和的）普遍主义形式相混淆，因此，他尽力突出了文明之间与国家之间的差异在形式与实质两方面所具有的价值。他站在“文化主义者”的立场上，批判了世界体系理论和吉登斯的现代性形象，从中就可以捕捉到这一点：如果全球性等同于一种不断扩张的现代性，那么它“完全忽略了‘非西方’现在究竟意味着什么”。而对于各种后现代的理论也可以做出同样的批评。因此，全球性，而非世界体系、现代性或后现代性，成了当代理论阐述与社会研究的焦点。对于罗伯逊而言，全球的形势或位置则是理解当代生活的关键。

以上学者的研究贯穿了战后整个历史社会学的复兴历程，其所提出的各种理论观点成为历史社会学的热门话题。尽管遭受了诸如女性主义、第三世界后殖民主义、后现代主义的种种批评，但是，应当承认，作为一种从全球化角度出发来思考人类社会变迁和揭示人类命运的学科，历史社会学依然在不断前进。进入20世纪90年代以后，西方历史社会学的关注点已经从传统的阐释民主、揭示民主、揭示资本主义等话题转移到了批判和反思资本主义民主等社会领域的话题上

① 特纳，等．社会理论指南．2版．上海：上海人民出版社，2003：484-486.

面。历史社会学家依然对于目前社会中公民权利的不充分表达给予极大的关心，相对于许多发展中国家的历史社会学家关注本民族或本国的命运而言，那些早已放弃“本土化”和“个人化”的历史社会学家正在以自身的努力来证明人类社会作为一个整体所面临的问题，并积极寻求一切机会来传达各个社会（民族-国家）中公民追求社会公正和个人权利的意义的重要性。

第四节 当代历史社会学理论的主要视角

融合了社会学和历史学学科特色的历史社会学，其理论视角无疑会受到两个学科的深深影响，尤其是受社会学理论的影响更大。尽管在主流社会学理论的发展史中，曾经出现过对历史学不屑一顾的现象，但作为社会学分支学科之一的历史社会学，为尽可能获得自身的学科地位，不得不主动借用各种社会学理论视角，包括曾经排斥自己的主流社会学理论的研究视角。具体来说，西方历史社会学理论主要有以下几个方面的研究视角。

一、结构功能主义的视角

尽管结构功能主义在社会学理论中的主流地位导致了历史社会学兴起的苦难，但在历史社会学中，结构功能主义的研究视角一直为许多历史社会学家所推崇。例如，针对结构功能主义的代表人物帕森斯，史密斯曾说：“几乎没有人怀疑帕森斯非常注意经验的多样性，并且极其熟悉许多战线上的历史性比较问题。帕森斯的主要关注点，即关于社会化和社会控制、社会系统内部整合的发挥以及价值观的舆论扮演的角色都是可以通过比较和历史的分析方法来研究的。”① 这种方法在帕森斯早期的文章《法西斯主义运动的若干社会现象》中就有相当明显的体现。在《社会系统》一书中，帕森斯对特定的历史情形与历史进程也提出了许多真知灼见。

斯梅尔瑟强调的是历史分析的有效性和理论本身的有效性之间的紧密关系问题。在《社会变迁与工业革命》一书中，斯梅尔瑟以1770年至1840年兰开夏郡的棉纺织工业为主题，充分地说明了结构功能主义研究方法在历史分析中的实用价值。② 与其同时代的艾森斯塔德在《帝国的政治体系》（1963）一书中对前工

① 史密斯．历史社会学的兴起．上海：上海人民出版社，2001：15－16.

② 蒂利对斯梅尔瑟等人所持的结构功能主义视角的历史社会学分析表示反对：首先，他认为在社会日益分化的影响下，传统社会控制在小规模群体中的崩溃必然会导致冲突的增加；其次，社会的失序程度乃是与社会变化的速度成正比的；最后，各种失序的形式之间是紧密相连，并以同样的方式来波动的。蒂利．未来的历史学//肯德里克，等．解释过去，了解现在——历史社会学．上海：上海人民出版社，1999：17.

业社会的政治体系进行了深入的考察。他认为，历史上的官僚帝国实际上是一个“折中体”，历史总是伴随着和谐—破裂—和谐的过程进行的，历史上的官僚帝国也孕育了现代专政和民主的种子。同年，利普塞特在《第一个新国家》(1963)中也阐述了这样的道理：美国的特殊历史孕育了一套独特的结构性倾向。这些结构性倾向形成了一种规定价值观念的方式，能够应对社会变革所造成的压力；同时，它还有助于注入两党制等制度性因素的帮助，有利于民主体制的稳定。显然，利普塞特对美国式的民主极为推崇。①

二、结构化分析视角

结构化分析视角主要是由英国社会学家吉登斯所倡导的。“宏观理论卷土重来，但这次已经重视历史了。社会的历史维度成了安东尼·吉登斯的一个主要的关注对象。”② 吉登斯的结构化分析抛弃了传统的以阶级为基础的社会理论和历史理论以及舒茨的现象学社会学。他的非连续性的分析框架注重所谓的将“传统”社会与“现代”社会区分开来的断裂。在吉登斯看来，现代社会之前的一切以阶级划分为基础的社会之间的区别，就在于通过向充满活力的工业资本主义与民族国家体系过渡，权力资源（即权力的容器）发生了空前的变化。吉登斯认为，“现代世界为资本主义、工业主义和民族国家体系的相互交叉作用所形塑”。他还认为，现代性可以被界定在以下四种“制度丛结”中：高度监控、资本主义企业、工业生产，以及对暴力工具的集中化控制的不断巩固。而要把握这些独具现代特色的权力制度，就必须分析普遍隐含在人类相互作用中的结构特性，即意义的沟通（符号的意指）、权力的运作（支配）以及各种规范性约制或合法化的模式。③

三、权力分析的视角

权力分析视角主要是由历史学家布罗代尔和迈克尔·曼倡导的。布罗代尔的历史社会学研究旨在构造一种不同于名家们所传授的、在外交档案之外的真实的历史。他对持久性的历史结构的塑造力和限制力，尤其是大规模的缓慢变化的地理、气候、风俗习惯等等结构投入了极大的关注。他的三部代表作是《菲利浦二世时代的地中海和地中海世界》(1972)、《15—18世纪的物质文明和资本主义》(1981—1984)、《法兰西的特性》(1985)。其中，在《15—18世纪的物质文明和资本主义》一书中，布罗代尔分别对文明与社会、城市与国家、商人与世界经济

---

① 史密斯．历史社会学的兴起．上海：上海人民出版社，2001：19-33.

② 史密斯．历史社会学的兴起．上海：上海人民出版社，2001：171.

③ 曼达利奥．历史社会学的发展趋势//李培林，覃方明．社会学：理论与经验：第二辑．北京：社会科学文献出版社，2005：223.

三对主题进行了分析，并提出了这样的观点：首先，社会是一个包括经济层面、社会等级（各个社会等级之间是流动的）、政治和文化的“组合器”，而且，这些层面中任何一个都不能拥有对另一层面的永久优势。其次，城市的三种类型（即开放式城市、封闭式城市和被征服的城市）代表了城市生活所经历过的三个阶段，也反映了城市和国家关系的三种基本类型。最后，伴随着商业的发展，近现代以来的资本主义的舞台已经超越了城市和王国，而成了世界经济体系。①

另一位代表人物是迈克尔·曼。曼在《社会权力的来源》（1986）中重新思考了人类之前对社会生活的理解。在该书中，曼翔实地探讨了从公元前 5000 年的美索不达米亚，到 17 世纪末 18 世纪初的西北欧国家资本主义和国际资本主义的形成，追溯了社会权力的产生之源。曼尝试用权力关系阐释直至今日的世界文明史：“社会是由相互重叠、彼此交错的权力的多重社会空间网络构成的。”或者说，权力机器社会基础结构都是弥散性的。他纵观文明的起源和历史的潮起潮落，并从中得出如下理论或规律：人类社会的历史就是权力的历史；权力有四种来源，即对经济、意识形态、军事和政治的支配；人类社会的历史就是这四种权力的具体构型（configuration）此消彼长、相互作用的历史。② 这四个来源中没有哪个是最根本的；究竟哪个占据支配性地位，要视世界历史背景而定。其中，军事权力既有深入性（主要是防御性）的一面，也有广泛性（侵略性）的一面。意识形态权力可能是内在的（比如它会集中表现在一个阶级或民族的集体面貌中），也可能是超越性的（比如广泛弥散于不同地区的人群中）。政治权力主要表现为对有限领土内社会关系所进行的集权化国家调控。最后，经济权力把生产劳动的深入性和交换消费网络的广泛性整合为现实的“实践网络”。③

四、公民权分析视角

公民权分析视角主要是由 T. H. 马歇尔和本迪克斯（R. Bendix）倡导的。马歇尔对历史上的公民权利进行分析后提出了自己的公民权理论：首先，社会分化导致了中世纪地方共同体被特定的权力和管理机构取代，这些管理机构包括皇家法庭、议会和济贫法的实施机构。其次，政治权利逐渐呈现独立于公民权利之外的趋势。最后，公民权利成为集体谈判的基础，政治权利促进公众舆论和国民意识，公民权利和政治权利的使用增强了争取社会权利的压力。④

而本迪克斯则运用了二分的方式，以公民权利为线索，把中世纪以来的历史分成了四个阶段。在第一个阶段，绝大多数人被束缚在依附关系之中，不享有直接的政治参与权；政治方面的权利属于集体而非个人。在第二个阶段，王权家产

---

① 史密斯．历史社会学的兴起．上海：上海人民出版社，2001：138－155.

② 姚朋．迈克尔·曼的社会权力史及权力史观述评．史学月刊，2003（7）．

③ 史密斯．历史社会学的兴起．上海：上海人民出版社，2001：161.

④ 史密斯．历史社会学的兴起．上海：上海人民出版社，2001：39.

制取得了胜利，并发展成为绝对的君主制，但大部分民众仍然被排斥在政治共同体之外。在第三个阶段，国家的权力和功能得到了显著的加强，但公民要求自由、平等的呼声日益高涨，国家自建构以来遭遇了前所未有的危机。到了第四个阶段，这种危机因为三方面的原因而得到了克服：资本家越来越愿意代表民众担当政治领导者，通过扩大城市劳动阶层的公民权而使民众融入公民社会之中，国家机器的力量增强、范围扩大。

五、文明的分析视角

文明的分析视角主要是由历史学家埃利亚斯、尼尔森（B. Nelson）提出的。

埃利亚斯对与人类动态形构互为因果的社会发展的结构性进程尤其是直觉方式和感情方式投入了极大的关注。通过对各个历史阶段的礼仪规范的考察，埃利亚斯确认礼貌、教养和文明是社会关系中人类心灵表达的三级相继的阶段（它们分别对应的历史阶段是中世纪社会、绝对君主制社会和资产阶级社会）。在《文明的进程》第二卷《国家的形成和文明》（1982）中，埃利亚斯还用很长的篇幅论述了封建主义的动力、国家的社会起源以及整个文明化的进程（绥靖、货币化、功能的分化、相互依存、中央集权、自我约束和抑制）。

之后的美国社会学家兼历史学家尼尔森则对文明之间的关系及文明之间的遭遇对于理解各文明的自我形象的影响投入了极大的关注。在尼尔森看来，要想说明某一种文明的上升，就既要研究某个文明复合体（civilizational complex）的历史构成，又要考察它与其他部落、帝国或国家间的遭遇或交流。正是从这个角度上来说，尼尔森的分析超越了韦伯，也超越了埃利亚斯。[①] 尼尔森的分析向我们展示：在当今社会，时间与空间的革命、科学技术与视角的革命、理性化的革命、民主运动的革命以及意识/良知（consciousness/conscience）结构方面的世界范围的革命这些根本性的革命不仅已经出现在“西方文化”之中，而且超越了文明的边界，成为全球性的东西。[②]

六、阶级分析视角

阶级分析视角的主要代表性人物有摩尔和汤普森。摩尔在《民主和专制的社会起源》（1966）中持这样的观点：革命（在法国和中国）和内战（在英国和美国）这些重大的变革事件需要从特定的联盟和集团之间的冲突、整合方式和观念

① 韦伯的文明分析是站在欧洲独特性的立场上来进行的，关注的是非西方的城市、宗教、科学、财富和政治等的形式；埃利亚斯所讲的“欧洲”“中国”或其他文明，都是在封闭的背景之下进行的，没有与其他的文明发生激烈的碰撞；而尼尔森不仅考察了西方文明和中国文明这样的文明之间的相对差异，更重要的是还比较了文明之间的遭遇对其分别产生的影响的相对差异。

② 曼达利奥．历史社会学的发展趋势//李培林，覃方明．社会学：理论与经验：第二辑．北京：社会科学文献出版社，2005：231－233.

的变化这些方面来进行解释。这些方面的变动是被现代化的挑战特别是农业的商品化激发的。摩尔在该书中还详细地讨论了暴力和民主制、法西斯主义、共产主义的起源，并对民主制、法西斯主义和共产主义的后果做了细致的区分。而汤普森在《英国工人阶级的形成》（1968）一书中分三部分强调了它们各自在阶级形成过程中的作用。第一部分主要阐发了班扬的《天路历程》和潘恩的《人权》这两部英国工人阶级运动的奠基性著作。第二部分阐发了工人阶级的意识在很大程度上是被卫理公会塑造的道理（被灌输和资产阶级功利主义一致的教规），但与此同时也认为这正好为他们提供了一个对所受压迫进行发泄的渠道。第三部分则追溯了工人阶级针对反革命压制而做出的积极反应的源流。①

七、全球化分析视角

全球化分析视角的主要代表性人物有罗伯逊。罗伯逊提出了所谓的“全球化理论”。“全球化”，从否定的性质来看，就是既非“国际主义”（即支撑各种国际团体的统一体），也不同于“世界社会”，因为这种理论并不努力辩称世界大同的市民社会的正当性甚至其存在的实际可能。② 罗伯逊的全球化理论设定了“作为整体的世界的具体结构化过程”，其入手点是考察个体与社会两个方面如何将它们自己定位于一个全球的领域之中，而这个全球领域将同时规定并重新表述它们各自基于特殊主义而产生的利益及认同。罗伯逊在全球化文化的研究方面也颇有建树。比如他对宗教运动的研究，对“世界神学”与市民宗教的研究，在更具比较性的视角上对日本的宗教与现代化所做的研究，对全球化所具有的文化密度和全球性的时空压缩所可能造成的文明冲突的研究，等等。③

八、综合性分析视角

随着当代西方历史社会学的发展及其影响力的日益扩大，综合性分析视角越来越受到历史社会学家的青睐。例如，蒂利就主张将历史社会学的研究视野从国家之间扩展到这样几个方面：（1）其他的宏观的历史研究，采用区域、市场、生产方式、多种资本主义间的关联，以及其他大型结构作为其研究单位；（2）世界体系的研究，尝试去检视在欧洲资本主义主导之下，世界经济体的历史实况；（3）微观历史的方式，研究结构与进程。总之，随着跨学科方法在当代西方人文

① 虽然在关注的主题上颇有联系，但是摩尔和汤普森的历史社会学研究方法却是大不一样的：前者批判地接受了功能主义和进化理论，后者则一直迷恋于马克思主义关于“自由王国”和“必然王国”的区分。史密斯．历史社会学的兴起．上海：上海人民出版社，2001：79-89.

② 曼达利奥．历史社会学的发展趋势//李培林，覃方明．社会学：理论与经验：第二辑．北京：社会科学文献出版社，2005：224.

③ 曼达利奥．历史社会学的发展趋势//李培林，覃方明．社会学：理论与经验：第二辑．北京：社会科学文献出版社，2005：224-226.

社会科学研究中被越来越多地运用，历史社会学的分析视角也开始越来越多地尝试跳出历史学和社会学既有的框架来寻求更具解释力的分析方法了。

第五节 当代历史社会学理论的前景及困境

历史社会学作为一门独立的学科，其合法性地位虽然到目前为止还存在着一些争议①，但作为一种"意识"或者一种"方法论"又或者一种"知识方案"，无论在社会学家那里，还是在历史学家那里，它都日益得到重视。它的诞生是"时事造就"的，同时也是社会学与历史学这两门学科整合发展的必然结果。而且，相对于社会历史学来讲，历史社会学在更大层面上是社会学"历史学转向"的结果（尽管对于历史社会学有太多的争议，但是，我们仍可看到它越来越以一种独立的姿态展现于世人面前）。② 因此，要恰当地理解当代西方历史社会学理论，就应该先从社会学在当代遇到的各种问题着手。在某种意义上，我们可以将历史社会学看作是通过历史分析解决当代社会学理论困境的一种努力。例如，在社会学的理论推理中暗含着种种预设前提，其中很多前提事实上都体现了既无理论依据又无经验依据的先验偏见或推理方法。社会学的历史学转向，可以对这些先验要素加以阐明和分析，代之以更为确切的前提，这种清算工作对于社会学的健康发展至关重要。

历史社会学可以帮助人们理解结构以及生活方式是怎样恰如其分地被塑造出来的，以及它们——至少在某些方面——如何才能被重新塑造。正如本迪克斯所说："社会科学家们应该对人类理性怀有持久的信任……比起提高社会操纵技术的关注来，这是更高尚的信条。社会科学工作者只有位于这个位置，才能不辜负伟大的知识传统。它是对极权主义威胁进行知识防御的底线。"③ 可以说，今天的历史社会学理论基本上已抛弃了在19世纪的学者中经常自觉不自觉地出现的那种"西方中心论"倾向和埃利亚斯所说的那种"理所当然地把社会发展这一条河看作是朝着越来越完善的方向、朝着人们所希望的方向流动的"信念，与此相

---

① 历史社会学从诞生起，它的背景就决定了其被人"质疑"的命运。它的产生基础到底何在？这种基础的坚固性何在？它的独立性的核心何在？这一系列不确定的、不清晰的因素让人越加担忧它的命运。然而，这些今日并未见有圆满答案的问题，并不能动摇历史社会学的"合法性"，也并不能说明它在今日乃至以后社会科学领域的地位可有可无，这仅仅代表了它的不成熟而已，或者，这仅仅体现了社会科学的表征即"争议"性。例如，在斯考切波、蒂利、沃勒斯坦等人看来，历史社会学作为一门独立的学科应该被接受，因为它和其他经验社会学形式一样是严密的，并且，这是填补经验知识内某些空白的唯一方式，如罕见的事件或现象要有很长一段时间才会发生，我们只有通过"历史的"方法才能更深入地理解。

② 夏学花，薛雅丽．历史社会学和社会历史学的比较研究——历史学与社会学交叉关系初探．中州学刊，2002（2）．

③ 史密斯．历史社会学的兴起．上海：上海人民出版社，2001.

应，今天的学者也不再相信单线发展论和历史决定论。此外，历史社会学的研究也不再采取以前经常采用的那种致力于在所有人类经验中找出一种普遍的时间模式的“后设史学”的形式，而是致力于对相对具体的社会历史过程进行真正“社会学的”叙述、思考和分析。[①] 如果可以把历史社会学旨在追求社会公正和一个理想社会的不懈努力看作是它本身的“历史”的话，那么我们有理由相信，“历史”仍在继续，历史社会学“已经到了作为一门分支学科的程度”[②]。

当然，历史社会学目前似乎还没有建立自己独立的完整理论体系，它更像一种综合分析社会历史发展的方法。因而，我们在研究中必须随时考虑历史学家和社会学家所使用的方法的特点。历史比较法是进行社会历史分析的有效方法。社会学家则更经常使用比较法，甚至超出民族的、时代的界限与范围进行分析研究。史料学可称为史学家的创作实验室。史料中包含着“无意中”取得的却是重要的隐性信息，其可靠性甚至超过历史学家“有意识地”取得的信息，因而在解释历史现象时要避免单一因果论。今天，历史社会学在跨学科综合研究中已汇聚了一批有各自研究对象的“亲属”学科。历史学和社会学的跨学科联系是建立在互惠合作基础之上的，但都保留着各自的专业主权。跨学科综合研究这一总的趋势，虽然受到各门学科传统主义者所持批判态度的冷遇，但仍在逐步拓展。[③] 尽管如此，我们还应指出，我们并未生活在一个学术黄金时代。正像学术活动史上常常发生的那种情况一样，在努力解决旧问题的同时又带来新问题，更复杂的是，多种理论前所未有地争奇斗艳。[④]

最近一段时间以来，历史社会学以一种美国社会学的研究风格而变得日益驯化。许多社会学家转向了历史研究，但想把任何一个普遍化的理论或理论方法当作主要的或重整的历史社会学也变得越来越难。具有讽刺意味的是，虽然历史社会学兴起的很多动力都来自理论问题和争论，但其结论却使许多历史社会学家更多地把历史社会学（误导地）描述为一种方法而不是理论。例如，历史社会学家查尔斯·蒂利就认为“历史社会学不具备完整的知识一致性。‘历史社会学’的相同性主要是来自他们所运用的方法和材料”[⑤]。这种对方法的强调显然掩蔽了理论的重要性。[⑥] 实际上，“历史社会学”所带给当代社会学的最大影响，莫过于理念的更新——社会研究迫切需要引入历史的视角。正如当代法国著名的社会

---

① 王小章．社会状态的社会学和历史进程的社会学——一个社会学史的考察．浙江社会科学，2000（4）．

② Wallerstein I. From sociology to historical social science：prospects and obstacles. British journal of sociology，Jan-Mar.，2000，51.

③ 马尔丁诺夫．历史社会学：跨学科综合研究．国外社会科学，2004（6）.

④ 例如，社会史研究者不可能只将注意力局限于社会学和社会人类学，他们至少还需要考虑与他们的研究相关的其他理论的可能性。现在文艺理论在影响社会学家和社会人类学家的同时也影响了历史学家，以至于所有的人都愈加意识到，他们作品中存在着文字表达模式，他们在不知不觉中亦步亦趋。

⑤ 蒂利．未来的历史学//肯德里克，等．解释过去，了解现在——历史社会学．上海：上海人民出版社，1999：17.

⑥ Wallerstein I. From sociology to historical social science：prospects and obstacles. British journal of sociology，Jan-Mar.，2000，51.

学家布迪厄所指出的一样，“社会行动者是历史的产物，是整个社会场域的历史的产物，是特别的子场域某条通道中积累的体验的历史的产物”[①]。历史的视角应该是社会学研究的基本视角之一。

但即使如此，我们依然对历史社会学发展的前景表示忧虑。这种忧虑首先反映在历史社会学学科性方面。可以说，历史社会学在很大程度上是一门结合历史资料和社会学理论视角而成的学科。那么在使用历史资料时，如何使资料能够被灵活运用，使之就像自己所设计的一样，又如何使资料的相关性得到提高，使之对建构理论起到自己的作用等等，这些已经越来越被看作是历史社会学作为一门学科本身所难以逃避的困境。

重要概念

蒂利将这种在已知的社团、学报和课程中贴上特定的标签，然后分享工作市场的现象称为“制度化”。

再者是蒂利所担心的历史社会学的“制度化”所带来的问题。蒂利将这种在已知的社团、学报和课程中贴上特定的标签，然后分享工作市场的现象称为“制度化”。他认为，有两个理由使其不得不对之感到担忧：一是，这个领域缺乏知识上的统一性，且由于它的本质，这种统一性将永远不会出现；二是，制度化可能会使历史思考方法在社会学其他领域的发展受阻，而这些领域迫切需要的正是这种思考方式。[②] 因此，在蒂利看来，历史社会学的希望在短时间内应当是历史社会学者将他们关注的范围从国家之间的比较扩展到其他的宏观历史研究、世界体系研究以及用微观历史方式研究结构与进程。而从长远来看，应当使历史社会学的专业性消融，又能令它的前提，特别是历史主义贯穿社会学的全部。这样既可以使社会学的研究历史化，又可以帮助我们发现一些存在于历史研究及具体历史领域却常常为我们所忽视的重大问题。[③] 这正呼应了艾布拉姆斯的激进观点：“历史社会学”不应被视为社会学的特殊分支，而应是这门学科的本质所在。蒂利虽然主张消融历史社会学的专业性，但他提倡的是一种深广意义上的历史社会学，这反而是在更高的层次上赋予历史社会学以生命。由此可见，历史社会学的意义不仅在于其学科本身，更为重要的是它为社会学研究提供了一种视角、一种取向，可以使社会学研究在时间和空间中积淀。

另外，在实证主义依然是全球社会研究主流趋势的背景下，历史社会学的发展空间还没有得到充分扩展。就像我国台湾历史社会学家文崇一先生所说的一样：“历史社会学目前尚处于史学以及社会学各自独立研究的范围。历史社会学自身还处于形成阶段。”俄国哲学家 A. 纳扎列江也强调：“客观世界的因果关系是多维的、无限复杂的、非静态的；任何知识都是为社会文化所决定并受到历史

① 王小章．社会状态的社会学和历史进程的社会学——一个社会学史的考察．浙江社会科学，2000（4）．

② 蒂利．未来的历史学//肯德里克，等．解释过去，了解现在——历史社会学．上海：上海人民出版社，1999：18.

③ 蒂利．未来的历史学//肯德里克，等．解释过去，了解现在——历史社会学．上海：上海人民出版社，1999：18.

限制的；主观关系的作用在增长；绝对真理让位于相关性模式，因为我们不能预见那些昨天、今天或明天被最终确定的真理将不会被否定。”① 总体而言，历史社会学在未获得学术共同体全面认可之前，其责任依旧可谓“任重而道远”。

◎思考题

1. 历史社会学是在什么背景下兴起的？
2. 历史学对社会学的研究有什么启示意义？
3. 历史社会学学科的发展困境和前进方向是什么？
4. 在社会学中融入历史感的意义何在？
5. 如何打破历史学和社会学在研究方法上的隔阂？
6. 当代历史社会学理论的发展有哪几种研究视角？
7. 你觉得历史社会学的研究对于当代中国的发展有什么意义？

◎阅读书目

1. 伯克．历史学与社会理论．上海：上海人民出版社，2001.
2. 吉登斯．社会理论与现代社会学．北京：社会科学文献出版社，2003.
3. 卢晖临．叙述的复兴——历史社会学及其发展//张一兵，周晓虹，周宪．社会理论论丛：第一辑．南京：南京大学出版社，2001.
4. 肯德里克，斯特劳，麦克龙．解释过去，了解现在——历史社会学．上海：上海人民出版社，1999.
5. 韦伯．社会学的基本概念．上海：上海译文出版社，2000.
6. 史密斯．历史社会学的兴起．上海：上海人民出版社，2000.
7. 特纳，等．社会理论指南．2版．上海：上海人民出版社，2003.
8. 曼达利奥．历史社会学的发展趋势//李培林，覃方明．社会学：理论与经验：第二辑．北京：社会科学文献出版社，2005.

① 马尔丁诺夫．历史社会学：跨学科综合研究．国外社会科学，2004（6）.

第八章

民族社会学理论及其当代发展

【本章要点】

- 民族社会学是社会学和民族学的交叉学科，它主要采用社会学的理论和方法来研究民族问题。现在世界上绝大多数国家是多族群国家，这些多族群国家中各个族群在社会、经济、文化等方面的发展是不平衡的，因此民族和民族问题始终是社会学家关注的一个焦点议题。
- 我国民族社会学的产生可以追溯到20世纪30年代。20世纪50年代初期之后民族研究依然在继续，民族社会调查依然在进行。中国的民族社会学从20世纪90年代起进入快速发展时期。
- 关于“nation”（民族）的诸多定义可以归并为客观派和主观派。客观派认为“nation”是历史自然演化的产物，强调“nation”形成中的客观因素，如血缘、地域、语言、宗教、习惯、领土和制度等。主观派认为行为、情感、精神以及成员的归属感在“nation”的形成过程中发挥了重要作用。
- 民族社会学从其思想产生到逐步发展，经历了一个从无意识到自觉发展的漫长过程。其主要理论视角有种族主义族群关系理论、族群关系同化范式、多元文化主义范式以及冲突理论范式等。
- 西方族群理论涉及面很广，当代民族社会学的理论研究也得到了进一步的发展，其主要集中在族群关系理论研究、族群认同理论研究以及民族主义理论研究三个方面。
- 当人类进入21世纪后，随着全球化的不断发展和国际人口流动的增加，无论是发达国家，还是发展中国家，其种族冲突和民族问题都非但没有弱化，反而呈不断升级的状态。种族隔离、族群不平等与歧视以及民族认同等方面成了当代民族社会学理论研究的新领域。

【关键概念】

民族社会学◇民族◇种族主义族群关系理论◇族群关系同化范式◇多元文化主义范式◇族群认同◇民族主义◇种族隔离◇族群不平等◇民族认同

民族社会学是社会学和民族学的交叉学科，在整个人文社会科学领域，涉及民族研究的学科很多，如人类学、民族学、人口学、历史学、政治学等。与这些相关学科不同，民族社会学主要采用社会学的理论和方法来研究民族问题。社会学是关注社会变迁、研究社会问题并具有很强应用性的社会科学。现在世界上几乎已经不存在纯粹的单一族群国家，绝大多数国家是多族群国家，随着经济和劳动力市场的全球化，以及跨国迁移人口和在其他国家工作的劳动者的数量越来越大，许多国家的少数族群人口在显著增加。由于种种原因，这些多族群国家中各个族群在社会、经济、文化等方面的发展是不平衡的，因此民族和民族问题始终是社会学家关注的一个焦点议题。了解民族社会学的历史发展过程、学科性质、相关理论，对于深入认识这一学科具有重要的理论和现实意义。

重要概念

民族社会学是社会学和民族学的交叉学科，主要采用社会学的理论和方法来研究民族问题。现在世界上绝大多数国家是多族群国家，这些多族群国家中各个族群在社会、经济、文化等方面的发展是不平衡的，因此民族和民族问题始终是社会学家关注的一个焦点议题。

第一节 民族社会学理论的发展脉络

民族研究在整个社会学领域占有重要的一席之地，了解民族社会学的起源以及发展对于了解这门学科有着重要的意义。另外，“民族”与“族群”是民族社会学中的重要概念，对这两个概念的厘清有助于帮助读者加深对民族社会学理论的理解。

一、民族社会学的发展渊源

任何一门学科都有其产生和发展的现实需要。与很多学科一样，民族社会学同样也发端于西方。民族社会学的概念是在20世纪早期由欧洲的研究者最先提出并在局部范围内使用的。“民族社会学”最早是法国人类学家勒图尔诺（C. Letourneau）在《民族志社会学》一书和德国民族学家米尔曼（W. Muhlmann）在《人类学史》一书中创用的，直译为“民族志的社会学”。米尔曼的“民族志的社会学”这一概念主要用于指对社会进化和社会文化的研究，在研究的过程中使用了民族志的数据。这种研究虽然体现出了民族学和社会学在一定程度上的结合，但是由于其仅仅关注民族志，因此从严格意义上来说仍然不能够称为民族社会学[①]，然而这一概念对于“民族社会学”概念的产生具有非常

① 高永久．民族社会学概论．天津：南开大学出版社，2010：9-10.

大的影响。迄今为止，由谁最早提出“民族社会学”概念，学术界尚无定论。不过一般认为芬兰的韦斯特马克学派是最早使用“民族社会学”这一概念的。[①] 尽管人们开始使用了民族社会学这样的学名，但是民族社会学并没有形成完备的理论知识体系，也没有出现专门的民族社会学研究工作者，它尚处在孕育时期。

20 世纪五六十年代这一时期，各种社会运动风起云涌，如女权运动、学生运动等深刻地影响着当时的社会。其中以民族运动最为激烈，例如“美国出现的种族冲突和移民问题，与贫穷、性别等问题一样，种族关系作为一个急迫的社会问题出现了”[②]。在此局面下，以社会问题为主要研究对象的社会学工作者开始把民族社会问题作为重要的关注点，在这样的时代背景下，民族社会学也就应运而生了。

二、中国民族社会学的发展渊源

我国民族社会学的产生可以追溯到 20 世纪 30 年代。如曾任中央研究院院长的蔡元培先生，就先后派出调查组赴瑶、苗、高山、彝、畲等少数民族地区进行调查研究。其中有些著述可以被认为是我国民族社会学研究最早的成果。特别是费孝通教授和王同慧女士在广西对瑶族的调查研究，从民族学和社会学的角度出发，发现了少数民族与汉族在文化结构上的差异及其相互影响。费孝通不仅提出了从民族社会结构的文化结构来研究民族社会的思想，而且进一步阐明了民族学与社会学研究结合的问题。40 年代由吴文藻先生主编的《社会学丛刊》，在甲集征稿范围中正式使用了“民族社会学”这一学名。《社会学丛刊》上曾发表过一些民族学与社会学相结合的著作，如林耀华的《凉山彝民》、田汝康的《芒市边民的摆》等。新中国成立前夕，我国十几所大学设立过社会学系，开设过社会学与民族学的课程，这可以说是民族学与社会学密切结合、互相交叉的过程。但因历史的种种原因，民族学和社会学的科学家只是“孤军作战”。所以我国民族社会学研究起步虽比苏联早，但其成果远不能同苏联相比。

由于历史原因，新中国社会学学科发展在 20 世纪 50 年代初期之后一度停顿，民族社会学也就未能形成。但值得注意的是，民族研究依然在继续，民族社会调查依然在进行。早在 1950 年，中央人民政府就决定派遣中央访问团，分西北、中南、西南三路，访问国内少数民族。费孝通说它含有民族社会学研究的一些成分。[③] 新中国成立以后，还进行了具有深远意义的民族识别与少数民族社会历史调查，尤其是后者积累了丰富的民族社会学资料。在当时的形势下，各民族的文化生活在迅速改变，如果不及时地把它们原来的社会面貌记录下来，过一个时期，我们就很可能不再容易正确了解它们所经历过的那段悠久的历史，很多发

---

① 贾春增．民族社会学概论．北京：中央民族大学出版社，1996：22.

② 高永久．民族社会学概论．天津：南开大学出版社，2010：12.

③ 马戎，周星．中华民族凝聚力与发展．北京：北京大学出版社，1999：3.

展特点也就不容易理解了。各民族的民族意识发展了，必然会产生对自己民族历史的强烈的感情，他们要求科学地、历史地证实自己民族的历史，要求明确他们在祖国历史上的地位。[①]对此，毛泽东亲自指示，必须抓紧时机对少数民族进行社会历史调查，以便抢救这些宝贵的资料。[②] 社会历史调查从1956年开始，到1964年告一段落。以调查资料为基础编写的“民族问题三套丛书”，成为后来的“民族问题五种丛书”重要的基础性工作。综观新中国成立后这一段的调查研究，“在社会学、民俗学被取消，体质人类学受轻视的时代里，民族学虽然也在做一些和这些学科有关的事，但都缺乏对这些学科的采借，作为学科之间的联系也无从谈起”[③]。没有社会学做支持的民族社会学，在调研上亦将面临许多困境。

此状态一直持续到20世纪70年代后期社会学恢复。在这之后，不少学者翻译介绍了一些国外民族社会学研究情况，也有人开始对民族社会学的理论问题进行研究，提出了一些有见地的观点，在民族社会学的应用研究方面也取得了不少成果，如甘肃对民族经济和人口的研究，东北及内蒙古对边疆移民问题的研究，以及新疆对民族人口、民族关系、民族宗教及民族婚姻家庭问题的研究，等等。[④] 民族社会学的研究在中国拉开了帷幕，同时在社会学界得到普遍认可的是，中国的民族社会学从20世纪90年代起进入快速发展时期。

三、民族社会学中的重要概念

对于人文社会科学领域而言，学术术语或概念的形成都不可避免地体现着人类社会不同历史阶段、不同国度、不同社会甚至不同的人对它的理解和诠释。作为一个发展时间较短的学科，民族社会学首先遇到的就是概念的定义问题。20世纪以来，韦伯、盖尔纳、安德森、凯杜里、霍布斯鲍姆等知名学者都对如何准确定义“民族”感到头疼不已。

马克斯·韦伯认为，“nation”“是一个自我宣称具有国家情感的共同体，同样，它也倾向于建立属于自己国家的共同体”[⑤]。本尼迪克特·安德森认为，“民族属性（nationness）是我们这个时代的政治生活中最具普遍合法性的价值”，“nation”是“一种想象的政治共同体——并且，它是被想象为本质上有限的(limited)，同时也享有主权的共同体”[⑥]。安东尼·史密斯认为，“nation”是“具有名称，占有领土的人类共同体，拥有共同的神话、共享的历史和普通的公

---

① 费孝通．费孝通民族研究文集．北京：民族出版社，1988：115-120.

② 刘春．刘春民族问题文集．北京：民族出版社，1996：301-318.

③ 王建民，等．中国民族学史：下．昆明：云南教育出版社，1998：342.

④ 苗剑新．浅谈民族社会学．新疆社会科学，1987（2）.

⑤ Gerth H，Mills C W. From Max Weber：essays in sociology. New York：Oxford University Press，1958：172.

⑥ 安德森．想象的共同体：民族主义的起源与散布．上海：上海人民出版社，2005：6.

共文化，所有成员生活在单一经济之中并且有着同样的权利和义务”①。虽然“nation”概念看起来简单明了，但是对于“‘nation’是什么”的回答，则“至今尚无一致通论或标准规则”②。

目前关于“nation”的诸多定义可以归并为客观派和主观派。客观派认为“nation”是历史自然演化的产物，强调“nation”形成中的客观因素，如血缘、地域、语言、宗教、习惯、领土和制度等。主观派认为行为、情感、精神以及成员的归属感在“nation”的形成过程中发挥了重要作用。虽然客观派跟主观派在对“nation”概念的理解和解释上存在差异，但两者都认为“nation”具有政治属性，共同的政治是“nation”最为重要的特征。③

重要概念

目前关于“nation”的诸多定义可以归并为客观派和主观派。客观派认为“nation”是历史自然演化的产物，强调“nation”形成中的客观因素，如血缘、地域、语言、宗教、习惯、领土和制度等。主观派认为行为、情感、精神以及成员的归属感在“nation”的形成过程中发挥了重要作用。两者都认为“nation”具有政治属性。

你怎么看

在中文语境下，我们怎么定义“民族”与“族群”呢？你认为二者有什么区别？

近年来成为争论热点的“族群”问题，其实就其概念而论，所遇到的问题与“民族”差不多，无法准确定义。不同国家、不同地区，“族群”所指的群体是不相同的，且在英美国家的学术研究和政治操作中它不断演变，故论者通常也是见仁见智。

第二节 民族社会学的传统理论范式

民族社会学从其思想产生到逐步发展，经历了一个从无意识到自觉发展的漫长过程。社会学族群关系研究其实与美国社会学发展密切相关。美国作为第一个重要的移民国家，其移民文化、种族肤色多样化，族群关系复杂。因此，美国社会学从其诞生之日起就面临着对现实中复杂的族群关系进行描述和解释的任务。学者们在描述和解释复杂的族群关系的过程中，发展出了多样的社会学族群关系理论。

一、种族主义族群关系理论

按照弗雷泽（E. Franklin Frazier）的看法，美国学界有关族群之间关系的第

① 史密斯．民族主义：理论、意识形态、历史．上海：上海人民出版社，2005：14.

② 霍布斯鲍姆．民族与民族主义．上海：上海人民出版社，2006：4.

③ 高永久．民族社会学概论．天津：南开大学出版社，2010：28.

一篇社会学文章应该为亨利·休斯（Henry Hughes）于1854年出版的《社会学的论述——理论和实践》。休斯认为，奴隶制度在道德和民事方面都具有强烈的优越性，而这种广为人知的优越性不应该发生改变，而应当长久地传承下去。菲茨休（Fitzhugh）同年出版的著作《南部的社会学或自由社会的失败》与休斯持类似的观点，都在为奴隶制度辩护。[①] 虽然休斯和菲茨休对后来美国社会学中的族群关系理论几乎没有产生什么重要的影响，但是他们的著作中所包含的种族主义理论则是19世纪末20世纪初美国社会科学界的普遍倾向。

1900年前后，大部分美国社会科学家都认同诸如教育、孩子抚养、卫生等环境因素对人们的行为有重要影响，同时受新拉马克主义（neo－Lamarckism）的影响，学者在解释这种影响时试图把这些因素与生物的进化过程联系起来。[②] 因而，不同族群间的差别就很自然地被归结为不同种族生物意义上的差别，而种族因后天进化所获得的种族特性和结构能够遗传给下一代。在这种观点下进行与之相关的移民问题讨论时，许多学者都对移民持消极态度，主张进行移民限制。他们认为，外来移民的种族性特征是具有遗传性的，因此移民不可能或者很难融入美国社会，而移民的到来将会对以盎格鲁-撒克逊一致性（Anglo-Saxon conformity）为基础的美国社会造成强有力的威胁。[③] 这些学者包括经济学家沃克、芝加哥学派早期奠基人罗斯以及康芒斯（John Commons）等。种族主义关系理论的一个最基本的特征是，认为后天进化获得的族群特性或"气质"（temperaments）具有遗传性，因此种族或族群之间在种族或族群特性或者"气质"方面的融合或同化很难或者几乎不可能发生，从而否认了同化的可能性。

由于社会的飞速进步和经济的快速增长，美国作为移民国家吸收了越来越多的外来族群，而种族主义的族群关系理论显然无法适应这种变化，因此，自20世纪30年代后，种族主义族群关系理论就逐渐淡出了社会学族群关系研究的视野。

二、族群关系同化范式

如果说休斯为第一个关注族群的社会学家，种族主义为族群关系的第一个理论，则同化理论当属第一种具有浓郁的社会学特点的族群关系理论。民族同化是国外民族社会学研究中的重要内容，也是取得成果最多、理论结构构建最为完整的一个领域。美国社会学家彼得·凯伍斯特（Peter Kivisto）说，在20世纪，同化理论在社会学关于民族关系的所有理论中一直处于支配地位，至少在美国社会学领域是如此。

---

① Frazier E F. Sociological theory and race relations. American sociological review，1947，12（3）：265－271.

② Wacker R F. Ethnicity，pluralism，and race－race relations theory in america before myrdal. New York：Greenwood Press，1983：14.

③ 马雪峰．社会学族群关系研究的几种理论视角．西北民族研究，2007（2）．

同化（assimilation）是一个社会学概念，在其定义方面，影响最为深远的是美国芝加哥大学的社会学家罗伯特·E. 帕克和欧内斯特·W. 伯吉斯（Ernest Wasston Burgess）所做出的界定。这两位芝加哥学派的代表者在他们合著的经典著作《社会学这门科学的引论》中这样定义同化："同化是一个相互渗透和融合的过程，在这一过程中，个人和团体获得了其他个体或群体的记忆、情感以及态度，并通过分享对方的经历与历史而与对方整合进入到一种共同的文化生活中去。"[①] 帕克和伯吉斯的同化定义一直是国外社会学研究中的经典，而在此之后的研究者们通常都是在这一定义的基础上开展研究的。随着时代的不断发展，国外社会学研究对这一概念也做出了进一步的拓展，其中影响最大的是米尔顿·M. 戈登（Milton M. Gordon），他将同化划分成了"行为同化"和"结构同化"。[②] 而国内外学界有两种影响较大的民族同化理论，也是分属帕克和戈登的，分别是种族关系循环理论和同化阶段理论。

重要概念

同化是一个相互渗透和融合的过程，在这一过程中，个人和团体获得了其他个体或群体的记忆、情感以及态度，并通过分享对方的经历与历史而与对方整合进入到一种共同的文化生活中去。

【知识窗】

20世纪初至30年代，围绕芝加哥大学社会学系形成的社会学学派被称为芝加哥学派。1892年美国社会学家A.W. 斯莫尔（Albion Small）在芝加哥大学建立了世界上第一个社会学系，开设了第一个社会学研究生班，与G.E. 文森特合写了第一部社会学教科书《社会研究导论》（1894），并于1895年创立了美国第一个社会学刊物《美国社会学期刊》（*American Journal of Sociology*，*AJS*）。社会学系创立后，斯莫尔先后聘用了文森特、W.I. 托马斯（W.I. Thomas）、帕克、伯吉斯等人，形成了该系强大的师资阵容。到20年代，在帕克等人的努力下，该系日臻完善，每年招收200余名研究生、300余名本科生，开设40多门课程，成为同期美国及世界上最成功的社会学系。此后影响日益扩大，逐步形成了芝加哥学派。在美国当时占统治地位的实用主义哲学思潮的影响下，芝加哥学派对新兴芝加哥城市的社会问题开展了一系列的实证研究，从而使这个学派总体上具有重视经验研究和以解决实际社会问题（特别是城市问题）为主的应用研究的特征。

---

① Park R E, Burgess E W. Introduction to the science of sociology. Chicago: University of Chicago Press, 1921: 735.

② 高永久．民族社会学概论．天津：南开大学出版社，2010：59.

(一) 种族关系循环理论

种族关系循环理论(Race-relationship Cycle)的代表人物为美国芝加哥大学的社会学家罗伯特·E. 帕克。他是美国社会学芝加哥学派的创始人之一，也是20世纪早期美国社会学研究领域影响最大的学者之一，早在20世纪20年代，帕克就提出了种族关系发展阶段的思想，随后不断完善，终于在50年代提出了种族关系循环理论。在这一理论中，帕克认为，随着时间的推移，不同种族与民族间的交往与接触必将经历几个固定的发展阶段，随着新移民的到来，新的接触不断开始，新的交往也不断发展，种族关系的几个发展阶段也就随之而不断重复，这就是种族关系的循环。也就是说，帕克将族群间关系的发展过程概括为接触(contact)、竞争(competition)、适应(accommodation)以及同化(assimilation)四个阶段。他认为两族群经历接触、竞争和适应的过程，最后必然走向同化过程，虽然风俗习惯、移民限制、种族隔离等因素可能延缓这一过程，但其最终的方向不会改变，也不会颠倒过来。

帕克的种族关系循环理论可谓具有极大的开创性，也使帕克成为同化理论的鼻祖。种族关系循环理论具有重要的“范式”性的意义。首先，在帕克描述这样一种关系的过程中，就种族或族群间的差异而言，他强调的是文化的差异。虽然帕克也认为每个种族都具有某种生物性的“种族气质”[①]，但是他更强调的是族群间文化上的差别，这种差别是社会性的而不再是生物性的，而这种差别也在理论上扭转了以往理论对种族或族群之生物性差异的强调，因此通过接触、竞争、适应这样一个过程，这种差别必然会发生改变，但是最终的同化是不可避免的，也是不可颠倒的。其次，帕克认为族群关系是一种动态的过程，强调自由竞争对于族群关系良性发展的重要意义，主张以社会性的社会地位、身份、利益等机制来分析族群关系问题，从而以实证的社会学分析方法来讨论族群关系问题，对后来的民族社会学的族群关系研究具有典范作用。[②]

帕克的理论和其学生们的研究，对当时乃至以后的社会学的族群关系研究具有深远的影响，也成为社会学族群关系研究的主流。尽管帕克自己对美国族群关系的前进持悲观态度，但是其同化理论中明显地假设了同化的不可避免性，也就是说，两个不同的族群只要经历接触、竞争、适应的过程，其结果必然是走向同化。同化理论中隐含的假设为：同化的过程就是少数族群放弃自己的文化和价值观，从而接受主流的文化和价值观的过程。同化范式下的族群关系研究关注的主要问题包括同化的模式、同化过程所处的阶段、影响同化过程的因素以及对同化进程的测量等。[③] 在种族关系循环理论提出后的一段时间，社会学家们纷纷仿效，利用自己的个案证明帕克的观点。尽管帕克成了同化理论的鼻祖，但是对帕

---

① Park R E, Burgess E W. Introduction to the science of sociology. Chicago: University of Chicago Press, 1970: 360.

② 马雪峰．社会学族群关系研究的几种理论视角．西北民族研究，2007 (2)．

③ 马雪峰．社会学族群关系研究的几种理论视角．西北民族研究，2007 (2)．

克的同化理论提出质疑的学者也不在少数，他们认为该理论最大的缺陷就在于它是单线进化式的发展理论，因而在许多情况下不具有说服力。与此同时，同化理论也渐渐进入了它的“全盛时期”。

（二）同化阶段理论

社会学界普遍认为美国社会学家米尔顿·戈登在同化理论研究中的贡献最大。戈登所提出的美国种族与民族关系发展的三阶段论以及同化的七种类型理论不仅在美国社会学界引起了极大关注，也是相关研究中中国学者介绍与讨论最多的几种理论之一。①

他在1964年出版的《美国人生活中的同化》成为同化范式下族群关系研究的经典范例。该书一经出版，当年即获两项奖②，可见其影响之大。戈登在这本书中将美国种族与民族关系的发展分为三个阶段。第一阶段叫盎格鲁-撒克逊一致性阶段，始于殖民地时期，终于20世纪初。由于这一时期美国的移民多来自英伦三岛，因此其目标就是以早期移民主体盎格鲁-撒克逊民族的传统文化为核心来同化其他族群，无论是政府还是个人都倾向于切断其他国家和地区移民与其母国的联系，有意识地消除其他民族原有的文化模式。在这一阶段，强调对英国文化的学习与认同，提倡实现全体移民。第二阶段叫熔炉阶段，始于20世纪初，终于20世纪五六十年代。在这一时期，种族与民族关系发生变化的主要原因是移民成分的多元化。一战的战火将大批东欧和南欧国家的居民驱向美国，使得种族与民族成分日益多元化，而原有的简单关系则无法维系，因此社会学家提出吸纳各国移民的长处，相互同化，目的是使得美国具有不同文化的民族经过相互的文化融合而形成新的文化模式，并逐步同化于这种新的文化模式。在这个阶段影响最大的是“美利坚民族大熔炉”理论。第三阶段叫文化多元主义阶段③，自20世纪五六十年代一直持续至今，是不同种族与民族移民长期保留自身文化、宗教传统的结果。这一阶段以文化多元性和丰富多彩为特点，要求对不同民族、文化群体得到承认的要求给予充分肯定，强调各个种族与民族在拥有美国特质的同时，都有权利保持自身的文化传统。④

在同一本著作中，戈登将同化行为分为七种类型：文化或行为同化、结构同化、婚姻同化、认同同化、态度接受同化、行为接受同化、世俗生活同化，包含了从最初的文化同化到完全的世俗生活同化（见表8-1）。

表8-1　关于同化的变量

亚过程或条件	同化的类型	特别名称
文化模式向主流社会转变	文化或行为同化	文化涵化

① 马戎．民族与社会发展．北京：民族出版社，2001：31-35.
② 马戎．民族社会学——社会学的族群关系研究．北京：北京大学出版社，2004：181.
③ 王希．多元文化主义的起源、实践与局限性．美国研究，2000（2）.
④ 马戎．美国社会发展中的种族与少数民族问题．北京大学学报（哲学社会科学版），1997（1）.

续前表

亚过程或条件	同化的类型	特别名称
在初级群体层次大规模进入主流社会的小群体、俱乐部和机构	结构同化	无
大规模的通婚	婚姻同化	合并
发展完全基于主流社会的民族意识	认同同化	无
偏见消除	态度接受同化	无
歧视消除	行为接受同化	无
价值和权力冲突的消除	世俗生活同化	无

资料来源：Gordon M M. Assimilation in American life：the role of race，religion，and national origins. New York：Oxford University Press，1964：71.

(1) 文化或行为同化。文化同化也称文化涵化，指的是对文化模式的接受程度，即一个族群对另一个族群的文化模式的接受程度，主要指少数族群不断吸收主流社会的文化模式，如语言、风俗习惯、宗教等，从而与主流社会的文化日益趋同。文化同化是不同民族相遇后发生的第一种同化，而且这种同化是不可避免，且能够独立于其他同化阶段而存在的。戈登认为，如果不同民族之间不能实现进一步的结构同化，那么同化过程将会在文化同化阶段长期停留，甚至会无限期地拖延。

(2) 结构同化。结构同化是戈登民族同化理论中最为重要的概念，这一概念在阐释社会结构概念的基础上提出了对结构同化的理解。它指的是族群间建立起大规模的基层群体关系，即一个族群进入另一个族群的社会结构和社会网络的程度。戈登对结构同化的认识建立在初级群体和次级群体概念基础上。戈登认为，次级社会关系并不能够带来结构同化，结构同化意味着不同种族、民族、宗教信仰的群体建立了广泛的初级社会关系，真正融入了彼此的日常生活中。因此，从次级社会关系到初级社会关系的转变是民族同化的关键步骤，同时也成为戈登民族同化理论的一块重要基石。戈登认为，在不同民族之间发生了结构同化之后，其他阶段的同化会自然而然地相继发生。

(3) 婚姻同化。婚姻同化指的是族群间相互通婚、血缘的混合程度。结构同化意味着不同民族成员在日常生活中交往非常频繁、关系十分紧密，这种状况必然会带来普遍的相互通婚。一旦婚姻同化得以实现，不同民族实现血缘上的混合，自然会淡化对本民族的认同，进而发展出共同的认同，认同方面的同化也就得以产生了。

(4) 认同同化。认同同化主要指人们族群意识和族群性的变迁情况。

(5) 态度接受同化。态度接受同化指的是偏见的程度。在不同民族之间实现了婚姻同化和认同同化之后，偏见和歧视生存的环境自然而然地消除了，也就在态度和行为方面实现了同化。

(6) 行为接受同化。行为接受同化指的是主流族群对于非主流族群歧视的程度。

(7) 世俗生活同化。世俗生活同化指价值观和权力冲突的程度。当一种不以民族为界限的、普遍的公民社会成为现实，社会成员只具有公民身份而逐渐忘却了曾经拥有的民族身份时，不同民族最终就实现了完全同化。

戈登提出的同化阶段理论，直到今天仍是民族同化现象研究的重要理论模式，在学术界的影响十分广泛。同化范式下的族群关系研究，从社会学族群关系理论发展的历程来看，在当时具有积极的反种族主义的意义；从社会学学科的发展来看，同化范式则为社会学有关族群关系的实证分析提供了可能，并且发展出了较为灵活的同化模型。我们可以看到，随着民族国家政权的建设以及政治、经济全球化的到来，族群交往和互动较以往明显增多，各个族群之间在文化上也确实出现了某种程度的同化现象，族群间的文化差异在某种程度上有逐渐消失的趋势，各个族群的生活方式逐渐趋同；但是，与此同时，族群的边界依然存在，文化上的某种趋同并没有带来族群之间差异的消失，族群群体情感认同的重要性依然如故。我们可以看到，从二战后到现在，各个国家的族群冲突并没有消失，反而此起彼伏。如 20 世纪六七十年代的美国黑人运动，包括少数白人群体在内的族群意识不但没有减弱，反而日益高涨等①，这些国家甚至包括加拿大和英国等工业化、现代化程度已经很高的发达国家。在这种背景下，同化理论对现实解释乏力，于是在对同化理论此起彼伏的批评声中，新的理论范式便逐渐走入了研究者的视野。

三、多元文化主义范式

在民族社会学研究领域，民族同化理论自被提出之日起就一直在理论界占据着支配地位，直到 20 世纪六七十年代，这种格局才被打破，“到了 20 世纪 70 年代，同化理论已经丧失了它的支配地位，为多元文化主义所替代”②。多元文化主义继民族同化理论之后成为民族社会学理论研究中的重点。

对于如何界定多元文化主义，不同的研究者有着不同的观点。文化多元论源于约翰·杜威的“民主多元”思想，而首次提出多元文化主义思想的则是哈里斯·卡伦（Horace Kallen），他也被称为“多元文化主义之父”。他在 1915 年出版的《民主与熔炉》一书中针对民族同化理论首次提出了多元文化主义思想。之后在 1924 年出版的《美国的文化与民族》一书中，他首次使用了“多元文化主义”一词。他认为，美国的民族关系不应走向同化，而应该在承认民族差异的前提下走向多元化。卡伦对民族身份的肯定和对民族权利的追求使得美国民族社会学研究发生了一次较大的思想转变，开启了多元文化主义研究的先河。③ 多元文化论的产生唤醒了少数族群争取自己权利的意识，对“熔炉论”的批判启迪了人们的认识，使人们从对僵化的同化政策的认同中解放出来，转向对多样化生活方式的接受，这就为战后出现的黑人运动以及民权运动提供了思想渊源，也为多元文化主义在加拿大和其他移民国家的兴起做了铺垫。但是尽管多元文化主义早在

① 马雪峰．社会学族群关系研究的几种理论视角．西北民族研究，2007（2）．

② Kivisto P. Multiculturalism in a global society. Oxford：Blackwell Publishing，2002：30.

③ 高永久．民族社会学概论．天津：南开大学出版社，2010：69.

1915年就已经被提出，但是在很长一段时间内并不具有民族同化理论那样的影响力，直到20世纪70年代才开始逐渐占据民族社会学理论界的一席之地。

多元文化主义具有代表性的理论主要有哈里斯·卡伦的“文化交响乐”理论、米尔顿·戈登的结构多元主义理论、杰弗瑞·雷兹的行为上的多元文化主义理论。

(一)“文化交响乐”理论

文化交响乐理论是由美国著名的犹太裔哲学家哈里斯·卡伦提出的，其自身的犹太裔身份使得他对民族问题给予了较多的关注，对美国的民族关系状况进行了深入的思考。其理论建立在对“美国化”“熔炉”等民族同化理论批判的基础上。他认为，美国的民族关系不应当走向同化，而是应当在承认民族差异的前提下走向多元化。

哈里斯·卡伦的理论观点有一个形象的比喻，即交响乐，意思是各具特色的声乐组成了悦耳的整体音乐，其理论因此被称为“文化交响乐”理论。他认为，不同地域、民族、职业、宗教以及其他的社群为形成国家精神而组合成不同的活动，如果因为推行民族同化政策而导致一个或者多个少数族群文化消失，就无法形成一种完整的国家精神。

卡伦面对当时“美国化运动”所带来的强烈的民族同化的压力，从美国宪法精神出发，提出了多元文化主义的思想。他认为美国宪法坚持自由、平等的精神，而民族同化理论的本质及其实施则违背了这种自由与平等的精神。他把美国看成是由多样化的、平等的民族群体构成的社会，宪法中的自由与平等不仅适用于个人，也适用于民族群体。这种将个人的权利推广至群体、以民族群体为主题探讨平等权利的转变的做法构成了其多元文化主义思想的基础。多元文化主义理论还认为民族群体主要的权利就是保持自身文化的差异性，保证不被其他民族文化同化。此外，他还提出不仅要建立以地域为分割的联邦制，还要建立以民族群体为主体的联邦制。与此同时，他也不主张少数族群过分追求自身权利，他认为，多元文化主义是一种以统一为前提的多元，最终目的仍然是追求和谐的种族、民族关系。①

【知识窗】

所谓“美国化运动”，主要指20世纪上半期美国国内掀起的同化外来移民的运动，最初仅仅是一些学校和志愿者组织外来移民进行英语或美国生活方式的学习和教育，后来演变为一场声势浩大的社会运动，旨在使移民不但在思想上认同美国的自由平等和民主观念，而且在生活方式上与美国白人社会相适应。

① 高永久，高永辉．民族社会学视角下的西方多元文化主义研究．中南民族大学学报（人文社会科学版），2010（3）．

多元文化主义是对同化主义和熔炉观念的回应。多元文化主义不必假定少数族群拥有权利，也把少数族群的生活方式看成是合法的，甚至是必要的参与社会的方式。多元文化主义理论是要赞颂人类群体间的差异，反对现存的少数族群在地位及待遇方面存在的不平等。多元文化主义理论使少数族群能宣称他们可组成一个特殊的社会秩序结构，从而抵御被同化的引力。从同化论者的观点看，少数族群是从属群体，应尽快放弃其自身的内部认同感。多元文化主义理论则认为少数族群是社会的基本组成部分，整体的和谐依赖于各部分的和谐。[①] 多元化并不仅仅是一种理想、一种理论或者其倡导者所希望的种族关系应该达到的目标，在许多情况下，它是在不同形式下予以实施的公共政策。[②]

卡伦的“文化交响乐”理论实现了美国民族社会学研究中一次较大的思想转变，开启了多元文化主义研究的先河，对于不同民族的身份肯定以及权利追求产生了积极的作用。但是许多研究者也从不同角度对他的理论进行了批评。其中被批评得最激烈的就是卡伦关于民族联邦制的观点，如美国学者丹·希夫曼（Dan Shiffman）就提到：“考虑到美国社会的流动性和混合性，很难想象卡伦的民族联邦制会成为政治现实。”[③] 许多研究者认为卡伦的这一观点过于激进，缺乏现实基础。还有的研究者认为卡伦的观点理论性很少，更多的是一种呼吁，他更关注多元文化主义应该如何，而较少关注多元文化主义到底是什么。

（二）结构多元主义理论

美国社会学家米尔顿·戈登从社会学的角度对卡伦的理论进行了深刻批判。他认为，卡伦的多元文化主义思想无疑具有很大的影响力，但由于其为多元文化主义的最早理论，所以许多方面并不完善。其中最大的问题在于卡伦主要是从哲学角度对多元文化逐一进行思考，忽视了多元文化主义的社会学意义。因此，在此基础上，戈登进一步研究了卡伦的理论，从社会学的视角提出了其结构多元主义理论，以区别于哈里斯·卡伦等早期研究者的多元文化主义。[④]

戈登的结构多元主义承认美国是一个文化多样的社会，存在着许多民族文化群体，构成了一个个亚社会。并且戈登也承认这些民族文化群体具有顽强的生命力，尽管其文化行为已经在一定程度上被同化，但它仍然保持着自身文化的特性。戈登和卡伦的不同在于，多元文化主义认为这些民族群体会建立和保持以民族为界限的初级社会关系，而与其他民族群体建立和维持次级社会关系，不同的民族群体以这样的方式在统一的社会中和谐地生活。戈登认为，这种理想状况是无法达到的。

戈登认为无论承认与否，在美国，社会已经产生了同化，至少出现了文化行

---

① 马戎．西方民族社会学经典读本——种族与族群关系研究．北京：北京大学出版社，2010：45.

② 马戎．西方民族社会学经典读本——种族与族群关系研究．北京：北京大学出版社，2010：48.

③ Shiffman D. Rooting multiculturalism：the work of Louis Adamic. London：Associated University Press，2003：70.

④ 高永久．民族社会学概论．天津：南开大学出版社，2010：78.

为方面的同化。不同的民族群体在不同程度上学习了美国的主流文化行为，如语言、价值观、风俗习惯、宗教等，在这其中最为重要的就是宗教。这种情况所带来的现实就是，美国不再以民族群体为边界而形成多元社会，而是以宗教的重新整合、融合为边界形成新的社会结构，也即以新教、天主教和犹太教为主体形成三元社会结构，这种社会结构的主体就形成了多元社会。由此看来，戈登与卡伦等所归纳出的多元主体并不相同：卡伦认为，只要是具有独特文化特征的民族，都可以成为多元社会的主体，体现出传统性和数量多的特点；而戈登归纳出的多元社会主体是经过整合后形成的，具有次生性和数量少的特点。

在戈登看来，从社会结构角度分析多元文化社会具有较强的现实性，其解释力远远大于卡伦的多元文化主义。“结构多元主义是理解美国社会民族构成的重要钥匙，而多元文化主义是次要的。”①

按照戈登的思路，在族群关系的发展取向上大致存在着四种社会类型：(1) 种族主义社会；(2) 平等基础上的同化主义社会；(3) 强调机会平等的自由主义的多元社会；(4) 强调结果平等的团体多元主义社会。

其中，在指导族群关系的两类“多元主义”中，自由主义的多元主义强调的是个人而非民族群体，它的重要特征是“不进行甚至禁止进行任何法律上的或官方的认定，以便将不同种族、宗教、语言或不同民族起源群体看作在法律或政府程序中占有一席之地的统一实体，同时它也禁止应用任何形式的族群标准（ethnic criteria)，不管应用这种标准是为了任何类型的歧视的目的，还是为了特殊照顾的目的”。在这样的一个社会里，平等主义的规范强调的是机会的平等，对个人的评价也是基于评价其表现的普遍标准。与此相对照的是团体多元主义，它强调的是民族作为整体的权利：“在团体多元主义中，种族和族群通常都被看作具有法律地位的实体，在社会中具有官方的身份。经济和政治的酬赏，无论是公共领域还是私人领域，都按照数量定额分配，定额的标准是人口的相对数量或由政治程序规定的其他方式所决定。这种平等主义强调的更多是结果的平等而不是机会的平等。”

不过结构多元主义也存在着一定的问题，主要聚焦于两个方面。一方面，戈登所提出的结构多元主义并未脱离他一贯的民族同化的思维模式。从本质上看，结构多元主义不过是多元文化主义和同化主义之间的一种调和，也即是以社会结构为主体的多元和结构内的同化相结合的一种理论模式。戈登想要强调的依然是民族同化而非多元，尽管他也承认美国社会中的多元结构，但是他的最高目标与追求依然是实现结构内的同化。只是戈登将民族同化的道路分成了两段，首先在多元的社会结构下实现结构内的同化，然后再通过结构同化来实现整体的民族同化。另一方面，戈登提出的社会机构的划分也颇具争议。戈登提出的三元结构以新教、天主教和犹太教作为界限划分，但是这三种宗教基本

① Gordon M. Assimilation in American life：the role of race，religion and national origins. New York：Oxford University Press，1964：159.

都是欧洲移民信奉的宗教，许多学者认为将其他民族归入这三种结构体系中本身就带有明显的欧洲中心主义的色彩，这种划分方式显然是对美国社会结构的不合理划分。

（三）行为上的多元文化主义理论

多元文化主义虽然萌芽于美国，但真正形成是在加拿大。加拿大政府在1971年推出的多元文化主义政策，标志着多元文化主义的正式形成。加拿大是一个由100多个民族组成的多民族国家，这些民族来自不同的国家和民族地区。在相当长的时期内，加拿大在民族问题上坚持以民族同化理论为基础的民族同化政策。这种政策要求移民放弃本民族的文化与传统，接受英国和法国的行为方式和价值观，也即以英、法文化作为加拿大文化的主流，强迫所有种族转变民族意识，同化为加拿大人，不允许其他民族保留其原有的民族认同。第二次世界大战以后，越来越多的非英裔和非法裔移民移居加拿大，使得本来就很多元的民族社会在短期内更加多元。与此同时，美国民权运动跨过了国界，直接影响了加拿大，占全加拿大约四分之一人口的魁北克法裔加拿大人首先举起义旗，要求民族权益的斗争逐渐白热化。面对愈演愈烈的社会民族矛盾，加拿大总理于1971年正式代表政府将“多元文化政策”列入政府的施政大纲。1972年，多元文化主义政策正式在加拿大付诸实施。

在此背景下，多元文化主义研究中的许多著名学者纷纷涌现，如威尔·金里卡、查尔斯·泰勒、詹姆斯·塔利等。多元文化主义及其政策在加拿大起到了很大的作用，在维护民族社会稳定方面获得了较大的成就。但是仍然有一些学者对此政策提出了质疑，认为此政策削弱了加拿大的社会团结和国家认同，最终会导致加拿大出现民族冲突和国家分裂。

对此，加拿大多伦多大学的杰弗瑞·雷兹提出了行为上的多元主义理论来进行反驳。他认为，多元文化主义不仅不会削弱国家的社会团结，反而能够增强加拿大多民族社会的凝聚力。他认为：“多元文化主义内在的哲学和政策意味着对民族间关系的基本社会动力的特别理解，或者说是一种社会的或行为主义的理论，探寻多元文化主义理论在社会学意义上是否有效是非常重要的。”[①] 概而言之，行为上的多元文化主义理论主要关注的是，在多元文化社会和实行多元文化政策的背景下，民族成员的民族依附感与社会整合之间的关系，即从民族成员的心理和社会关系角度分析多元文化主义是否削弱了社会凝聚力，是否影响了社会稳定和国家统一。研究表明，多元文化主义能够增强民族成员对本民族的依附感，而民族依附感能够增加民族成员的生活满意度和归属感，从而有利于民族社会的整合。但雷兹也认为不同民族的状况、不同民族交往时间的长短、不同的社会背景，会使得通过民族依附感促进社会整合、增强社会凝聚力的效果不同。针对研究发现的问题，雷兹提出了从行为方面完善多元文化主义的四项具体建议：

---

① Reitz J G. Multiculturalism in a global society. Oxford: Blackwell Publishing, 2002: 17.

把民族平等作为社会整合的关键，发展民族社区，努力超越多样化，评估民族政策。①

杰弗瑞·雷兹实现了多元文化主义理论研究的转变，即以社会学行为主义方法研究多元文化主义，关注民族成员的民族心理成为该理论的主要特点。

四、冲突理论范式

冲突理论，也被称为权力冲突理论（power-conflict theories），是近几十年来发展起来的一种理论范式，多集中于对种族关系的探讨。它是从经济和阶级划分的角度对种族和民族关系进行阐释的一种理论范式。要理解民族冲突，必须首先对社会冲突理论有一个基本的理解。社会冲突论的基本假设包括以下几点：冲突根植于社会，即社会自然地倾向于冲突；因为进行竞争的利益集团拥有不平等的权力，所以某一个群体总是变成支配者；当社会出现一致性的时候，它经常是虚假的并且不可能长期存在；冲突是社会所需要的，因为它使社会变迁成为可能，变迁也许能带来财富和权力的更平等的分配。秩序和冲突是社会永存的两种基本状态，对于社会而言，秩序不可或缺，而冲突则不可避免，两者相较而言，冲突总是更能引起人们的广泛关注。不管是从国内还是从世界来看，民族之间的冲突都已成为影响最大、破坏力最强的一种冲突形式，也是影响多民族社会稳定、团结的最主要的因素之一。从社会学的意义上讲，冲突理论研究开始于马克思，直到20世纪60年代，社会冲突理论才获得了新的发展，在以科塞、达伦多夫、柯林斯等为代表的一批学者的努力下，社会冲突理论成为当代社会学研究中的重要理论之一，确定了在社会学理论中的地位。

尽管直到20世纪60年代，在风起云涌的族群运动中，权力冲突理论才显示出强劲的解释力和重要性，但是这一取向的族群关系研究的出现则早在1936年，由沃纳在《美国社会学杂志》上发表的《美国种姓和阶级》一文中提出。美国南方自奴隶制度之后，存在着两种截然相反的分层体系，即种姓制度和阶级结构。

20世纪60年代以后，随着各种冲突的日益加剧以及全球反殖民主义运动的开展，冲突范式得到了充分发展，国外社会学研究者对民族冲突给予了极大的关注。他们以社会冲突理论为基础，从各个角度对民族冲突展开研究，取得了丰硕的理论成果。

（一）内部殖民主义理论

内部殖民主义（internal colonialism）理论有两个视角。第一个是以族群为研究单位，指欧美工业化国家把在殖民地实行的种族歧视政策挪用到国内少数族群、种族或移民身上，这是殖民主义在新场景中的延伸和扩展。代表人物为美国

① 高永久，高永辉．民族社会学视角下的西方多元文化主义研究．中南民族大学学报（人文社会科学版），2010（3）．

学者克拉克（Clark），他在1965年首次提出了内部殖民理论的初步分析，他看到了美国社会的种族和族群隔离政策，发现了白人在整体社会制度方面所拥有的特权。美国的非白人往往被隔离在城市边缘的贫民窟，没有可以接受良好教育的条件和机会，不能分享社会经济发展的果实，更不可能发展自己的产业或工业，只能受雇于白人老板。贫民窟提供劳动力，而富人区则榨取并剥削这些贫困族群的劳动果实，这使得非白人永远处于被剥削的地位。

第二个是以族群-地区复合体为研究单位，指核心地区把对国外殖民地的剥削和压迫政策挪用到对国内边缘地区的治理上。美国加利福尼亚大学社会学教授赫克特（M. Hechter）在1975年出版了《内部殖民主义》这本书。在书中，他对一个多族群国家内部发达的核心地区与欠发达的边缘地区之间的关系提出了两种理论，一种是扩散模式，另一种是内部殖民主义。赫克特认为，扩散模式是一个理想的模式，而内部殖民主义是他关于英国现实社会族群关系的理论。赫克特在研究中发现，掌握中央政权的英格兰人对凯尔特人地区采取了殖民主义政策，对其进行掠夺和剥削。在殖民地模式中，英格兰人不是把核心地区先进的科学技术、政治制度等直接应用于边缘地区，而是将边缘地区隔离，维持这些欠发达地区的落后状态，仅仅将其作为掠夺劳动力、土地和资源的源泉。[①] 内部殖民主义的分析框架所针对的实际上是族群间政治、经济的差异。这一分析模型通常关注族群分层体系和阶级分层体系这两类分层体系之间的关系，其强调的重点是沿族群边界划分的权力和资源的不平等。这一理论发表后，由于该书按历史进程组织了政治、经济、文化等多方面的详尽资料进行论证，所以很多地方都很具说服力，从而引起轰动，使得内部殖民主义分析框架从20世纪七八十年代开始备受关注，许多学者将之运用于分析拉美、非洲和欧洲的族群关系问题。[②]

欧美社会学界关于族群关系的宏观理论，主要集中于多族群国家处理族群关系的社会目标，如我们前文提到的戈登关于美国族群关系发展的三阶段理论和赫克特的著作《内部殖民主义》，都是在宏观层面上进行理论总结。欧洲各国的学者们也在结合对于来自前殖民地的异族人口和外籍工人的发展状况的研究，努力探讨族群关系的社会目标和政策框架。有些学者结合欧洲和前殖民地国家的发展历程，讨论民族国家的建构和民族主义运动等理论问题。这些工业化国家的族群问题、国家建构问题，与现代化社会的产业结构、社会组织、政治制度、文化演变等密切相关，有关的理论探讨对于我们今后理解和分析中国的族群关系具有特殊的重要意义。但是，西方工业化国家特别是移民国家（如美国）的族群理论，不带有全球共性，反映的仅仅是一些西方国家的国情。[③]

（二）马克思主义与新马克思主义

中国学者最为熟知的冲突理论应当是马克思主义与新马克思主义学派的理

① 马忠才．族群分层研究的理论视角．青海民族研究，2012（2）．

② 马戎．西方民族社会学经典读本——种族与族群关系研究．北京：北京大学出版社，2010：10.

③ 马戎．论中国的民族社会学研究．北京大学学报（哲学社会科学版），2001（5）．

论。美国早期的马克思主义代表人物包括著名黑人领袖杜博斯（Du Bois）和黑人社会学家奥利弗·考克斯（Oliver Cox）。他们认为种族压迫是资本家阶级追逐利润、削弱工人阶级力量、维护自身统治的需要。

而新马克思主义则继承了两者的观点，将美国社会划分为四个阶级，即资本家阶级、管理人员阶级、小资产阶级和工人阶级。在这四个阶级中，资本家阶级人数最少，但是其控制着社会的大部分资本，也拥有改变生产模式的权力，他们通过雇佣他人劳动而获取利润；管理人员阶级人数比资本家阶级人数多一些，他们为资本家阶级所用，成为其行政管理人员，对雇佣劳动者进行监控；小资产阶级则拥有一些资金，做点小生意，主要靠自己的劳动而非雇佣他人而获得利润；工人阶级的人数是最多的，他们获得收入的途径是出卖自己的劳动力。与阶级划分相适应的则是种族界限，新马克思主义认为，虽然黑人工人阶级和白人工人阶级都受到资本家阶级的控制与剥削，但是黑人工人阶级由于肤色等外显特征的原因而受到了双重剥削，即无论在阶级还是种族划分中，黑人和其他有色人种都是被剥削的对象。

【知识窗】

新马克思主义（neo-Marxism），也被称为当代马克思主义，是指尝试重新检讨或修正马克思古典理念，但仍相信及坚持马克思主义的某些原则。新马克思主义抛弃了马克思主义所预设的唯一真理，转而借助于黑格尔哲学、无政府主义、自由主义以及理性选择理论的观点。新马克思主义作为非正统的、散漫的和具有颠覆性的话语，坚持马克思主义的可错性、核心在于方法、必须把马克思主义运用于自身等基本理论立场，以反叛姿态拓展了马克思主义哲学的主题和形式。

随着当今世界种族与民族问题新形势的出现，马克思主义以及新马克思主义的种族理论在中国引起了反响，国内许多学者已经开始对传统马克思主义理论进行检讨。如北京大学的宁骚先生就曾对传统马克思主义的阶级冲突理论模式进行过批判性研究。他对传统的“民族冲突实质上是阶级冲突”的论断，对将生产资料私有制和阶级差别视为民族冲突的根源的说法提出了质疑。尽管宁骚先生并不赞同这些传统论断，但是从其文章分析来看，他仍然认为种族与民族间的冲突归根结底是由民族间的剥削与不平等造成的，包括语言、文化、政治权利等方面的剥削，因而其理论也成为对权力-冲突理论范式的一种检验与支持。

尽管在中国新马克思主义引起了理论界的反响，也有越来越多的学者开始对其进行研究和检视，但是在美国社会学界，由于政治等原因，新马克思主义并不特别受欢迎。除了杜博斯由于在泛非运动等黑人运动中的领导地位而为众人所熟知之外，像考克斯这样的学者则为大部分现代学者所遗忘。作为一个学派的早期代表人物，这也不得不说是一种遗憾。

（三）劳动市场分割理论

劳动市场分割理论（theory of the split labor market）的代表人物为美国加利福尼亚大学社会学家艾德娜·伯纳西切（Edna Bonacich）。她在 1972 年提出了该理论，强调白人工人阶级在种族主义产生过程中的作用，认为他们才是种族主义意识形态产生的源头，为解释种族与民族间的敌对与冲突提供了经济学基础。20 世纪六七十年代，在有关族群对抗的研究中，对于族群对抗的原因通常存在两种解释：一种为同化论的解释，这种解释将其原因归结为族群间种族和社会文化的差别；另一种则是马克思主义学者的解释，倾向于从阶级对抗的角度来进行解释，认为对抗的原因是沿族群边界分割的劳动市场。伯纳西切认为，种族与民族冲突主要发生在三个阶级之间：资本家、高收入劳动者和低收入劳动者。而后两者又常常以肤色等外显特征或文化的差异为界限。三者的利益各不相同，形成了一种三维的冲突：资本家要尽量寻求价格低廉的劳动资源，如果劳动价格太高，资本家就会试图寻找更为便宜的劳动资源，黑人奴隶被贩运至美洲以及早期华工进入美国，都与资本家对廉价劳动力的需求有关。如此，对于高收入劳动者群体而言，低收入劳动者群体的进入就使其面临威胁：要么降低报酬水平，要么失去工作。由此，两个劳动群体之间就可能发生对抗行动，高收入劳动者群体就会联合起来将低收入劳动者拒斥在自身所从事的行业之外，其结果就是许多行业被不同种族与民族群体占有，形成劳动力市场的分裂局面。伯纳西切认为，种族与民族间的敌对也就产生于此。据此类推，如果劳动市场是沿着族群进行分割的，在新移民进入的情况下，阶级对抗就会以族群对抗的形式发生。伯纳西切认为，这样的对抗就可能滋生两种现象：排外运动和种姓制度。前者以移民限制为例，而后者则以南非种族主义制度为典型。①

以劳动力市场分割为主的理论在种族与民族关系的研究领域受到许多学者的赞赏，这些学者通常对种族关系的未来持悲观态度，认为只要有阶级分层存在，工人始终都会以种族划分来维护自身权益，白人和黑人的关系在相当长时间内也不可能会得到明显的改善。但同时也有学者在对其进行检验后提出异议，如加利福尼亚大学伯克利分校的经济学教授莱希（Michael Reich）在《种族不平等》一书中就对美国历史上不同地区、不同行业的收入情况进行了比较，之后指出：在种族关系越紧张、种族歧视越严重的地区和行业，白人工人的收入就越少；在种族关系相对和谐的地区与行业，白人工人的收入就较高。由此看来，无论是黑人工人还是白人工人，都会从种族主义的消除和种族关系的改善中获得收益。②

---

① 马雪峰．社会学族群关系研究的几种理论视角．西北民族研究，2007（2）．

② Michael R. Racial inequality. Princeton：Princeton University Press，1981：112.

第三节 民族社会学理论的当代发展

西方族群理论涉及面很广，经过相当长一段时间的学术积累，西方有关族群理论的研究越来越宽泛，特别是随着经济的不断发展与社会的不断进步，民族问题也逐渐朝着新的方向发展，而在愈来愈烈的民族纷争中，民族社会学的理论研究也得到了进一步的发展，其主要集中在族群关系理论研究、族群认同理论研究以及民族主义理论研究三个方面。

一、族群关系理论研究

(一) 分割同化理论

分割同化理论是由美国学者亚历山大德罗·帕特斯提出的。1965 年前迁入美国的移民大多数具有欧洲背景，而这一背景帮助他们克服了很多移民之后遇到的困难。但是 1965 年以后，随着移入美国的移民背景的多元化，加上美国经济结构的转变，这些移民的同化过程变得较为艰难，也出现了更为不确定的结果。因此，当简单线性同化理论难以解释和描述移民同化过程时，分割同化理论也就应运而生了。这一理论主要针对民族同化的一致性和整体性提出了质疑，认为在不同的亚社会体系中民族同化也会发生。

分割同化理论认为，不同族群的移民有不同的同化路径，在同化结果上也就会有成功有失败。尽管大多数移民努力地试图适应美国社会，但他们的适应与同化受到具体社会条件和情境的制约与影响，这些社会条件和情境又与族群本身属性相关。族群本身作为一个先决条件，决定了不同移民群体在政治机会和经济机会上的差异，也决定了不同族群应对就业歧视和文化歧视时策略上的不同。① 据此，帕特斯总结出了美国少数族群同化中的不同形式：（1）适应并整合进入白人中产阶级文化；（2）被社会的下层文化同化；（3）保持本民族文化传统并且通过社会网络加深与本民族社区的联系。分割同化理论认为，第三种同化形式有利于 1965 年后的移民在美国社会取得成功，而这种局部同化往往是通过族群聚集达到的。

在帕特斯看来，一个民族并不是整体被主流社会同化的，而是分割成不同的部分分别被同化。并且，各部分被同化的形式、程度、结果并不相同，这取决于被同化民族进入社会的结构差异以及社会资本状况。如果进入的是下层社会，那么在文化行为上就会被下层社会的文化同化；如果进入的是以其他少数族群文化为主的亚社会，那么，就会被其他少数族群的文化同化。

---

① 张春泥，谢宇．同乡的力量：同乡聚集对农民工工资收入的影响．社会，2013（1）．

分割同化理论认为，1965年之后的美国新移民大多数来自拉丁美洲和亚洲，属于少数族群，不同于1965年以前以欧洲背景为主的移民。因为美国经济结构中收入较高的蓝领工作不断缩减，所以这些新移民的经济机会也相应地减少；由于与当地社会底层群体杂居，所以移民及其后代易受到底层亚文化的侵蚀，难以培养对美国中产阶级价值观的认同；语言障碍和缺乏美国本土知识，也使得移民在迁出地获得的学历和技能的价值降低，在美国劳动力市场上难免会受到歧视。在重重困难之下，移民以族群聚集的方式组织起来①，有利于抵御美国底层亚文化对移民后代社会化造成的不良影响，也能在同种族的经济体中获得相对公平的经济机会。

（二）多元同化——生成文化论

生成文化论（emerging culture）出自研究美国社会学的学者们，内森·格拉泽（Nathan Glanzer）、丹尼尔·莫伊尼汉（Daniel P. Moynihan）、弗朗西斯·费米内拉、安德鲁·格里利和迈克尔·诺瓦克都从各自的角度为此理论做出了贡献。这些学者都认识到了现代美国文化中的民族性作用的持久意义，认为用直线同化的术语不能完全理解美国文化。生成文化论的理论观点不同于传统的同化熔炉论，此理论认为移民本身所具有的文化并不会完全融入被移民的社会，而是两种不同的文化形式在一种动态关系中结合起来，形成一种新的文化形式。在这个过程中，一位意大利人成为意大利裔美国人，一位法国人成为法国裔美国人，一位日本人成为日本裔美国人，以此类推。不仅每个集团的文化并不相同，而且已进入这个社会的集团与原来的集团也不尽相同：一位爱尔兰裔美国人不同于一位爱尔兰人，一位非洲裔美国人不同于一位非洲人，一位日本裔美国人不同于一位日本人，等等。根据生成文化论，美国文化，包括价值观、准则等都发生了细微变化，生活方式在某些方面则由于每一个新移民集团的到达及其与美国社会的结合而产生了相应的更改，尽管这些更改较为细微。这个变化的过程不断发生，每个集团在某些方面都向另一个集团发展。如新移民掌握了被移民社会的主流语言，而被移民社会在同移民集团的政治经济交往中也相应地做出了调整。一种新的文化就在这种动态的过程中产生。

格拉泽和莫伊尼汉认为，这些存在的民族集团，通过在民族中的经历，获得不同的意义，这首先发生在每个民族集团成为其成员的共同体的时候。这使每个个体得以了解其他人。尽管仍然置身于更为广大的社会之中，但他们形成自身认同的颇大一部分是从本民族集团获得的。其次，每个民族集团在政治上变得具有组织性，作为已同化的美国人，他们能够在政治上得到社会的相应承认。关于民族性，格拉泽和莫伊尼汉不断重申：民族性不仅影响诸多事件，而且往往是后者的根源。社会和政治制度不仅限于对民族利益有所反映，大量制度的存在是出于

① Alejandro P. Modes of structural incorporation and present theories of labor immigrations. New York：CMS Press，1981：290－291.

为民族利益服务的专门目的，这反过来又使得民族利益永久存在。[①]

迈克尔·诺瓦克在《不可融民族的兴起》一书中将政治激进主义同文化保守主义结合起来界定民族集团，认为民族集团是一种具有令人追忆的历史的集团，不管这种历史是真实存在的还是想象的。一个人属于某个民族集团，并非全都出于自愿，有部分是出于选择。假如有一位祖辈，那他会选用一种历史而不是另一种历史来形成他的自我意识。民族记忆并非是一连串被记住的事实，而是一整套情感和行为的本能、感觉、亲昵之举、期望之事和多种模式，是一种真实的直觉，是一大堆有关活过的个体和整个人民的故事。[②]

综上，生成文化论充分认识到了现代美国文化中民族性作用的持久意义，将盎格鲁-撒克逊一致性和文化多元论的观点结合在了一起，集中研究各个集团适应新环境的多样性的过程。

二、族群认同理论研究

在现代社会，族群认同不仅变成了一个独立自在的问题，甚至变成了一个无法解决的致命问题。因为现代社会的政治实体不再是帝国，而是民族国家。民族国家的核心已然不再是国家，而是民族。尽管在中文语境中，"民族"的含义同族群非常相近，但实际上如前文所述，两者之间存在着根本的区别。族群是自然形成的共同体，而民族则是人为和理性建构的产物。用本尼迪克特·安德森的话来说，民族是一种"想象的共同体"。"族群认同"日益成为一个全球性的社会政治困境，不管是在西方还是在东方，族群的冲突和对立都成了极端令人困扰的政治和社会问题。

族群认同就是族群的身份确认，是指成员对自己所属族群的认知和情感依附。由于学术界对族群概念的理解存在着一定的差异，因此对族群认同的解释也就各不相同。根据界定族群标准以及族群认同标准的差异，学术界就族群认同形成了几种主要理论，包括文化论、边界论、根基论、工具论、辩证阐释论以及民族国家及其意识形态构建论等，其中根基论和工具论影响最大，争论也最为激烈。

（一）文化论

文化论是以美国人类学家纳罗尔（Raoul Naroll）为代表的。这一理论倾向于将族群视为社会文化的承载和区分单位，不同的族群所代表的实际上是不同的文化，族群间的差异主要缘于文化的差异。一个族群被认为是一群具有共同体质、语言、文化和生活习惯的人群。族群具有如下特征：第一，在生物学上，基本上能够自足并自我绵延；第二，具有共同的基本文化价值观念，在文化形式的外在统一性上也是可以辨认的；第三，族群构成了一个交流和互动场；第四，在

① Glazer N，Moynihan D P. Ethnicity：theory and experience. Cambridge：Harvard University Press，1975：80－85.

② 格莱昂纳，黄兆群．解释美国民族性的几种理论．世界民族，1990（4）．

构成一个可以与其他同类范畴相区别的范畴时，族群首先具有一种自己认定的或被别人认定的成员资格标准。[①] 因而，这一理论也被称为族群的客观特征论。

与社会学族群关系同化理论的境地相似，从 20 世纪 50 年代起，人类学族群理论文化论受到了学者们的诸多质疑。其中较为突出的为英国人类学家利奇。利奇对缅甸北部克钦（Kachin）的研究表明，社会群体之间的区分实际上与旁观者所观察到的客观文化差异并无必然联系，而是取决于族群自身主观感受到的他们之间存在的差异。[②] 利奇的研究强调，族群之间的区别并不完全取决于族群间的文化差异，有时族群成员的认同更为重要。

（二）边界论

如前文所述，利奇的研究已经凸显了族群认同与族群区分之间的关系，挪威人类学家巴斯（Fredrik Barth）则沿着这一路径将理论又向前推进了一步，形成了颇受关注的边界论。巴斯在 1969 年出版的《族群与族群边界：文化和差别的社会组织》一书中指出，族群并不是一种文化承载和区分单位，而是一种社会组织，是族群成员自我归属和认同的范畴。族群自我认定的归属和被别人认定的归属，是其最重要的区分特征。

边界论认为，首先，族群是一种人们自己或别人根据他们的出生和背景来推定的归属范畴。族群认同是族群最基本的构成要素，只要人们在互动中保持族群认同，就必然会产生辨认其成员的标准和标志族界的方式。

其次，族群认同和族界生成于具有不同内在文化价值取向的人群之间的社会互动，其作用在于组织和结构他们之间的互动。明确的族籍和族界同时也是人们对于他们所处的互动场景以及彼此行为异同形成的某种定义和看法。这种定义和看法有助于而不是阻碍了他们之间的互动。

最后，族群认同和族界与那些在社会互动中具有重要意义的文化差异有关联，但这并不意味着族群界别和外在客观文化差别必然是吻合的。

巴斯认为，应该把研究焦点放在界定群体的族群边界上，而不要放在族群所拥有的文化本体上。研究者应关注和探讨的不是族群的内部构成和历史，而是族群得以产生和存在的过程，重点在于族群边界及其保持。[③]

（三）根基论

根基论也叫原生论，代表人物有西尔斯（Shils）、格尔兹、伊萨克与克尔斯等。他们认为族群认同主要来源于根基性的情感联系，这种族群情感纽带是原生的，甚至是自然的。对于个人而言，根基性的情感来自亲属传承而得的“既定资赋”。基于语言、宗教、种族、族属和领土的原生纽带是族群成员互相联系的因素。该理论强调这些共同特征是整个人类历史上最基本的社会组织原则，而且这

---

① Naroll R. On ethnic unit classification. Merced：current anthropology，1964，5（4）.

② Leach E R. Political systems of Highland Burma：a study of Kachin social structure. London：The Athlone Press，1964：89－92.

③ Barth F. Ethnic groups and boundaries. Boston：Little Brown and Company，1969：35.

样的原生纽带存在于一切人类团体之中，并超越时空而存在。对族群成员来说，原生性的纽带和情感是根深蒂固和非理性的、下意识的。原生论认为，族籍一半是根据人们的出身来推定的，以区别“我群”与“他群”。在原生论看来，族群认同其实就是亲属认同的隐喻或者延伸，是人性中非理性的原生情感的外化或者是人类基因中生物学理性的表现。如此一来，族群或族群认同就被理解为忠诚于与生俱来的带有一定原生特质的分立群体的单元。

总的来说，原生论认为族群认同的存在是与生俱来的，族群身份也是先赋的社会角色，具有稳定性和不可变化性，这一理论对于解释某些族群现象，比如东南亚被殖民国家的原生情感，具有理论上的意义，但是兰林友认为，“这一研究路径过度强调了族群的原生维度，没能理解族群认同的灵活性与工具性”①。从这一角度看，这一解释路径是静止的、自然主义的族群观。

(四) 工具论

工具论也称为情境论，产生于原生论之后，代表人物为科恩，他在1969年发表的《非洲都市中的风俗与政治》被视为族群认同理论中工具论的源头之作。科恩在该书中将政治权利引入对族群关系的分析之中，强调从社会的政治权利的分析来看待族界的维持和族群关系。科恩强调，人是双向度的人，既是象征的人，也是政治的人，关注人的政治向度，可以更好地认识到族群认同在本质上就是一种政治现象。他之所以强调传统文化，是因为传统文化能增强和调动一个族群的政治内聚力。一些利益群体的成员不能依照法定的规则把彼此组织起来，正是在此条件下，族群意识得以产生。②

工具论认为族群认同是族群以个体或群体的标准对特定场景的策略性反应，是在对政治、经济和其他社会权益的竞争中使用的一种工具，族群是一种政治、社会或经济现象，应从政治与经济资源的竞争与分配角度来解释族群的形成、维持与变迁。在持工具论的学者看来，人是理性的人，人具有创造性、能动性，其行为是算计和优化的结果，人们的族群认同随着场景的变迁而发生变化。这种变化不仅表现在个体对族群归属的选择上，还表现在作为族群文化标识的选择上。它强调族群认同的场景性、族群的不稳定性和族群成员选择的理性，强调在个人认同上，人们有能力根据场景的变迁对族群归属做出理性选择，认为认同是不确定、不稳定的，是暂时的、有弹性的，群体成员认为改换认同符合自己的利益时，个体就会从这个群体转移到另一个群体，政治、经济利益的追求常常引导人们的这种行为。

三、民族主义理论研究

在西方族群研究中，美国由于历史较短，关注点就集中在社会中“族群分

① 兰林友．论族群与族群认同．广西民族学院学报，2003 (3)．

② 庄孔韶．人类学通论．太原：山西教育出版社，2005：350．

层”和族群关系变化等具体的专题上，而欧洲的老牌殖民主义国家继承其人文传统和哲学思辨精神，关注欧洲和前殖民地的社会发展史，对民族认同、民族构建和民族主义等较具理论分析和历史透视色彩的问题感兴趣。[①] 因此，在民族建构和民族主义理论研究方面，主要以西欧学者的成果最为引人瞩目。在此领域较为突出的有埃里·凯杜里、厄内斯特·盖尔纳、本尼迪克特·安德森、埃里克·霍布斯鲍姆以及安东尼·史密斯等。

埃里·凯杜里在1960年出版的《民族主义》一书中提出，民族主义是19世纪初产生于欧洲的一种学说，该学说认为人类自然地划分为不同的民族，这些民族由于某些可以证实的特性而被人认识，政府的唯一合法形式就是民族自治政府。这一学说已被普遍接受，且民族一词已被民族主义赋予某种直到18世纪还远未具备的内涵。[②] 然而在凯杜里看来，企图依照民族方法来改变世界的广大面貌的做法并没有带来更加持久的和平与稳定，相反却导致了新的冲突，恶化了紧张局势。事实上，民族主义意识形态显然不是繁荣的保证书，或者是政府可信任的保证书。

厄内斯特·盖尔纳在1983年出版的《民族与民族主义》中探讨了民族和民族主义的产生、类型与未来。他认为民族主义是一种关于政治合法性的理论，它要求族裔的疆界不得跨越政治的疆界。民族主义并不是根深蒂固地存在于人的精神里，而是产生于工业社会与众不同的结构性要求。盖尔纳发现，每一种有效的民族主义，相对会有 N 种潜在的民族主义，这些群体是根据从农业社会继承过来的共同的文化或者某种其他联系来定义的，他们有可能建立起一个同质的工业社群，但是这些群体大多数没有把民族主义的潜能发挥出来。所以，盖尔纳认为，民族主义虽然强大，但是却不是现代世界唯一的或者不可抗拒的力量。同时，他还指出，是民族主义造就了民族。当总的社会条件有利于统一的、相似的、集中维持的高层次文化，且这种条件遍及全社会时，就会出现一种统一的文化单位，而这种文化单位似乎就成为政治合法性的自然源泉。在此条件下，人们决定与那些共享他们文化的人在政治上结合起来。然后政治组织把自己的疆界扩展到对自身文化单位的边界，用权力的疆界来保护和推行自身的文化。意愿、文化和政治组织融合为规范，形成一种不易或者很少受到挑战的规范。[③]

本尼迪克特·安德森在其1991年出版的《想象的共同体：民族主义的起源与散布》一书中指出，民族、民族属性和民族主义都是特殊的文化的人造物。这些人造物之所以在18世纪末被创造出来，其实是在各种各自独立的历史力量复杂的交汇过程中自发产生的一个结果。他提出，民族就是一种想象的政治共同体，并且是本质上有限的，同时也享有主权的共同体。安德森一反以往认为民族

① 马戎．民族社会学——社会学的族群关系研究．北京：北京大学出版社，2004：565－566.

② 凯杜里．民族主义．北京：中央编译出版社，2002：1－2.

③ 盖尔纳．民族与民族主义．北京：中央编译出版社，2002：35.

主义起源于欧洲的观点，主张美洲18世纪末19世纪初的殖民地独立运动才是最初的民族主义。他将民族主义与人类深层的意识和世界观的变化结合起来，将人们对民族主义的认识从社会基础或政治动员扩展到对其文化根源的探索上，兼顾了文化与政治、意识和结构，其研究理论曾被称为连接现代与后现代研究途径的桥梁。

埃里克·霍布斯鲍姆在1990年出版的《民族与民族主义》一书中提出，民族主义是主张政治单位与民族单位一致的理念，民族不是天生一成不变的社会实体。民族并不只是领土国家和民族情操的产物，也深受科技与经济发展的影响。因此，对于民族以及相应的民族活动，都应纳入国家体制、行政官僚、科技发展、经济状况、历史情境与社会背景下进行探讨。在他看来，民族具有双元性，它必定是由居上位者创建的，但却必须从平民百姓的观点来分析才能理解。民族认同及其所代表的含义会随着历史进展而与时俱进。同时，他还指出，未来的世界绝不可能是民族和民族国家的历史，不管这里的民族定义指的是政治、经济、文化上的，还是甚至是语言上的。民族和民族主义当然还会在历史舞台上保有一席之地，但多半是从属或微不足道的小角色。随着民族国家的式微，民族主义也许甚至会逐渐消失在历史长河中。①

安东尼·史密斯于1991年出版的《民族认同》在当时民族主义复活的背景下，引起了社会学界的广泛关注。他认为民族主义作为一种思想和运动，必须与民族认同这个多层次的概念紧密联系，并扩展至包括语言、情感和象征的内涵方可理解。史密斯认为民族是人类社会发展过程中出现的新一类群体和身份认同，首先出现在西方。同时在西方之外，特别是东欧和亚洲在当今也出现了颇为不同的民族模式，即被称为族群的民族观，它强调出生的共同体和本土文化。从历史上看，这种民族模式挑战了西方模式的统治地位，并增加了有意义的新因素，使之更适合非西方共同体的不同氛围与轨迹。史密斯还提出，民族主义都有一个运用本土文化来动员民众的过程，这个过程会挑战国家的既存体系，推进民族分裂运动。

史密斯于1995年出版的《全球化时代的民族与民族主义》则在原有的民族主义分析的基础上，进一步阐释了理解作为现代世界普遍现象的民族和民族主义的关键，主要还是在于历史文化和族群纽带的既有框架和持久遗产，而不在于全球性互相依存的影响。因此，民族主义仍然具有强大的威力，它甚至存在于每个地区特定的社会背景和特点鲜明的文化遗产之中。史密斯认为，尽管民族主义会广泛地带来恐怖和毁灭，但民族和民族主义也为现代世界秩序提供了唯一现实的社会文化框架。那种认为民族主义不久将被替代、民族即将被超越的预测是愚蠢而不可能

> **你怎么看**
>
> 你认为我们应当如何避免民族主义可能带来的危害与毁灭？在未来，民族主义会被替代吗？民族会被超越吗？

① 霍布斯鲍姆．民族与民族主义．上海：上海人民出版社，2000：40-45.

成为现实的。[①] 基于族群民族主义所能提供的政治或经济利益，并且在此之外，正是蔑视死亡和遗忘、实现集体的人时间永恒的这种承诺，有助于如此众多的民族与民族国家在社会空前变化的时代生存下来，有助于那些在技术一致、共同效率的时代曾经似乎注定要灭亡的众多少数族群获得新生。

第四节 当代民族社会学理论研究的新领域

西方的民族社会学研究经历了并不短暂的发展，已取得了较为丰硕的成果，当人类进入21世纪后，随着全球化的不断发展和国际人口流动的增加，无论是发达国家，还是发展中国家，其种族冲突和民族问题都非但没有弱化，反而呈不断升级的状态。纵观近十年欧美社会学关于民族问题的研究论文可以发现，每一本权威期刊都有关于民族问题的探讨[②]，这些论文基本反映了欧美社会学的前沿研究及其理论成果。欧美方面的民族社会学研究值得中国民族社会学学界加以梳理与参考。欧美社会学界关于民族关系的研究范围相当广泛，包括政治、经济、文化等方面，主题涉及的内容也较为宽泛，总体上来看，主要聚焦于种族隔离、族群不平等与歧视，以及民族关系中的民族认同等方面的研究。

一、种族隔离研究

种族隔离是欧美民族关系研究的重点，也是反映种族关系状态的指标，欧美社会学界主要从居住格局、教育、就业、社交、语言等方面来进行研究分析，旨在对种族隔离的原因、政策、模式进行深入研究。目前较多是从居住隔离、婚姻隔离、友谊隔离的角度探讨，并进行理论分析。

（一）居住隔离

居住隔离理论是由恩格斯在《论住宅问题》中首次提出的。在该文中，恩格斯深刻批判了永恒公平论，在学术界历史上首次系统科学地描述了进城贫困工人自发聚居，以及由此带来不同阶层居住隔离的问题。随后很多社会学家也开始注意到城镇居民的居住隔离现象，并且初步从社会视野来探讨人群的空间

① Zagefka H. The concept of ethnicity in social psychological research: definitional issues. International journal of intercultural relations，2009，33：228－241.

② 这些权威期刊包括《美国社会学杂志》（*American Journal of Sociology*）、《美国社会学观察》（*American Sociological Review*）、《社会力量》（*Social Forces*）、《欧洲社会学观察》（*European Sociological Review*）、《社会学年鉴》（*Annual Review of Sociology*）。

分布问题。从20世纪20年代以伯吉斯为代表的学者提出同心圆理论阐释城市中不同区域不同住房中人们的相互隔离现象，到1945年哈里斯和厄尔曼提出多核心模式，再到20世纪80年代后新都市社会学兴起，以及以英国社会学家雷克斯和帕尔为代表的新韦伯主义学派，居住隔离一直都是社会学家关注的焦点。不同时期西方居住隔离理论的基本观点对当代中国城镇化进程具有很强的现实启迪意义。

恩格斯以来的居住隔离理论表明，底层、中产阶层和上流阶层的分隔居住是一个必然的社会现象，具体的城镇发展规划和社会政策的内容决定了是否会造成不同阶层间的冲突。芝加哥学派的居住分隔理论表明，居住隔离最可怕的后果是不同种族和不同阶层之间的相互隔离和最终的对抗。在现实社会中，西方发达国家的居住空间相互隔离现象已存在并持续了近百年，对此，西方国家政府也在积极行动，希望通过政策诱导来消除居住隔离带来的消极影响。但是2005年和2007年的法国巴黎郊区大骚乱、2011年英国伦敦的“8·6”骚乱以及2011年美国的占领华尔街运动都表明，在如何有效应对居住隔离的问题上，欧美学术研究以及政策策略依然处于匮乏状态。再来看发展中国家和欠发达地区：巴西里约热内卢的半山贫民窟、印度孟买的达拉维贫民窟以及非洲内罗毕贫民窟，这些地区的居住隔离带来的是少则数十万、多则三四百万的贫民聚居。[1] 这些现实表明相同的问题，即居住隔离以及由此带来的种族隔离，在发展中国家和欠发达地区更为突出，也更加迫切地需要破题。

【知识窗】

2005年法国巴黎郊区骚乱

2005年10月27日至11月17日，巴黎郊区爆发长达20天的社会骚乱，由于法国政府应对失当，骚乱在短时间内蔓延至全国，并波及德国和比利时。

巴黎郊区骚乱肇始于一起移民少年死亡的偶发事件。2005年10月27日，巴黎东北郊克利希苏布瓦镇的两名北非裔移民少年因躲避警察盘查而意外触电身亡，引起当地移民的强烈不满。当晚，数百人走上街头，焚烧垃圾桶、汽车，并试图冲击镇议会厅。当地警察前去干预后，移民的暴力行动不减反增。在冲突中，有20余名警察受伤，10余名肇事者被捕。此后，当局迅速在该地区增加警力并逐步控制了局势。

英国伦敦“8·6”骚乱

2011年8月4日，马克·达根（男，1982年生，非洲裔黑人，4个孩子的父亲）乘出租车在伦敦街头遭警方拦截，双方发生枪战，达根身中两弹，当街死亡。英国官方表示，反枪支犯罪警队怀疑达根非法持有枪械，

① 王道勇，郧彦辉．西方居住隔离理论：发展历程及现实启示．城市观察，2014（1）．

于是布控拦截。拦截发生后他朝警方射击，一发子弹打中警察对讲机，警察受伤。6 日，约 300 人聚集在伦敦托特纳姆路警察局附近抗议，晚间演变为暴力事件，100 多名"青年"在夜色中焚烧警车、公共汽车和沿街建筑，切断交通，占领高速路，劫掠数十家店铺。8 月 8 日，骚乱蔓延至伯明翰；8 月 9 日，蔓延至利物浦。

美国占领华尔街运动

2011 年 9 月 17 日，上千名示威者聚集在美国纽约曼哈顿，试图占领华尔街，有人甚至带了帐篷，扬言要长期坚持下去。示威组织者称，他们的意图是反对美国政治的权钱交易、两党政争以及社会不公正。2011 年 10 月 8 日，"占领华尔街"抗议活动呈现升级趋势，千余名示威者在首都华盛顿游行。纽约警方 10 月 15 日凌晨发起行动，对占领华尔街抗议者在祖科蒂公园搭建的营地实施强制清场。奥克兰警方于 10 月 25 日向示威人群使用警棍清场，事件演变为流血冲突。

(二) 婚姻隔离

族际通婚是戈登首次提出的，是婚姻同化理论的一个要素，婚姻同化从提出起就一直是衡量族群关系状况的重要指标。在许多国家有关种族和族群的研究领域中，族际通婚一直是最为核心的议题之一，关于族际通婚的研究属于族群关系研究领域。通过对 20 世纪美国、苏联和中国三国对本国族际婚姻政策的分析可以看到，美国由基本禁止种族通婚到允许族际通婚，是为了促进社会整合，支持通婚的目的是寻找族际更多的共同性。新中国对族际婚姻呈谨慎态度，也是为了和睦族际关系。毋庸置疑，族际通婚成为各个国家民族融合的重要黏合剂，对民族融合起到了重要的促进作用；但是与此同时，我们仍然能够看到在族际通婚上依然存在着隔离的现象。

在多种族、多民族国家，族群关系是影响国家政治稳定、社会和谐的重要因素，族际婚姻被普遍认为有利于民族和睦，能够促进族际交往和了解。因此民族社会学界给予了族际婚姻较高的关注，形成了大量的理论，如辛普森和英格尔（J. Milton Yinger）提出的偏见理论、布劳提出的宏观结构理论、科普林和格德沙尔德的分层理论以及多元主义视角等。我们可以看到，目前的研究关注点更多地集中于国家针对族际婚姻、族际婚姻子女的政策，以及政策对于族际婚姻的影响、族际婚姻的趋势等。另外，通婚的影响因素、通婚发生的模式以及族际通婚对夫妇双方和子女的影响也是研究关注的重点。

(三) 友谊隔离

友谊隔离是种族隔离较新的研究领域，社会学界较少对族群间的友谊隔离予以关注。关于友谊隔离的研究主要针对的是青少年，如美国学者穆迪（James Mody）在《美国的种族、学校整合以及友谊隔离》一文中就针对不同的学校组织结构对美国青少年之间友谊关系的影响进行了研究，并指出友谊隔离的高峰值出现在异质性中等的学校，在异质性高的学校，友谊隔离则有所下降。①

尽管这个领域较新，涉足者较少，但是也形成了部分理论。比如布劳提出了族际交往理论，该理论建立在随机接触的假设之上，认为人们相遇的机会越大，关系形成的可能性就越大，且一个社区中各族人口的相对规模很大程度上影响了族际交往和通婚②；奥尔波特（Allport）通过在一套低位层级体系中考察跨族群融合，形成了交往理论，并找到了三个个体特征来解释在某些环境中交往带来友谊，而在另一些环境中则会引起冲突的原因③。

> **你怎么看**
>
> 我国是否存在着种族隔离问题？与欧美社会又存在着哪些不同和差异？

二、族群不平等与歧视研究

族群不平等与歧视向来都是民族社会学研究的重点，尽管此议题已经历经了很多年的研究，如早期针对美国黑人社会地位的研究、对犹太人身份认同的研究等，也拥有很多成果，尽管社会在革新，但此议题在当代依然具有浓厚的学术色彩。

在美国，针对族群不平等与歧视的研究依然更多关注黑人与白人之间的关系问题，尽管内容差距不大，但研究的视角更多元化。如美国学者奎利恩（Lincoln Quilian）从理解种族偏见与歧视和公众潜在偏见的视角入手，研究美国长久以来一直存在的种族歧视以及种族偏见。④ 迪克森（Jeffrey C. Dixon）从跨种族的亲近程度的角度来研究不同族群的歧视与和谐，认为种族、民族的等级制度这样的不同历史文化根源塑造了白人的优越感，并最终形成对黑人、西班牙裔和亚裔的偏见，白人需要感知和接近黑人才能减少偏见。⑤

关于种族不平等的问题依然是种族问题的核心内容之一，纵观近十年的研究成果可发现，这一不平等主要集中于种族不平等、就业不平等、环境不平等、教育不平等以及经济不平等这五个方面。关于种族不平等的研究大多从种族主义的角度来解释，如卡兹祖（Aziza Khazzom）就曾探寻东方主义在形塑以色列犹太人种族不平等中所扮演的重要角色等。劳动力市场中族群身份与性别所导致的就业不平等也颇受关注，如科恩里奇（Sabino Kornrich）在其文《结合偏好与过程：分析黑人-白人劳动力市场不平等》中关注劳动力市场中的族群不平等，试图将目前各种对黑人和白人劳工市场不平等的解释路径结合起来去理解劳动力市场的不平等，并更为准确地阐释产生劳动力市场不平等的原因与过程。随着工业

---

① Moddy J. Race, school intergration and friendship segregation in America. American journal of sociology, 2001, 107: 679-716.

② 布劳．不平等和异质性．北京：中国社会科学出版社，1991：34-35.

③ 祖力亚提·司马义．学校中的族群融合与交往的族群隔离．社会科学战线，2008（6）．

④ 王军，孙蕾．欧美社会学视角下的民族关系理论研究综述．黑龙江民族丛刊，2013（5）．

⑤ 王军，孙蕾．欧美社会学视角下的民族关系理论研究综述．黑龙江民族丛刊，2013（5）．

化的快速发展，环境问题成为学界研究的热点话题，在民族社会学方面讨论的则是由种族不平等带来的种族居住地周边环境的不平等。例如，2000年唐尼（Liam Downey）就发现底特律的黑人社区周边填埋着2000年美国环境保护署有毒物质排放清单中所列的有毒物质，他认为这与社区种族构成有很大的关系。2010年，唐尼与克劳德（Kyle Crowder）再次对此问题进行研究，在《邻里迁移、种族与环境危害：建构环境不平等的围观过程》中提出种族成分与居住环境危害有一定的联系，少数族群的居住环境危害较大。[①] 教育不平等也一直是族群不平等中的研究重点。根据贫穷的恶性循环理论，教育、种族本身的不平等带来的机会的不平等必然会导致经济不平等，因此经济不平等也成为当代民族社会学研究的内容之一。

三、民族关系中的民族认同

当今民族社会学研究的另一大重点即民族关系中的民族认同，民族认同一直是民族学、社会学、心理学、人类学共同关注的一个交叉领域。对于相关理论，本书已在前面做了详细描述，此处不再赘述。近年来民族认同的含义正在逐步拓宽，打破了以往民族认同以种族或国家归属为基础的限制。随着民族认同研究新成果的不断产生，对于民族认同内涵的理解也不断加深。欧美在此方面研究得较多，从其研究成果可以发现，大多数欧美研究关注的是中观与微观，更多的研究成果主要针对的还是白人与黑人之间的关系，对于其他族裔的研究较少，即使有，大多数也是为了对比美国黑人与白人之间关系的差异，因此，在民族认同这方面，欧美的研究可以说有失偏颇。但不可否认，在当今全球化不断推进的时代，民族认同依然是当今民族社会学研究的重点内容。

◎思考题

1. 什么是民族社会学？它是在什么背景下产生的？
2. 我国的民族社会学经历了怎样的发展过程？
3. 如何正确理解“民族”这一概念？它与“族群”有什么区别？
4. 西方民族社会学的传统理论范式有哪些？
5. 当代的民族社会学理论有哪些新发展？又聚焦了什么新问题？
6. 国家内部民族众多与民族问题严重之间存在必然联系吗？
7. 在今天，我们应当如何提高中华民族的民族认同感？

◎阅读书目

1. 高永久．民族社会学概论．天津：南开大学出版社，2010.
2. 费孝通．费孝通民族研究文集．北京：民族出版社，1988.

① 王军，孙蕾．欧美社会学视角下的民族关系理论研究综述．黑龙江民族丛刊，2013（5）．

3. 王建民，等. 中国民族学史. 昆明：云南教育出版社，1988.

4. 马戎. 民族社会学—社会学的族群关系研究. 北京：北京大学出版社，2004.

5. 安德森. 想象的共同体：民族主义的起源与散布. 上海：上海人民出版社，2005.

6. 史密斯. 民族主义：理论、意识形态、历史. 上海：上海人民出版社，2005.

7. 霍布斯鲍姆. 民族与民族主义. 上海：上海人民出版社，2000.

8. Kivisto P. Multiculturelism in global society. Oxford：Blackwell Publishing，2002.

第九章

宗教社会学理论及其当代发展

【本章要点】

- 宗教社会学是一门宗教学与社会学的交叉学科，它把宗教作为一种社会现象而从社会学的角度加以分析和比较。宗教社会学一般有两层含义：一是指用社会学的理论和方法来分析研究宗教问题和宗教现象；二是指从宗教的维度来分析社会、研究社会。
- 19世纪末20世纪初，经历着迅速工业化的欧洲，经济社会文化发生着剧烈的变化，现代传教运动的兴起吸引了学者对宗教问题的关注。20世纪中期，宗教社会学研究出现第二次浪潮。20世纪60年代以来，许多社会学者试图从不同的角度来研究当代宗教现象，宗教社会学理论实现了突破性的发展，进入了一个多元的时代。
- 在当代宗教社会学理论的研究过程中，学者们先后提出了四种用以解释宗教变迁的理论形态：世俗化理论、宗教市场理论、新世俗化理论以及多元宗教现代性理论。这四种理论具有内在的逻辑一致性。世俗化理论深深扎根于经典宗教社会学家的思想之中，后三种理论主要是对经典世俗化理论的否定、修正以及超越。
- 在宗教社会学理论史上，存在着多种研究范式，包括进化主义范式、功能主义范式、冲突主义范式。这些多元范式的存在，既是理论探索的结果，也是理论建构的起点。

【关键概念】

宗教社会学◇祛魅◇世俗化理论◇宗教市场理论◇新世俗化理论◇多元宗教现代性理论◇世俗化

宗教社会学是一门宗教学与社会学的交叉学科，产生于19世纪末20世纪初，它把宗教作为一种社会现象而从社会学的角度加以分析和比较。需要注意的是，“宗教社会学”与“宗教的社会学”是两个完全不同的概念。宗教社会学一般有两层含义：一是指用社会学的理论和方法来分析研究宗教问题和宗教现象；二是指从宗教的维度来分析社会、研究社会。① 自社会学诞生以来，宗教就是社会学研究的重要主题之一。在经典社会学家那里，宗教既是他们的研究对象，也是他们分析社会的重要维度。马克思、涂尔干、韦伯等社会学奠基人对宗教都有过大量的论述，他们关于宗教社会学的研究方法、分析视角以及理论阐述大多被后来的学者或继承，或批判，或修正，以至于在宗教社会学领域内形成了风格各异的理论范式。本章在叙述宗教社会学理论发展脉络及其特征的基础上，重点介绍当代宗教社会学理论的最新进展。

重要概念

宗教社会学是一门宗教学与社会学的交叉学科，它把宗教作为一种社会现象而从社会学的角度加以分析和比较。宗教社会学一般有两层含义：一是指用社会学的理论和方法来分析研究宗教问题和宗教现象；二是指从宗教的维度来分析社会、研究社会。

第一节 宗教社会学理论脉络及其特征

宗教是人类生活的重要组成部分，深刻地影响了人类社会的方方面面。在古典社会学时期，宗教不仅是社会学的研究对象，更是诸多社会学大师分析社会的重要维度。可以毫不夸张地说，宗教既是社会学研究的经典主题，也是社会学理论得以延续的重要载体。不同时段的大师们通过对宗教议题的讨论，实现了跨时空的对话。然而，在不同的历史时期，宗教在社会学研究中的地位呈现出高低强弱的变化，其理论发展也呈现出不同的特征。

一、传统与经典：宗教社会学理论的初次诞生

19世纪末20世纪初，经历着迅速工业化的欧洲，经济社会文化发生着剧烈的变化。这一时期，现代传教运动的兴起吸引了学者对宗教问题的关注。作为对社会现实的回应，学者们的研究都不可避免地涉及了宗教。这一时期，宗教社会学作为一门新兴的学科正式产生。

卡尔·马克思是社会学界公认的古典社会学三大理论家之一。在对马克思的宗教思想进行分析前，有必要对“马克思的宗教思想”与“马克思主义的宗教思

① 因此，可以说，宗教社会学就是研究宗教与社会之间相互关系的学科，而宗教的社会学则特指站在宗教的立场，运用社会学的理论和方法来研究宗教传播、宗教信仰。相较而言，宗教的社会学属于宗教的内部研究，宗教社会学则是外部研究。

想”这两个概念做一区分。所谓马克思的宗教思想，指的是马克思本人对宗教问题的论述。而马克思主义的宗教思想则是指马克思及其后作为马克思思想继承者的世界各国共产主义领袖的一系列宗教思想的集合。因此，马克思主义的宗教思想的外延远远大于马克思的宗教思想。“马克思对宗教的看法有两个关键点：第一个是描述性的，他把宗教当作一个因变量，认为宗教的形式和性质依赖于社会关系，其中最重要的是经济关系。离开经济秩序和生产方式中的劳资关系，不能理解任何问题。这是马克思所有社会分析的立足点。第二个观点是从第一个观点引出的，但带有价值判断的意义：宗教是异化的一种形式，是社会畸形的症状；它掩盖了资本主义社会的剥削关系。故而，只有去除宗教因素，才能揭示出资本主义制度的不公正，才能触及社会紧张的真正原因。”①

涂尔干首次赋予社会学以学科的地位，是公认的社会学创始人之一，也是功能论分析的集大成者，因对原始社会的宗教进行了实证研究而在宗教社会学领域占有无可撼动的地位。“他所关注的问题的核心是如何理解和解决 19 世纪西方发达国家在从前工业社会向工业社会转变的过程中所遭遇的各种危机。他的最基本的理论关怀就是重建工业社会的社会秩序与社会团结，而共同世界观和价值观是社会秩序和社会团结的真实基础，重建集体意识是解决危机的基本途径。”② 因此，在涂尔干的思想里，宗教被作为一种能够重塑社会的集体意识加以考察。涂尔干认为，宗教的真实特征不在于它对某些神秘的超自然的崇拜，也不在于它对某种神性人格的崇拜，更重要的是它将整个世界划分为神圣和世俗两个无所不包、相互排斥的部分。③ “所有已知的宗教信仰，不管是简单的还是复杂的，都表现出一个共同的特征：它们对所有事物都预设了分类，把人们所能想象到的所有事物，不管是真实的还是理想的，都划分成两类，或两个对立的门类，并在一般意义上用两个截然不同的术语来称呼它们，其中的含义可以十分恰当地用‘凡俗的’与‘神圣的’这两个词转达出来。正因为如此，整个世界被划分为两大领域，一个领域包括所有神圣的事物，另一个领域包括所有凡俗的事物，宗教思想的显著特征便是这种划分。”④

马克斯·韦伯是德国著名社会学家，也是社会学界公认的奠基人之一。在宗教社会学领域，韦伯更是首屈一指的大师级人物。他的宗教社会学著作包括《儒教与道教》《新教伦理与资本主义精神》《新教教派与资本主义精神》等。韦伯对新教伦理与资本主义精神之间关系的研究最为透彻，也最为著名。在《新教伦理与资本主义精神》一书中，韦伯提出了一个至今都难以被超越的宗教社会学命题：隐藏在资本主义发展背后的是一种巨大的精神力量，这种精神力量就是新教伦理。《新教伦理与资本主义精神》开篇就写道：“当我们把宗教作为社会行为的

---

① 达维．宗教社会学的演变——主题与变奏．世界宗教文化，2010（1）．

② 文军．西方社会学理论：经典传统与当代转向．上海：上海人民出版社，2006：72.

③ 文军．西方社会学理论：经典传统与当代转向．上海：上海人民出版社，2006：78.

④ 涂尔干．宗教生活的基本形式．上海：上海人民出版社，1999：42－43.

> **你怎么看**
>
> 有人认为“不是新教导致了资本主义发展，而是识字率与教育导致了这一结果”，你怎么看待这个观点？

特殊类型来研究其状态和影响时，甚至宗教的本质也不是我们所关心的了。”因此，韦伯并不是就宗教而论宗教，韦伯宗教社会学思想的核心是宗教对社会及个人的影响。“韦伯的核心观点是，任何社会中的各种信仰和作为这些信仰之主要载体的、特定的社会结构之间有着复杂的关系，社会学家的任务就是在历史的关键时刻识别出这些重要的社会结构，而这需要仔细地‘比较研究’。”[①] 韦伯不仅对新教伦理与资本主义之间的关系进行了精辟的论述，还对世界各大宗教进行了类型学划分。韦伯根据宗教对待世俗的态度将宗教分为“入世的”和“出世的”，又根据宗教行为将宗教分为“禁欲的”和“神秘的”，进而建立了四种理想类型：(1) 以新教为代表的入世禁欲主义。它把在人世的劳动看作是天职，努力而勤勉的工作是赦罪和获救的手段，甚至是荣耀上帝的行为。(2) 以天主教为代表的出世禁欲主义。它完全拒绝外部尘世，拒绝任何世俗的诱惑，把一切世俗生活看作不具有道德意义上善的性质。(3) 以儒教为代表的入世神秘主义。它遵从某种圣统，信奉千年不变的传统权威，要求顺应世俗，带有悲观论和宿命论的色彩。(4) 以佛教为代表的出世神秘主义。这突出表现为弃世厌俗，沉于冥想。[②]

宗教既是社会学研究的传统主题，也是社会学大师分析社会的经典主题，这一点，从马克思、涂尔干以及韦伯这三位经典社会学家的论述中可以清晰地看出来。他们三位的宗教社会学研究，奠定了宗教社会学的基本观点、研究方法、分析进路以及理论范式。具体而言，马克思以对宗教的否定态度，开创了批判主义宗教社会学理论研究范式；涂尔干通过对原始宗教的实证研究，建立了功能主义宗教社会学理论研究范式；韦伯则通过对新教伦理与资本主义精神之间关系的研究，开创了人文主义宗教社会学理论研究范式。这三位经典社会学家在宗教社会学理论上的贡献为后来的宗教社会学研究者所继承，并加以发挥，形成了宗教社会学理论的多元图景。

二、回归与复兴：宗教社会学理论的二次浪潮

“宗教曾是第一代古典社会学家和人类学家的绝对核心议题，但在 20 世纪，宗教却沦落到了社会学研究的边缘地位。”[③] 正如高师宁所言：在韦伯于 1920 年逝世之后的 30 年中，宗教社会学处于一种休眠状态。这种状态与整个欧洲宗教的衰落现象是分不开的。一方面，西方工业资本主义社会的迅速发展、科学技术

① 达维．宗教社会学的演变——主题与变奏．世界宗教文化，2010 (1)．

② 韦伯．中国的宗教：宗教与世界．桂林：广西师范大学出版社，2004：509.

③ Beckford J. Social theory and religion. New York：Cambridge University Press，2003：1.

的突飞猛进、社会生活的逐步世俗化，把宗教首先从经济领域赶了出去，使它逐渐成为私人领域的东西；另一方面，天灾人祸，如地震和经济危机，以及人为的两次世界大战的苦难，使无数的信徒对宗教的信仰、功能提出了疑问。[①] 正是在这个时期，“社会学家们或忽视了宗教现象，或只在一种狭窄的描述的基础上处理这种现象……宗教社会学因缺乏理论深度和能引起兴趣的主题而衰落了”[②]。在此期间，英国学者在这个领域的贡献微乎其微，而法国的研究则局限于一种以社会学方法为手段、以传播宗教信仰为目的的“宗教的社会学”。在德国以及北欧一些国家，宗教史学、宗教人类学、宗教现象学的研究一直在稳步前进，但在宗教社会学领域却无多大进展。[③]

二战后，随着美国宗教活动的日趋活跃以及宗教组织数量的日趋增多，休眠了近30年的宗教社会学在北美大陆苏醒了。英国著名宗教社会学家达维教授认为：“宗教社会学创立者留下的传统在后来得到了不同的发挥。美国和欧洲在经验现实和社会学思考上存在着重大的差异，以至于出现了完全不同的学术议程。宗教社会学研究的第二次浪潮出现在20世纪中期。与学科初创时期不同的是，马克思、韦伯、涂尔干等人是作为社会一员或曰教会体制之外的学者对宗教与社会之间的关系进行研究的，而第二次研究浪潮却发端于教会内部，而且在大西洋两岸表现为不同的形式。”[④] 这一阶段的宗教社会学研究主要以美国为重心，而美国的研究则主要以帕森斯和默顿的结构功能主义范式为核心。20世纪30—50年代，美国社会学界诞生了以帕森斯和默顿为代表的结构功能主义学派，这为宗教回归社会学研究创造了外在的理论条件。

在宗教问题上，帕森斯批判了涂尔干的思想。帕森斯认为，宗教是人类精神文化生活中的普遍现象，是价值观、信仰以及意义领域的重要组成部分，是一种文化模式。这种文化模式独立于社会结构，并且在不同维度的社会结构上运转，为全体社会成员提供了一个可以参照的意义世界和个体行为的道德标准。因此涂尔干把宗教简单地归结为社会本身是不够充分的。如果说帕森斯之前的学者关于宗教的结构功能分析还停留在“有机结构论”阶段的话，那么在帕森斯那里，则已经形成了“系统结构论”倾向。[⑤] 就宗教的系统结构论而言，帕森斯提出了宗教“五个一”的构成要素：（1）一套或多或少整合过了的信念；（2）一套包含经验及非经验的象征、对象、行动和个人的体系；（3）一套或多或少被明确规定了的行动；（4）在某种程度上可说是一种感觉，即拥有对这种特征的共同信念，参与被感受到是一种整体的这样的行动的“我们”，是某种“集体性”，亦即通过这一事实而被集合在涂尔干所称的‘道德共同体’的团体；（5）一种感觉。即认为

① 高师宁．当代宗教社会学的发展．国外社会科学，1992（3）．

② 罗伯特逊．宗教社会学．台北：企鹅图书出版公司，1978：12.

③ 高师宁．当代宗教社会学的发展．国外社会科学，1992（3）．

④ 达维．宗教社会学的演变——主题与变奏．世界宗教文化，2010（1）．

⑤ 姚南强．西方宗教社会学“结构—功能”范式的演进．华东师范大学学报（哲学社会科学版），2008（1）．

人与超自然界的关系在某种程度上内在地与其道德价值观相连接，与他被要求为之生活的目标及他被认为应当服从的行为规则的性质相连接。这些共同的道德价值观以及更为明确地属于“宗教性”观念和习俗的共同拥有也就成了“道德共同体”。① 帕森斯明确地指出宗教有两种功能：首先，它“使道德的价值、情感和行为体系的规范具有认识上的意义”；其次，它“平衡了合理期待的行为后果与实际能看到的后果之间的差异”②。

默顿则修正了帕森斯的功能主义分析范式，极大地丰富了功能主义在宗教社会学中的想象空间。他认为：“涂尔干的研究取向很大程度上是基于对无文字社会的研究。他这种取向只关注宗教整合的后果，而忽视了宗教在某种社会结构中可能有的解体后果。再考虑下列这些为人所熟知的事实和疑问：（1）当不同的宗教在同一社会中并存时，在不同宗教团体之间常常有着深刻的冲突；（只要考虑一下大量关于欧洲社会宗教间冲突的文献就够了。）那么，在什么意义上，多种宗教并存的社会中宗教对‘这个’社会的整合有益呢？（2）显然，‘人类社会主要通过其成员对某种终极价值和目标的共享而实现它的统一性’（至少它展现出这样的统一性）。但是，有什么证据表明‘非宗教’的人，例如我们自己社会中的人，比那些虔信宗教信条的人更少赞同某种共同的‘价值和目标’呢？（3）如果宗教教义和价值的内容与同一社会中许多人奉行的其他的非宗教价值的内容不一致的话，那么宗教在什么意义上对更大社会的整合有益呢？例如，考虑一下，天主教会反对童工法案与防止‘剥削年轻的受抚养者’的世俗价值之间的冲突；或者，在我们社会中不同宗教团体对节制生育的截然相反的态度。”③

在此阶段，宗教之所以能够再次成为社会学大师们研究的主题，既受益于帕森斯和默顿等人对功能主义的继承与创新，也缘于美国风起云涌的“宗教热”。功能主义研究范式为宗教的回归做了理论上的铺垫，而美国宗教信仰人数的增长和宗教组织的日益繁多则成为宗教社会学研究的现实需要。具体而言，这个阶段宗教社会学理论呈现出如下特征：首先，对韦伯与涂尔干的分析范式与研究方法加以继承与创新；其次，结构功能主义研究范式在宗教社会学理论研究中占据绝对的主导地位；最后，宗教社会学研究从欧洲转向美国，美国成为宗教社会学理论的重心。

三、突破与多元：宗教社会学理论的新近发展

20世纪60年代以来，西方经济社会发展风光不再，代之以各种形式的生态主义、女权主义、反战等社会运动，帕森斯宏大的结构功能主义理论走到了尽

① 史宗．20世纪西方宗教人类学文选．上海：上海三联书店，1995：134－135.

② 高师宁．西方宗教社会学中的宗教定义与宗教性的测定．世界宗教资料，1993（4）.

③ 默顿．社会理论与社会结构．南京：译林出版社，2006：120.

头，各种反帕森斯或批判帕森斯的理论登场。在此背景下，许多社会学者试图从不同的角度来研究当代宗教现象，宗教社会学理论实现了突破性的发展，进入了一个多元的时代。

"虽然自20世纪60年代之后，帕氏功能论日趋式微，但在其视角下的宗教社会学研究仍呈现出强劲的生命力，贝拉的宗教功能论和卢曼的系统功能主义最典型。"[①] 作为帕森斯的学生，贝拉是美国社会学界既饱受争议又享誉海外的宗教社会学家，他提出了"公民宗教"这一概念，并将其作为自己理论建构的核心。贝拉提倡以客观、实证的方法来认识宗教的特征，提出了"象征实在论"，并认为"无论如何，人的生存必须有一种整体感，必须信奉某种东西或承诺……在这个意义上，某种超自然现实的象征化是不可避免的"[②]。贝拉从进化论的视角对宗教进行了划分，即原始、古代、历史、早期现代以及现代五个理想类型的阶段。

与贝拉同时代的另一位宗教社会学家卢曼，对功能论进行了修正。他保留并发展了功能主义分析社会现实的抽象框架，同时也舍弃了许多细节，整合了现象学、诠释学等社会理论[③]，构建了系统功能主义。卢曼的宗教社会学研究，首先在本体论上否定了传统社会学理论的一个预设，即卢曼认为不存在一个客观存在着的社会秩序，并进而批评了传统功能论中的机械因果关系——一因对一果。卢曼认为，社会的基本单位是沟通而不是行动，他使用"系统"这一核心概念，用以化约现实世界的复杂性。综观卢曼的学术思想脉络，他主要沿着两条线索来论述其宗教社会学：第一条线索是对宗教社会功能的探讨，第二条线索是关于社会分化与宗教功能的关系。[④]

彼得·伯格和汤姆斯·卢克曼都是美国著名社会学家，与贝拉及卢曼的功能分析范式不同的是，他们基于知识社会学，秉承现象学传统，认为日常生活世界是"主观过程（与意义）的客观化，以及透视客观化过程而建构的互为主体的常识世界"[⑤]。"他们的宗教社会学有两个基本的前提假设：认识寻求秩序和意义的生物，社会学的任务在于揭示人存在的意义。"[⑥] 他们的宗教社会学没有对宗教的功能进行过直接的探讨，而是从"哲学和认识论角度，概括地指出了宗教赋予社会秩序以本体论地位的作用"[⑦]。在对方法论和认识论进行厘清后，伯格切入了其理论的主题：世俗化。所谓世俗化，就是指随着人类社会的发展，宗教会逐步从其他领域分化出来，经历一个衰落的过程，成为私人领域的信仰，即分化、衰落以及私人化的过程。该理论一经提出，便得到世界范围内

---

① 李峰．20世纪60年代后西方宗教社会学理论研究取向．求索，2005（9）．

② Bellah R. Beyond belief essays on religion in a post－traditional world. New York：Harper&Row，1970：206.

③ 特纳．社会学理论的结构：上．北京：华夏出版社，2001：63－79.

④ 李峰．20世纪60年代后西方宗教社会学理论研究取向．求索，2005（9）．

⑤ 伯格，卢克曼．知识社会学：社会实体的建构．台北：巨流图书公司，1991：34.

⑥ 李峰．20世纪60年代后西方宗教社会学理论研究取向．求索，2005（9）．

⑦ 伯格．神圣的帷幕：宗教社会学理论之要素．上海：上海人民出版社，1991：14.

宗教社会学学者的纷纷响应，在相当长的时间内占据了宗教社会学理论的主导地位。

一方面，世俗化理论一经提出便在宗教社会学理论中占据主导地位；另一方面，后来的学者大多围绕着世俗化理论进行着攻防转换。其中，美国宗教社会学家罗德尼·斯达克（Rodney Stark）以宗教市场论为依据，对世俗化理论展开了批判与攻击，企图以“宗教市场理论”来取代世俗化理论；而另一些学者试图保留“世俗化”这一术语，尝试对宗教进行多维度和去制度化的分析，提出了“新世俗化理论”；还有一些学者将研究视野放到了欧洲以外的非西方国家的宗教研究上，提出了“多元宗教现代性理论”。这些理论的提出，无疑都是对世俗化理论的突破，都是宗教社会学理论多元化趋势的重要组成部分。

第二节 当代宗教社会学的主要理论形态

在当代宗教社会学理论的研究过程中，学者们先后提出了四种用以解释宗教变迁的理论形态：世俗化理论、宗教市场理论、新世俗化理论以及多元宗教现代性理论。这四种理论具有内在的逻辑一致性。世俗化理论深深扎根于经典宗教社会学家的思想之中，后三种理论主要是对经典世俗化理论的否定、修正以及超越。本节对此做一介绍。

一、世俗化理论

无论是否愿意承认，世俗化理论都是当代宗教社会学理论中最为耀眼的一颗明珠。可以说，世俗化理论是宗教社会学领域第一个较为成熟的理论形态，它导源于文艺复兴与启蒙运动的思想价值观念，并受益于经典社会学家的理论分析，在当代，形成了以伯格为核心的世俗化理论阵营，雄踞宗教社会学的理论霸主地位几十年。

> **重要概念**
>
> 世俗化意指这样一个过程，通过这样一个过程，社会和文化的一部分摆脱了宗教控制和宗教象征的控制。

在界定“何谓世俗化”时，学者们大多主张保持价值中立。世俗化理论的旗手伯格认为：“世俗化意指这样一个过程，通过这样一个过程，社会和文化的一部分摆脱了宗教控制和宗教象征的控制。”① 世俗化理论涵盖了社会生活的方方面面，使现代西方社会造就了一批数

① Berger P. The sacred canopy：elements of a sociological theory of religion. New York：Anchor Books，1969：107.

目不断增加的个体，他们看待世界和自己的生活时，根本不需要宗教解释。[①] 关于这个概念的界定，席勒尔（Shiner）的论述被公认最为翔实，他从六个层面展开了分析。“其一指宗教的衰退，由此而导致先前被接受的宗教象征、教义和制度丧失了其重要性，这一现象在无宗教的社会里达到了顶峰。其二指与‘此世’越来越大的一致性，在这种一致性中，人们的注意力远离超自然者，转向此生的急迫需要和问题。宗教关切、宗教组织与社会关切、非宗教组织越来越难以区分。其三指社会与宗教的分离，宗教退回到其自身的独立的领域，成为个人的私事，获得一种完全内向的特征，并且不再对外在于宗教本身的社会生活的任一方面产生影响。其四指宗教所经历的一种转化过程，也就是宗教信仰和制度转化为非宗教的形式。这包括原先被认为以神圣的力量为根基的知识、行为和制度转化为纯粹的人类的创造和责任。其五指世界的非神圣化，随着人和自然成为理性的因果分析的对象和控制对象，世界丧失了其神圣化的特征，因为在这些解释和控制中，超自然者已经不再发挥任何作用。其六指从神圣社会迈向世俗社会的运动或变化，也就是抛弃对传统的价值和实践的信奉，转而接受变化，并将所有的决定和行为都建立在理性的和功利主义的基础之上。”[②] 这种对世俗化的界定显得非常宽泛，而事实证明，这样宽泛的世俗化定义最容易遭受经验事实的反驳。[③] 与此相对应，宗教社会学家威尔逊（Bryan Wilson）给世俗化下了一个明确而狭窄的定义：世俗化是宗教制度、宗教行为以及宗教意识失去其重要性的社会过程，在社会的实际运行中，宗教不再具有举足轻重的地位了。[④] 撇开宗教社会学家在世俗化定义方面的具体分歧，我们可以发现众多世俗化概念中共有的特征，即分化、衰落、消亡以及私人化等。下面我们将切入世俗化理论的纵深，把握世俗化理论的具体内容。

【知识窗】

彼得·路德维希·伯格（Peter Ludwig Berger，1929—2017）是一位在奥地利出生的美国社会学家，波士顿大学文化、宗教与世界事务研究所所长，波士顿大学社会学、宗教学和神学荣誉退休教授。他致力于发展和钻研知识社会学、宗教社会学、现代化等社会学领域，被视为当代社会学理论的重要学者之一。

---

① 伯格．神圣的帷幕：宗教社会学理论之要素．上海：上海人民出版社，1991：128.

② Hamilton M. The sociology of religion：theoretical and comparative perspective. Routledge，2001：166.

③ 孙尚扬．世俗化与去世俗化的对立与并存．哲学研究，2008（7）.

④ Woodhead L，Heelas P. Religion in modern times：an interpretive anthology. Oxford/Malden Mass：Blackwell Publishers，2000：134.

一位名叫费恩（Fenn）的学者就划分了世俗化的五个阶段，这五个阶段实际上也就是世俗化的五种表现形式。费恩认为，世俗化的第一个阶段表现为宗教角色与制度的分化。这一过程很早就已经开始了，不同的教职人员的出现就是这一分化过程的一部分，而且这一过程在整个宗教史上一直持续着。第二个阶段包含在这样一种要求中，即在宗教问题与世俗问题之间划清界限。世俗化的第三个阶段涉及那种超越社会的各个不同组成部分的利益的、普泛化的宗教象征的发展。这里费恩是就美国的情况而言的，他指的可能是美国的公民宗教的发展。在第四个阶段，出现了宗教上的少数派和风格独特或怪异的对情境的界定。政治权威被世俗化了，但神圣者仍然弥漫周围，因为许多群体都寻求宗教基础之上的合法性。在第五个阶段，出现了个体生活与群体生活的分离。①

此外，对世俗化动因的探讨，大体有两种进路。第一种是从宗教内部来进行的，第二种是从社会对宗教的影响来展开的。② 学者们大多同意这样一种观点，即世俗化是一种在全球分布极不均匀的现象，有的学者干脆认为世俗化是一种西方现象。因此，有学者从西方宗教内部探寻世俗化之源头，伯格是其中最重要的代表之一。他认为，起源于圣经传统的宗教发展可以被认为是现代世俗化世界形成的原因，基督教就是它自己的掘墓人。伯格对世俗化的分析始于他对新教在现代世界的建立过程中的作用的发掘。他认为，新教最大限度地削减了天主教的圣礼与仪式，冒着这种简单化的危险，尽可能地使其自身摆脱了神圣者的三个最古老和最有力量的伴随物：神秘、奇迹和魔力。这个过程的本质就是世界的祛魅，也就是韦伯所说的理性化。新教切断了天主教一直都非常珍视并且由教会垄断着的超验的神圣世界与经验的此世之间的连续性，以一种史无前例的方式将人抛回来依靠他自己。新教这样做的目的是剥夺此世的神圣性，以便强调超验的上帝的可畏尊严，结果是它只为人神之间留下了一条非常狭小的通道。一旦切断这条狭小的交流通道，世俗化的闸门便洞然大开。因为这样一来，就确实可以认为，在彻底内在的人类世界里，“上帝死了”，这个世界在思想和行动上便开始接受系统的理性亦即现代科学技术的渗透。他进一步断言：“无论其他因素的重要性有多大，还是新教为世俗化充当了历史上决定性的先锋。”但是，他并不认为新教的世俗化能力是一种新产生的东西，而是相信世俗化的根子可以在古代以色列宗教的最早的源泉中发现，世界的祛魅在旧约中就已经开始了。换言之，世界的祛魅之根源远远早于文艺复兴和宗教改革运动，可以在旧约圣经中发现。此外，伯格还认为，基督教的组织形式和制度特征容易引发一种两极分化的世界观，并使得神圣者管辖范围之外的此世世俗化。③

---

① Hamilton M. The sociology of religion：theoretical and comparative perspective. Routledge，2001：179－180.

② 孙尚扬．世俗化与去世俗化的对立与并存．哲学研究，2008（7）．

③ 孙尚扬．世俗化与去世俗化的对立与并存．哲学研究，2008（7）．

【知识窗】

"祛魅"（disenchantment）又称世界观解咒，即人类把自己的世界与神的世界区分开来。在《以学术为业》的演讲中，韦伯有一段话论述了这个问题。他说，理智化和理性化的增进，含有这样的知识或信念："从原则上说，再也没有什么神秘莫测、无法计算的力量在起作用，人们可以通过计算掌握一切，而这就意味着为世界祛魅。人们不必再像相信这种神秘力量存在的野蛮人那样，为了控制或祈求神灵而求助于魔法。技术和计算在发挥着这样的功效，而这比任何其他事情都更明确地意味着理智化。"

无可否认，世俗化理论有着众多的支持者，尽管他们对世俗化理论中的具体看法意见多不一致，但是对世俗化理论的基本观点却是可以达成共识的。用世俗化理论的旗手彼得·伯格自己的话说："我那时有许多良伴——大多数宗教社会学家有着类似的观点，我们也有充足的理由去保持那种观点。"[①] 可以说，以伯格为核心，以卢克曼、汉密尔顿、考克斯、威尔逊等人为外围的世俗化理论大本营成为宗教社会学理论领域内的一股不可小视的力量，共同构建了世俗化理论。

二、宗教市场理论[②]

20世纪90年代以来，世界范围内的宗教并没有像世俗化理论之前所预示的那样，经历一个分化、衰落以及私人化的过程。相反，世界各地的宗教实践如火如荼地铺展开来，最惹人注意的当属美国信教人数的大幅增加，宗教组织如雨后春笋般成长起来，宗教非但没有落到私人的领域，反而成了一种公共话题，成为人们公共生活不可或缺的重要组成部分。这让之前就一直存在的对世俗化理论抱有成见的宗教社会学理论家们找到了可乘之机，并以此为依据，对世俗化理论大加鞭挞，让以前一直处于下风的反世俗化或超世俗化思想观点从幕后走向台前、由碎片组成整体，逐步结合成一个足以消解世俗化理论的新的理论形态。宗教市场理论就是这场"范式转换"过程中最为强劲的一股力量，并影响至今。

一般而言，理论家很少会公开承认自己的理论有误。然而，世事总有例外。

---

① Berger P. The desecularization of the world: resurgent religion and world politics. Grand Rapids, M. I.: Eerdmans Publishing Company, 1999: 2.

② 与"宗教市场理论"相近的表述还有理性选择理论、宗教经济模式等。斯达克更倾向于用"宗教人本理论"（humanistic theory）来指称这一理论，但是国内学术界基本上已经接受"宗教市场理论"这一概念，因此，为方便读者理解，本章统一表述为"宗教市场理论"。具体参见：魏德东．宗教社会学的范式转换及其影响．中国人民大学学报，2010（3）．

最初否定世俗化理论的力量并不是来自外部，而是来自其内部。世俗化理论的旗手彼得·伯格公开宣称世俗化理论应当走进历史，下面这段话足以表明伯格的态度。

> 我想我和大多数其他宗教学家在20世纪60年代就世俗化所写的东西是个错误。我们的潜在论述是说世俗化和现代性携手并行，越现代化就越世俗化。它并不是个荒诞的理论，有些支持的证据。但是我想它基本上是错误的。今日世界上大部分国家确实是富有宗教色彩而不是世俗化的。①

导致伯格"倒戈相向"的并不是其他什么因素，主要是来自经验实践对世俗化理论的证伪以及立足于经验事实的宗教市场理论的强大攻击力。"首先是所谓的美国例外论。美国不同于欧洲，它没有经过天主教一统天下的时代，宪法从一开始就规定了政教分离，因此，美国宗教先天就是多元的，充满激烈的市场竞争。第二次世界大战以后，美国成为世界上最现代化的国家，但美国人参与宗教活动的各项指标，如宗教皈依者的比例、教堂出席率、宗教组织的数量、宗教捐款等，都一直居高不下。20世纪70年代，美国学术界开始出现对世俗化理论质疑的碎片；80年代，这些碎片开始聚集；90年代，碎片逐渐系统化，形成了所谓的新研究范式，这就是宗教市场论，或曰宗教经济学理论（economics of religion）。1993年，斯蒂芬·沃纳发表了《范式转换：美国宗教社会学的研究走向》一文，为新研究范式颁发了出生证。"②

"宗教社会学研究的范式转换体现了一代学者的努力，代表性人物是罗德尼·斯达克。2000年，他的代表作《信仰的法则——解释宗教之人的方面》出版。此书的副标题为'解释宗教之人的方面'，颇具微言大义。这表明斯达克不是从神的方面来理解宗教，由此与宗教的神学研究划清了界限；同时，他也不是用经济基础决定上层建筑来解释宗教，不认为宗教仅仅是经济基础的副产品。斯达克强调宗教的信仰者和潜在信仰者，也就是人的作用，主张透过宗教主体的活动来解释宗教的发展。在宗教市场论中，宗教自身往往就是一个决定社会其他要素的自变量。这很像中国古人所说，人能弘道，非道弘人。可以说，宗教市场论是强调宗教主体性的理论。"③

斯达克认为，人类的宗教行为是理性选择的结果，"在其信息和理解的局限之内，在可行的选择的制约下，在其喜好和趣味的引导下，总是试图做出理性的选择"④。根据宗教市场理论的观点，宗教行为是人们进行理性选择和精确计算的结果。个体可能是非理性的，但是，所有大规模的宗教运动都是理性的。因

---

① Berger P. Epistemological modesty：an interview with Peter Berber. Christian century，1997，114：974.

② 魏德东．宗教社会学的范式转换及其影响．中国人民大学学报，2010（3）．

③ 魏德东．宗教社会学的范式转换及其影响．中国人民大学学报，2010（3）．

④ 斯达克，芬克．信仰的法则——解释宗教之人的方面．北京：中国人民大学出版社，2004：46.

而，根据经济学原理，人们的宗教选择的前提是存在一个宗教市场。斯达克认为："同任何市场一样，宗教市场也包含三个元素：宗教产品的需求者——信徒或潜在的信徒，宗教产品的供给者——和尚、牧师、神甫等专业教职人员，宗教产品——各式各样的宗教活动。"他认为，如果宗教市场是无管制的，宗教是自由的，那么宗教就一定是多元的，并形成竞争。伯格也说过，宗教多元一定会产生竞争，竞争会迫使教会提供新的宗教产品，形成宗教的消费市场。在这一点上，斯达克与伯格的观点是一致的。两人的分歧在于：斯达克认为，竞争将迫使教会提供高性价比的产品，其结果是促进了宗教的繁荣，而不是伯格所说的宗教衰亡。在竞争中，不仅会产生标准化的、低信仰虔诚度的大众产品，如伯格所看到的那样，竞争也会造就高虔诚度的、保守性的宗教产品。以美国经验为例，一方面，几乎所有世俗化的开放派教会都在走下坡路，但这并不是现代化的全部；另一方面，几乎所有保守性的教会，如基督教福音派，都在持续增长，当代宗教不曾有衰亡的迹象。①

之所以会在美国出现宗教市场理论，是由于美国与欧洲拥有完全不同的社会背景。美国是一个移民国家，多元宗教文化在其领域内共同存在、相互交融、彼此吸收，既有伊斯兰教，也有基督教、天主教，更有佛教等其他世界性宗教，美国的历史上从来不存在一个独占霸主地位的宗教。因而美国是一个多元宗教共存的国度，再加上自建国以来美国就实行政教分离的政策，这就使得宗教组织在美国国内能有自由的发展，并相互竞争。借用斯蒂芬·沃纳的话说就是："不同于欧洲宗教中若隐若现的国教传统，美国从一开始就废除了国教，这使美国宗教能够适应文化的多元主义。两个世纪以来，由于本质上的政教分离，美国宗教作为一种大众社会组织获得了繁荣发展。"② 斯达克则从理论上说明了美国宗教市场繁荣景象的根源："如果宗教经济是无管制的和有竞争的，宗教参与总体程度会提高。"③"竞争或许造成具体教会有兴有衰，但在总体上必定提高全社会的宗教消费水平，促进宗教的繁荣。相反，如果宗教市场由国家垄断，像欧洲那样，就必定产生懒惰的宗教供应商和无效的宗教产品，进而降低宗教的消费水平，导致宗教的衰弱。"④

总体而言，宗教市场理论一经提出，便风靡全球，凭借其强劲的势头，在宗教社会学领域占据了一席之地。一批学者为其摇旗呐喊，如宾夕法尼亚大学的罗杰·芬克（Roger Finke）、伊利诺伊州立大学芝加哥分校的斯蒂芬·沃纳、《宗教经济学》一书的作者艾孔纳（Laurence R. Iannaccone）、意大利学者英特罗维吉（Massimo Introvigne）等等，都为这一理论的发展做出了贡献。⑤

---

① 魏德东．宗教社会学的范式转换及其影响．中国人民大学学报，2010（3）．

② 沃纳．宗教社会学范式及理论的新进展．中国人民大学学报，2006（6）．

③ 斯达克，芬克．信仰的法则——解释宗教之人的方面．北京：中国人民大学出版社，2004：247．

④ 魏德东．宗教社会学的范式转换及其影响．中国人民大学学报，2010（3）．

⑤ 魏德东．宗教社会学的范式转换及其影响．中国人民大学学报，2010（3）．

三、新世俗化理论

宗教市场理论凭借其强大的解释力与号召力，在宗教社会学领域掀起了一场“范式转换”意义上的理论更替，这造成传统世俗化理论元气大伤，给其原先的一元霸主地位构成了极大的威胁，许多原来的世俗化理论支持者不得不重新思考世俗化理论的出路。在世俗化理论受到宗教市场理论批判的背景下，一批学者企图挽救世俗化理论摇摇欲坠的霸主地位而做出了新的理论尝试。“和宗教经济学家们相反，另一些学者不是把‘理性’的个体当作宗教观念得以形成、宗教组织得以衍生的微观基础，而是要从社会的宏观变迁来理解现代人建构其宗教性的新方式。他们保留了‘世俗化’这一术语，但是提出了更细节化的重新定义，以便使这一概念既能灵活地回应当代的宗教变迁，也能保持经典世俗化理论那种对现代性问题的敏感。于是，尽管‘世俗化’的概念仍然被继续使用，但其理论焦点却在很大程度上发生了转换：有关现代性的核心议题从所向披靡的合理化（rationalization）转变为充满矛盾的自主主体（autonomous subject）。为了区别于经典世俗化理论，这些论述有时被称为‘新世俗化理论’。”①

新世俗化理论没有笼统地将宗教变迁看作是一个分化、衰落以及私人化的过程，它从多个维度去解释宗教的变迁，企图从不同维度的宗教变迁上去把握复杂的宗教现象。新世俗化理论认为，世俗化分为主观个人层面的世俗化与客观外在世界的世俗化，而且这两个层面的世俗化进程是不一致和不同步的。正是这两个维度的不同步，决定了不能简单机械地去做出宗教世俗化的论断。

此后，卡萨诺瓦（Casanova）对新世俗化理论进行了进一步发挥。他认为，世俗化是由几个彼此独立的运动组成的，包括宗教规范与世俗生活的分离、宗教信仰总人数的不断减少与宗教仪式参与方式的变化，以及宗教的逐步私人化。②“在此，卡萨诺瓦的一个关键贡献在于，他强调世俗化的这些方面虽有相互重叠之处，但原则上是相互分离的，它们变化的方向和强度并非总是一致的。从这个方向深入下去，不难发现，世俗化实际上变成了一个具有内在张力的现象。”③也就是说，一个有宗教信仰的人完全可以脱离教会来构建自己的宗教身份与宗教生活，成为游离于宗教体制外的宗教信徒。达维（Davie）教授对英国的实证研究也表明，个体对宗教机构集体宗教活动参与程度的减弱，并不影响其自身宗教身份的构建和宗教信仰的生成。对于这种不认同现有宗教组织，也没有明确宗教归属，但是却依然从事宗教信仰实践的状况，达维称为“信而不群”（believing without belonging）。④

---

① 汲喆．如何超越经典世俗化理论？——评宗教社会学的三种后世俗化论述．社会学研究，2008（4）．

② Casanova J. Public religions in the modern world. Chicago：University of Chicago Press，1994.

③ 汲喆．如何超越经典世俗化理论？——评宗教社会学的三种后世俗化论述．社会学研究，2008（4）．

④ Davie G. Religion in Britain since 1945：believing without belonging. Oxford：Blackwell，1994.

其实，制度层面宗教的衰落与个体层面宗教的兴盛不仅可以同时发生，而且二者之间还存在着内在的因果逻辑关系。正是制度层面宗教权威的丧失，为个人的宗教信仰另寻出路创造了条件，个人的宗教信仰才能以多元化的非制度形式存在，并且进一步解构了制度性宗教存在的基础，使宗教机构不再是个人建构宗教身份和宗教生活的唯一场所。个体的宗教信仰无须借助于外在的宗教组织，凭借私人的生活空间照样可以确立宗教信仰。因此，宗教信仰的私人化也就是宗教信仰的去制度化过程。“在相当程度上，‘去制度化’呼应了多维的世俗化概念中制度方面和个体方面的变化向量可能不相一致的观点。因此，新世俗化理论也常被看作是‘去制度化’的世俗化理论。依据这种理论，一方面，世俗化意味着建制宗教及其机构对分化后的其他社会领域以及个体宗教生活的影响力的下降；另一方面，世俗化意味着个体在宗教制度失去了信用后转以种种非制度化的社会方式构建其宗教生活。”①

> **重要概念**
>
> 宗教信仰的私人化也就是宗教信仰的去制度化过程。个体的宗教信仰无须借助于外在的宗教组织，凭借私人的生活空间照样可以确立宗教信仰。

新世俗化理论赋予了个体层面宗教信仰以合理性的地位，认为个体去制度化的宗教信仰方式并不意味着宗教的衰落，这开辟了宗教社会学重新审视现代性的新视角。在传统世俗化理论中，分化、衰落以及私人化就是一个世俗化的过程；然而，在新世俗化理论中，宗教的分化、衰落以及私人化是在不同层面发生的，并且制度层面的分化并不能代表社会层面的衰落，更加不能说明个体层面宗教虔诚度的弱化。宗教只是改头换面，以另外一种方式来影响社会生活与外在世界。“以合理化为基础的经典世俗化理论关注的是世界的‘祛魅’的总体进展，而新世俗化理论则把个体在世界祛魅之后的复杂境遇纳入了议事日程。”② “一般而言，经典世俗化理论的某些论述中所包含的现代人在理性的引导下逐步摆脱宗教的想法，具有相当的进步主义的乐观色彩。但是，在新世俗化理论中，这种乐观主义被越来越清晰的危机意识取代。”③

> **你怎么看**
>
> 你认为世俗化理论与新世俗化理论存在哪些区别和联系？

四、多元宗教现代性理论

如果说宗教市场理论和新世俗化理论是对世俗化理论的反叛与修正的话，

① 汲喆．如何超越经典世俗化理论？——评宗教社会学的三种后世俗化论述．社会学研究，2008（4）．

② 汲喆．如何超越经典世俗化理论？——评宗教社会学的三种后世俗化论述．社会学研究，2008（4）．

③ 汲喆．如何超越经典世俗化理论？——评宗教社会学的三种后世俗化论述．社会学研究，2008（4）．

那么，多元宗教现代性理论则是在有限的领域内承认世俗化理论并将其进一步发挥。“由于感到新世俗化理论和经典世俗化理论一样较少考虑到欧洲以外的经验，一些学者不再满足于仅仅通过研究重点的转移和概念的重新定义来超越经典世俗化理论，转而提出要搁置世俗化理论，直接把研究瞄向不同宗教在不同社会中的多元变迁。这样，我们就有了对世俗化理论的第三种批判性态度：不放弃世俗化理论，但把它更明确地限定于特定历史条件下的特定社会（主要是启蒙以后的西欧），以便在一种全球的视野中，更多地考虑社会变迁和宗教变迁的多样性。”①

持有多元现代性理论的学者普遍认为，现代性不具有唯一的标准与样板，各个国家各个民族因其经济、政治、文化、社会等方面的差异，在现代性的道路上是多元的。以此类推，在宗教问题上，宗教现代性也是多元的，世俗化在其特定的时空条件下才会发生，并非所有的国家都会发生宗教的世俗化进程。马丁则认为，“只有在具有垄断的宗教以及明确的世俗/宗教二元区分的社会中才有可能存在我们通常所说的世俗化。显然，历史上的欧洲是最符合这一标准的社会”②。根据这种观点，世俗化理论只有在特定的时空条件下才具有解释力，其内在地蕴含着欧洲的宗教历史实践，因而具有特殊性，不具有普遍性。“达维在她 2002 年出版的一项研究中，考察对比了欧洲、美国、拉美、撒哈拉以南非洲、菲律宾以及韩国等地基督宗教发展的情况。她指出，似乎除了欧洲以外，其他现代社会中的基督宗教都很兴旺，并没有衰落的趋向。为了克服经典世俗化理论的普遍主义观点，达维将她对这一现象的解释诉诸以色列社会学家艾森斯塔德的多元现代性理论。”③

根据多元现代性理论的观点，现代性不是单一的，而是多元的，现代性是依据各个民族、国家自身的历史文化脉络实现的，或者说，现代性具有多种模式、多种路径。欧洲的现代性固然是最早的一个版本，并且对非欧洲国家的现代性具有极强的参考价值。但是，欧洲的现代性不能代替非欧洲国家的现代性，其自身蕴含的欧洲特色和欧洲经验不具有普遍价值，难以为世界其他国家所复制，只是纷繁复杂多元现代性中的一元。多元宗教现代性理论就是用多元现代性理论的推理逻辑来分析研究宗教问题，即不同宗教的历史演化过程决定了各个文化背景下宗教的未来理想图景也不可能是一元的，而必定是多元的。“同样在艾森斯塔德的理论启发下，爱尔维优-雷杰教授则建议直接使用‘多元宗教现代性’的概念，将其作为超越经典世俗化理论单一线性进化史观的工具。她认为，在现代社会，宗教制度的规范能力一般而言是在下降；但是，在这个世俗化过程中，不同国家的宗教与政治发生关联的具体模式相差甚远，宗教的符号结构在文化中发挥影响

① 汲喆．如何超越经典世俗化理论？——评宗教社会学的三种后世俗化论述．社会学研究，2008（4）．

② Martin D. A general theory of secularization. Oxford：Blackwell，1978.

③ 汲喆．如何超越经典世俗化理论？——评宗教社会学的三种后世俗化论述．社会学研究，2008（4）．

的程度和方式也很不相同。”① “多元宗教现代性的研究目标，就是要通过脉络化（contextualization）的工作避免把世俗化当作一种普遍的历史法则，转而考察、比较在现代化过程中，不同社会是如何以不同的方式区分宗教意义和社会秩序的。”② “爱尔维优-雷杰提出了两种研究多元宗教现代性的方法。一种是‘谱系学’方法，即勾画出不同国家现代化的路线图。另一种方法是‘地质学’方法，即挖掘现代化的宗教教化根源，分析从制度到心态、从集体行动到个体良知的文明积淀。这样一来，对世俗化的解读就出现了翻转：考察的重点不再是合理化或个体主义对宗教虔信与实践的影响，而是宗教在历史、文化层面上‘无形中’对现代性的建构作用。换言之，不是某种普遍的世俗化法则决定了宗教的现代命运，而是宗教的文化积淀本身决定了世俗化的形式与方向。”③

多元宗教现代性理论已经成为非欧洲国家解释宗教变迁的一个重要的分析工具，其目标是以民族国家为单位，以承认文明多样性为依据，通过考察政治、经济、历史、文化以及宗教的特殊性，厘清发源于西方实践基础的现代性的限度，重新认识现代性的多样性。同时，多元宗教现代性理论也为在全球化背景下分析宗教的复杂性提供了理论框架。从表面上看，多元宗教现代性理论打破了原先世俗化理论的西方中心主义，稀释了一元宗教现代性的权威，为非西方国家宗教现代性开辟了广阔的空间。但是，多元宗教现代性看似是一种反西方、超西方、后西方的理论视角，其本质上还是抹不开传统西方宗教现代性的话语权威，还是要和西方宗教现代性进行对话、沟通，还是需要回到宗教变迁的根源——何为现代性？显然，这一问题仍然是开放而无定论的。

你怎么看

上述四种解释宗教变迁的理论形态是否可以借用来解释我国的宗教变迁？你认为哪种更适用于我国的情况？

第三节
当代宗教社会学理论的主要范式

在宗教社会学理论史上，存在着多种研究范式，这些多元范式的存在，既是理论探索的结果，也是理论建构的起点，本节着重对当代宗教社会学理论的研究

① 汲喆．如何超越经典世俗化理论？——评宗教社会学的三种后世俗化论述．社会学研究，2008（4）．

② 汲喆．如何超越经典世俗化理论？——评宗教社会学的三种后世俗化论述．社会学研究，2008（4）．

③ 汲喆．如何超越经典世俗化理论？——评宗教社会学的三种后世俗化论述．社会学研究，2008（4）．

范式做一介绍。

【知识窗】

范式是一种理论前提与理论假设，是理论家进行理论探索的先行价值判断，在不同的研究范式指导下，形成不同的理论建构。学术界将研究范式作为区分不同理论的根本标志，学者们围绕着不同的范式，往往就某一个具体学术议题展开多彩的争论。

一、进化主义范式

19世纪中后期，随着达尔文生物进化理论的提出，西方人文社会科学进行了颠覆性的再创造，进化理论影响了西方社会的方方面面。进化主义研究范式是进化理论在宗教社会学研究中的具体运用，是较早出现的一种宗教社会学理论研究范式，它认为，宗教是一个线性的由低级到高级不断演化的历史发展过程。

在宗教社会学领域，最早从进化论角度分析问题的当属孔德和斯宾塞。孔德认为，人类社会的发展经历了由低到高的三个阶段：神学的、形而上学的、实证的。[①] 斯宾塞则将社会与生物有机体进行类比，他的社会进化论与社会有机体论都是从这个角度衍生出来的，而且社会进化论是斯宾塞理论体系的核心。[②] 韦伯的宗教社会学更是深深地打上了进化论的烙印，他认为，宗教不仅是社会历史的产物，更是推动资本主义社会发展的主要动力。进入20世纪后，随着进化理论的衰退以及功能主义的兴起，功能主义分析大师帕森斯公开宣称："斯宾塞死了！"[③] 但是，当代美国社会学家贝拉又重新回到进化论，并从进化论的视角对宗教的发展阶段进行了再研究，提出了著名的宗教发展五阶段论。贝拉对进化论的理解并没有局限于前辈社会学家的定义，他将进化定义为组织结构的复杂化和分化的过程，而这一复杂化和分化的过程使宗教日益适应并独立于周围的社会历史环境。[④] 贝拉认为宗教经过了五个阶段的历史发展：原始宗教、古代宗教、历史宗教、早期现代宗教以及现代宗教。贝拉的宗教五阶段论比过去任何一个宗教社会学理论家提出的宗教发展学说都更具有说服力。当然，就连贝拉本人也承认，他的宗教五阶段论是建立在某种假设基础之上的，即人格和社会的自由是随着社会历史的发展而逐步增加的。从贝拉的宗教五阶段论的形式来看，其前提在

---

① 孔德．论实证精神．北京：商务印书馆，1996：1.

② 周晓虹．西方社会学历史与体系：第1卷．上海：上海人民出版社，2002：65.

③ 帕森斯．社会行动的结构．南京：译林出版社，2003：3.

④ 李峰．罗伯特·贝拉的宗教社会学思想述评．华东师范大学学报（哲学社会科学版），2011（5）．

逻辑上是站得住脚的，但是，从内容上看，所谓的宗教五阶段论分析又主要是基督教的五阶段论，贝拉的宗教分析中同样蕴含着强烈的“基督教中心主义”，这一点是读者必须意识到的。

作为一种研究范式，进化主义在宗教社会学理论的研究过程中确实发挥着巨大的作用。它对于宗教的起源发展具有极强的解释力，是一种能够解释事物历时性的理论。但是，在实际运用中，这种范式也存在着不可忽视的缺陷与不足。首先，在宗教社会学研究中，进化主义蕴含着强烈的价值判断，即它认为人类宗教是一种从无到有、从小到大、由低到高、由简入繁的线性的历史演化过程。这就涉及如何明确界定“有无、大小、高低、繁简”等概念，而且，这样的界定往往具有主观性，难以与客观实践甚至与学界同行取得一致认识。再者，将进化论运用于纷繁复杂的宗教现象研究时，显得简单化。因为事物除了有由简入繁、从小到大的线性历史演化外，常常还伴随着低级与高级、简单与复杂以及原始与现代并存的情况，在宗教问题上更是如此。这也正是人类精神文化现象异彩纷呈的明显特征。尽管后来的理论家对进化论的某些方面做了修正，提出了双向进化论和多向进化论，但是，试图用一种理论解释包打天下，往往会力不从心，进化论在宗教社会学理论研究过程中总会出现这样那样的不足，这也为其他研究范式的诞生提供了突破口。

二、功能主义范式

功能主义研究范式是功能论在宗教社会学研究中的具体应用，是研究宗教的社会功能的一种理论，也是宗教社会学理论中的一种重要而久远的范式。“宗教社会学中的功能论一直是最有影响、持续时间最长的一种理论范式。”① 功能主义认为，社会可以被划分为各种社会制度的均衡机制，这些社会制度共同构成了整体的社会。社会中的各个组成部分相互依赖、相互影响，任何一个部分的变化都会影响到其他部分的变化，从而影响到整个社会构成。组成整体社会的各个部分都有自己的功能，都是社会正常运行所必备的环节之一，不存在毫无作用的部分。“在功能论看来，宗教作为一种社会建制或制度，或作为一种制度化的社会行为，也对社会履行着一些非常重要的功能。”②

功能论在宗教社会学研究中的运用，最早可以追溯到涂尔干。涂尔干在《宗教生活的基本形式》一书中大量运用功能主义的研究范式去分析宗教问题。在涂尔干之后的相当长的时间内，功能主义研究范式却并没有得到后来者的响应，这一方面是由于两次世界大战摧毁了功能主义分析范式的实践根基，另一方面则是由于进化论在宗教社会学研究中的强大号召力。功能主义在宗教社会学研究中的弱势地位一直到帕森斯出现才得到根本的改观，宗教社会学理论由此进入

---

① 石丽．帕森斯宗教社会学理论述评．世界宗教文化，2011（3）．

② 奥戴．宗教社会学．北京：中国社会科学出版社，1990：6－7．

帕森斯时代。在宗教社会学领域中，帕森斯批判了涂尔干的思想，他认为宗教属于文化意义上的价值观、信仰等，是人类生活中的普遍现象。文化范畴里的宗教独立于社会结构，同时又在不同层次的社会结构上发挥着功能，为社会制度以及个人提供了意义世界的一般道德标准。因此，不能把宗教归结为社会本身。帕森斯认为宗教有两种功能：一是“使道德的价值、情感和行为体系的规范具有了认识上的意义”，二是“平衡了合理的期待行为后果与实际能看到的后果之间的差异”①。

默顿，作为帕森斯的学生，同样是美国功能主义分析大师，他在继承帕森斯功能主义思想的基础之上又进一步发挥了功能主义的研究范式。默顿认为，任何一个事物对整体的影响都是双面的，既有正功能，又有负功能，既有已经凸显出来的显功能，又有尚未被人们感知的潜功能。默顿通过对“功能”一词的界定，突破了以往单一整合功能分析范式的限制②，极大地提升了功能主义研究范式的想象空间。在默顿看来，以往学者们对宗教之于社会的功能分析只侧重于团结、整合、积极、正面的分析，忽视了宗教对社会的负功能与潜功能，即冲突、分化、消极、负面的功能，或者说宗教的正功能和显功能被注意到了，但是其负功能与潜功能却被忽视了。默顿的功能主义分析范式无疑弥补了帕森斯功能主义的不足，提高了功能论在宗教社会学领域的解释力，使功能论焕发了新的生机。

功能主义的分析范式已经有一百多年的历史，这种研究范式在宗教社会学研究领域具有极强的影响力和号召力。首先，功能主义把宗教当作一种社会事实，一种独立于社会整体的现象来研究，揭示了宗教对社会的作用、功能，这为宗教社会学研究开创了一个全新的思路。其次，功能主义自身的变化发展过程为全面理解宗教提供了诸多有益的思考，如一开始研究宗教的正功能与显功能到研究其负功能与潜功能，再到后来研究其社会功能与个体功能等，功能论在宗教社会学领域内的研究经历了一个由单一功能向多元功能的演变，这有助于我们全方位地理解宗教，进行宗教社会学的研究。最后，功能主义有助于理解宗教的本质。宗教的本质是众多宗教社会学家争相分析的问题之一，对宗教功能的分析，有助于把握宗教的本质，宗教的功能是透视宗教本质的窗口。

任何一种研究范式都有其局限之处，功能主义也不例外，它也遭受到来自各方的批评。首先，在早期的宗教社会学研究之中，功能主义的社会学家大多用一种保守的眼光去分析宗教的社会稳定功能，忽视了宗教也会造成社会冲突这一基本的事实。其次，这种范式过分强调宗教的功能，却无视宗教产生、发展、变化的社会历史过程。无论是基督教、佛教还是伊斯兰教，抑或是世界其他国家的地区性宗教，都是社会历史发展的产物，都是在特定历史环境中生成的。最后，无论是经典宗教社会学理论，还是当代宗教社会学研究，功能主义的分析范式始终都在强调宗

① 亚历山大．新功能主义及其后．南京：译林出版社，2003：31.

② 姚南强．西方宗教社会学结构—功能范式的演进．华东师范大学学报（哲学社会科学版），2008（1）.

教的不可或缺性，有些学者甚至不断地从世俗世界中去找寻宗教的替代物。尽管有这些批评声音的存在，但功能主义仍然是宗教社会学领域内一种重要研究范式。

三、冲突主义范式

冲突理论形成于20世纪50年代中后期，以批判当时在社会学界占主导地位的结构功能主义而著称，强调社会结构的对抗性，并以此来解释社会变迁。这种理论认为，社会是由不同的利益团体构成的，每一团体都有追求自身利益的特性，不存在所谓的能够维持社会团结统一的价值体系。社会的本质就是冲突、对抗、压制与反压制，各个团体分割了社会的整个权力体系。社会的稳定是由于各个团体间实现了力量均衡，而社会的动荡则是由团体间的力量不均衡导致的，因此，团体间的相互依赖，尤其是经济上的依赖是社会持久稳定的重要保障。冲突主义研究范式就是冲突理论在宗教社会学理论中的具体运用，这种应用主要是把宗教组织看成是一种具有自身利益的社会团体，在维护、争取自身利益的过程中与其他社会团体建立社会关系。

冲突主义者对宗教往往持有一种批判、否定的态度。他们认为，宗教是造成社会分裂的重要因素，并以历史上的宗教事实为依据，用天主教、伊斯兰教、基督教、新教以及各种其他宗教之间的冲突、战争来佐证自己的理论。同时，他们还以当下世界各地的宗教内部纷争为依据来强化自己的理论说服力，比如用伊斯兰教内部什叶派与逊尼派之间的冲突来进一步增强冲突理论在宗教社会学领域内的适用范围。此外，他们还以宗教与世俗社会的差异为佐料，进一步论证宗教与世俗社会之间的冲突，即宗教的价值观和信仰体系与当地世俗社会的政治制度、法律规范以及生活习俗存在巨大的冲突，当宗教自身的利益诉求对世俗社会的统一稳定构成挑战时，往往会成为社会冲突爆发的导火索。冲突主义者认为，冲突是一直伴随着宗教而存在的普遍现象，这种现象不仅存在于不同性质的宗教组织之间，也广泛地存在于同一宗教组织内部的不同成员之间，常常是出于对合法性、威望等资源的争夺而产生的。另外，冲突主义者也注意到，低烈度、可控制的冲突将有利于宗教组织的团结，有助于增强社会凝聚力。但是，冲突促进团结的必要前提是存在一个共同的敌人，即外部的镇压与敌对，必须给冲突双方营造一个共同处境和共同认识去反对某种外部压制。

冲突主义是相对于功能主义而提出的，因此，从一开始，冲突主义就蕴含着与功能主义“唱反调”的意味。功能主义从促进社会团结、维护社会稳定的角度分析问题，而冲突主义则从社会斗争、社会分裂的视角分析问题。表面上看，冲突主义是对功能主义的反叛与超越，实质上，冲突主义是对功能主义的补充与完善，两种理论范式都有助于我们理解社会实践。具体到宗教社会学理论而言，两种理论范式在宗教社会学的不同历史时期占有不同的地位。在帕森斯时代，由于经济社会稳定，功能主义因对宗教社会学理论具有更强的解释力而得到广大学者的认可接受；而在反帕森斯时代和后帕森斯时代，由于经济社会历史环境的变化，功能主义的解释力逐渐弱化，冲突主义反而具有更强的解释力，因而，冲突主义逐步上升为宗教社会学理论研究中的一种重要范式。当然，冲突主义也不是一个完美无缺的理论范式，它自身也存在着某些解释盲点。首先，冲突主义在解释宗教组织之间或组织内部的冲突方面固然具有无可比拟的先天优势，但是，它往往有意无意地忽视了宗教在维护团结、提高社会整合力和凝聚力方面的功能与作用；其次，这种理论范式常常把“自身利益”看成是一切行为的根本动力，而且又进一步将“自身利益”化约为经济方面的利益，这就将问题简单化了。

社会实践的多元性决定了理论建构、理论阐释的多元化。多元化不仅体现在理论图式、研究方法的多元上，更加体现在研究范式的多元上。这种多元，既包括宏观与微观、主观与客观、个体与社会的多元，也涵盖静态与动态、历时性与共时性等方面的多元，抓住其中的任何一个角度，都可以对同一个社会实践做出不同的理论回应。进化主义、功能主义与冲突主义是宗教社会学研究领域中三种不同的研究范式，这三种研究范式既是历史的承继关系，又是现实的共生关系，正是这种错综复杂的研究范式的并存，造成了宗教社会学理论的多元图景，使宗教社会学理论存在于巨大的张力之中，赋予了宗教这一既经典又现代的社会学命题以丰富的想象空间。

第四节 对当代宗教社会学理论的评论与反思

整个20世纪中期以来的宗教社会学理论就是围绕着世俗化理论而展开的，学者们依据不同的学术传统和观点立场，对世俗化理论展开了强烈的批判。宗教市场理论的支持者们全盘否定世俗化理论，认为应当将其丢进历史；而新世俗化理论则通过对一些概念、命题的修正，企图使世俗化理论能够跟上时代的潮流，具备更高的解释力；多元宗教现代性理论则搁置各种围绕着世俗化理论的争议，批判西方中心主义，转而用一种非西方的视野去理解宗教变迁，使现代性从一元走向多元。尽管这些理论都有各自的限度与边界，但是，它们彼此之间的攻击与诘难极大地丰富了宗教社会学理论的想象空间，为我们理解宗教的历史变迁提供了多种解释的可能。然而，吊诡的是，世俗化理论在长时段、跨领域的攻击下并没有示弱，反而愈发坚固，其理论的核心地位在一次次的被超越下不断得到学者们的强化。“无论是否喜欢世俗化议题，任何企图对宗教社会学的理论发展和学科命运进行严肃思考的人都不能不回到这一议题上重新出发。这种重新出发，并不是简单地对某个既有命题加以否定或辩护，而是要以相关争论所提供的理论和经验素材为基础，分辨出经典世俗化理论所未能有效地完成的社会学任务，争取找到完成这一任务的各种可能的新视角和新方法。”① 也就是说，不在于我们从何种角度去批判世俗化理论，而在于我们在何种程度上去回应世俗化理论，批判世俗化理论的前提是全面深刻地理解世俗化理论给全人类提出的问题。

从根本上说，对世俗化理论的批判与超越，关键在于对当下宗教历史变迁的一个事实判断：宗教到底是分化、衰落以至于成为私人领域的实践，还是随着社会历史的发展，宗教活动不断高涨，成为公共领域的重要组成部分？在这个意义上，超越经典世俗化理论，就是要超越宗教衰落的预言，重新回到对现代宗教变迁的诊断上来。② 在这个问题上的分歧，不仅缘于学者们的学术观点不同，更多的是欧洲和美国两种不同的宗教社会背景促成的，更多的是宗教社会学研究中的西方中心主义和非西方研究对宗教社会学理论的一种话语权争夺，而且中间还夹杂着一元现代性和多元现代性的争论。

去世俗化理论家们在宣称他们的主张时表现出来的犹疑，以及世俗化理论家们对其理论主张的修正与坚决捍卫，更重要的是经验世界里所谓的“例外”③，很自然地将我们导向一种共存论，即世俗化和神圣化两种潮流都在现代世界中发挥着作用，断定世俗化或神圣化是大获全胜的潮流或趋势，都是仓促草率之论。④ 我们可以在经验世界里找到支持共存论的依据。例如，基督教确实在北欧等地衰落了，但是，在北美、中南美乃至亚洲，基督教的福音派却正经历着令去世俗化理论家们倍感兴奋的复兴和快速增长，伊斯兰世界的宗教复兴更是有目共睹。这些都是世俗化理论所不能涵括进去的经验事实。但是，欧洲的世俗化以及全球性的人文学者对世俗化的青睐及其巨大影响，又是去世俗化理论难以囊括并给予解释的有力的反例。⑤

“从 1969 年彼得·伯格《神圣的帷幕》出版，到 2000 年斯达克《信仰的法则》问世，宗教社会学大致完成了由世俗化理论到宗教市场论的范式转换。不过，在社会科学领域，范式转换并不意味着简单的替代。国际宗教社会学界似乎形成了两大阵营，充满了对话与相互批评。一般来说，世俗化理论是以欧洲的宗教与社会发展为背景而产生的，宗教市场论则是美国宗教文化的产物。因此，似乎欧洲学者更加倾向于世俗化理论以及由此引发的延伸与修正，如多元的现代性理论等，欧洲主流宗教至今也仍然处于世俗化的重压之下；美国也有极少部分学者依然坚持世俗化理论，但更多的学者，包括彼得·伯格在内，似乎都已经接

---

① 汲喆．如何超越经典世俗化理论？——评宗教社会学的三种后世俗化论述．社会学研究，2008（4）．

② 汲喆．如何超越经典世俗化理论？——评宗教社会学的三种后世俗化论述．社会学研究，2008（4）．

③ 在国际宗教社会学界，持去世俗化理论的学者们以高度世俗化的欧洲作为去世俗化理论的一个例外，而坚守世俗化理论的学者们则以“神圣化”非常明显的美国作为世俗化理论的一个例外。孙尚扬．世俗化与去世俗化的对立与并存．哲学研究，2008（7）．

④ 孙尚扬．世俗化与去世俗化的对立与并存．哲学研究，2008（7）．

⑤ 孙尚扬．世俗化与去世俗化的对立与并存．哲学研究，2008（7）．

受，至少不排斥宗教市场论的基本观点。”①

当代西方宗教社会学研究已经发生了一些重要转向，其主要表现为：在研究立场上，经历了从对宗教功能的全盘肯定到启蒙时代后的全盘否定，再到现代的重新定位；在研究视角上，经历了从世俗化到非世俗化再到多元化；在知识论取向上，经历了从理性批判到感性取向乃至灵性证明；在思维方式上，经历了从社会建构论到主体建构论。形成这种新取向的主要原因是西方社会的发展进入后工业时代、宗教在全球的复兴、后现代思潮的影响，以及一般人文社会科学研究旨趣的变化等。② 西方宗教社会学理论上的这些动态已经开始影响到中国的宗教社会学研究者，但是，由于经济、社会、文化背景的不同，当代宗教社会学理论的最新成果很难完全适用于中国，需要加以甄别和扬弃。

美国最主要的两个宗教社会学刊物《宗教社会学》和《科学研究宗教学刊》在1996—2002年发表的有关亚洲宗教研究的论文数量极少，宗教社会学研究仍然过分偏重西方社会中的宗教。③ 由于研究对象过分集中于西方社会中的宗教，宗教社会学在很大程度上沦为基督宗教社会学。作为宗教社会学的新范式，宗教市场理论对西方社会的排他性宗教进行了充分的分析，但是它忽略了对东亚社会中非排他性宗教的分析。当我们把该理论运用到华人社会时，有必要对其适用性进行反思，希望这种反思有助于纠正宗教社会学的基督教中心主义，并对未来的中国宗教研究有所助益。④

◎思考题

1. 什么是宗教社会学？它产生于什么时期？宗教社会学与宗教的社会学有什么区别和联系？

2. 宗教社会学的理论发展经历了哪几个阶段？

3. 为什么宗教社会学理论的第二次浪潮以美国为中心？

4. 当代宗教社会学的主要理论形态有哪些？如何理解它们之间的关系？

5. 如何理解宗教世俗化理论在宗教社会学发展过程中的作用和意义？

6. 宗教社会学理论的研究范式有哪些？如何理解功能主义范式与冲突主义范式之间的关系？

7. 如何理解东亚社会宗教的“非排他性”？

◎阅读书目

1. 涂尔干．宗教生活的基本形式．上海：上海人民出版社，1999.

2. 韦伯．中国的宗教：宗教与世界．桂林：广西师范大学出版社，2004.

---

① 魏德东．宗教社会学的范式转换及其影响．中国人民大学学报，2010（3）．

② 姚南强．西方宗教社会学研究的新取向．华东师范大学学报（哲学社会科学版），2009（4）．

③ Lang G. Challenges for the sociology of religion in asia. Social compass，2004，51.

④ 卢云峰．超越基督宗教社会学——兼论宗教市场理论在华人社会的适用性问题．社会学研究，2008（3）．

3. 李峰．20 世纪 60 年代后西方宗教社会学理论研究取向．求索，2005（9）．

4. 伯格．神圣的帷幕：宗教社会学理论之要素．上海：上海人民出版社，1991.

5. 孙尚扬．世俗化与去世俗化的对立与并存．哲学研究，2008（7）．

6. 魏德东．宗教社会学的范式转换及其影响．中国人民大学学报，2010（3）．

7. 汲喆．如何超越经典世俗化理论？——评宗教社会学的三种后世俗化论述．社会学研究，2008（4）．

8. 奥戴．宗教社会学．北京：中国社会科学出版社，1990.

9. 姚南强．西方宗教社会学研究的新取向．华东师范大学学报（哲学社会科学版），2009（4）．

第十章

文化社会学理论及其当代发展

【本章要点】

- 文化社会学是相对较早从社会学体系中脱离出来的一门交叉学科。早期的文化社会学理论主要是将"文化"作为社会学的一个研究对象来对待的，而在当代文化社会学理论中，"文化"已成为观察和分析社会的一种视角，成为构建当代社会学理论的一个重要维度和新的学术研究焦点。
- 文化社会学研究功能的立足点在于，它确认文化本身就是一种社会现象，文化总是在人类社会内部产生并发展起来。文化社会学的兴起有助于增强社会学审视社会的功能，有助于揭示文化对社会实践影响的规律，有助于增强社会学理论指导文化实践的功能，有助于推动主流社会学理论的多元发展。
- 西方社会学理论的文化转向大致发生在20世纪80年代至90年代。社会学家们在理论化（theorize）社会过程和社会体制的过程中不断强调意义、符号、文化架构、认知图式。
- "行动与结构"的问题是现代西方社会学理论的一个传统议题，而当代西方文化社会学理论的一个重要关注点就是如何借用文化进一步深入理解"行动与结构"的关系。当代文化社会学理论的主要视角包括行动与秩序、阶层结构文化解读，以及后现代视野中对于大众文化、消费文化、殖民文化和反文化等议题的关注。
- 尽管当代西方社会学理论的文化转向存在着种种不妥和令人难以接受的地方，但是这一转向在整个社会学中的影响是深入且广泛的。这一转向有助于人们深入了解人类社会正在经历的社会变迁，尤其是象征、符号、消费、格调或者品位等的意义在凸显、放大乃至侵蚀社会的边界。在这样的背景下，所有的社会实践都可以被解读为文化的。

【关键概念】

文化社会学◇文化◇大众文化◇文化工业◇消费社会◇反文化

文化社会学是相对较早从社会学体系中脱离出来的一门交叉学科。它作为一门学科出现，首先要归功于早期社会学和文化人类学家对文化及其各种衍生现象的研究。比如德国社会学家巴德早在 1897 年所写的《社会学的历史哲学》一书中就提出要进行“文化时代的社会学”研究。[①] 当然，早期的文化社会学理论主要是将“文化”作为社会学的一个研究对象来对待的，而在当代文化社会学理论中，“文化”已成为观察和分析社会的一种视角，这种变化无疑与当代文化研究和文化理论的发展有着千丝万缕的联系，在一定意义上也可以说，当代文化社会学理论本身就是文化理论发展的必然结果。本章将在追溯文化及其社会学理论研究的脉络中集中介绍文化社会学理论在当代的形成和发展状况。

第一节 文化及其在传统社会学理论中的地位

文化是人类社会的重要特征与重要元素，也因此常常成为社会学的研究要素。但是在传统社会学理论的发展中，社会学家们往往对于“制度”“结构”“群体”等问题更加重视，文化只是作为一个附属品和配角而存在的。因此，关于文化的社会学理论总是隐藏在宏大理论的某个角落里，需要仔细地进行寻找和挖掘；但随着社会环境的变迁以及当代社会学理论的发展，“文化”开始得到越来越多的重视，它不仅越来越成为社会学的一个重要范畴，而且成为构建当代社会学理论的一个重要维度和新的学术研究焦点。

一、“文化”的概念及其社会学含义

“文化”（culture）一词在西方来源于拉丁文 cultura，原义是“耕耘”（cultivating）或“开垦”（tilling）土地。[②] 自 15 世纪以后，逐渐引申使用，把对人的品德和能力的培养也称为文化。今天，尽管“文化”一词在人们的日常生活和社会科学中被广泛地使用，但其含义却一直难以统一，甚至是相当混乱和模糊不清的。

从文化社会学的角度来看，人们一般是在四个层面上来使用“文化”概念的。一是主观意义（subjective）的文化概念，主要是指由思想、情感、信仰和价值构成的，与客观的社会结构相对的主观思想和知觉文化。[③] 二是结构意义

---

① 司马云杰．文化社会学．北京：中国社会科学出版社，2001：19.

② 霍尔，尼兹．文化：社会学的视野．北京：商务印书馆，2002：19.

③ 在这种层面上使用的文化概念，其功能有二：一是形成群体一致的价值规范概念，以整合秩序；二是形成个体主观经验，以调控人的行为。

(structural) 的文化概念，主要由行为模式、生活方式及某些关系结构组成。相对于主观意义的文化概念，它主要强调模式、生活方式、关系所表征的文化概念，似乎较具客观整体的意义。三是戏剧意义 (dramaturgic) 的文化概念，主要是指作为一种社会结构的象征表述。文化由一系列象征符号构成，较容易观察，是一些由言辞、行动、产品和事件构成的符号系统。四是制度意义 (institutional) 的文化概念，主要由习俗、宗教、道德、政治和法律等组成，与主观意义的文化概念相比，这类文化被认为具有外在于或独立于个人的群体意识的“社会事实”的特征。①

重要概念

从文化社会学的角度来看，人们一般是在四个层面上来使用“文化”概念的。一是主观意义 (subjective) 的文化概念，主要是指由思想、情感、信仰和价值构成的，与客观的社会结构相对的主观思想和知觉文化。二是结构意义 (structural) 的文化概念，主要由行为模式、生活方式及某些关系结构组成。三是戏剧意义 (dramaturgic) 的文化概念，主要是指作为一种社会结构的象征表述。四是制度意义 (institutional) 的文化概念，主要由习俗、宗教、道德、政治和法律等组成，这类文化被认为具有外在于或独立于个人的群体意识的“社会事实”的特征。

上述四个层面的文化概念是相互融合并且在意义上是相对独立的。外在的制度文化体系一旦建立，就会通过诸如语言、仪式和文化产品等符号的拟剧形式而得到传播和深化，成为人们内在于心的共享的主观价值观，最终这种共享价值或规范会引导社会中个体的群体行为，形成某种特定一致的生活方式或行为模式，即构成结构文化，从而使得“文化”具有社会学的意义。② 因此，从这种联系来看，四种不同意义的文化概念的使用恰恰表达了一种文化延续和运行的内在机理，也正是在上述不同层面的使用之中，“文化”的概念及内涵不仅变得丰富多彩，而且获得了更为深厚的社会学意义。

二、文化在古典社会学理论中的地位

几乎自社会学创建之初，文化就成了社会学研究的一个重要因素。19 世纪的马克思、韦伯、涂尔干都曾经从不同的思想维度关注与社会结构共生的文化现象或文化问题。例如，马克思就是从“意识形态”的角度关注文化命题的，这就决定了他必然要涉及文化的阶级性。而韦伯是以一种建构主义的立场看待文化与结构、文化与行动者的互动的。涂尔干被认为是观念论的泰斗，以观念为导向的理论在他后期的宗教转向中甚为明晰。此外，在古典社会学时期，还有其他一些致力于文化建构的古典社会学理论大师，如齐美尔、本雅明等人，他们试图从现代性的碎片之中去阐释社会生活转型的文化意味，比如齐美尔笔下的碎片，本雅

---

① 周怡．解读社会——文化与结构的路径．北京：社会科学文献出版社，2004：52-60.

② 一般来说，社会学的文化观更加注重共同的价值观、符号、信念以及结构性特征等等。社会学分析文化，也大多是从文化与符号、文化与社会结构以及文化与社会行动的交叉视角来演进与发展的。

明眼中的街道、人群、购物和时尚。[①] 在现代性的经典阐释者那里，文化的重要性得以凸显，并成为解读现代性不可或缺的独特的维度。[②]

尽管从社会学诞生之初就有了对文化因素的关注，但在很长一段时间内，文化并没有因此而成为社会学理论关注的核心主题，或者说并没有表现为社会学理论中一种更具实质性的问题。对此，珍妮特·沃尔芙（J. Wolfe）曾认为："问题在于主流社会学对于理论方面的发展，即使不怀敌意也是自以为是地漠不关心，无法认识文化和再现在社会关系中的构成性作用。"[③] 尤其在以结构为主体的古典社会学那里，文化几乎成了社会学理论研究的一个配角，就像英国社会学家阿切尔（M. Archer）所说的："无论从哪方面看，'文化'都只是'结构'的一个不起眼的配角。"[④] 例如，尽管马克思非常重视文化的重要性，但不可否认的是，文化在马克思的整个理论体系之中也只处于边缘地位。韦伯看似赋予了文化至高的地位，但新教伦理也只不过被简化为促进资本主义成长的一个要素而已。虽然涂尔干也曾宣称"社会生活总体而言是由不同的再现（representation）所构成的"，并注意到宗教社会学对于理解政治过程的重要性，但这些观点一直为后世的社会学理论所忽视，直到亚历山大主编的《涂尔干式的社会学：文化研究》一书出版，涂尔干社会学理论的这一特殊面相才得以被重申。[⑤]

你怎么看

查阅资料，思考一下为什么在社会学诞生初期的很长一段时间，文化都没有成为社会学理论关注的核心主题，那个时期哪些主题受到了社会学理论的关注。

三、当代社会学中的文化研究与文化理论

文化社会学与文化研究和文化理论有着千丝万缕的联系，在一定意义上也可以说，文化社会学理论本身就是文化理论发展的必然结果。其实，文化研究是个大的复合体，包含的理论思想和观念也极其繁杂："从 20 世纪 30 年代的新马克思主义到女性主义和精神分析再到符号学和后结构主义，都可以说是不同形式的文化研究。"[⑥] 而且，文化理论本身所涵盖内容的丰富性与主题的多样性也决定了文化社会学理论的繁荣与发展。因此，我们对当代文化社会学理论的研究也可

---

① 例如，齐美尔就是以一种美学的角度而非科学的方式来把握社会关系的。齐美尔认为文化事关各种实现形式，甚至宣称现代性本身的实质就是心理主义，就是从我们的内在生活的种种反应出发来获得现实世界的经验和解释。齐美尔甚至还强调，社会追问，不只是一种理论的追问，还是一种美学的追问，因为现代社会生活之中的诸种特定的议题和冲突本身已经呈现为美学的形式。

② 弗里斯比．现代性的碎片．北京：商务印书馆，2003.

③ 詹姆逊．论文化研究//詹姆逊．文化研究与政治意识．北京：中国人民大学出版社，2004.

④ 冯婷．逸出结构的文化——文化社会学的新发展．学术论坛，2001（4）.

⑤ Alexander J C. Durkheimian sociology: cultural studies. Cambridge: Cambridge University Press, 1988.

⑥ 萧俊明．文化转向的由来．北京：社会科学文献出版社，2004.

以转变成对文化理论的分析与透视。

文化研究或文化理论有广义和狭义之分。① 广义的文化研究是泛指的文化研究，其涵盖面很广，凡是以文化问题为研究对象的理论阐述，无论是源自某一学科还是某一思想流派，都是文化研究的组成部分。或者说，某一学科的理论或某一思想流派的理论一旦与文化问题结合起来，便形成了文化理论。比如说，哲学的解释学、语言学的符号学、精神分析等等，它们原本并不是作为文化理论被提出来的，但是当文化理论家将它们用于文化研究时，便形进入了文化理论。②

狭义的文化研究是在理论的多元化背景下应运而生的，尤其以英国伯明翰大学当代文化研究中心（CCCS）的成立及其所展开的系列研究为标志。康诺尔（S. Connor）指出："以最狭义、最明确的方式来界定，文化社会学意味着对文化的、人为的各种形式和实践所做的社会学考察。"③ 无论是广义的文化研究还是狭义的文化研究，从一开始，文化研究就具有跨学科的特性，也就是说，都不为某一学科所独有，都是彻底的跨学科的，甚至是反学科的。凡是在传统的学科模式中无立足之地的研究都进入了文化研究的领地，如传媒研究、性别研究、妇女研究等。④ 文化研究的跨学科性使其在当今这个过于狭隘的学术世界中，冒着被人认为晦涩难懂的风险。为了回应这种情势，文化研究的学者们逐渐走向了专业化和职业化，并为文化研究采用了定义更为明确的学术身份。⑤ 在这种调整之下，文化研究被化整为零，变得较不热衷于政治，且逐渐受制于保守的政治观。⑥

【知识窗】

英国伯明翰大学当代文化研究中心（CCCS）成立于1964年，理查德·霍加特（Richard Hoggart）担任第一任主任。在奠基性人物霍加特、威廉斯（R. Williams）和汤普森（E. P. Thompson）等人的推动下，该中心展开了一种激进主义的以"文化与社会"为主题的文化研究。文化研究在近二三十年

① 有的学者以"the study of culture"来称谓广义的文化研究，而"cultural studies"指狭义的文化研究。还有的学者在使用"cultural studies"这一术语时专门注明它既是泛指又是特指（当然，泛指所涵盖的范围还不仅仅局限于文化理论）。

② 当然，也有一些理论本身就是作为一种文化理论或文化研究而产生的，英国的文化主义就是一个典型的例子。

③ 特纳，等．社会理论指南．2版．上海：上海人民出版社，2003：431.

④ 详细分析可参阅：萧俊明．文化转向的由来．北京：社会科学文献出版社，2004.

⑤ 需要指出的是，西方文化研究并非一个同质的学术思潮或理论流派，而是一个各种不同的理论观点一起碰撞的运动，不同背景的文化理论家围绕着一些关键概念展开了论争。论争的焦点主要集中于人的主体性与意识问题、意识形态与霸权问题、批判与多义性问题等。萧俊明．文化转向的由来．北京：社会科学文献出版社，2004：33-36.

⑥ 布朗宁，哈卡利，韦伯斯特．当代社会学与社会理论的趋势．台北：韦伯文化国际出版有限公司，2004：358.

迅速崛起，在国际学术界顿时形成了一股文化研究热，同时在美国、加拿大和澳大利亚等国得到了积极的响应，从某种意义上说，在20世纪的后四分之一世纪，西方学术领域最具有影响力的运动便是后现代主义与文化研究的兴起。如果说后现代主义已开始沉寂，那么文化研究则方兴未艾。然而，跨入新世纪以后，具有讽刺意味的是，颇具影响的伯明翰大学当代文化研究中心（后改名为文化研究与社会学系）于2002年关门大吉，其主要理由是在学术评估中得分过低。时任系主任的弗兰克·韦伯斯特（Frank Webster）撰文争辩，但无法改变这一残酷的事实。盛极一时的伯明翰学派竟落得如此下场，目前很难判断这是一个孤立的现象，还是文化研究由盛而衰的某种暗示。

资料来源：Webster F. Cultural studies and sociology at, and after, and closure of the Birmingham School. Cultural studies, 2004, 18 (6): 847-862.

从历史来看，西方文化研究或文化理论的历史（并非文化史）可以一直追溯到启蒙运动时期的人本主义。不过文化理论的真正兴起是20世纪六七十年代以后的事情，尤其是20世纪70年代以后，不同形式的文化研究传统综合了社会理论、文化批判、史学、哲学分析以及政治分析等领域中的有用成分，形成了形形色色的文化理论，西方文化研究领域自此从单纯地解读文化概念的阶段进入了一个对文化进行理论阐述的阶段。“文化”从作为一种可用社会学术语加以分析考察的对象，转为一种特定的“文化的”或美学的社会学关注形式。当代文化社会学理论建构的意义就在于它能够在社会学领域形成和维护自身的话语权。

当代文化研究对社会学理论的转向有着极大的启发和推动，它们开启了研究文学及其他文化形式的社会学视角（虽然在那时，其社会学视角都非常有限）。它们突出了对大众文化的关注，认为任何对现代社会文化的价值的谈论都不能停留在传统人文精英论的抽象领域，对文化危机的理解应该与城市化和工业化带来的结构变革和社会动荡联系在一起。① 如果对于目前的文化研究有什么基本的结论的话，这就是，社会并不仅仅由物质因素组织起来，其特征也不仅仅是物质力量，与物质力量相比，文化过程的意义更不稳定、更多变，且不断转化。②

总体来说，文化研究吹起了新的号角，在它们向社会学不断寻求新资源的同时，社会学也需在这一汹涌澎湃的大潮中反思学科自身应该如何作为的问题。社会学该如何研究文化？面对文化研究所建立的大量的文化理论，社会学理论该如何寻求自身对文化的见解？更深层次的，当文化被史无前例地提到如此重要的高度时，社会学该如何衡量文化在学科理论中的地位？如今，许多社会学家已开始反思并参与其中，无论是在文化研究中寻求学科特色的研究成果，如社会学家在文化生产和传播等方面的卓越贡献，还是在学科层面上的争议，例如，德国埃森

① 钱尼．文化转向：当代文化史概览．南京：江苏人民出版社，2004：8-9.

② 霍尔，尼兹．文化：社会学的视野．北京：商务印书馆，2002：398.

(Essen) 文化学学院在对当代文化学研究进行梳理时，就更进一步地提出了“社会学是整个文化学的一个完整组成部分”的观点。① 尽管德语的社会学传统一直在学科内部给予该学科以文化学的特征②，但随着社会学与文化概念的接触，这可能不仅涉及现代社会学与其他相邻人文学科和社会学科的关系，而且同时涉及这一学科最为基本的自我认同问题。③

第二节 文化社会学理论的兴起及其意义

文化社会学是较早从西方社会学体系中脱离出来的一门学科。文化社会学作为一门学科出现，不能不归功于德国的社会学家和美国的文化人类学家④，但是，德国早期的文化社会学的研究对象主要是人类精神文化现象，那时的德国文化社会学实际上是一种历史哲学或称“文化哲学”。他们把人类精神文化看作文化社会学的全部研究对象，就是把人类文明史变成了精神发展史，抽掉了物质文化的发明、创造。以此来说明人类全部文明的发展，自然是不全面的。

【知识窗】

被称为文化社会学先驱的德国社会学家阿尔弗雷德·韦伯认为，文化是包含了规范原则和理念的诸种价值结构，是一种历史存在和意识结构。因此，韦伯的文化社会学实际上融历史哲学和社会理论为一体：一方面，他想通过阐述文化社会学的基本原理，建立起一套历史哲学的逻辑；另一方面，韦伯还阐明了他对现代社会的理解。因此，阿尔弗雷德·韦伯的文化社会学亦被称为“历史社会学或危机社会学”。

资料来源：曹卫东，张广海．文化与文明．桂林：广西师范大学出版社，2005：60－64.

---

① 被纳入“文化学”的有马克斯·韦伯的理解社会学、帕森斯和卢曼的各种社会学系统理论、哈贝马斯的交际行为理论、安东尼·吉登斯的结构化理论、布迪厄的现象理论、社会学行为理论和阐释社会学的其他研究方向以及一直引起争议的文化社会学。李希特布劳．作为文化学的社会学？——论文化概念在德语社会学自我反思中的作用//史忠义，等．人文新视野：社会、艺术、对话：第二辑．天津：百花文艺出版社，2004.

② 比如马克斯·韦伯、乔治·齐美尔、卢曼、阿尔弗雷德·韦伯、卡尔·曼海姆等学者的研究就是如此。

③ 李希特布劳．作为文化学的社会学？——论文化概念在德语社会学自我反思中的作用//史忠义，等．人文新视野：社会、艺术、对话：第二辑．天津：百花文艺出版社，2004.

④ 最早提出“文化社会学”这一名称的是德国社会学家巴德。他在1897年所写的《社会学的历史哲学》一书中第一次提出要进行“文化时代的社会学”研究。详细论述请参见：司马云杰．文化社会学．北京：中国社会科学出版社，2001：7－16.

美国的文化社会学是建立在文化人类学发展的基础上的，是研究原始民族社会文化生活的人类学转向研究现代社会生活而形成的学科。它把几乎一切社会现象都视为文化现象，甚至连社会群体、群体关系、社会组织等“社会”本身的参数也统统被归为文化现象。但对于什么是“社会”，什么是“文化”，它并没有很好地进行区分。由此看来，早在19世纪中叶以后，就形成了以实证主义哲学和进化论为基础的古典文化社会学，尽管当时还没有形成一门独立的学科。但从19世纪末到20世纪初，由于西方资本主义国家的社会和文化危机，以及这一时期的社会科学领域内反实证主义-进化论的思潮，同时由于社会学本身在这一时期加强了对方法论的研究，重新确立了社会学研究对象，即把注意力放到了社会观念、意识形态、文化精神及其对人的行为的影响等方面，因此社会学从对社会的综合研究走向了经验研究或实用研究，从孔德、斯宾塞所建立的包罗万象的社会学体系中分离出了各种分支社会学学科，文化社会学也正是在这种背景下取得独立地位并逐步获得发展的。①

卡尔·曼海姆（K. Mannheim）对此似乎持有不同的意见，他认为真正意义上的文化社会学完全是最近才发展起来的。他认为文化社会学是看待文化现象的一种独特方式，而且文化社会学并不是一门完美的、充分发展的学科，从历史哲学的立场考虑，文化社会学应该产生于当代。② 曼海姆认为，文化社会学存在的可能性与下列方面联系在一起：一是与文化本身出了问题这个事实联系在一起；二是与一门使社会过程本身成为研究对象的科学的出现联系在一起；三是与某种特殊的方法和一种新的对于各种文化形成过程的取向的产生联系在一起，而这些文化形成过程在意识形态研究中得到了科学的表现。③ 从社会学的角度来考虑，由于人具有精神结构，也就是说在人的世界观当中，有一种作为评价标准的“终极”价值被视为“至上”的东西——在中世纪是上帝，而到“当代”，所有的精神因素都开始变动，于是，文化作为一种显现过程进入人们的视野才成为可能。

不管文化社会学究竟起源于何时，因何兴起，当代重要的文化社会学的知识根源，的确都可以追溯到古典社会学理论时期的马克思、韦伯和涂尔干三大家。后来的许多人都是在他们的基础上进行延伸、修正或整合的。例如，帕森斯在批评涂尔干“文化”概念的同时提出了“价值共识”的概念。从20世纪60年代中期到70年代末，在与帕森斯时代的对抗中，除明显带有文化意味的符号互动论、现象学社会学、冲突论、交换论诞生之外，一批被称作“新经典”“结构和后结构主义”的文化作品也相继问世，其中依然包含了三位经典大师的思想的有格尔兹、伯格、道格拉斯、福柯、葛兰西、哈贝马斯等理论家的作品。④

---

① 司马云杰．文化社会学．济南：山东人民出版社，1987：79－80.

② 曼海姆．文化社会学论要．北京：中国城市出版社，2002：5.

③ 曼海姆．文化社会学论要．北京：中国城市出版社，2002：417.

④ 在当代西方，社会学家们极度关注文化，关注社会生活中文化的角色，这也许正是基于“文化一直就是一种社会现象”的认识吧。详细分析请参见：周怡．解读社会——文化与结构的路径．北京：社会科学文献出版社，2004：51.

实际上，20世纪60年代以后，西方青年运动、女权主义运动及后结构主义思潮都一步步推动了文化的复兴，尤其是20世纪八九十年代以后，当文化成为所有社会科学和人文学科的一个日益重要的概念时，文化社会学经历了后帕森斯时代的一系列“再造”，由原本只作配角的被动转换为用文化语境直接参与研究主流社会学问题的主动。尽管美国的研究是基于实证的文化中层研究，而欧洲的研究是基于结构主义、后结构主义的文化“高雅理论”，但在一定程度上，它们都表现出了文化社会学研究的主动性，并逐渐转向对文化的各种社会形式和意义进行更为严格的结构分析。

总之，文化社会学研究功能的立足点在于，它确认文化本身就是一种社会现象，文化总是在人类社会内部产生并发展起来。也就是说，人们只有在一定的社会生活中，在一定物质条件的前提下，才有可能创造和传播文化；人创造自己文化的同时，也创造着社会和历史，从这个意义上说，文化创造与物质创造具有同等的重要性。文化社会学所研究的内容，无疑使社会学能够更多地研究社会与文化的关系问题，因此，这一学科研究内容在新时代的开拓，对于社会学研究社会功能的开拓具有一定的意义。具体来说，文化社会学的兴起至少具有以下几个方面的意义：

第一，文化社会学的兴起有助于增强社会学审视社会的功能。人类社会中不同的社会群体，包括民族的、国家的、地区的乃至各行各业人们的共同体，依据一定的自然环境和社会环境，共同参与经济与社会事务，创造了自己的文化。多种文化形态既彼此交融、互相渗透，又各具风貌、各有特点。即使是同一个民族的文化，也会由于地区分割性和历史沿承性而呈现出多元化的特征。各种文化所体现的文化精神，常常别具一格。当前，在文化社会学层面上对文化及文化与社会的关系的考察，使社会学对人类文化的丰富性、多样性，对各种文化间的交流、碰撞、吸收、融合、改造的曲折性，做了更深的研究，必然会增强社会学审视社会的功能。

第二，文化社会学的兴起有助于揭示文化对社会实践影响的规律。文化系统具有一种行动的导向性，其主要功能就是使社会规范秩序合法化。因此，文化对社会实践具有导向和控制作用，它不仅指导和控制人们的心理、情绪，而且为人们提供价值观念、行为规范，从而让人们按照一定文化体系的导向去生活、行动。假如没有科学文化知识，没有对理性、逻辑及各种文化的探讨，人类就不可能有今天的社会文明。因此，文化社会学的兴起有助于我们认识和揭示文化对社会实践的这种影响，从而更好地把握其规律。文化精神的发扬光大，是人类社会进步的象征，要把文化的不断发展纳入人和社会的整体发展的系统中去认识，只有这样才能真正认识和把握文化现象及社会实践的变化与发展。

第三，文化社会学的兴起有助于增强社会学理论指导文化实践的功能。在一般研究中，社会学家和文化社会学家所关注的重点是不同的，社会学家较注重的是权力、角色、地位和社会结构本身及其各种体系，而文化社会学家注重的则是不同文化布局和文化情境中的秩序规范、行为模式等等。比如，在当代信息传播技术的干预下，出现了生产资源的开发方向和社会重心的转移，以及生产结构的更新换代，这些说明生产性活动和社会性活动越来越离不开信息和传播，文化活动在社会建构中的作用越来越大，文化生活的社会实践意义越来越多地体现在信息和媒介之中。[1] 从文化社会学角度对此类问题进行研究，有助于增强社会学理论指导文化实践的作用，推动社会发展。

第四，文化社会学的兴起有助于推动主流社会学理论的多元发展。长期以来，主流社会学理论一直带着结构功能主义的色彩来参与对文化现象的研究，这实际上只促成了文化社会学内部一批亚领域的成长[2]，从而使得文化社会学几乎成了众多亚学科的集合。当代文化社会学的兴起，打破了主流社会学和传统文化社会学的研究框架，尤其是随着后现代主义兴起的当代文化社会学理论，以怀疑主义的姿态对主流社会学理论以追求普遍性为目标的所谓"宏大叙事"展开了挑战，二元对立的结构主义思维方式也开始转向多元共存的后现代思维方式。其研究思路充分吸收了解释主义、功能主义、后结构主义、符号学等思想。揭示表达和诠释之间的相互作用，有助于改变社会学理论中的还原主义倾向。而对于符号和文化系统的相对自主性的考虑，赋予文化社会学一种新的理论基础和批判资源。这些都推动了主流社会学理论向多元综合的方向发展。

【知识窗】

美国当代文化社会学研究者约翰·R. 霍尔和玛丽·乔·尼兹在《文化：社会学的视野》一书中对文化社会学的分析性框架和研究方法做了总结，提出文化社会学的分析性框架包括以下方面：(1) 文化的制度结构；(2) 文化历史和文化形式的保存；(3) 文化的生产与社会传播；(4) 文化的效果；(5) 意义与社会行动。

资料来源：霍尔，尼兹．文化：社会学的视野．北京：商务印书馆，2002：38-41.

当然，即便是将文化社会学作为当代的一门社会科学学科来发展，也同样存在着太多的不确定性。比如，如何区分学科特质？它的研究对象和研究方法是什么？它是一门寻求意义的解释学科，还是一门寻求规律的实验学科？它是文化研究的分支，还是社会学的"亚类"，抑或是人类学的拓展？……从目前的发展状况来看，文化社会学依然"不是一个独立、统一的学科领域"，相反，它由一系列不同的亚领域，如历史、知识、宗教、媒体、艺术、消费等组成。而与这些亚领域牵系的诸多理论，又几乎无一例外地带有学科综合之特点。[3] 就如同"文化

① 陈遵沂．文化社会学理论新透视．中共福建省委党校学报，2002 (7)．

② 例如，宗教社会学分割了宗教研究，社会心理学挪走了人格文化研究，历史社会学瓜分了文化变迁研究，艺术社会学则观照流行文化的研究。

③ Crane D. The sociology of culture: emerging theoretical perspective. Cambridge: Blackwell, 1994: 1//周怡．解读社会——文化与结构的路径．北京：社会科学文献出版社，2004：32.

研究”是一种“学科的大联合”，当代文化社会学的发展也呈现出了愈来愈多元的态势，这势必引发众多争议。

第三节 社会学理论的文化转向及其方法论特征

西方社会学理论的文化转向大致发生在 20 世纪 80 年代至 90 年代。不过，文化转向的萌动似乎更早一些，可追溯至 30 多年前。如今，诸如意义、话语、美学、价值、文本、叙说等传统上属于人文学科的议题，都无一例外地进入了社会学家的视野，他们在理论化（theorize）社会过程和社会体制的过程中不断强调意义、符号、文化架构、认知图式。① 这一转变可以表述为社会学理论的文化转向，即文化不仅是社会学的一个重要范畴，还是构建社会学理论的一个重要维度。人们热衷于讨论认同、再现、符号和消费，在一定意义上，社会学文化化（culturized）了、诗化了乃至美学化了。一言以蔽之，所谓社会学的文化转向，就是文化从作为一种社会学的考察对象转为一种特定的“文化的”或美学的社会学关注形式。② 当 20 世纪六七十年代的后工业热情让位于 90 年代和新千年的后现代焦虑时，当经济和政治的乐观主义让位于环境和人文的悲观主义时，人们对于文化的认识已经开始深化，文化转向也已经由此悄然发生。③

> **重要概念**
>
> 所谓社会学的文化转向，就是文化从作为一种社会学的考察对象转为一种特定的“文化的”或美学的社会学关注形式。

因此，对于社会学究竟该如何认识“文化”这个概念，以及如何引导今后的学科发展，即便在“文化”的重要性越来越被强调和承认的情况下，文化社会学内部仍存在着较大的差异与分化。虽然人们在翻译时常常将“the sociology of culture”和“cultural sociology”都等同为“文化社会学”，但两者实际上暗含取向上的差异，甚至可以说是本质上的差异。前者可以理解为将文化本身作为一种社会学的考察对象，即以社会学视角和方法研究文化现象，是关于文化的社会学研究；而后者却是一种特定的“文化的”或“美学的”社会学关注形式，即从文化分析入手研究社会现象，或是以文化为中心概念进行研究的社会学理论架构。因此，今天的文化社会学已不再是关于不同文化形成或文化现象的单一研究，而是一个关于整体社会生活、社会现象的研究。文化社会学正面临着从“the sociology of

---

① Friedland R，Mohr J. The cultural turn in American sociology//Friedland R，Mohr J. Matters of culture：cultural sociology in practice. Cambridge：Cambridge University Press，2004.

② 当然，社会学理论文化转向的脉络是极其复杂的，到目前为止，对文化转向的定义更是语焉不详。但仔细考察，可以辨识出文化转向的两个主要路径：一是从文化的角度去理解行动与结构并考察其间的互动关系，二是大众文化或消费文化成为社会理论关注的焦点。

③ 萧俊明．文化转向的由来．北京：社会科学文献出版社，2004：2.

culture”向“cultural sociology”的转变，这种转变可以说是对学科自身的质疑和改变。

【知识窗】

文化社会学从“the sociology of culture”向“cultural sociology”的转变具有三个方面的重要意义：首先，“不仅是研究方向和方法论的转变，而且是与社会人类学相关的一切社会人文科学的性质的转变”。其次，“是人类对于其所创造的社会和文化的重新理解，并在这种新的革命性理解的基础上，以完全不同于以往的文化形态的新模式重构人类社会和人类文化，包括重构组成社会和文化的基本因素的各种制度、语言、文字、日常生活模式以及人与人之间的基本关系”。最后，这一重要性被上升到了康德所谓的“自由王国”的高度，即人类在经历了文化再生产的长期曲折后，终于在真正意义上理解了自身，获得了自我的解放，实现了向自由王国的飞跃。

资料来源：高宣扬．当代社会理论．北京：中国人民大学出版社，2005：175.

从西方社会学理论的发展史来看，当代社会学理论的文化转向发轫于20世纪60年代，这一智识运动是在沿袭社会学理论的古典传统之基础上，在一系列因素的推动下浮现并汇流成的一种全新的社会学理论发展方向，即从文化的角度去洞察社会现象并建构以文化为核心的社会学理论架构。其中，文化研究和文化理论的兴起对于社会学理论的文化转向无疑具有推波助澜的作用。[①] 文化研究的特点是，注重讨论各种文化实践与权力之间的关系，即文化现象和文化实践中的权力运作对文化实践的影响与干涉作用，其使命就是分析在具体的社会关系和环境中文化是如何表现自身和受制于社会与政治制度的。文化研究致力于对当代社会文化的“道德评价”或批判，直至诉诸激进政治行动的努力。也就是说，文化研究具有理论与实践的双重性，其“文化”既是理论研究的对象，也是进行政治批评和改造的场所。因此，文化研究非常重视研究社会现实并致力于以文化视角去审视社会问题，这一转变使得宣称多学科研究的文化研究与社会学更加亲近，或者说文化研究更加社会学化了。这一变化的另一侧面就是，社会学理论受到文化研究的影响更加深刻了，文化研究的不少经典理论著述都为社会学家所阅读和引用，这无疑推动了社会学理论对文化的关注。

由此看来，当代社会学理论的文化转向既有现实社会的基础，即文化向社会经济生活各个领域的扩张，也有来自同样兴起于20世纪60年代的文化研究的影

---

① 文化研究本身并不是一个传统意义上的独立学科，而是跨学科或多学科的文化理论。有关文化研究兴起与发展的详细论述可参阅：陶东风．文化研究：西方与中国．北京：北京师范大学出版社，2002. 谢少波，王逢振．文化研究访谈录．北京：中国社会科学出版社，2003. 张平功．文化研究的兴起与发展．东南学术，2000（6）.

响。文化研究是当今西方学术界时兴的话语和论域，也是“学术交流最有活力的场所之一”①。但在起初，同样是对文化现象进行研究的文化研究和文化社会学却是互相隔离甚至是互相轻视的。像亚历山大就对文化研究采取“完全轻视”的态度。但在最近几年，文化社会学和文化研究日益展开了接触和对话，这种接触和对话不仅为文化研究提供了“坚实的社会学基础”，也使得社会学家能更好地把握“社会关系与制度的话语的特性”，促进社会学理论的发展。②

如果说传统社会学理论一直以来以结构分析为聚焦，较适于对农业社会向工业社会转型的解读，那么，当现实社会进入所谓的后工业社会、后现代社会或者说文化与社会之间的界限极其模糊的时候，社会的结构分析就显得难以为继了。在这样的背景下，文化与社会结构的建构、社会运动、身份政治等议题纠缠在一起，多元文化、大众文化、消费文化也凸显为社会学的研究主题。正如阿切尔所说：“关于结构与能动（agency）的问题，常常被看成当代社会学理论的基本议题，但这个问题又始终为文化和能动的问题所笼罩。”③ 可以说，文化已成为当代社会学理论研究行动与结构等重大问题的一个基本参照。

主流社会学强调实证主义等自然科学的方法，而文化社会学将文学评论、语言学或叙述分析等人文科学的方法用于社会学分析。其实，两种方法之间存在一种张力。社会与文化是一体两面的，从结构的角度来看，我们看到的是社会；从意义的角度来看，我们看到的是文化。自英国伯明翰学派兴起文化研究之日起，关于文化与结构的关系的争论就一直是学术关注的焦点。而随着后现代主义的兴起，传统的文化社会学在经历了一系列的终结与转向后，形成了许多所谓“新学”“后学”，在研究内容上由文化的社会学转向文化社会学，在研究方法上由经验实证转向文本诠释与文化批判。然而，一种充分的文化社会学必须得到经验研究计划的推动，对历史的、比较的框架有所认识，并且发展出真正具有社会学味道的关注焦点。因此，文化社会学只有在综合各种研究范式和研究方法的基础上，以一种综合的视角，研究文化与社会之间的复杂关系，才可以取得对当代社会和文化比较全面和透彻的认识。

第四节
当代文化社会学理论的主要视角

“行动与结构”的问题是现代西方社会学理论的一个传统议题，而当代西方

① 谢少波，王逢振．文化研究访谈录．北京：中国社会科学出版社，2003：114.

② 沃尔芙．文化研究与文化社会学．文化研究，2003（4）.

③ Archer M S. Culture and agency：the place of culture in social theory. Cambridge：Cambridge University Press，1996：xi.

文化社会学理论的一个重要关注点就是如何借用文化进一步深入理解“行动与结构”的关系。所不同的是其旨趣不在于探究文化如何影响行动和结构，而是试图揭示文化与行动、结构之间的内在关联，并进而寻求文化、行动和结构的整合解释框架，所以“文化符号的结构在缘由上不仅和个体的行为及其交互活动相关联，而且与行动所在的制度特征相关联”①。格尔兹从重新定义文化出发，试图将文化纳入行动之流中进行理解，从而为理解文化与行动之间的关系开辟了新的路径。亚历山大在对行为与秩序关系的考察之中为文化的重要性确立了基础。以布迪厄为代表的诸位大师级人物则为分层研究注入了文化视角：不同阶层的人群更多地凸显其大异其趣的文化特征和文化取向。

一、行动与秩序：格尔兹与亚历山大的文化解读

【知识窗】

克利福德·格尔兹（Clifford Geertz，1926—2006），美国人类学家，解释人类学的提出者。1926 年 8 月生于美国旧金山的一个中产阶层家庭。1950 年毕业于俄亥俄州的安逖澳克学院，获得哲学学位。受当时美国人类学家 C. 克拉克洪学术思想的影响，他对经验主义研究产生了浓厚的兴趣，进入哈佛大学社会学关系学系学习。格尔兹几次走访印度尼西亚，对印尼的巴厘和爪哇进行了田野调查，在巴厘和爪哇的这些田野工作孕育了他大量的论文、著作，同时也奠定了格尔兹的文化理论的基础。1956 年，他以《爪哇宗教》这部著作获得了人类学博士学位。格尔兹曾先后担任斯坦福大学行为科学高等研究中心研究员、加利福尼亚大学巴凯学院人类学系副教授、芝加哥大学新兴国家比较研究会人类学副教授、普林斯顿高等科学研究所社会科学教授。他的文章多以短小精悍的论文形式发表，以论文汇集形式出版的《文化解释学》和《地方性知识》，集中反映了探索人的行为表现意义的格尔兹风格。

克利福德·格尔兹具有明显的解释学倾向。解释学的立场立足于这样一个现实：“人们体验生活，而不是仅仅以机械的方式反映生活，因而解释的方法是必要的。人们在体验生活时，也试图寻找生活的意义，正是因为意义是主观的，因而发现意义的方法也必定是主观的。”② 这实质上是一种反帕森斯的文化研究进路，即在对意识形态的解释上，文学转喻比功能性要求更为重要，对意义的深描比对价值和方法的归纳更为重要。格尔兹坚持，文化是“从历史沿袭下来的体现

① 特纳．社会学理论的结构．北京：华夏出版社，2001：183.

② 亚历山大．社会学二十讲：二战以来的理论发展．北京：华夏出版社，2000：223.

于象征符号中的意义模式，是由象征符号体系表达的传承概念体系，人们以此达到沟通、延存和发展他们对生活的知识和态度的目的”[①]。而格尔兹正是在这个方向上付出努力的里程碑式人物。正是基于这一认识，格尔兹对文化与社会系统进行了有益的区分：文化是有序的意义系统和符号系统，是人们用以解释其经验、指导其行动的意义结构；社会系统是围绕它们发生的，是实际存在的社会关系网络。但是，文化必须经由行动才能得以解读，格尔兹这样写道：“必须关注行为，而且要有某些精确性，因为文化形态正是在行为之流——或更确切地说是社会行动——中得到表达的。”[②]他提倡以所谓的“深描”去阐释其间的意义结构。所以，他宣称社会理论即写作，旨在为地方文化和实践书写故事，从而使行动的意义从故事的形式中浮现出来。

在格尔兹的影响下，斯威德勒（L. Swidler）富有创意地将文化阐发为一个工具箱：文化是由一系列工具组成的，它们以大家均可使用的符号和社会实践的形式呈现，如文化信仰、世界观、仪式以及沟通模式等。人们可以用不同的工具去解决不同的问题，这就表现为不同的策略。他认为人是积极的问题解决者，而非文化傀儡，人从可供选择的工具箱之中挑选工具并使用它们去创造新的工具从而达到预期目标。因此，文化一定要在行动之中进行了解。[③] 任何社会的成员都可不断获得新的工具，尽管文化可能限制行动者的选择机会，但它亦促使作为能动主体的人去理解这个世界，去建构目标与期望，去从文化传统中汲取资源。这一理论阐发明显揭示了文化与行动之间的动态关系，即“文化中的行动”（culture in action）。

亚历山大秉承涂尔干之宏愿，致力于更加紧密地把行动和行动者本人经历的意义联系起来，并且将其与文化形式联系起来。[④] 他旨在倡导一种文化社会学的强纲领研究进路，这一强纲领研究进路包括格尔兹式的“深描”、文化的独立性理论、文化的一般理论。[⑤] 这在一定程度上可以被称为“亚历山大式的文化社会学”。他反对帕森斯那种将文化简单地化约为价值的观点，更批评那种将文化还原为阶级、权力和利益的表达的看法。他认为这两种方式都忽视了文化作为符号想象这一重要维度。由此，社会学要探究人们如何使得生活有意义以及人们如何将情感和意义赋予其世界，而符号是用来分类理解社会、个人和有机体的要素。“一旦根据主观方法把意义组织起来，文化概念就凸显出来。文化即是结构的秩序，对应于有意义的行为。”[⑥]

① 格尔兹．文化的阐释．上海：上海人民出版社，1999：103.

② 格尔兹．文化的阐释．上海：上海人民出版社，1999：20.

③ Swidler A. Culture in action：symbols and strategies. American sociological review，1986，51：273-286.

④ 亚历山大．新功能主义及其后．南京：译林出版社，2003.

⑤ Eyerman R. Jeffery Alexander and the cultural turn in social theory. Thesis eleven，2004，79：25-30.

⑥ Alexander J，Seidman S. Culture and society：contemporary debates. Cambridge：Cambridge University Press，1990.

亚历山大对市民社会的研究很好地体现了上述理论倾向。他认为，在一切受到美国市民社会批评的政治事件中，文化结构必须被视为一个不可或缺的因素。要理解美国政治，就必须理解美国市民社会的文化；要理解这种政治文化，就有必要理解它的符号性准则体系。① 20 世纪 70 年代的水门事件，在一定程度上可以理解为某种仪式化了的事件，这样枯燥的政治机制被重新解释为美国民间宗教（或市民社会）中纯洁与不纯洁的要素之间更为深层次的二元对立。在此，我们不难看出，政治社会学的传统议题被文化化了，从而被赋予了新的解读方式。

二、阶层结构：汤普森与布迪厄的文化解读

在理解社会结构方面，文化社会学研究的一个重要成果就是从文化的角度去重新审视阶层结构。汤普森和布迪厄都倾向于将阶层视为一种文化，这一视角在一定意义上摆脱了过去的阶级分析框架，大众娱乐、休闲、消费、时尚和文化风格都被视为核心，并在一定程度上重写了阶级的历史。

汤普森的扛鼎之作《英国工人阶级的形成》就是致力于发现另外一种文化，认为阶级是社会与文化的形成，“是在人与人的相互关系中确实发生（而且可以证明已经发生）的某种东西”。“而所谓的阶级觉悟就是把阶级经历用文化的方式加以处理，它体现在传统习惯、价值体系、思想观念和组织形式中。”② 汤普森从文化的维度将阶级视为一种关系，或者如其所言，阶级是人们在亲身经历自己的历史之中确定其含义的，而这一含义恰恰是文化意味的，是在一个历史发展过程之中“形成”的，这明显有别于社会学的传统分层理论。

布迪厄致力于从文化的角度来重新审视社会区隔。他关注的并非马克思所强调的经济因素，亦非韦伯意义上的权力、地位与声望，而是文化这一特定的阶级符号，符号的载体则被操作化为“文化资本”这一深具启发性的概念。在《区隔》这一巨著中，布迪厄以全新的视角展现了阶级或阶层的文化之维，尤其是所谓的品位正好体现了这一重要维度。他辨识出三种品位圈：（1）合法品位，这是获得占支配地位的阶层中教育程度最高的集团成员资格的钥匙，包括偏爱艺术电影、前卫爵士乐等。（2）中产阶级品位，普遍见于中产阶级，例如喜欢古典音乐、抒情的流行音乐等。（3）大众品位，普遍存在于工人阶级集团，例如偏爱轻松古典音乐等。不同品位圈或曰阶级是在特定的社会空间中具有相同习惯的个体的集合，是习惯而非所谓的利益形成了阶级的边界。由此，品位成为行动尤其是选择消费品的重要原则，而文化资本的多寡就成了区隔的重要准则。在这个基础上，布迪厄深入把握了文化再生产和社会再生产之间的关联。《区隔》导言部分的开头这样表达作者的雄心：“存在着一种文化商品的经济学，但是它具有特定

---

① Alexander J. Discourse of American civil society: a new proposal for cultural studies. Theory and society, 1993, 22: 151-207.

② 汤普森．英国工人阶级的形成．南京：译林出版社，2001：1-2.

的逻辑。社会学致力于形成这样一些条件，以便文化商品的消费者以及他们对于文化商品的趣味得以生产；同时描述在某个特定时期被认为是艺术品的诸种物体的不同占有方式以及被视为合法的占有模式得以形成的社会条件。”① 这无疑为阶级或阶层研究开启了新视角。

除了上述文化转向的代表性人物之外，吉登斯、泽利泽等都在一定程度上具有文化转向的意味。在吉登斯的结构化理论之中，文化被视为社会关系和认同的重要构成部分。他认为，社会结构是在社会行动的日常实践之中再生产出来的，而行动者是具有知识的。社会结构可以成为社会行动的资源，然而这只有在行动者相当熟练地掌握互动技巧的情况下才成为可能。从这个意义上说，吉登斯使文化与结构不分，他的结构化理论也可以转译为文化的结构化理论。由此人的能动性或主体性得以强调。② 泽利泽这位中国读者并不十分熟悉的社会学家则具有明显的文化主义立场，她以文化去批评狭义的经济行为，并指出文化渗透在经济生活的各个领域，她的两部代表著作《金钱的社会意义》和《为无价的孩子定价》很好地凸显了其理论主张。前者指出，文化加速了社会分化，后者则宣称文化创造了一个迅速生长的消费经济。③ 塞维尔（R. Sewell）则更具文化主义的意味，他认为结构本身就是一种“深厚的文化现象”，所以他试图从这一角度去理解结构的二重性并探究能动性的存在。④乌特诺（R. Wuthnow）对道德秩序的研究为我们提供了经由互动与沟通探究文化规则结构之路径。⑤ 阿切尔则试图以分析性二元论（analytical dualism）去考察文化系统与社会文化互动之间的复杂关系，并由此提炼整合的理论框架。⑥ 哈贝马斯和埃利亚斯都提出了具有建构主义色彩的文化理论，从而加入文化转向的阵营。凡此种种，不难发现，文化转向有助于社会学更为重视人类文化对于行动和社会结构的重要性并提供了替代性的解释架构。

三、后现代视野中的文化解读

当代文化社会学理论的研究还体现在对于文化本身的重视上，它提出了一系列解释框架，尤其是批判资本主义社会和后现代社会（或称消费社会、后工业社会）。一方面，社会学更为强调大众文化，法兰克福学派正是从大众文化的视角来对资本主义社会进行批判的。另一方面，社会学重构理论架构直面现实世界正

---

① Bourdieu. Distinction：a social critique of the judgment of taste. Cambridge：Harvard University Press，1984.

② 吉登斯．社会的构成．北京：三联书店，1999.

③ 周怡．解读社会：文化与结构的路径．北京：社会科学文献出版社，2004：74－75.

④ Sewell W. A theory of structure：duality，agency，and transformation. American journal of sociology，1992，98：1－29.

⑤ Wuthnow R. Meaning and moral order：exploration in cultural analysis. C. A.：University of California Press，1987.

⑥ 沃特斯．现代社会学理论．北京：华夏出版社，2000：216－218.

在经历的重大转变，消费社会/文化成为后现代社会理论关注的重要议题，因为消费文化或者消费社会的勃兴导致了文化经验的角色的扩张或者社会关系与日常生活的美学化。[①] 克鲁克（S. Crook）、帕库尔斯基（J. Pakulski）和沃特斯（M. Waters）甚至提出“后文化”这一概念以阐述文化之中的后现代趋势。

（一）大众文化：法兰克福学派的批判路径

法兰克福学派致力于批判资本主义社会，而文化批判是他们切入这一议题的重要策略，尤其是分析和批评越来越物化的大众文化，因为大众文化控制了个体意识，强化了控制和屈从。大众文化并非无源之水，而是不断拓展的休闲和娱乐等文化产业影响的结果。正是因为艺术和文化日趋标准化和商业化，所以人蜕变为消费社会之中的“单面人”。葛兰西较早地从文化而非物质利益的角度批判资本主义社会，看到了统治阶级如何施加文化霸权以控制被宰制的阶层。阿尔都塞强调了国家利用意识形态以维持其统治。卢卡奇关注物化过程，这一过程无疑包括文化领域。阿多诺则关注艺术和商品交换之间的整合，并且认为对抗工具理性的避风港在美学领域。[②]

法兰克福学派注意到文化工业体现了商品拜物教的强化、交换交织的宰制和国家垄断资本主义的强势。它成功地型构了大众的鉴赏力和偏好，由此经由反复灌输而形成对于各种虚假需求的欲望，从而塑造了人们的意识。可见，文化产业在资本主义社会发挥着重要的作用：排斥现实需求或者真实需求，排斥可选择的和激进的理论或概念，排斥政治上对立的思维方式和行动方式。其有效性就体现在它遮蔽了民众的视线。[③]大众文化所宣扬的一切只不过是另外一种形式的宰制，音乐、电影所承载的生活幻觉是将资本主义理性控制的功能延伸到工厂和办公室之外，人们无所遁形。法兰克福学派的批判理论实际上正是从马克思的政治、经济和文化批判转换为更为专门的以文化为核心主题的批判。

法兰克福学派的批判理论致力于披露成熟的资本主义体系和发展中的资本主义世界秩序里的各种问题，这在一定程度上与马克思对经济基础的重视保持了距离，然而与后现代主义关于象征、符号、文化及意识形态的阐述殊途同归。因为在后现代社会那里，大众传媒和通俗文化在社会秩序中的重要性与权力，意味着它们支配并塑造了其他一切形式的社会关系。各种通俗文化符号、媒体语言支配着我们对现实的感受，支配着我们确定自身和周围世界的方式。在一定程度上，社会已经被纳入媒体之中。[④] 因此，要批判这个社会，就必须批判这个社会的大众文化。大众文化是晚期资本主义的产物，它是与普遍的商品化联系在一起的。大众文化必然隐含了对社会秩序的否定和批评，并通过焦虑的压制使现存秩序合

---

① 特纳，等．社会理论指南．2版．上海：上海人民出版社，2003：449.

② 相关分析可参阅：康诺尔．文化社会学与文化科学//特纳，等．社会理论指南．2版．上海：上海人民出版社，2003：430-470.

③ 斯特里纳蒂．通俗文化理论导论．北京：商务印书馆，2003：246.

④ 斯特里纳蒂．通俗文化理论导论．北京：商务印书馆，2001：246.

法化，从而实现其意识形态功能；与此同时，它又表达了人们的某种乌托邦式的希望，经由想象性叙事和对社会和谐的影像幻觉而实现愿望。然而，在更为宽泛意义的后现代社会理论中，消费文化或消费社会这样的词语应用更为广泛。

你怎么看

有人说今天我们的"资本、网红、大 IP 其实打造的是文化工业"，你怎么看待这种说法？

(二) 消费文化/消费社会：后现代主义的视野

后现代社会理论宣称，社会组织正在转向一种特定的后现代形式，其特点就是社会结构和经验的美学化，这一转向的实质就是文化向经济生活各个领域的规模庞大的扩张。为了回应这一特定的时代需要，一种所谓的"文化化的社会学"(culturized sociology) 兴起，以直面文化化的社会生活，而实现"文化化"的策略就是将视角转移到日益凸显的消费文化。①

后现代主义者考察文化的一个基本出发点是，在后现代社会，一切都成为商品，成为被消费的对象。整个后现代主义的文化与市场纠缠在一起，艺术乃至理论都成为商品。在商品化之后，文化就从过去特定的文化圈之中扩散而出，进入人们的日常生活，文化（尤其是媒体、消费）正在侵蚀社会的边界。文化不再是一个孤立的美学现象，而是涉及文化与经济生产之间的复杂关联，涉及资本主义的意识形态建构，涉及跨国资本主义时期的群体、民族和国家之间的关系。这在詹姆逊（F. Jameson）看来就是文化的经济化或商品化，在鲍德里亚看来就是消费社会的勃兴。

鲍德里亚对消费社会的解读在一定程度上是一种文化解读，因为在消费社会里，所有物品都是某种符码，我们消费物品就是消费符码，同时在这一过程中对自己进行界定。正是在这个过程中，主宰着价值的生产和流动过程的符码获得了一定程度的自主性。消费社会将经验和商品美学化了或者"文化化了"，之所以如此，是因为消费社会起源于过度生产，商家不得不以大量的广告和市场策略，有时甚至以压倒实际生产的方式吸引顾客。各式各样的物品都成了符号消费的一部分，这样文化领域和商贸领域产生了互惠性的交换。他这样写道："文化中心成为巨大商场中一个不可或缺的组成部分，这不是说文化在此处被'丧失品格地出卖了'，这么说太简单。它是被文化化了。结果，商品（服装、食品、餐饮等等）也被文化化了，因为文化被转换成在种种可消费的东西的普遍展示中，处在其他东西当中的一种特殊且被闲置的实体，一种奢侈品，一种事物。"②他对时尚的关注更是体现了文化转向。时尚不仅不指涉任何真实的事物，而且也不导向任何地方。时尚并不生产任何东西，仅仅生产出符码。时尚体现了符码的统治。③

---

① 特纳，等．社会理论指南．2版．上海：上海人民出版社，2003：432.

② Baudrillard J. Consumer society//Poster M. Selected writings. Cambridge：Polity Press，1988：32. 特纳，等．社会理论指南．2版．上海：上海人民出版社，2003：449.

③ 瑞泽尔．后现代社会理论．北京：中国人民大学出版社，2003：130－131.

詹姆逊是从文化的角度来解读现代主义的，他认为所谓的后现代主义实际上是一种新的文化逻辑，与此同时，整个社会的经济结构继续保持资本主义的早期形式。后现代文化具有无深度、无历史、无时间和虚拟化的特点。然而，这一文化的背后隐匿的依然是马克思主义的逻辑，因为“全球性的后现代文化是遍及世界的美国新一轮军事、经济政治的内在的和上层建筑的表达：在这个意义上，正像整个阶级历史中所贯穿的那样，（隐藏）在文化之下的是血腥、痛苦、死亡和恐怖”。詹姆逊也注意到消费文化是后现代社会的重要组成部分，消费文化的兴起导致高雅文化与商业形式之间的分野逐步消失，文化艺术全面进入社会和日常生活之中，或者更准确地说，所有的文化都卷入了消费之中。正如詹姆逊所言：“由于作为自律空间或范围的文化黯然失色，文化本身落入了尘世。不过，其结果倒不是文化的全然消失，恰恰相反，而是惊人扩散……如今整个社会层面成了‘文化移入’，在这个充满奇观/形象或海市蜃楼的社会里，一切都成了文化的——上至上层建筑的各个平面，下至经济基础的各种机制。……文化本体的制品已经成为日常生活随意偶然的经验本身。”[①]所以文化已经扩张到整个社会领域，从经济价值、政府权力、生活实践到心智结构，都成了“文化”，后现代文化极度膨胀，举凡小说、音乐、绘画、建筑、影视、商业广告等都是特定的“文化文本”，其内容空前庞杂。在这一背景下，政治无意识被代之以文化无意识，二元对立的思维被代之以多元共存的思维。

丹尼尔·贝尔（D. Bell）试图从文化的层面来解析资本主义社会正在面对的一系列新的变化乃至断裂，因为资本主义在几百年的发展过程中已经形成在政治、经济和文化领域内的三个根本性对立。尤其是资本主义精神中所隐匿的精神潜在病灶日益凸显，即宗教冲动力和经济冲动力之交错弥漫于整个资本主义的上升时期。他的《资本主义文化矛盾》试图阐释大众消费社会所释放出的种种能量和欲望与维系资本主义的工作、勤俭和责任等核心价值之间的断裂。因为，在所谓的后工业社会里，可供人们消费的服务和商品急剧扩张，即便是那些为少数人所持有的价值观念也迅速地扩张并在大众社会中获得合法性地位，这一巨大的张力或者断裂导致了资本主义社会无法克服的矛盾。社会的世俗化去除了世事万物的神圣色彩，这样，资本主义就无法再为人们的工作和生活提供终极意义，人们陷入信仰危机。贝尔提供的答案也是文化式的，即重新向某种宗教观念回归，并提出了一个公共家庭理念以回应上述的断裂。

克鲁克、帕库尔斯基和沃特斯认为，在后现代化的进程中，一种所谓的“后文化”（post-culture）浮现。在这样的情况下，文化不再是一个分化的领域，而是与社会和人格聚合在一起，形成一个浑然一体、毫无分化的整体，由此表现与现代文化全然不同的特征。后文化具有过度分化的趋势，每个文化要素都变成一个独特的产品且与所有的传统相脱离，所有的界限都模糊。后文化具有过度理性化的特征，规定文化形式的是市场上的消费，从而脱离价值理性或目的理性，这

① 詹明信．晚期资本主义的文化逻辑．北京：三联书店，1997：381. 詹明信，现译作詹姆逊。

使得后文化的产品毫无风格可言。后文化的另一个特点即过度商品化。所有的东西都变成了消费品，这无疑构成一个过度商品化的意义背景。所以后文化展现的是符号的混乱和对拼凑与模仿的偏好。[①]

戴维·钱尼甚至认为，后现代世界即为文化转向的顶点，因为此时的现实世界“已经无法在文化和社会之间做出有意义的划分；现实世界不再以本身的面貌存在，而仅仅是以文化的形式登台、演出、展现和显像”[②]。可见，处处皆文化，诚哉斯言。

（三）殖民文化：后殖民主义的视野

后殖民主义本质上来说是后现代主义在东方和第三世界国家的一种变体，它与东方和第三世界国家人民反对殖民主义的斗争和非殖民化尝试有一定的相关性。[③] 同时它也是当代多种文化政治理论的集合性话语，与后现代理论相呼应，在消解中心权威、倡导多元文化研究的潮流中崛起，并以其权力话语研究和文化政治批评拓展出广阔的文化研究视域。[④]

实际上在后殖民主义理论那里，对于文化与殖民之间的关系的考察从未停止过，萨义德（E. Said）的《东方主义》和《文化与帝国主义》就是一个显著的标志。在后殖民主义理论家看来，第三世界国家在政治上的独立与经济上的成功并不意味着它们在文化上的自主或独立。由于第三世界国家摆脱西方殖民统治的努力常常借助后者的所谓现代的方式、现代的语言与文化，因此就形成了一个悖论：第三世界国家的反帝、反殖，争取民族独立与富强的事业，常常借助西方和第一世界国家的思想与文化，从而无法摆脱西方殖民文化的深刻影响与制约。[⑤] 因此后殖民主义理论集中关注第三世界国家和民族与西方殖民国家在文化上的关联，又称文化殖民主义。

后殖民主义理论首先否定殖民时代的结束必然意味着殖民状况的解除或原殖民国家的真正独立。殖民时代的结束给原殖民国家带来的后果是双重的，一方面是纷纷独立的“再生”的欢欣，另一方面是独立的期望同时也是一种历史重负，人们感受到创造一个全新的世纪的急迫任务，但是这一任务由于后殖民性（即无法真正获得政治、经济、文化上的独立）的严酷现实而显得异常艰辛。第三世界国家在现代化进程中的不可避免的历史延误与其创新的文化欲望之间出现了深刻的紧张与矛盾。

殖民主义之后，后殖民的与“独立的”民族国家的出现常常伴随着忘记殖民过程的欲望，其目的是驱散对于自身所遭受的殖民统治的痛苦记忆，但事实上，历史不能通过一种简单的意志行为而得以自由选择。也就是说，仅仅是对殖民记忆的压抑本身绝不等于从殖民统治令人不快的现实中真正解放出来。因此抵抗遗

---

① 沃特斯．现代社会学理论．北京：华夏出版社，2000：224－225.

② 钱尼．文化转向：当代文化史概览．南京：江苏人民出版社，2004：212.

③ 王宁，薛晓源．全球化与后殖民批评．北京：中央编译出版社，1998：120.

④ 王岳川．后殖民与文化批判话语．求索，2001（6）.

⑤ 陶东风．文化研究：西方与中国．北京：北京师范大学出版社，2002：113.

忘就具有重要意义。[①] 从某种意义上说，反殖民主义理论的价值就是重新唤起对于殖民历史的记忆，它的理论任务是提醒人们警惕遗忘的可怕后果，重新唤起关于历史的记忆，深刻地反思殖民的文化后果。

后殖民主义批判主流话语的矛头所向是西方知识的文化霸权。由于这个霸权的作用，非西方世界的知识就成为“被制服的知识”或“被剥夺了资格的知识”。它尝试重新肯定非西方世界的认识论价值。后殖民主义拒绝西方文化的普遍化、特权化，认为西方的哲学与文化在提出普遍性要求的时候，从来没有考虑非西方世界的知识以及自己对非西方世界的无知。

后殖民主义这样的批评话语所要争取的是使知识的领域更具有代表性，反对对知识的所有排除与压制。首先，要提示隐藏在知识生产中的利益与意识形态，同时还必须关注大量所谓“不合法”的被剥夺了资格的与被制服的知识。后殖民的批评家以批判性知识分子自居，他们获得了这样一种观念：西方的权力内在于西方的认识论与教学法中。这样看来，后殖民主义对于西方主流知识的批判不能不同时是一种政治介入。

(四) 英格尔的反文化理论

反文化（counter culture）在西方社会主要是指 20 世纪 60 年代以来，作为反主流文化存在的一种价值观和生活方式。其基本精神来自人们对“主流价值”的一种批判，无论反文化是来自对工业时代生活的不满，还是对布尔乔亚阶级兴起之价值的一种反叛。反文化基于“改革”的欲望，更精简地说，它是一种促进转变的社会力量。如 20 世纪 60 年代美国的反文化运动潮流，促使 60 年代至 70 年代的社会运动高度发展：反战、人权、民权、女权、性解放、嬉皮士等百花齐放。[②] 因此，拒绝和反抗是反文化的关键词，其表现形式往往就是各种反文化社会运动。

【知识窗】

关于“反文化”的含义，一种说法认为，反文化属亚文化（非居主导地位或不具全社会性的思想文化）的特殊类型，是对现存思想文化持敌对态度的思想文化，其特点是不居社会主导地位，不具有普遍性。另一种说法认为，反文化是指某种文化内部摧毁其终极性价值规范的倾向。两种说法具有互补性，且为不少论者所接受，以此认识反文化，便把一定意识形态支配下的抗议运动，如 20 世纪 60 年代发生在美国的校园民主运动、妇女解放运动、黑人民权运动、反战和平运动、环境保护运动、同性恋者权利运动等等，视为反文化运动的典型。

① 陶东风．文化研究：西方与中国．北京：北京师范大学出版社，2002：116.

② 郑慧华．从“反文化”的角度谈本届台北双年展．中国美术馆，2005（5）.

在英格尔所论及的反文化里，他是将这种对立的文化视角与欧洲法兰克福学派的“否定哲学”浪潮联结在一起的，因此带有强烈的批判性。英格尔认为：“辩证的思维在于否定，在于对现存事物的批判。任何现象的不同方面之间的矛盾产生出张力，这些张力就是产生变化的主要根源。”[①] 在当今褒贬如此多样的描写和定义中，“反文化”这一术语只有在一定的参照下才可能不被误用。“反文化既是行为的，也是符号的。它的壮大取决于对社会秩序的触犯和批判的配合。当然这两股潮流从来就没有分开过。二者合流之日，即重大的反文化狂飙之时。”[②] 英格尔还根据克拉克洪对“文化”的定义，给反文化下了与之相对的定义，即“所有情景地创造的生命存在式的总和——它们形成于社会动荡和社会内部发生冲突的背景中，是对那些历史地创造方式的颠倒，并处于与其尖锐对立的状态”[③]。反文化有以下几个方面的鲜明特征：（1）它是与社会主导价值具有强烈对抗性的观念意识。（2）它是与社会主导价值相背离的一种生活方式，如颓废、吸毒、性混乱、斗殴和追逐时髦。（3）出现了一套独特的文学和艺术，从而形成了一种既具有理论形态又富有社会影响的亚文化。[④]

> **你怎么看**
>
> 主文化、亚文化和反文化之间是什么关系？又存在怎样的相互作用？

总之，反文化现象的出现冲击和消解了资本主义社会的固有价值体系与社会秩序，推动了西方社会的变革。但其在思想方法和行为方式上的极端与偏执，也极容易把人们拖向非理性的空想王国。[⑤] “反文化”概念的提出，为我们理解当今纷繁多样的文化样式提供了一种新的路径和视角，其本身也是当代文化社会学研究的对象之一。

第五节 对当代文化社会学理论的评论与反思

尽管文化社会学这个名称从20世纪60年代起就伴随文化研究的诞生而流行起来，但这一名称的真正含义至今还没有得到清楚的表达。一个大体一致的看法是：今天的文化社会学“已经不再是关于文化形式或文化现象的单一研究，而是

---

① 英格．反文化：乱世的希望与危险．台北：桂冠图书公司，2002：20－21.

② 英格尔．文化与反文化//苏国勋，刘小枫．社会理论的政治分化．上海：上海三联书店，2005：381.

③ 英格尔．文化与反文化//苏国勋，刘小枫．社会理论的政治分化．上海：上海三联书店，2005：382.

④ 高丙中．主文化、亚文化、反文化与中国文化的变迁．社会学研究，1997（1）.

⑤ 黄瑞玲．浅议美国反文化运动．思想理论教育导刊，2006（3）.

一个关于整体社会生活、社会想象的研究"[①]。当代西方社会变化的一个重要方面是，人类所创造的文化发展得越来越复杂，文化中的人文因素和物质因素紧密地相互交错在一起，使得人类创造的现代文化在社会生活中占据着非常重要的中心地位。[②]

传统的主流社会学理论在相当程度上忽视了文化领域，只关注被理解为与文化相分离的社会结构和制度。例如，帕森斯在AGIL分析模式中，就把文化系统看作是与社会系统、人格系统相对独立的统一体，并把社会结构、行动/能动与文化简单地割裂开来。[③] 与此相反，当代社会学理论却认为真正的行动环境和社会条件本身都是相互渗透的、非常复杂的文化产品。因此，它们试图超越传统社会学把社会与文化分割开来的研究途径，突出并优先考虑了文化现象和文化关系，同时也充分考虑到作为研究对象的社会和文化同实际存在的社会和文化之间不可避免的二重化，充分考虑到社会和文化的实际运作过程同社会学家对于社会和文化的研究过程的二重化。这两种二重化是社会学家研究社会和文化的实践活动所不可避免的行动效果。[④] 今天，文化的因素在整个社会结构中的地位和意义已经发生了根本性的转变。如果说传统的社会学家还有可能把文化作为一个相对独立的子系统而加以分析的话，那么，在人类文化高度发达并无孔不入地影响着人类的整个生活世界的结构的时候，当代社会学理论家已经完全不可能再沿用传统社会学家的文化与社会的分割研究方法了。因为当代社会学家所处的当代社会本身，就是一个充满着高度文化因素的社会世界。[⑤]

文化范畴的这种显要地位是与消费主义所造成的现代社会的转型及由此导致的文化领域大规模扩张分不开的。因此，当代西方社会学理论之所以会高度关注文化范畴，很大程度上也是因为文化消费和文化再生产的增长、现代社会中一些重大变迁所产生的效应。由于文化与社会生活的密切关系，文化的社会学视角为个人性和公共性的理解与行动提供了一个重要的杠杆。一些后现代主义者甚至认为："在一个由现代向后现代转换的世界中，文化研究必定就是社会学研究。"[⑥]

二战后，西方社会学理论的历史主题是在反"帕森斯理论帝国"的过程中建立起来的。虽然挑战"帕森斯理论"的每一种"后帕森斯理论"都没有得到充分的发展，但制度的意识形态力量已经发生了变化，新的社会学领域已经在美国建

---

① 沃尔芙．文化研究与文化社会学．文化研究，2003（4）．

② 高宣扬．当代社会理论．北京：中国人民大学出版社，2005：30．

③ 高宣扬认为，以帕森斯为代表的传统社会学研究文化和社会结构的途径，同时具有正面和负面两种意义。其正面意义是，当研究者把文化从社会结构中独立地隔离出来加以分析的时候，确实有助于深入认识和了解文化本身诸因素的相对独立的特征和性质。但这样做，却会不可避免地导致歪曲文化和社会结构的本质的负面效果。详细分析请参见：高宣扬．当代社会理论．北京：中国人民大学出版社，2005：35．

④ 高宣扬．当代社会理论．北京：中国人民大学出版社，2005：35．

⑤ 高宣扬．当代社会理论．北京：中国人民大学出版社，2005：36．

⑥ 霍尔，尼兹．文化：社会学的视野．北京：商务印书馆，2002：400．

立起来，而且西方的社会学理论也开始复苏[①]，其中在英国兴起的文化研究就是国际学术界最有活力、最富于创造性的学术思潮之一。随着当代文化研究跨学科的发展，它也越来越呈现出其社会学基础和意义的缺失。正是在这样一种背景下，那些“后帕森斯理论”开始把文化研究引进来，这无疑开辟了社会学理论研究的新方向，也直接导致了社会学理论的文化转向和文化社会学研究的确立。因此，文化社会学作为一门学科出现主要发生在当代。

从文化社会学的演变的历史中，我们可以发现早期的文化社会学仍以现代性为分析核心，文化整合体现的正是现代性的特征，而晚期对这种“整合”的摒弃，既是对传统社会学的反叛，也是后现代性对现代性的叛离。早期的文化社会学主要是从社会学的角度去研究文化，或者说用社会学的方法、理论去分析文化，而在当代的文化社会学继续沿用社会学的角度去分析研究文化的同时，另一种文化社会学的含义也慢慢萌芽了，即对社会、社会学理论进行文化的分析研究。这里所说的对社会、社会学理论进行文化分析，并非用文化理论去看待社会，而是说在社会学的研究中引入文化的因素，通过文化去分析研究社会。因此，在这整个过程中，文化社会学的研究重心从先验的抽象实体转向现实的生活实践，在目的上从单纯的文化认识转向文化的应用，在视野上从地域性文化转向全球性文化。[②] 这也就决定了文化社会学不可能无牵无挂地独来独往，它还与女性主义、后殖民性等等有密切的关系。

今天，文化社会学的凸显及其转向使得对文化视域的研究越来越成为“显势”，文化社会学家和文化研究学者之间展开的积极的和富有成果的对话也越来越多。这种对话，一是建立在文化研究内部对人种论的重要性、对社会进程与制度的研究和对那些文化生活结构特征的理解的更多承认的基础上，二是建立在一些文化社会学家的著作的基础上。他们通过对文化研究的批判理论的全新投入，扩展了其观点和观念框架。这种对话的益处在于使两者获得了共同的利益，即两者间的相互承认。对文化社会学来说，就是承认要对社会进行文本地或话语地理解，就仍需要去从事一直隶属于社会学调查的社会建构实践。而社会学家通过关注习俗与社会的关系，以及关注社会差异与其历史转变的建构准则的状况，也能为文化分析的课题做出贡献。[③] 另外，文化社会学和文化研究的接触，还能使文化社会学相对化。这种相对化的社会学将具有一种主体和客体的理论，扮演一种批判-道德的角色。这种角色抛弃了主流社会学价值中立的立足点，导向了处理问题更富有生产性的方法。总之，当代文化社会学和文化研究之间持久的、富有建设性的对话，一方面保证了文化研究的社会化，另一方面也扩展了文化社会学的研究领域，丰富了考察文化问题的方式，促进了文化社会学理论的发展。

文化，在当代社会学领地里找寻着自我，也引发了社会学学科内部的大震动

---

① 亚历山大．社会学二十讲．北京：华夏出版社，2000：120.

② 杨悦．论当代文化研究方法论的转变．河北学刊，2002（1）.

③ 沃尔芙．文化研究与文化社会学．文化研究，2003（4）.

和自我反思。社会学的文化转向，从“the sociology of culture”到“cultural sociology”的转变，将无可避免地历经无数的争辩和尝试。（正是这种转向标志着文化社会学在社会学这块领地里的真正崛起和自主。）[①] 但毋庸置疑的是，文化的重要性将不断凸显。如果说争辩是必需的，那么这也正展现了社会学的绚烂多姿，而这又将开启新的广阔天空。因为它至少有助于唤起包括社会学理论在内的所有社会科学研究者本该拥有的“人文关怀”。

西方社会学理论的文化转向，使得一度被社会学家疏远的文化研究重新进入主流社会学的视野。这种文化社会学的“显势”不仅因为它有着现实基础，也因为文化和社会学本身就有一种契合的关系。正像约翰·R. 霍尔和玛丽·乔·尼兹在《文化：社会学的视野》一书中所说的那样：“文化一直是一种社会现象，是一种可以用社会学术语加以分析的现象。”“社会学的思想方法有助于我们理解文化，社会学意义上的文化问题也应该得到研究。”[②] 基于此，我们有理由对文化社会学在未来的发展抱以更大的期望。

就社会学理论文化转向的特点来说，布赖恩·特纳认为，在许多批评声中，它即便没有摧毁社会科学和人文学科的知识可信性，也完全可能摧毁社会理论的知识可信性。[③] 因为社会范畴这一观念正逐步消解在文化范畴之中：一是用文化理论取代社会理论；二是用文学性的解释侵蚀社会学的方法，社会被作为一种纯粹的文本解读，并在其中被解构或消解；三是把一切社会关系都“解读”为文化关系。但就文化转向的结果而言，特纳认为它是“华而不实”的。当代文化研究与文化社会学的转向至少面临着以下几个方面的挑战。

第一，从思想的角度来说，当代文化研究与文化社会学理论不太可能发展出一批概念，能够在广度、深度和道德严肃性等方面，比得上韦伯的理性化观念、马克思的异化概念、涂尔干对神圣范畴的分析、齐美尔对精神生活与大都市的理解或者帕森斯对教育系统中民主革命的分析。

第二，当代文化研究与文化社会学的转向，常常通过宣称传统学术的所谓失败，而不是力求提出一套切实的研究规划。因此，它不再可能有一套统一的研究纲领，这便产生了思想上和学术上的真空，并时常不自觉地靠文化研究来填补。

第三，当代文化研究与文化社会学家尽管正确地认识到文化范畴是社会变迁中的核心要素，但却未能通过一种充分的理论或方法论来把握和实现这种变迁。

---

① 这一转向实际上也表明了文化社会学的两种研究视角：一是以社会学的视角和方法研究文化现象的“the sociology of culture”，即关于文化的或艺术的社会学研究；二是从文化分析入手研究社会现象的“cultural sociology”，可称为以文化为中心概念的社会学理论架构。这里的文化就是指具有更广泛的价值、信仰、观念等意义的文化，而不是像在“the sociology of culture”里那样主要指艺术。早期的一些经典理论，像韦伯和涂尔干对宗教现象的研究都属于以社会学视角审视文化的一类；而后来布迪厄的文化研究则明显属于后者。有关分析可参阅：周怡．文化社会学的转向：分层世界的另一种语境．社会学研究，2003（4）．

② 霍尔，尼兹．文化：社会学的视野．北京：商务印书馆，2002：17.

③ 特纳，等．社会理论指南．2版．上海：上海人民出版社，2003：21.

他们误以为起推动作用的不是一套稳定的研究规划，而是对于变迁的理论回应。[①] 因而，他们更关注的是理论阐述和定位，而不是理论与社会的互动。

第四，一种充分的文化社会学必须得到经验研究计划的推动，对历史的、比较的框架有所认识，并且发展出真正具有社会学味道的关注焦点，也就是说，集中考察社会中不断变动的权力平衡。将社会范畴归入文化范畴的尝试并不能对权力、不平等和社会分层产生充分的理解。[②]

第五，社会学家们越来越重视文化在当代社会中自主的、相对独立的重要作用，其导致的最终结果就是整个文化社会学顺应了整个文化科学的语言学转向。例如，持新功能主义的亚历山大强调不应忽视符号现象、神话、隐喻等，吉登斯也表现了对语言的极大关注，而批判主义传统下的语言学转向就更是显而易见了。

第六，当代文化研究与文化社会学家抛弃了一直困扰着社会学界的关于文化现象研究的“文化整合的神话”，转而把文化的分化性、多样性、内在矛盾性、非一致性、非连贯性作为自己关注的焦点，认为不是一致与整合而是冲突与分裂才是文化现象的固有特性。[③] 这一观念将导致现代社会更为激烈的冲突。

第七，当代社会学理论的文化转向过于理论化。在文化转向的纵容下，很多作品更多地将“世界”（world）转化为“词语”（word），从而用理论颠覆了日常生活世界，一切都变成文化了。毫无疑问，文化的这种泛化取向不仅在一定程度上增加了“文化”这一复杂概念的含混性，也势必引起人们新的反弹。

第八，以“文化”取代“社会”的范畴。把所有的社会关系都“解读”为文化关系的倾向至少忽略了权力的物质基础和文化的制度化之间的不同张力。正如格尔兹所言，文化分析“永远存在这样一种危险：在寻找深伏在底层的乌龟时，它会迷失表层的现实生活——使人们在方方面面受到制约的政治、经济和分层的现实——和这些表层的现实生活建立其上的生物和物质的必要因素”[④]。

尽管当代西方社会学理论的文化转向存在着种种不妥和令人难以接受的地方，但是其对主流社会学理论的影响却是有目共睹的，这一转向在整个社会学中的影响是深入且广泛的。[⑤] 文化转向的支持者回应了那些把社会建构在物质组织上的努力所导致的本质主义和基础主义问题。[⑥] 这一转向在一定程度上拓展了社会学理论的视野，并有助于人们深入了解人类社会正在经历的社会变迁，尤其是象征、符号、消费、格调或者品位等的意义在凸显、放大乃至侵蚀社会的边界。

---

① 特纳，等．社会理论指南．2版．上海：上海人民出版社，2003：23.

② 特纳，等．社会理论指南．2版．上海：上海人民出版社，2003：22.

③ 杨悦．论当代文化研究方法论的转变．河北学刊，2002（1）．

④ 格尔兹．文化的阐释．上海：上海人民出版社，1999：34.

⑤ 这一影响可见于女性主义对于文化的考察，其致力于探究女性在各种文化形式之中遭受排斥和压制的状况，甚至有以美学化解性别政治之企图。还有，伴随着网络的普及，一个全新的虚拟社会正在兴起，相应地，虚拟文化势必成为社会学理论关注的焦点，对虚拟文化的解读可能会导致社会学关于社会关系、社会结构和社会分层的经典理论的幻灭，因为这是一个全然不同的社会或文化形态。

⑥ 斯密思．文化：再造社会科学．长春：吉林人民出版社，2005.

在这样的背景下，所有的社会实践都可以被解读为文化的。

各种形式的文化社会学的理论和分析，基本上是现代世界中文化与社会之间绝对难以调和的现状所产生出来的。文化范畴与社会范畴在当代已经以种种难以预计的方式交织在一起了，文化范畴试图注入社会范畴的每一个毛细血管，让社会学本身颠覆。因此，当代社会学理论不再可能以文化的性质来设定任何一般性或普遍性的原则，因为在可预见的未来，文化社会学将继续关注似乎将愈益普遍的多元文化处境所揭示的那些描述性问题和规定性问题，而不是阐述“文化”在“社会”当中所担当的角色（而在此之前，文化和社会之间断裂的问题在当今社会已经变成了文化多元性的问题），因为文化的各种意义和界定本身也始终处在变动之中。[1]

今天，对于文化的反思和研究推动，使得“文化”作为一个分析视角不断加入主流社会学的研究问题之中，并受到越来越多的关注。事实上，近一二十年来，当代文化社会学的研究对象，已经从原来的人格文化、宗教、艺术、流行文化、仪式、文化变迁等文化现象，转为阶级分层、流动、性别和组织等社会问题。这种研究对象的转型，无疑提升了文化社会学在社会学理论中的位置。换句话说，这种转向致使社会学理论从此不得不在一些被视为主流的研究问题上，关注一下来自文化社会学的声音，并随时与之展开对话。

◎思考题

1. 简述文化的概念及其社会学含义。

2. 简述西方社会学文化研究以及文化理论研究的历史。

3. 文化社会学理论的兴起经历了怎样的过程？它的兴起具有哪几个方面的意义？

4. 什么叫作社会学理论的文化转向？谈一谈“the sociology of culture”与“cultural sociology”之间的差异。

5. 当代文化社会学理论研究的主要视角有哪些？它们各有什么特点？

6. 当代的文化研究与文化社会学的转向面临着哪些挑战？

◎阅读书目

1. 马云杰．文化社会学．北京：中国社会科学出版社，2001.

2. 周怡．解读社会：文化与结构的路径．北京：社会科学文献出版社，2004.

3. 陶东风．文化研究：西方与中国．北京：北京师范大学出版社，2002.

4. 格尔兹．文化的阐释．上海：上海人民出版社，1999.

5. 霍尔，尼兹．文化：社会学的视野．北京：商务印书馆，2002.

6. 曼海姆．文化社会学论要．北京：中国城市出版社，2002.

7. 斯密思．文化：再造社会科学．长春：吉林人民出版社，2005.

① 特纳，等．社会理论指南．2版．上海：上海人民出版社，2003：457.

主要参考文献

一、外文著作

Abolafia M. Making markets. Cambridge：Harvard University Press，1997.

Agger B. Critical social theory：an introduction. Boulder：Westview Press，1998.

Alejandro M. Modes of structural incorporation and present theories of labor immigrations. New York：CMS Press，1981.

Alexander J，Seidman S. Culture and society：contemporary debates. Cambridge：Cambridge University Press，1990.

Alexander J C. Twenty lectures：sociological theory World War Ⅱ. New York：Columbia University Press，1987.

Alexander J C. Theoretical logic in sociology：Vol. 1 Positivism，presuppositions and current controversies. Berkeley and Angeles，C. A.：University of California Press，1982：XVI.

Alexander J C. Durkheiman sociology：cultural studies. Cambridge：Cambridge University Press，1988.

Archer M S. Culture and agency：the place of culture in social theory. Cambridge：Cambridge University Press，1996.

Balbus I D. The dialectics of legal repression. New York：Russell Sage，1977.

Barth F. Ethnic groups and boundaries. Boston：Little Brown and Company，1969.

Baudrillard J. Consumer society//Poster M. Selected writings. Cambridge：Polity Press，1988.

Beckford J. Social theory and religion. Cambridge：Cambridge University Press，2003.

Bellah R. Beyond belief essays on religion in a post-traditional world. New York：Harper&Row，1970.

Berger P. The sacred canopy：elements of a sociological theory of religion. New York：Anchor Books，1969.

Berger P. A rumor of angels：modern society and the rediscovery of the supernatural. New York：Anchor Books，1970.

Berger P. The desecularization of the world：resurgent religion and world politics. M. I. ：Erdmans，1999.

Bourdieu P. Distinction：a social critique of the judgment of taste. Cambridge：Harvard University Press，1986.

Burgess P. Introduction to the science of sociology. Chicago：University of Chicago Press，1970.

Casanova J. Public religions in the modern world. Chicago：University of Chicago Press，1994.

Castells M. The rise of the network society. Oxford：Blackwell，1996.

Collins R. Three sociological traditions. Oxford：Oxford University Press，1985.

Coutu M. Weber，lecteur de Stammler：quels horizons pour la sociologie du droit ？. Paris：Droit et société，2009.

Crane D. The sociology of culture：emerging theoretical perspective. Cambridge：Blackwell，1994.

Dahl R A，Stinebrickner B. Modern political analysis. 6th ed . N. J. ：Prentice Hall，2003.

Davie G. Religion in Britain since 1945：believing without belonging. Oxford：Blackwell，1994.

Delanty G. Citizenship in a global age：society culture and politics. Buckingham：Open University Press，2000.

Dobbelaere K. Secularization：an analysis at three level. Bruxelles：P. I. E. ，2002 .

Durkheim E. Education and sociology. New York：The Free Press，1956.

Ehrlich E. Fundamental principles of the sociology of law. New Jersey：Transaction Publishers，2002.

Faulks K. Citizenship in modern Britian. Edinburgh：Edinburgh University Press，1998.

Faulks K. Citizenship. London：Routledge，2000.

Fred W R. Ethnicity，pluralism，and race-race relations theory in America before Myrdal. Westport：Greenwood Press，1983.

Friedland R，Mohr J. The cultural turn in American sociology，matters of culture：cultural sociology in practice. Cambridge：Cambridge University Press，2004.

Game A. Undoing the social：towards a deconstructive sociology. Buckingham：Open University Press，1991.

Gerth H，Mills C W. From Max Weber：essays in sociology. New York：

Oxford University Press，1958.

Giddens A. Capitalism and modern social theory. Cambridge：Cambridge University Press，1971.

Giddens A. Profiles and critique in social theory. London：The Macmillan Press，1982.

Giddens A. The consequences of modernity. Cambridge：Polity Press，1990.

Giddens A. Modernity and self-identity. Cambridge：Polity Press，1991.

Gitlin T. Media unlimited：how the torrent of image and sounds overwhelms our lives. New York：Henry Holt and Company，2001.

Glazer N，Moynihan D P. Ethnicity：theory and experience. Cambridge：Harvard University Press，1975.

Gordon M. Assimilation in American life. New York：Oxford University press，1978.

Gouldner A W. For sociology：renewal and critique in sociology today. New York：Basic Books，1973.

Greer A S. Understanding sociology. Iowa：WMC Brown，1974.

Hall S. Introduction，in formation of modernity. Cambridge：The Open University Press，1992.

Halsey A H，Lauder H，Brown P，Wells A S. Education culture economy society. New York：Oxford University Press，1997.

Hamilton M. The sociology of religion：theoretical and comparative perspective. London：Routledge，2001.

Hegel G W F. Philosophy of right. Oxford：Oxford University Press，1942.

Inkeles A. What is sociology. Englewood：Prentice Hall，1964.

Jeffrey G，Reitz M. Muticulturalism in a global society. Oxford：Blackwell Publishing，2002.

Jevons W S. The theory of political economy. New York：Augustus M. Kelley，1879.

Katz F. Contemporary sociological theory. New York：Random House，Inc.，1971.

Kivisto M. Multiculturalism in a global society. Oxford：Blackwell Publishing，2002.

Kounhauser W. The politics of mass society. New York：Free Press，1959.

Leach E R M. Political systems of Highland Burma：a study of Kachin social structure. London：The Athlone Press，1964.

Lee C C. Media imperialism reconsidered：the homogenizing of television culture. C. A.：Sage，1980.

Levine D N. The flight from ambiguity. Chicago：University of Chicago

Press，1985.

Luhmann N. A sociological theory of law. Boston：Routledge & Kegan Paul，1985.

Luhmann N. Law as a social system. Oxford：Oxford University Press，2004.

Marris P，Thornham S. Media studies：a reader. New York：New York University Press，2000.

Martin D. A general theory of secularization. Oxford：Blackwell，1978.

Merton R K. Structural analysis in sociology//Approaches to the study of social structure. New York：Free Press，1975.

Michael R. Racial inequality. Princeton：Princeton University Press，1981.

Miller D. Market，state and community. Oxford：Clarendon Press，1989.

Nisbet R. The sociological tradition. New Jersey：Transaction，1993.

Owen D. Sociology after postmodernism. London：Sage，1997.

Park R E，Burgess E W. Introduction to the science of sociology. Chicago：The University of Chicago Press，1921.

Parsons T. The evolution of societies. Englewood：Prentice Hall，1977.

Poloma M. Contemporary sociological theory. New York：Macmillan Publishing，1979.

Quinney R. Critique of legal order. Boston：Little Brown，1974.

Ritzer G. Sociological theory. New York：McGraw-Hill，1996.

Robert P. Race and culture. Glencoe：Free Press，1950.

Robertson R. Globalization：social theory and culture. London：Sage，1992.

Roscoe P. An introduction to the philosophy of law. Michigan：Book Crafters，1982.

Ryan J. Media and society：the production of culture in the mass media. Boston：Allyn and Bacon，1998.

Ryan J W，Wentworth W M. Media and society：the production of culture in the mass media. Boston：Allyn & Bacon，1998.

Shiffman M D. Rooting multiculturalism：the work of Louis Adamic. London：Associated University Press，2003.

Simmel G. The philosophy of money. Boston：Routledge and Kegan Paul，1978.

Soubiran-Paillet F. Histoire du droit et sociologie：interrogations sur un vide Disciplinaire. Genèses press，1997.

Soubiran-Paillet F. Quelles voix (es) pour la recherche en sociologie du droit en France aujourd'hui? . Genèses presse，1994.

Spencer H. Essays on education. London：Everyman's Library，1963.

Stepan V. Theoretical Knowledge. Berlin：Springer，2005.

Swedberg R. The economics and sociology of capitalism. Princeton：Princeton University Press，1990.

Swedberg R. Explorations in economic sociology. New York：Russell Sage Foundation，1993.

Thompson J B. The media and modernity：a social theory of the media. Chicago：Stanford University Press，1995.

Timasheff N S. An introduction to the sociology of law. New Jersey：Transaction Publishers，2001.

Touraine A. Is sociology still the study of society? //Beilharz P，et al. Between totalitarianism and postmodernity：a thesis eleven reader. Cambridge：MIT Press，1992.

Treviño A J. The sociology of law：classical and contemporary perspectives. New Jersey：Transaction Publishers，2008.

Treviño A J. The sociology of law：an expanded bibliography of theoretical literature. New York：Edwin Mellen Press，2008.

Turner J H. Handbook of sociological theory. New York：Kluwer Academic/Plenum Publishers，2001.

Turner J H，Singeleton R，David M. Oppression：a social-history of Black-White relations in America. Chicago：Nelson-Hall，1984.

Wiley N. The Marx-Weber debate. Beverly Hills，C. A.：Sage，1987.

Williams R. Keywords：a vocabulary of culture and society. London：Fontana，1976.

Woodhead L，Heelas P. Religion in modern times：an interpretive anthology. Oxford/Malden Mass：Blackwell Publishers，2000.

Wuthnow R. Meaning and moral order：exploration in cultural analysis. C. A.：University of California Press，1987.

二、外文期刊

Alexander J. Discourse of American civil society：a new proposal for cultural studies. Theory and society，1993.

Baker W. Market network and corporate behavior. American sociological journal，1990.

Beamish T D. Economic sociology in the next decade and beyond. American behavioral scientist，2007.

Berber P. Epistemological modesty：an interview with Peter Berber. Christian Century，1997.

Camic C，Gross N. Contemporary developments in sociological theory：current projects and conditions of possibility. Annual Review of Sociology，1998.

Collins R. Sociology：proscience or antiscience? . American sociological review，1989.

Denzin N K. From American sociology to cultural studies. European journal of cultural studies，1999.

Dickinson R. Accomplishing journalism：towards a revived sociology of a media occupation. Cultural sociology，2007.

Dirobilant A A. Genealogies of soft law. The American journal of comparative law，2006.

Dobbelaere K. Secularization：a multi-dimensional concept. Current sociology，1981.

Donati P. Doing sociology in the age of globalization，world futures. The journal of global education，2012，68.

Eyerman R. Jeffery Alexander and the cultural turn in social theory. Thesis Eleven，2004.

Franklin F E. Sociological theory and race relations. American sociological review，1947.

Gitlin T. Media sociology：the dominant paradigm. Theory and society，1978.

Granovetter M. Economic action and social structure：the problem of embeddedness. American journal of sociology，1985.

Izdebski H. Le rôle du droit dans les sociétés contemporaines：Essai d'une approche sociologique du droit comparé. Revue internationale de droit comparé，1988.

Jeffrey C，Dixon J. The ties that bind and those that don't：toward reconciling group threat and contact theories of prejudice. Social forces，2006.

Kachanov Y. What is sociological theory? . Social sciences，2003.

Kapner S U S. TV shows losing potency around world. New York times，2003.

Lang G. Challenges for the sociology of religion in Asia. Social compass，2004.

Lieberson S，Lynn F B. Barking up the wrong branch：scientific alternative to the current model of sociological science. Annual review of sociology，2002.

Meisenhelder T. Law as symbolic action：Kenneth Burke's sociology of law. Symbolic interaction，1981.

Melot R，Jérôme Pélisse. Prendre la mesure du droit：enjeux de l'observation statistique pour la sociologie juridique. Droit et société，2008.

Michael P. Weber Max，sociologie du droit，vingtième siècle. Revue d'histoire，1987.

Mody J. Race，school intergration and friendship segregation in America. American journal of sociology，2001.

Park R E. Urbanization as measured by newspaper circulation. The American journal of sociology，1929.

Philo G. Media effects and the active audience. Sociology review，2001.

Raoul J. On ethnic unit classification. Current anthropology，1964.

Rocher G. Le droit et la sociologie du droit chez Talcott Parsons. Sociologie et sociétés，1989.

Rossman G. Elites，masses，and media blacklist：the Dixie Chicks controversy. Social forces，2004.

Roussel V. Le droit et ses formes. Éléments de discussion de la sociologie de Pierre Bourdieu. Droit et société，2004.

Sewell W A. Theory of structure：duality，agency，and transformation. American journal of sociology，1992.

Shoemaker P J. Hardwired for news：using biological and cultural evolution to explain the surveillance function. Journal of communication，1996.

Smith J. Emancipating sociology：postmodernism and mainstream sociological practice. Social forces，1995.

Swedberg R. Major traditions of economic sociology. Annual review of sociology，1991.

Swidler A. Culture in action：symbols and strategies. American sociological review，1986.

Tosini D. Medium as a basic concept of sociology：contributions from systems theory. Social science information，2006.

Trevino A C. Sociological theory at the crossroads. Contemporary sociology，2003.

Villegas M G. Chamo juridique et sciences sociales en France et aux Etats-Unis. L'Année sociologique，2009.

Villegas M G. Comparative sociology of law：legal fields，legal scholarships，and social sciences in Europe and the United States. Law and social inquiry，2006.

Wallerstein I. From sociology to historical social science：prospects and obstacles. British journal of sociology，2000.

Yinger J M. Contra culture and subculture. American sociological review，1960.

Zagefka J H. The concept of ethnicity in social psychological research：definitional issues. International journal of intercultural relations，2009.

Zelizer V A. Pasts and futures of economic sociology. American behavioral scientist，2007.

Zumbansen P. Law's knowledge and law's effectiveness：reflections from legal sociology and legal theory false. CLPE research paper，2009，N°11.

三、中文著作

阿尔蒙德，鲍威尔．比较政治学：体系、过程和政策．曹沛霖，等，译．上海：上海译文出版社，1987.

阿尔蒙德，维巴．公民文化：五国的政治态度和民主．马殿君，等，译．杭州：浙江人民出版社，1989.

阿奎那．阿奎那政治著作选．马清槐，译．北京：商务印书馆，1963.

阿隆．社会学主要思潮．葛智强，胡秉诚，王沪宁，译．上海：上海译文出版社，2005.

阿伦特．极权主义的起源．林骧华，译．北京：三联书店，2008.

埃尔潘．消费社会学．孙沛东，译．北京：社会科学文献出版社，2005.

埃利亚斯．文明的进程——文明的社会起源和心理起源的研究．王佩莉，袁志英，译．上海：上海译文出版社，2009.

埃文．法律社会学．郑哲民，译．台北：五南图书出版公司，1996.

埃文斯，鲁施迈耶，斯考克波．找回国家．方力维，等，译．北京：三联书店，2009.

艾伯利．市民社会基础读本——美国市民社会讨论经典文选．林猛，施雪飞，雷聪，译．北京：商务印书馆，2012.

安德森．绝对主义国家的系谱．刘北成，龚晓庄，译．上海：上海人民出版社，2001.

安德森．想象的共同体：民族主义的起源与散布．吴叡人，译．上海：上海人民出版社，2005.

奥戴，阿维德．宗教社会学．刘润中，等，译．北京：中国社会科学出版社，1990.

奥尔森．集体行动的逻辑．陈郁，等，译．上海：上海人民出版社，1995.

奥勒姆．政治社会学导论——对政治实体的社会剖析．董云虎，李云龙，译．杭州：浙江人民出版社，1989.

巴比．社会研究方法．10版．邱泽奇，译．北京：华夏出版社，2005.

巴兰，戴维斯．大众传播理论：基础、争鸣与未来．曹书乐，译．北京：清华大学出版社，2004.

巴特勒．媒介社会学．赵伯英，孟春，译．北京：社会科学文献出版社，1989.

鲍尔德温，等．文化研究导论．修订版．陶东风，等，译．北京：高等教育出版社，2004.

鲍曼．现代性与大屠杀．杨渝东，史建华，译．南京：译林出版社，2002.

贝拉．德川宗教：现代日本的文化渊源．王晓山，戴茸，译．上海：上海三联书店，2003.

波兰尼．大转型——我们时代的政治与经济起源．刘阳，冯钢，译．杭州：浙江人民出版社，2007.

波普诺．社会学．李强，等，译．北京：中国人民大学出版社，1999.

波兹曼．童年的消逝．吴燕莛，译．桂林：广西师范大学出版社，2004.

波兹曼．娱乐至死．章艳，译．桂林：广西师范大学出版社，2004.

伯顿．媒体与社会：批判的视角．史安斌，主译．北京：清华大学出版社，2007.

伯尔曼．法律与革命——西方法律传统的形成．贺卫方，等，译．北京：中国大百科全书出版社，1993.

伯格，卢克曼．知识社会学：社会实体的建构．邓理民，译．台北：巨流图书公司，1991.

伯格．神圣的帷幕：宗教社会学理论之要素．高师宁，译．上海：上海人民出版社，1991.

伯克．历史学与社会理论．姚朋，等，译．上海：上海人民出版社，2001.

博西格诺，等．法律之门．邓子滨，译．北京：华夏出版社，2002.

布东．社会学的方法．殷世才，译．北京：商务印书馆，1995.

布莱克．社会学视野中的司法．郭星华，等，译．北京：法律出版社，2002.

布朗宁，哈卡利，韦伯斯特．当代社会学与社会理论的趋势．周易正，等，译．台北：韦伯文化国际出版有限公司，2004.

布劳．不平等和异质性．王春光，谢圣赞，译．北京：中国社会科学出版社，1991.

达尔．谁统治——一个美国城市的民主和权力．范春辉，张宇，译．南京：江苏人民出版社，2011.

德兰逖．社会科学——超越建构论和实在论．张茂元，译．长春：吉林人民出版社，2005.

邓利维，奥利里．国家理论——自由民主的政治学．欧阳景根，尹冬华，孙云竹，译．杭州：浙江人民出版社，2007.

迪克．作为话语的新闻．曾庆香，译．北京：华夏出版社，2003.

迪韦尔热．政治社会学——政治学要素．杨祖功，王大东，译．北京：华夏出版社，1987.

蒂利．强制、资本和欧洲国家．魏洪钟，译．上海：上海人民出版社，2007.

蒂利．政权与斗争剧目．胡位钧，译．上海：上海人民出版社，2012.

弗里斯比．现代性的碎片．卢晖临，周怡，李林艳，译．北京：商务印书馆，2003.

福柯．规训与惩罚．刘北成，杨远婴，译．北京：三联书店，2007.

福克斯．政治社会学．陈崎，耿喜梅，肖咏梅，译．北京：华夏出版社，2008.

富永健一．经济社会学．孙日明，杨栋梁，译．天津：南开大学出版社，1984.

伽达默尔．赞美理论．夏镇平，译．北京：三联书店，1988.

盖尔纳．民族与民族主义．韩红，译．北京：中央编译出版社，2002.

格尔兹．文化的阐释．纳日碧力戈，等，译．上海：上海人民出版社，1999.

古尔维奇．大众媒介与社会．杨击，译．北京：华夏出版社，2006.

哈贝马斯．公共领域的结构转型．曹卫东，等，译．上海：学林出版社，1999.

哈尔珀琳．现代欧洲的战争与社会变迁——大转型再探．唐皇凤，武小凯，译．南京：江苏人民出版社，2010.

哈特．传播学批判研究：美国的传播、历史和理论．北京：北京大学出版社，2008.

杭特．教育社会学理论．李锦旭，译．台北：桂冠图书公司，1999.

亨廷顿．变革社会中的政治秩序．李盛平，杨玉生，等，译．北京：华夏出版社，1988.

霍布斯鲍姆．民族与民族主义．李金梅，译．上海：上海人民出版社，2006.

霍尔，尼兹．文化：社会学的视野．周晓虹，徐彬，译．北京：商务印书馆，2002.

吉登斯．民族国家与暴力．胡宗泽，赵力涛，译．北京：三联书店，1998.

吉登斯．社会的构成．李康，李猛，译．北京：三联书店，1998.

吉登斯．社会理论与现代社会学．文军，赵勇，译．北京：社会科学文献出版社，2003.

吉登斯．社会学．赵旭东，等，译．北京：北京大学出版社，2003.

吉登斯．为社会学辩护．周红云，等，译．北京：社会科学文献出版社，2003.

卡伦．媒体与权力．史安斌，董关鹏，译．北京：清华大学出版社，2006.

卡斯特．千年终结．夏铸九，黄慧琦，等，译．北京：社会科学文献出版社，2003.

卡斯特．网络社会的崛起．夏铸九，王志弘，等，译．北京：社会科学文献出版社，2001.

凯杜里．民族主义．张明明，译．北京：中央编译出版社，2002.

科尔曼．社会理论的基础．邓方，译．北京：社会科学文献出版社，2008.

科特威尔．法律社会学导论．潘大松，等，译．北京：华夏出版社，1989.

克兰．文化生产：媒体与都市艺术．赵国新，译．南京：译林出版社，2001.

肯德里克，等．解释过去，了解现在——历史社会学．王辛慧，等，译．上海：上海人民出版社，1999.

孔德．论实证精神．黄建华，译．北京：商务印书馆，1996.

库利．人类本性与社会秩序．包凡一，王源，译．北京：华夏出版社，1999.

拉尔森．政治学理论与方法．任晓，等，译．上海：上海人民出版社，2006.

勒庞．乌合之众：大众心理研究．冯克利，译．桂林：广西师范大学出版社，2007.

雷森伯格．西方公民身份传统——从柏拉图至卢梭．郭台辉，译．长春：吉林出版集团有限责任公司，2009.

李特约翰．人类传播理论．史安斌，译．北京：清华大学出版社，2004.

李希特布劳．作为文化学的社会学？——论文化概念在德语社会学自我反思中的作用．谢宁，译．天津：百花文艺出版社，2004.

利普塞特．政治人——政治的社会基础．刘钢敏，等，译．北京：商务印书馆，1993.

卢克斯．权力——一种激进的观点．彭斌，译．南京：江苏人民出版社，2008.

卢曼．生态沟通：现代社会能应对生态危害吗？．汤志杰，鲁贵显，译．台北：桂冠图书公司，2001.

罗伯逊．社会学：上册．黄育馥，译．北京：商务印书馆，1990.

罗杰斯．传播学史．殷晓蓉，译．上海：上海译文出版社，2002.

罗斯金．政治科学．林震，译．北京：华夏出版社，2001.

马歇尔，吉登斯，等．公民身份与社会阶级．郭忠华，刘训练，编译．南京：江苏人民出版社，2008.

麦格雷．传播理论史——一种社会学的视角．刘芳，译．北京：中国传媒大学出版社，2009.

麦克莱．传媒社会学．曾静平，译．北京：中国传媒大学出版社，2005.

麦克卢汉，秦格龙．麦克卢汉精粹．何道宽，译．南京：南京大学出版社，2000.

麦克卢汉．理解媒介：论人的延伸．周宪，许钧，主译．北京：商务印书馆，2000.

麦奎尔．麦奎尔大众传播理论．崔保国，刘琨，译．北京：清华大学出版社，2006.

曼．社会权力的来源：第二卷．陈海宏，等，译．上海：上海人民出版社，2007.

曼海姆．文化社会学论要．刘继同，左芙蓉，译．北京：中国城市出版社，2002.

米勒，等．布莱克维尔政治学百科全书．邓正来，等，译．北京：中国政法大学出版社，1992.

摩尔．民主和专制的社会起源．拓夫，张东东，等，译．北京：华夏出版社，1987.

莫里斯，等．社会运动理论的前沿领域．刘能，译．北京：北京大学出版社，2002.

默顿．论理论社会学．何凡兴，等，译．北京：华夏出版社，1990.

默顿．社会理论与社会结构．唐少杰，等，译．南京：译林出版社，2006.

纳什，斯科特．布莱克维尔政治社会学指南．李雪，吴玉鑫，赵蔚，译．杭州，浙江人民出版社，2007.

帕森斯．社会行动的结构．张明德，等，译．南京：译林出版社，2003.

庞德．法学肄言．雷沛鸿，译．上海：商务印书馆，1928.

庞德．通过法律的社会控制——法律的任务．沈宗灵，译．上海：商务印书馆，1984.

皮尔逊．拆散福利国家——里根、撒切尔和紧缩政治学．舒绍福，译．长春：吉林出版集团有限责任公司，2009.

普特南．使民主运转起来——现代意大利的公民传统．王列，赖海榕，译．南昌：江西人民出版社，2001.

钱尼．文化转向：当代文化史概览．戴从容，译．南京：江苏人民出版社，2004.

切特罗姆．传播媒介与美国人的思想——从莫尔斯到麦克卢汉．曹静生，黄艾禾，译．北京：中国广播电视出版社，1991.

瑞泽尔．当代社会学理论及其古典根源．杨淑娇，译．北京：北京大学出版社，2005.

瑞泽尔．后现代社会理论．谢立中，等，译．北京：中国人民大学出版社，2003.

赛佛林，坦卡德．传播理论：起源、方法与应用．郭镇之，等，译．北京：华夏出版社，2004.

施拉姆．传播学概论．陈亮，等，译．北京：新华出版社，1984.

施拉姆．大众传播媒介与社会发展．金燕宁，等，译．北京：华夏出版社，1990．

施特劳斯，克罗波西．政治哲学史．李天然，等，译．石家庄：河北人民出版社，1993.

史蒂文森．文化与公民身份．陈志杰，译．长春：吉林出版集团有限责任公司，2007.

史密斯．历史社会学的兴起．周辉荣，井建斌，等，译．上海：上海人民出版社，2001.

史密斯．民族主义：理论、意识形态、历史．叶江，译．上海：上海人民出版社，2005.

史密斯．文化：再造社会科学．张美川，译．长春：吉林人民出版社，2005.

斯达克，芬克．信仰的法则——解释宗教之人的方面．杨凤岗，译．北京：中国人民大学出版社，2004.

斯考切波．国家与社会革命——对法国、俄国和中国的比较分析．何俊志，王学东，译．上海：上海人民出版社，2007.

斯梅尔瑟，斯威德伯格．经济社会学手册．2版．罗教讲，张永宏，译．北京：华夏出版社，2009.

斯特雷耶．现代国家的起源．华佳，王夏，宗福常，译．上海：格致出版社，2010.

斯特里纳蒂．通俗文化理论导论．阎嘉，译．北京：商务印书馆，2003.

斯廷博根．公民身份的条件．郭台辉，译．长春：吉林出版集团有限责任公司，2007.

斯威德伯格．经济社会学原理．周长城，等，译．北京：中国人民大学出版社，2005.

塔罗．运动中的力量：社会运动与斗争政治．吴庆宏，译．南京：译林出版社，2005.

汤普森．英国工人阶级的形成．钱乘旦，等，译．南京：译林出版社，2001.

特纳，等．社会理论指南．2版．李康，译．上海：上海人民出版社，2003.

特纳．公民身份与社会理论．郭忠华，蒋红军，译．长春：吉林出版集团有限责任公司，2007.

特纳．社会学理论的结构．邱泽奇，译．北京：华夏出版社，2001.

涂尔干．社会分工论．渠东，译．北京：三联书店，2000.

涂尔干．社会学方法的准则．狄玉明，译．北京：商务印书馆，2002.

涂尔干．宗教生活的基本形式．渠东，汲喆，译．上海：上海人民出版社，1999.

韦伯．经济行动与社会团体．康乐，简惠美，译．桂林：广西师范大学出版社，2004.

韦伯．经济与社会．阎克文，译．北京：商务印书馆，1978.

韦伯．论经济与社会中的法律．张乃根，译．北京：中国大百科全书出版社，1998.

韦伯．社会学的基本概念．胡景北，译．上海：上海译文出版社，2000.

韦伯．中国的宗教：宗教与世界．康乐，简惠美，译．桂林：广西师范大学出版社，2004.

韦斯特，特纳．传播理论导引：分析与应用．刘海龙，译．北京：中国人民大学出版社，2007.

沃特斯．现代社会学理论．杨善华，等，译．北京：华夏出版社，2000.

小约翰．传播理论．陈德民，叶晓辉，译．北京：中国社会科学出版社，1999.

谢弗．社会学与生活．刘鹤群，房智慧，译．北京：世界图书出版公司，2006.

辛格尔特里．大众传播研究方法——现代方法与应用．刘燕南，和铁红，等，译．北京：华夏出版社，2000.

亚里士多德．政治学．吴寿彭，译．北京：商务印书馆，1995.

亚历山大．社会学二十讲：二战以来的理论发展．贾春增，等，译．北京：华夏出版社，2000.

亚历山大．新功能主义及其后．彭牧，史建华，杨渝东，译．南京：译林出版社，2003.

伊斯顿．政治生活的系统分析．王浦劬，译．北京：华夏出版社，1989.

伊辛，特纳．公民权研究手册．王小章，译．杭州：浙江人民出版社，2007.

英格．反文化：乱世的希望与危险．高丙中，张林，译．台北：桂冠图书公司，2002.

英尼斯．传播的偏向．何道宽，译．北京：中国人民大学出版社，2003.

约翰逊．电视与乡村变迁——对印度两村庄的民族志调查．展明辉，张金玺，译．北京：中国人民大学出版社，2005.

约翰逊．社会学理论．南开大学社会学系，译．北京：国际文化出版公司，1988.

约瑟夫．经济分析史．陈锡龄，朱泱，孙鸿敞，译．北京：商务印书馆，1996.

泽利泽．亲密关系的购买．姚伟，刘永强，译．上海：上海人民出版社，2009.

詹明信．晚期资本主义的文化逻辑．陈清侨，等，译．北京：三联书店，1997.

竹内郁郎．大众传播社会学．张国良，译．上海：复旦大学出版社，1989.

包智明．比较社会学．北京：知识出版社，1995.

曹卫东，张广海．文化与文明．桂林：广西师范大学出版社，2005.

陈秉璋．社会学理论．台北：三民书局股份有限公司，1991.

陈奎喜．教育社会学研究．台北：师大书苑有限公司，1990.

陈奎喜．现代教育社会学．台北：师大书苑有限公司，1997.

陈培爱．广告学原理．上海：复旦大学出版社，2004.

成伯清．走出现代性：当代西方社会学理论的重新定向．北京：社会科学文献出版社，2006.

董泽芳．教育社会学．武汉：华中师范大学出版社，2009.

费孝通．费孝通民族研究文集．北京：民族出版社，1988.
费孝通．我的民族研究经历和思考．北京：北京大学出版社，1999.
冯波主．传媒社会学．北京：北京师范大学出版社，2009.
高鸿钧，马剑银．社会理论之法：解读与评析．北京：清华大学出版社，2006.
高宣扬．当代社会理论．北京：中国人民大学出版社，2005.
高永久，等．民族社会学概论．天津：南开大学出版社，2010.
何增科．公民社会与第三部门．北京：社会科学文献出版社，2000.
胡申生，李远行，章友德，等．传播社会学导论．上海：上海大学出版社，2002.
胡申生．当代电视社会学．上海：上海大学出版社，2006.
黄瑞祺．社会理论与社会世界．北京：北京大学出版社，2005.
黄晓钟，杨效宏，冯钢．传播学关键术语释读．成都：四川大学出版社，2005.
贾春增．民族社会学概论．北京：中央民族大学出版社，1996.
李盾．法律社会学．北京：法律出版社，1999.
李良荣．新闻学概论．上海：复旦大学出版社，2001.
李培林，覃方明．社会学：理论与经验：第二辑．北京：社会科学文献出版社，2005.
厉以贤，毕诚．教育社会学引论．哈尔滨：黑龙江教育出版社，1989.
梁向阳．经济社会学．广东：中山大学出版社，1996.
刘春．刘春民族问题文集．北京：民族出版社，1996.
刘大椿．科学活动论·互补方法论．桂林：广西师范大学出版社，2002.
刘豪兴．国外社会学综览．天津：天津人民出版社，1993.
刘季洪，罗志渊．云五社会科学大辞典：第八册．台北：台湾商务印书馆，1970.
刘康．文化·传媒·全球化．南京：南京大学出版社，2006.
刘利群．社会性别与媒介传播．北京：中国传媒大学出版社，2004.
陆学艺．社会学．北京：知识出版社，1996.
马和民，高旭平．教育社会学研究．上海：上海教育出版社，1998.
马和民．新编教育社会学．上海：华东师范大学出版社，2009.
马戎．民族社会学——社会学的族群关系研究．北京：北京大学出版社，2004.
马戎．民族与社会发展．北京：民族出版社，2001.
马戎．西方民族社会学的理论与方法．天津：天津人民出版社，1997.
马戎．西方民族社会学经典读本——种族与族群关系研究．北京：北京大学出版社，2010.
牛康．社会传播学．福州：福建人民出版社，2001.

潘淑满．质性研究理论与应用．台北：心理出版社，2003.
钱民辉．教育社会学——现代性的思考与建构．北京：北京大学出版社，2004.
沙莲香．传播学——以人为主体的图像世界之谜．北京：中国人民大学出版社，1990.
沈宗灵．现代西方法理学．北京：北京大学出版社，1992.
史宗．20世纪西方宗教人类学文选．上海：上海三联书店，1995.
司马云杰．文化社会学．北京：中国社会科学出版社，2001.
宋林飞．社会传播学．上海：上海人民出版社，1994.
苏国勋，刘小枫．社会理论的政治分化．上海：上海三联书店，2005.
苏国勋，刘小枫．社会理论的知识学建构：Ⅲ．上海：上海三联书店，华东师范大学出版社，2005.
苏国勋．社会理论与当代现实．北京：北京大学出版社，2005.
孙文恺．社会学法学．北京：法律出版社，2005.
谭光鼎，王丽云．教育社会学：人物与思想．上海：华东师范大学出版社，2009.
陶东风．文化研究：西方与中国．北京：北京师范大学出版社，2002.
陶孟和．社会与教育．福州：福建教育出版社，2008.
田成有．法律社会学的学理与应用．昆明：云南大学出版社，2001.
童星．现代社会学理论新编．南京：南京大学出版社，2003.
汪和建．现代经济社会学．南京：南京大学出版社，1993.
王沪宁．当代西方政治学分析．成都：四川人民出版社，1988.
王建民，等．中国民族学史：下．昆明：云南教育出版社，1998.
王宁，薛晓源．全球化与后殖民批评．北京：中央编译出版社，1998.
王振海，刘京希，高旺，马宝成，陈强．社会场域中的政治——政治社会学的视角．郑州：河南人民出版社，2005.
王子琳．法律社会学．长春：吉林大学出版社，1991.
文军．承传与创新：现代性、全球化与社会学理论的变革．上海：华东师范大学出版社，2004.
文军．西方社会学经典命题．南昌：江西人民出版社，2008.
文军．西方社会学理论：经典传统与当代转向．上海：上海人民出版社，2006.
吴飞，王学成．传媒·文化·社会．济南：山东人民出版社，2006.
萧俊明．文化转向的由来．北京：社会科学文献出版社，2004.
谢少波，王逢振．文化研究访谈录．北京：中国社会科学出版社，2003.
刑虹文．电视与社会——电视社会学引论．上海：学林出版社，2005.
徐大同．现代西方政治思想．北京：人民出版社，2003.
杨国荣．思想与文化：第四辑．上海：华东师范大学出版社，2004.

杨孝荣．传播社会学．台北：台湾商务印书馆，1979.
易益典，等．社会学教程．上海：上海人民出版社，2003.
于氏．文化研究与政治意识．北京：中国人民大学出版社，2004.
张凤阳，等．政治哲学关键词．南京：江苏人民出版社，2006.
张静．国家与社会．杭州：浙江人民出版社，1998.
张隆栋．大众传播学总论．北京：中国人民大学出版社，1993.
张其仔．新经济社会学．北京：中国社会科学出版社，2001.
张一兵，周晓红，周宪．社会理论论丛：第一辑．南京：南京大学出版社，2001.
张咏华．大众传播社会学．上海：上海外语教育出版社，1998.
赵鼎新．社会与政治运动讲义．北京：社会科学文献出版社，2006.
中国大百科全书·社会学卷．北京：中国大百科全书出版社，1991.
周鸿铎．文化传播学通论．北京：中国纺织出版社，2005.
周晓虹．西方社会学历史与体系：第1卷．上海：上海人民出版社，2002.
周怡．解读社会——文化与结构的路径．北京：社会科学文献出版社，2004.
朱国宏，桂勇．经济社会学导论．上海：复旦大学出版社，2005.
朱国宏．经济社会学．上海：复旦大学出版社，1999.
朱景文．法社会学．北京：中国人民大学出版社，2005.
朱景文．现代西方法社会学．北京：法律出版社，1994.
庄孔韶．人类学通论．太原：山西教育出版社，2005.

四、中文期刊

阿普尔．国家权力和法定知识的政治学．华东师范大学学报（教育科学版），1992（2）．
波斯蒂格莱昂纳．解释美国民族性的几种理论．民族译丛，1990（4）．
伯尔曼．韦伯法律社会学的若干错误前提．比较法研究，1994（Z1）．
达维．宗教社会学的演变——主题与变奏．世界宗教文化，2010（1）．
马尔丁诺夫．历史社会学：跨学科综合研究．国外社会科学，2004（6）．
马奇班克斯．解释主义的教育社会学．国外社会科学文摘，1989（3）．
塞德曼，瓦格纳．后现代主义与社会理论．国外社会科学文摘，2000（1）．
斯科尔尼克，陈文藻，周子亚．美国法律社会学的概况和发展趋势．现代外国哲学社会科学文摘，1966（1）．
斯马特．社会学、后现代性与“社会性的终结”．国外社会学，1991（2）．
沃纳．宗教社会学范式及理论的新进展．中国人民大学学报，2006（6）．
艾克文．民主的后果与自由的条件——托克维尔政治社会学思想评述．武汉教育学院学报，2001（1）．

白钢，林广华．论政治的合法性原理．天津社会科学，2002（4）．

白红义．权力、统治与正当性——简述韦伯的政治社会学．兰州学刊，2004（1）．

陈明华．法社会学刍议．西北政法学院学报，1987（4）．

陈振明．西方政治科学的兴起与学科分化．东南学术，2004（2）．

陈遵沂．文化社会学理论新透视．中共福建省委党校学报，2002（7）．

戴云光，尤游．媒介角色研究的社会学分析．上海大学学报（社会科学版），2007（6）．

但秀德，杨青松．法律社会学的科学背景和科学观．法律评论，1997（3）．

邓伟志．教育社会学的前沿问题．群言，2004（1）．

董昭江．教育社会学中的解释学派述评．外国教育研究，1992（2）．

杜万华．法律社会学学科性质简论．现代法学，1990（6）．

杜欣，徐延辉．论经济社会学的社会人假设．社会学研究，2003（3）．

冯婷．逸出结构的文化——文化社会学的新发展．学术论坛，2001（4）．

高丙中．主文化、亚文化、反文化与中国文化的变迁．社会学研究，1997（1）．

高师宁．当代宗教社会学的发展．国外社会科学，1992（3）．

高永久，高永辉．民族社会学视角下的西方多元文化主义研究．中南民族大学学报（人文社会科学版），2010（3）．

韩强．论政治社会学的历史演进．文史哲，2001（2）．

韩强．论政治社会学的研究对象．理论学刊，1999（4）．

何勤华．埃利希和现代法社会学的诞生．现代法学，1996（4）．

侯均生．关于西方社会学理论发展脉络的研究．社会学研究，1999（4）．

胡春光，杨宁芳．布迪厄的教育社会学思想除魅——作为符号权力的文化．外国教育研究，2005（7）．

黄瑞玲．浅议美国反文化运动．思想理论教育导刊，2006（3）．

黄勇．中国法社会学研究现状与后现代转向．理论界，2010（1）．

黄育馥．当代西方教育社会学概貌．国外社会科学，1987（7）．

汲喆．如何超越经典世俗化理论？——评宗教社会学的三种后世俗化论述．社会学研究，2008（4）．

季卫东．界定法社会学领域的三个标尺以及理论研究的新路径．法律评论，2005（10）．

蒋逸民．作为一种新的研究形式的超学科研究．浙江社会科学，2009（1）．

金吾伦．跨学科学：跨学科研究的科学．天津师范大学学报（社会科学版），1994（5）．

景跃进．政治社会学：主题、取向与学科．江苏社会科学，2003（6）．

兰林友．论族群与族群认同．广西民族学院学报，2003（3）．

李峰．20世纪60年代后西方宗教社会学理论研究取向．求索，2005（9）．

李峰．教育社会学主要理论流派及其视野下的成人教育．成人教育，2006（2）．

李峰．罗伯特·贝拉的宗教社会学思想述评．华东师范大学学报（哲学社会科学版），2011（5）．

李林燕．交易秩序的多重面向——寻访新经济社会学．社会学研究，2005（2）．

李猛，李放春．新经济社会学与中国．社会理论论坛，1997（2）．

李淼，张广利．新经济社会学的崛起：渊源、理论及意义．河北大学学报，2004（1）．

李启凤，吴广丽．戈夫曼《日常生活中的自我呈现》戏剧论思想解读．重庆科技学院学报（社会科学版），2008（10）．

李强．马克斯·韦伯法律社会学中的"正当性"问题．法学论坛，2010（3）．

李顺华．世俗化理论的旗手，神圣化理论的鼓手．新疆师范大学学报，2007（1）．

李瑜青，张剑．2010年法律社会学研究报告．华东理工大学学报（社会科学版），2011（5）．

梁树发．"科学技术是第一生产力"与科技决定论辨析．思想理论教育导刊，2003（3）．

林彬．论社会学方法的发展趋势．社会学研究，1992（3）．

刘霓．跨学科研究的发展与实践．国外社会科学，2008（1）．

刘少杰，甄志宏．突破边缘化的理论选择——经济学扩张与新经济社会学的回应．社会科学战线，2004（3）．

刘小宝，刘仲林．跨学科研究前沿理论动态：学术背景和理论焦点．浙江大学学报（人文社会科学版），2012（6）．

卢云峰．超越基督宗教社会学——兼论宗教市场理论在华人社会的适用性问题．社会学研究，2008（3）．

陆德梅，朱国宏．新经济社会学的兴起和发展探微．国外社会科学，2003（3）．

陆烨，俞卫东．社会转型过程中新闻生产的影响因素——2002上海新闻从业者调查报告之三．新闻记者，2003（3）．

吕芳．韦伯法律社会学的理论背景．南京大学法律评论，2006（1）．

吕建高．埃利希的法社会学思想．当代法学，2002（11）．

马戎．论中国的民族社会学研究．北京大学学报（哲学社会科学版），2001（5）．

马戎．美国社会发展中的种族与少数民族问题．北京大学学报（哲学社会科学版），1997（1）．

马雪峰．社会学族群关系研究的几种理论视角．西北民族研究，2007（2）．

马雁．法律社会学思潮产生与发展的现实价值．中国城市经济，2011（30）．

马忠才．族群分层研究的理论视角．青海民族研究，2012（2）．

孟蔚．戈夫曼戏剧分析理论述评．黑龙江史志，2008（5）．

苗剑新．浅谈民族社会学．新疆社会科学，1987（2）．

潘石．论经济社会学的研究方法、对象及意义．吉林大学社会科学学报，1987（4）．

钱民辉．当代教育社会学研究的核心主题及理论建构．北京大学教育评论，2006（1）．

钱民辉．对国外教育社会学知识体系的思考．北京大学学报（哲学社会科学版），2003（1）．

钱民辉．教育社会学百年进程．社会学研究，1997（5）．

钱民辉．孔德的社会学方法论与教育研究．教育理论与实践，2000（10）．

钱民辉．中国教育社会学研究的最新动向及评述．北京大学学报（哲学社会科学版），2009（3）．

钱扑．功能论及其教育目的功能观——对一种教育社会学理论流派的剖析．外国中小学教育，1999（4）．

渠敬东．卢梭对现代教育传统的奠基．北京大学教育评论，2009（3）．

权小娟．迪尔凯姆法社会学思想解析——兼论其对构建和谐社会的启示．法学与实践，2007（5）．

沈宗灵．法律社会学的几个基本理论问题．法学杂志，1988（1）．

沈宗灵．塞尔兹尼克的法律社会学．中外法学，1990（3）．

盛冰．当代社会理论发展的最新趋势及其对教育的影响．上海教育科研，2004（1）．

石磊．狄骥法律思想之社会学理论基础探析．法治与社会，2008（2）．

石丽．帕森斯宗教社会学理论述评．世界宗教文化，2011（3）．

宋林飞．经济社会学研究的最新发展．江苏社会科学，2000（1）．

孙麾．以问题综合编辑理念推进跨学科研究．浙江社会学科，2007（4）．

孙瑞祥．传播社会学：发展与创新．天津师范大学学报（社会科学版），2004（2）．

孙尚扬．世俗化与去世俗化的对立与并存．哲学研究，2008（7）．

孙中欣．批评及对批评的反思——大众传媒与社会性别．社会，2002（4）．

汪和建．新经济社会学的中国研究．南京大学学报，2000（2）．

汪和建．再访涂尔干——现代经济中道德的社会建构．社会学研究，2005（5）．

王蓓．法律社会学“活法”理论评析．兰州大学学报（社会科学版），2004（5）．

王道勇，郧彦辉．西方居住隔离理论：发展历程及现实启示．城市观察，

2014 (1).

王佳晓．经济社会学理论的发展分析．当代经济，2009 (7).

王箭．教育社会学中功能主义学说的理论走向及其启示．比较教育研究，1991 (6).

王军，孙蕾．欧美社会学视角下的民族关系理论研究综述．黑龙江民族丛刊（双月刊），2013 (5).

王科．略论西方政治社会学家调研民主政治制度发展与稳定的社会基础及其借鉴意义．中共成都市委党报学报，2004 (2).

王水雄．在理论模型的平台上思考新经济社会学的一个倡导．社会，2005 (3).

王希．多元文化主义的起源、实践与局限性．美国研究，2000 (2).

王小章．社会状态的社会学和历史进程的社会学——一个社会学史的考察．浙江社会科学，2000 (4).

王续琨，常东旭．远缘跨学科研究与交叉科学的发展．浙江社会科学，2009 (1).

王勇．法律社会学及其中国研究进路的初步思考——一般理论与本土问题的知识建构．法治与社会发展，2007 (2).

王岳川．布迪厄的文化理论透视．教学与研究，1998 (2).

王岳川．后殖民与文化批判话语．求索，2001 (6).

魏德东．宗教社会学的范式转换及其影响．中国人民大学学报，2010 (3).

文军，何威．从"反理论"到理论自觉：重构社会工作理论与实践的关系．社会科学，2014 (7).

文军．反思社会学与社会学的反思．社会科学研究，2004 (3).

文军．范式的抗争：非主流社会学理论的形成及其影响．社会学评论，2013 (2).

文军．历史困境与未来挑战：当代西方社会学理论面临的主要危机．社会科学辑刊，2004 (3).

文军．论社会学研究的三大传统及其张力．南京社会科学，2004 (5).

文军．全球化议题与社会学的研究．社会科学辑刊，2002 (5).

文军．社会学理论的发展脉络与基本规则论略．学术论坛，2002 (6).

文军．身体意识的觉醒：西方身体社会学理论的发展及其反思．华东师范大学学报（哲学社会科学版），2008 (6).

文军．在应对社会学总体性危机中促进学科研究的整体转向．江海学刊，2009 (3).

沃野．评格厄孜的文化观．安徽大学学报，2002 (4).

吴理财，中国农村政治社会学论纲．社会学，2002 (1).

吴丽娟．试述西方法社会学"活法"理论的两种观点．广播电视大学学报（哲学社会科学版），2006 (1).

夏学花，薛雅丽．历史社会学和社会历史学的比较研究——历史学与社会学交叉关系初探．中州学刊，2002（2）．

肖朗，许刘英．陶孟和与中国大学教育社会学学科的发端．高等教育研究，2010（1）．

肖瑛．“反身性”多元内涵的哲学发生及其内在张力．中国社会科学院研究生院学报，2004（3）．

谢岳，曹开雄．集体行动理论化系谱——从社会运动理论到抗争政治理论．上海交通大学学报（哲学社会科学版），2009（3）．

熊春文．以理性复兴中国、以学校组织社会——对梁漱溟乡村建设及乡村教育思想的社会学解读．社会，2007（3）．

徐炜．政治社会学的研究对象及其理论取向．武汉大学学报（人文社会科学版），2000（3）．

徐延辉．经济社会学百年历程简述．国外社会科学，2001（3）．

闫广芬，衣庆辉．中国教育社会学的发端——一种知识社会学的视角．河北师范大学学报（教育科学版），2008（5）．

杨昌勇，钱民辉．对国外教育社会学的介绍研究及其文献的回顾．教育理论与实践，1997（5）．

杨昌勇．“西方马克思主义思潮”与“新”教育社会学理论的关系分析．华东师范大学学报（教育科学版），1998（1）．

杨昌勇．“新”教育社会学产生的归因分析．国外社会科学，1994（4）．

杨倩红，唐礼勇．马克斯·韦伯的经济社会学观点．国外社会学，2004（6）．

杨新敏．国外网络文化研究评价．国外社会科学，2002（3）．

杨旭．科层管理与精英民主的矛盾紧张——韦伯政治社会学思想评述．南京社会科学，1998（11）．

杨雁斌，史乃新．经济学与社会学的完美结合：《新经济社会学——一门新兴学科的发展》一书述评．国外社会科学，2005（4）．

杨育谋．从品牌忠诚到品牌崇拜．理财，2006（2）．

杨悦．论当代文化研究方法论的转变．河北学刊，2002（1）．

姚南强．西方宗教社会学“结构—功能”范式的演进．华东师范大学学报（哲学社会科学版），2008（1）．

姚南强．西方宗教社会学研究的新取向．华东师范大学学报（哲学社会科学版），2009（4）．

姚朋．迈克尔·曼的社会权力史及权力史观述评．史学月刊，2003（7）．

姚人伟．国外新经济社会学研究的新进展．社会学，2004（4）．

姚伟．新自由主义经济模式与新社会运动——一种社会资本视角的宏观分析．社会学研究，2004（4）．

殷晓蓉．罗杰斯和他的《传播学史》．广播电视大学学报（哲学社会科学版)，2002（2）.

郁建兴．淡化学科边界，强化学术分工．浙江社会科学，2007（4）.

张春泥，谢宇．同乡的力量：同乡聚集对农民工工资收入的影响．社会，2013（1）.

张冠梓．法人类学的理论、方法及其流变．国外社会科学，2003（5）.

张国良．中国传播学的兴起、发展与趋势．理论月刊，2005（11）.

张静．政治社会学及其主要研究方向．社会学研究，1998（3）.

张亮．马克思主义国家理论及其当代发展——柯林・海伊教授访谈录．学海，2011（2）.

张凌鹰．布莱克纯粹法社会学理论概要及其借鉴意义．经济研究导刊，2009（2）.

张明新．法律的社会学研究运动：思想、理论述评及其中国意义——西方法律思想史研究会第四届年会暨“法律与社会”学术研讨会综述．清华法律评论，2006（1）.

张平功．文化研究的兴起与发展．东南学术，2000（6）.

张舍茹．试论英国伯明翰学派文化研究的学术贡献．晋阳学刊，2004（4）.

张网成．实证主义——西方社会学的主流范式．社会学研究，1990（4）.

张烨．法律社会学的研究方法．商品与质量，2012（3）.

张咏华．一种独辟蹊径的大众传播效果理论——媒介系统依赖论评述．新闻大学，1997（1）.

张忠利．论庞德的社会学法学思想．吉林大学社会科学学报，2000（6）.

章辉美．传媒的历史定位及社会学意义．湘潭大学社会科学学报，2003（4）.

赵斌．英国的传媒与文化研究：上．现代传播，2001（5）.

赵春燕．对“软法”概念的冷思考——兼谈对卢曼法社会学理论的正确理解．河北法学，2010（12）.

赵沛铎．贝拉的宗教社会学理论．东吴社会学报，1997（6）.

甄志宏．从网络嵌入性到制度嵌入性——新经济社会学制度研究前沿．江苏社会学，2006（3）.

甄志宏．网络、制度和文化：经济社会学的三个基本视角．江海学刊，2009（4）.

郑红，张人杰．西方教育不平等社会学述评．比较教育研究，1990（5）.

郑慧华．从“反文化”的角度谈本届台北双年展．中国美术馆，2005（5）.

周长城，伯恩斯．当代欧洲经济社会学——现状与研究主题．社会学研究，1998（2）.

周长城，吴淑凤．经济社会学：理论、方法与研究．社会学研究，2001（1）.

周长城．社会变迁：机会与约束．社会学研究，1997（2）.

周尚君．论法律社会学的知识传统——以关键人物为线索．金陵法律评论，2010（1）．

周伟．关于法律社会学的几个理论问题．比较法研究，1989（1）．

周学荣．经济社会学研究新发展．经济学动态，2006（12）．

周岩．论我国传媒主持人的角色定位——从传播社会学的角色谈起．新闻爱好者，2007（13）．

周怡．文化社会学的转向：分层世界的另一种语境．社会学研究，2003（4）．

朱志勇．教育社会学的功能论和冲突论——兼论两种理论对我国教育现状的解释．上海教育科研论坛，1997（6）．

宗晓莲．布迪厄文化再生产理论对文化变迁研究的意义——以旅游开发背景下的民族文化变迁研究为例．广西民族学院学报（哲学社会科学版），2002（3）．

祖力亚提·司马义．学校中的族群融合与交往的族群隔离．社会科学战线，2008（6）．

后 记

随着信息化和全球化的快速发展，当代各种社会经济现象也变得越来越“即时化”，这在一定程度上势必影响到当代社会学理论的建构与发展。与20世纪八九十年代社会学理论的“狂欢化”景象有所不同的是，近年来许多社会学理论和思想还来不及被人们细细品味和理解，就被新的理论取代了。从某种意义上说，理论的繁荣与发展使得我们在选择时变得越来越无所适从，我们似乎正在陷入一个“无理论感”的时代，这种感觉不仅导致各个学科立志从事理论研究的人越来越少，也导致各个学科的根基正在加速“虚化”。在这种背景下，重新寻找理论、再造时代的新理论自然就成了我们的一种必然选择。

所幸各种跨学科理论研究异军突起，这不仅是学科自身发展规律的必然结果，更是解释日益复杂的社会问题所必需的“理论联盟”，因为我们已经很难站在单一的学科立场去思考日益复杂多变的现实问题了。本书立足于跨学科理论视野，以社会学理论为依托，选取当前与社会学交叉且颇具影响力的学科理论作为考察对象，通过对其理论发展的历史追溯和对当代变动趋势的系统分析来展示社会学在跨学科研究领域中的理论魅力，目的就是使读者更多样化地去了解社会学理论在跨学科领域的发展历程、理论状况和主要趋势。这也从一个方面反映出当代社会学理论的跨学科渗透力和影响力，读者应更加全面地了解当代社会学理论的基本特征和思想形态。

在我看来，学习某一个学科的理论，至少存在三个不同层面的切入路径：一是以“核心概念”为基础，通过一个一个的理论“关键词”来概括某一个理论的精华，因为许多理论实际上是对某一个或某几个富有特色的“核心概念”的演绎结果；二是以“理论命题”为基础，通过对一个一个经典“理论命题”的解释来阐述某个理论，这些命题实际上就是浓缩的理论；三是以“原著导读”为基础，通过对提出某个理论的原著进行阅读来达到对其理论内涵的全面而深入的把握。与此相对应，撰写介绍理论方面的书籍，实际上也存在三种不同的逻辑线索：一是以“理论人物”为线索进行介绍，通过对一个一个理论人物的介绍来全面阐述该理论家的思想观点；二是以“理论流派”为线索进行介绍，让读者全面而系统地了解某个理论流派的来龙去脉和思想体系；三是以“交叉学科”为线索，可以让读者更加了解该理论的跨学科影响力和多学科理论共举的魅力。在当代，随着跨学科趋势的加强，实际上我们已经越来越难以站在单一的学科立场来概括某一个理论了，也许，这正是我从跨学科视角出发来思考当代社会学理论的原因吧。

本书是在原书稿《当代社会学理论：跨学科视野》的基础上修订而成的。它可以看作我十多年来为华东师范大学社会学及相关专业硕士生和博士生开设“当代社会学理论”课程的一个结晶。尤其是近五六年来，我愈来愈强烈地感觉到社会学跨学科理论研究的重要性，因此在给研究生们上课时，我有意识地打破了传统的社会学理论教学特点，不是一个一个地去介绍某一个社会学家及其理论观点，也不是去介绍社会学内部众多的理论流派（因为在我看来这种教学内容和方法主要应该由本科学习阶段来承担，针对研究生的理论教学，则应该有更宽阔的学科视野和学术关怀），而是从跨学科角度出发来具体介绍与社会学交叉的跨学科理论发展状况及其特征，以便使学生从不同的学科发展中吸取更多的理论养分，同时也为其他相关学科提供社会学理论的基本视角和观点。这项教学改革还由此获得了“上海市研究生教育创新计划”中的“研究生优质课程和重点教材建设项目”的支持。2018 年，中国人民大学出版社约我在原书的基础上，按照教材的特点进行一次修订，以更加突出社会学理论教材的特征。鉴于此，我删掉了原书稿中表述冗长的一些内容，并尽可能使对各分支社会学理论的总结做到通俗、详尽。

总的来说，本书可以说是对我近年来研究生教学一个阶段性成果的展示，其中也包含了华东师范大学选修我课程的众多研究生的参与和付出。特别需要感谢的是，我指导的博士生易臻真、黄毅、林茂、张方旭、罗峰、沈东、刘昕等，他们大多从硕士生到博士生阶段跟随我学习社会学理论，帮我从杂乱无章的教学笔记和资料中分别整理了经济社会学理论、政治社会学理论、法律社会学理论、传媒社会学理论、教育社会学理论、宗教社会学理论和民族社会学理论等章节的部分内容。虽然他们当中许多人已经博士毕业或出国深造了，但一同参与社会学理论学习和研讨的情境至今还历历在目，在此一并感谢上述七位同学的辛勤劳动和专业付出。此外，本书在编撰过程中参考了国内外大量的文献，目的是希望尽可能全面地把当代跨学科的社会学理论研究成果展现给读者，特别是对社会学理论富有兴趣的朋友们。因此，本书仅仅是一次理论初探和教学的阶段性总结，希望它能够起到抛砖引玉的作用，也期待有更多社会学跨学科理论成果问世。

文军

2014 年 9 月完稿于华东师范大学闵行校区

2015 年 3 月 30 日定稿于上海金沙江寓所

2018 年 7 月 25 日修订于华东师范大学中山北路校区

图书在版编目（CIP）数据

当代社会学理论/文军编著．—北京：中国人民大学出版社，2019.1
新编21世纪社会学系列教材
ISBN 978-7-300-26451-6

Ⅰ.①当… Ⅱ.①文… Ⅲ.①社会学-理论-高等学校-教材 Ⅳ.①C91-0

中国版本图书馆CIP数据核字（2018）第275167号

新编21世纪社会学系列教材
当代社会学理论
文　军　编著
Dangdai Shehuixue Lilun

出版发行	中国人民大学出版社		
社　　址	北京中关村大街31号	**邮政编码**	100080
电　　话	010－62511242（总编室）		010－62511770（质管部）
	010－82501766（邮购部）		010－62514148（门市部）
	010－62515195（发行公司）		010－62515275（盗版举报）
网　　址	http：//www.crup.com.cn		
经　　销	新华书店		
印　　刷	天津鑫丰华印务有限公司		
规　　格	183 mm×256 mm　16开本	**版　　次**	2019年1月第1版
印　　张	22.25	**印　　次**	2019年1月第1次印刷
字　　数	457 000	**定　　价**	49.80元

关联课程教材推荐

书号	书名	作者	定价
978-7-300-26323-6	社会学概论新修（第五版）	郑杭生	69.00 元
978-7-300-20265-5	社会学概论新修精编本（第二版）	郑杭生	48.00 元
978-7-300-10739-4	当代国外社会学理论	刘少杰	39.80 元
978-7-300-26268-0	外国社会学史（第三版重排本）	贾春增	65.00 元

配套教学资源支持

尊敬的老师：

衷心感谢您选择使用人大版教材！

相关的配套教学资源，请到人大社网站（www. crup. com. cn）下载，或是直接与我们联系，我们将向您免费提供。

欢迎您随时反馈教材使用过程中的疑问、修订建议以及提供您个人制作的课件。您的课件一经采用，我们将署名并付费使用。

联系人信息：

地址：北京市海淀区中关村大街 31 号　龚洪训　　　　邮编：100080

电子邮件：gonghx@crup. com. cn　　电话：010-62515637　QQ：6130616

如有相关教材的选题计划，也欢迎您与我们联系，我们将竭诚为您服务！

选题联系人：	电子邮件：	电话：
潘宇	pany@crup. com. cn	010-62515634
盛杰	shengj@crup. com. cn	010-62513897

俯仰天地　心系人文

中国人民大学出版社网站 www. crup. com. cn

专业教师 QQ 群：

195761402（全国社会学教师 QQ 群）

欢迎您登录浏览人大社网站，了解图书信息，共享教学资源

期待您加入专业教师 QQ 群，开展学术讨论，交流教学心得